Elektroinstallationen im ganzen Haus

Einstieg und Praxis

Thomas Riegler

Markt+Technik

ISBN 978-3-98810-099-3

Produktmanagement Christian Braun, Burkhardt Lühr
Herstellung Jutta Brunemann
Covergestaltung David Haberkamp
Coverfotos © Kostiantyn, Jürgen Fälchle, Salita2010, A_Y_N – Adobe Stock
Satz inpunkt[w]o, Wilnsdorf (www.inpunktwo.de)
Druck Himmer GmbH Druckerei & Verlag, Augsburg
Printed in Germany

Inhaltsverzeichnis

Dieses Buch versteht sich nicht als Lehrbuch und soll nicht zum Nachmachen animieren. Es dient allein der Information. Alle Angaben sind ohne Gewähr. Jeder ist selbst für sein Handeln und damit auch für seine Fehler verantwortlich. Zudem sind bei allen Tätigkeiten die allgemeinen Arbeitsschutzvorschriften zu beachten.

Alle Angaben in diesem Buch sind ohne Gewähr. Es wird keinerlei Haftung für Schäden und/oder Verletzungen übernommen.

Der Umgang mit Strom ist lebensgefährlich! Da für Arbeiten an elektrischen Anlagen besondere Fachkenntnisse erforderlich sind, dürfen Arbeiten an elektrischen Anlagen nur von entsprechend ausgebildetem und autorisiertem Fachpersonal durchgeführt werden.

1. Sicherer Umgang mit Elektrizität

1.1 Das Wichtigste zuerst

Ohne Elektrizität wäre unser heutiges Leben nicht mehr vorstellbar. Doch so unverzichtbar sie ist, so gefährlich kann sie auch sein. Sie kann uns, zumindest bei unsachgemäßem, sorglosem Umgang, das Leben kosten. Deshalb spielt Sicherheit beim Umgang mit Strom und Spannung eine entscheidende Rolle. **Die wichtigste Regel dabei lautet, dass Arbeiten an elektrischen Anlagen ausschließlich im spannungsfreien Zustand von autorisierten Fachkräften durchgeführt werden dürfen.** Nur sie wissen über lauernde Gefahren und Regeln zur ordnungsgemäßen Ausführung Bescheid.

1.2 Gefahren des elektrischen Stroms

Aufbau des menschlichen Körpers

Der Mensch besteht je nach Alter und Geschlecht aus bis zu zwei Dritteln aus Wasser. In der frühen Kindheit beträgt der Wasseranteil an die 70 %. Im Erwachsenenalter liegt er zwischen rund 52 % bei Frauen bis etwa 60 % bei Männern. Was nichts anderes heißt, als dass ein 70 kg schwerer Mann aus mehr als 42 Litern Flüssigkeit besteht. Dieser Faktor ist insofern relevant, da Wasser als ausgesprochen guter elektrischer Leiter gilt.

Abgesehen davon spielt Elektrizität auch innerhalb des menschlichen Körpers eine wichtige Rolle. Fast alle Organe werden über vom Gehirn ausgehende elektrische Impulse gesteuert.

So wirkt Strom auf den Menschen

Wie stark sich elektrischer Strom auf den Menschen auswirkt, wird im Wesentlichen durch zwei Faktoren bestimmt. Nämlich der Höhe des Stroms und der Zeitdauer des Einwirkens. Je höher und je länger, umso bedrohlicher. Wobei hier allgemein bereits von sehr geringen Stromstärken und Zeiten auszugehen ist. Zudem kommt es auf die Tagesverfassung und unter anderem darauf an, ob man gerade schwitzt und wie der Strom seinen Weg durch den elektrischen Körper findet.

Im Detail

Die folgenden Angaben sind nur als grobe Richtwerte zu verstehen!

- **Bis 0,5 mA**
  Bis 0,5 Milliampere wird Strom vom Menschen unabhängig von seiner Einwirkdauer nicht wahrgenommen. Es sind auch keine Schäden zu erwarten.
- **Bis 15 mA**
  Ab 0,5 Milliampere wird elektrischer Strom wahrgenommen. Bis zu welcher Stromstärke er ohne weitere Gefahren bleibt, hängt nun bereits extrem stark von dessen Einwirkdauer ab. Für die Dauer eines Wimpernschlags, also 100–150 Millisekunden, können bis zu rund 75 mA ohne weitere Folgen bleiben. Bei einer Einwirkdauer von einer halben Sekunde reduziert sich dieser Wert auf gerade einmal 15 mA und bei fünf Sekunden auf 4 mA.
- **Über 15 mA**
  Etwa ab den genannten Stromstärken beginnen unsere Muskeln zu verkrampfen. Wobei sich unsere Finger zu einer Faust zusammenziehen. Was zur Folge hat, dass es uns nicht mehr möglich ist, den stromführenden Teil aus eigener Kraft loszulassen. Häufig wird als Grenzwert für diese bereits bedrohlichen Muskelverkrampfungen 30 mA angegeben. Am Ende entscheidet aber die Einwirkdauer. Womit auch schon geringere Stromstärken solche Verkrampfungen auslösen.
- **Ab 30 mA**
  Ab etwa 30 mA herrscht absolute Lebensgefahr. Fließt der Wechselstrom über das Herz, verursacht er aufgrund der Netzfrequenz von 50 Hz Herzkammerflimmern und es kommt weiter zum Kreislaufstillstand. Damit kommt auch die Sauerstoffversorgung des Gehirns zum Erliegen. Was binnen kürzester Zeit dauerhafte Schäden oder den Tod nach sich zieht.

Spannungen

Neben der Stromstärke geht auch von der Spannungshöhe ein Gefährdungspotential aus. Wechselspannungen gelten ab 50 Volt, Gleichspannungen ab 120 Volt als lebensbedrohlich. Für Kinder und Nutztiere halbieren sich diese Werte. Somit liegt für sie die maximal zulässige Berührungsspannung bei 25 Volt Wechselspannung und 60 Volt Gleichspannung.

Achtung!

Einwirkender Strom sorgt für eine Zersetzung des Blutes, was schwere Vergiftungen nach sich ziehen kann. Ist man in einen Stromkreis geraten, können Beschwerden mitunter erst zeitversetzt auftreten. Dies trifft auch auf das lebensbedrohliche Herzkammerflimmern zu. Aus diesem Grund ist grundsätzlich nach jedem Stromunfall ein Arzt zu kontaktieren. Auch dann, wenn man momentan keine Beschwerden hat!

2. Die fünf Sicherheitsregeln

Die fünf Sicherheitsregeln der Elektrotechnik sind in der Normenreihe DIN VDE 0105 festgelegt. Sie bilden einen verbindlichen Leitfaden für das sichere Arbeiten an elektrischen Anlagen. Sie sind in allen Bereichen, wo man mit elektrischem Strom in Berührung kommen kann, anzuwenden. Damit erstreckt sich ihr Anwendungsbereich vom Haushalt bis in den Starkstrombereich.

Die fünf Sicherheitsregeln der Elektrotechnik legen fest, wie eine Anlage, an der Arbeiten durchzuführen sind, vorzubereiten ist. Die fünf Regeln sind der Reihe nach abzuarbeiten. Sie lauten im Detail:

1. Freischalten
2. Gegen Wiedereinschalten sichern
3. Spannungsfreiheit allpolig feststellen
4. Erden und kurzschließen
5. Benachbarte unter Spannung stehende Teile abdecken oder abschranken

Nach Fertigstellung der Arbeiten sind die getroffenen Sicherheitsmaßnahmen in umgekehrter Reihenfolge aufzuheben.

2.1 Die fünf Sicherheitsregeln im Haushalt richtig anwenden

1. Freischalten
Stromkreis mit Sicherungsautomat im Verteilerkasten (Sicherungskasten) abschalten. Bei älteren Anlagen ist die Schraubsicherung herauszudrehen.

2. Gegen Wiedereinschalten sichern
Schalthebel des Sicherungsautomaten mit Klebeband in Ausstellung fixieren, Sicherungspatrone entfernen. Hinweis mit »Nicht einschalten« anbringen. Verteilerkasten versperren.

3. Spannungsfreiheit allpolig feststellen
Die Spannungsfreiheit ist an der Arbeitsstelle zweifelsfrei zu ermitteln. Idealerweise mit einem Voltmeter. Bei einem Drehstromanschluss sind alle drei Phasen zueinander und gegen den Neutralleiter auf Spannungsfreiheit zu prüfen.

4. Erden und kurzschließen
Zumindest im Heimbereich nur erforderlich, wenn der Arbeitsbereich trotz der bereits durchgeführten Maßnahmen unter Spannung gesetzt werden könnte.

5. Benachbarte unter Spannung stehende Teile abdecken oder abschranken
Diese Maßnahme ist etwa erforderlich, wenn im Arbeitsbereich mehrere Stromkreise anzutreffen sind. In dem Fall sind alle infrage kommenden Stromkreise entsprechend den fünf Sicherheitsregeln spannungsfrei zu machen.

2.2 Alte Elektriker-Weisheit

Eine alte Elektriker-Weisheit besagt, dass selbst spannungsfreie und gegen Wiedereinschalten gesicherte Anlagenteile als unter Spannung stehend zu betrachten sind. Das schließt behutsames, überlegtes Arbeiten nur mit entsprechend isoliertem Werkzeug genauso mit ein wie die Maßnahme, dass keine blanken Metallteile, die unter Spannung stehen könnten, berührt werden. Diese Maßnahme kann als weiteres Schutzkriterium betrachtet werden.

2.3 Sicherheitsregeln für elektrotechnische Laien

Die folgenden Regeln sind als Leitfaden für den sicheren Umgang mit elektrischen Anlagen und Geräten zu verstehen.

1. Überzeugen Sie sich vor der Inbetriebnahme eines elektrischen Gerätes oder einer Anlage, ob sich diese in einwandfreiem Zustand befindet.
2. Informieren Sie sich, ob der Betrieb eines Gerätes oder Anlagenteils an besondere Sicherheitsmaßnahmen geknüpft ist. Entsprechende Hinweise finden Sie in der Gebrauchsanleitung.
3. Geräte und Anlagenteile sind nur an den dafür vorgesehenen Regel- und Schalteinrichtungen zu bedienen. Sicherheitseinrichtungen dürfen nicht verändert oder gar entfernt werden.
4. Nehmen Sie keine nassen elektrischen Geräte oder Anlagen in Betrieb. Es sei denn, sie sind dafür vorgesehen, wie etwa eine Tauchpumpe.
5. Nutzen Sie elektrische Geräte und Anlagen ausschließlich mit trockenen Händen.
6. Treten Störungen an einem elektrischen Gerät auf, ist es unverzüglich auszuschalten und vom Stromnetz zu trennen (ausstecken). Von einer weiteren Verwendung solcher Geräte ist im Sinne des Schutzes von Leben und Sachgütern abzusehen.
7. Schäden an elektrischen Geräten oder Anlagen sind von einer autorisierten Elektrofachkraft zu beheben. Ist das nicht möglich, ist das betreffende Gerät fachgerecht zu entsorgen.
8. Öffnen Sie unter keinen Umständen Schutzabdeckungen an elektrischen Geräten oder Schaltanlagen. Dazu zählt auch das Entfernen von Schutzabdeckungen von Verteilerkästen.

Achtung!

Sollen in einem Raum zum Beispiel mehrere Steckdosen erneuert werden, ist die Spannungsfreiheit an jeder Steckdose gesondert zu kontrollieren. Insbesondere wenn in älteren Gebäuden für die elektrische Versorgung eines einzigen Raums mehrere Stromkreise zum Einsatz kommen. Etwa, weil nachträglich Steckdosen installiert wurden, deren Anspeisung über benachbarte Räume am leichtesten zu realisieren war.

Die häufigsten Ursachen für Elektrounfälle

Meist ist die Ursache für Elektrounfälle in Deutschland die Folge der Missachtung oder unzureichenden Ausführung der fünf Sicherheitsregeln. Außerdem sorgen unter anderem Verhaltensfehler inklusive Selbstüberschätzung sowie Unkenntnis für Elektrounfälle. Diese treten auch durch Mängel oder Fehler an Anlagenteilen und Betriebsmitteln auf.

3. Haushalt auf Elektrosicherheit prüfen

Elektrosicherheit hat viele Gesichter. Dazu zählt auch, dass alle im Haushalt verwendeten Geräte technisch in Ordnung sind. Die folgende Checkliste hilft, potentielle Gefahrenquellen im Haushalt zu entdecken.

1. Sind die Abdeckungen von Steckdosen und Lichtschaltern noch einwandfrei und haben sie noch festen Halt in der Wand?
2. Sind die Gehäuse aller im Haushalt verwendeten Geräte in Ordnung?
3. In welchem Zustand befinden sich alle im Haushalt genutzten Kabel? Zu ihnen zählen nicht nur Verlängerungskabel und Steckdosenleisten, sondern auch die Anschlussleitungen aller verwendeten Geräte inklusive deren Anschlussstecker.
4. Lockere oder herausgerissene Steckdosen sowie schadhafte Abdeckungen von Lichtschaltern oder Steckdosen sind schnellstmöglich von einem autorisierten Fachmann wieder in ordnungsgemäßen Zustand zu versetzen.
5. Schadhafte Verlängerungskabel, Steckdosenleisten und Geräte sind unverzüglich vom Stromnetz zu trennen. Sie sind entweder durch neue Geräte zu ersetzen oder von einer autorisierten Fachwerkstätte zu reparieren.

Der Betrieb derart schadhafter Geräte, wie dieser Steckdosenleiste, ist grob fahrlässig und lebensgefährlich!

3.1 Stichwort schadhaftes Gehäuse

Sind Teile eines Gehäuses abgebrochen, besteht die Möglichkeit, blanke, stromführende Metallteile im Inneren berühren zu können. In solchen Fällen besteht höchste Lebensgefahr! Das Gleiche gilt auch für schadhafte Kabel mit aufgescheuertem Mantel. Zwar sind die in ihm enthaltenen Leitungsadern noch gesondert mit einer Isolierung versehen, diese hält aber nur geringen mechanischen Belastungen stand. Beschädigte Stellen mal schnell mit Isolierband abzukleben, stellt keinen wie auch immer gearteten Schutz vor Berührung dar.

4. Arbeiten an elektrischen Anlagen

4.1 Was ist erlaubt?

Aus rechtlicher Sicht ist Laien jede Tätigkeit untersagt, bei der sie mit Strom in Berührung kommen könnten. Selbst dann nicht, wenn sie bestens mit Werkzeug umzugehen wissen.

Zulässig sind nur vorbereitende Arbeiten im Zuge einer Hausinstallation. Allerdings dürfen selbst hier Tätigkeiten wie das Verlegen von Rohren und Leitungen nur unter Aufsicht einer dafür autorisierten Fachkraft erfolgen. Nur ihr obliegt es, zum Beispiel eingezogene Leitungen an Steckdosen, Schaltern usw. anzuschließen.

Zulässig ist ferner die gemeinsame Planung einer elektrischen Anlage. Schließlich weiß der Kunde am besten, wo er künftig welche Geräte zu betreiben gedenkt. Der Fachmann kümmert sich um die ordnungsgemäße Ausführung.

Was könnte schiefgehen?

Dass das Arbeiten an elektrischen Anlagen lebensgefährlich sein kann, wurde bereits behandelt. Dabei geht es nicht nur darum, dass sich der unwissende Heimwerker in unmittelbare Gefahr begibt. Falsch angeschlossene Geräte stellen auch eine unmittelbare Gefahr für alle Mitbewohner und Gäste dar.

Ferner sind erst mit der Zeit auftretende Gefahrensituationen zu berücksichtigen. So können etwa unterdimensionierte Leitungen und mangelhaft ausgeführte Drahtverbindungen zu lokalen Erhitzungen führen, die sich zu Bränden entwickeln können. Wird im Zuge der Ermittlung der Brandursache eine fahrlässig errichtete Elektroinstallation festgestellt, sind Versicherungen in der Regel nicht zur Zahlung eines Schadenersatzes verpflichtet.

Was besagt die NAV?

Die Niederspannungsanschlussverordnung, kurz NAV, regelt unter anderem in Paragraph 13, welche Tätigkeiten von wem durchgeführt werden dürfen. So ist es Laien grundsätzlich untersagt, Arbeiten an elektrischen Anlagen durchzuführen. Dies schließt auch das Austauschen einer Steckdose oder das Anschließen einer Lampe mit ein, da es hier letztlich um Tätigkeiten an der elektrischen Anlage an sich geht. An diesen Fakten ist nicht zu rütteln. Auch dann nicht, wenn alles dafür Erforderliche in jedem Baumarkt angeboten wird.

Verbote missachten?

Es ist kein Geheimnis, dass sich Laien trotz Verboten häufig an elektrischen Anlagen zu schaffen machen. Ihnen sollte aber klar sein, dass sie in vollem Umfang für die von ihnen vorgenommenen Tätigkeiten an elektrischen Anlagen verantwortlich zeichnen.

Liegt etwa die Ursache eines Wohnungsbrands in einer unsachgemäß ausgeführten Installation, wird die ausführende Person haftbar gemacht. Die Folgen für den Laien sind umso fataler, wenn dabei eine Person zu Schaden kommt oder gar das Leben verliert. Versicherungen zahlen in solchen Fällen nicht!

Schreckt all das nicht ab, sollte man wenigstens genau über Ausführungsvorschriften und Sicherheitsvorkehrungen Bescheid wissen und auch danach vorgehen.

4.2 Korrektes Arbeiten an elektrischen Anlagen

Arbeiten an elektrischen Anlagen gelten als ausgesprochen anspruchsvoll, weil mit ihnen ein außergewöhnlich hohes Gefahrenpotential verbunden ist. Einfach drauflos ist hier definitiv der falsche Weg. Zum Ziel führen nur eine detaillierte Planung und das exakte Wissen darüber, wie die einzelnen Arbeitsschritte vorzunehmen sind. Weiter ist zu kontrollieren, ob alles benötigte Werkzeug vorhanden ist und sich in technisch einwandfreiem Zustand befindet. Zudem gilt es das Augenmerk darauf zu lenken, welche Materialien benötigt werden. Besonders wichtig ist zuletzt, dass man für die Tätigkeit ausreichend Zeit vorsieht. Sie bildet schließlich die Grundlage für überlegtes Handeln und gibt auch die Chance, mit unerwarteten Problemen fertig zu werden.

Der folgende Leitfaden gibt Ihnen einen Überblick, wie Sie eine gestellte Aufgabe sicher lösen können.

1. Vor Aufnahme der Arbeit ist das durchzuführende Projekt bis ins kleinste Detail zu planen. Welche Arbeitsschritte sind der Reihe nach vonnöten? Was braucht man dafür an Werkzeug und Material? Wie sind Geräte anzuschließen?
2. Stellen Sie eine Checkliste zusammen, die alle Arbeitsschritte der Reihe nach enthält. Sie kann auch Skizzen und Schaltpläne enthalten. Etwa, wie ein Gerät anzuschließen oder mehrere Leitungen miteinander zu verbinden sind.
3. Schalten Sie anhand der fünf Sicherheitsregeln (siehe Kapitel 2.1) den Stromkreis frei, in dem gearbeitet werden soll. Zur zusätzlichen Absicherung können Sie auch den FI-Fehlerstrom-Schutzschalter ausschalten. So sind alle ihm nachgeschalteten Stromkreise spannungsfrei. Berücksichtigen Sie, dass in moderneren Haushalten mehr als ein FI anzutreffen sein kann.

4. Beim Einrichten des Arbeitsplatzes ist auf Sicherheit, wie etwa den sicheren Stand einer Leiter, zu achten. Oberstes Gebot ist, dass sicheres Arbeiten jederzeit gewährleistet ist.
5. Der Arbeitsort ist zuerst auf Spannungsfreiheit zu prüfen. Erst nachdem diese im Sinne der fünf Sicherheitsregeln gegeben ist, kann die Tätigkeit aufgenommen werden.
6. Arbeiten sind stets so durchzuführen, als würde die Anlage unter Spannung stehen. Berühren Sie also keine blanken Drähte und metallischen Teile, die unter Spannung stehen könnten. Auf diese Weise arbeiten auch gut ausgebildete Elektriker.
7. Nutzen Sie ausnahmslos schutzisoliertes Werkzeug.

4.3 Klemmenbezeichnungen

Die Klemmen elektrischer Geräte sind in der Regel beschriftet, um Fehler bei deren Anschluss zu vermeiden. Insbesondere bei Motoren oder etwa E-Herden mit Drehstromanschluss ist genau vorgegeben, welche Drähte an den einzelnen Klemmen anzuschließen sind. Meist erfolgt die Beschriftung anhand der festgelegten Buchstaben, wie **L** für den Außenleiter und **N** für den Neutralleiter. Für die Kennzeichnung des Schutzleiteranschlusses wird häufig neben **PE** auch ein Erdungssymbol genutzt.

Zum Teil kann der Schutzleiteranschluss auch am Metallgehäuse angebracht sein und sich so etwas weiter entfernt von den übrigen Klemmen befinden. Sofern der Schutzleiteranschluss nicht sofort ersichtlich ist, gilt es, nach ihm Ausschau zu halten. Dabei sollte man sich vor Augen halten, dass Geräte mit berührbaren Metallteilen jedenfalls einen Schutzleiteranschluss besitzen müssen. Besondere Vorsicht ist in diesem Zusammenhang bei Direktimporten aus Fernost angebracht. Bei ihnen darf man nicht davon ausgehen, dass die in Europa allgemein üblichen Sicherheitsstandards eingehalten werden. So kann man auch schon mal einen im Grunde notwendigen Schutzleiteranschluss vermissen. Der Betrieb solcher Geräte, auch wenn es sich nur um einen Lampenschirm handelt, ist unzulässig und grob fahrlässig.

Klemmenbezeichnungen im Detail

- **PE:** Schutzleiterklemme – an ihr ist der grüngelbe Schutzleiter anzuschließen.
- **N:** Neutralleiterklemme – an ihr ist der blaue Neutralleiter anzuschließen.
- **L:** Außenleiterklemme – an ihr ist der braune Außenleiter anzuschließen.

400-Volt-Drehstrom besitzt drei Außenleiter. Jedem ist eine eigene Farbe zugedacht.

- **L1:** Außenleiterklemme L1 – an ihr ist der braune Außenleiter anzuschließen.
- **L2:** Außenleiterklemme L2 – an ihr ist der schwarze Außenleiter anzuschließen.
- **L3:** Außenleiterklemme L3 – an ihr ist der graue Außenleiter anzuschließen.

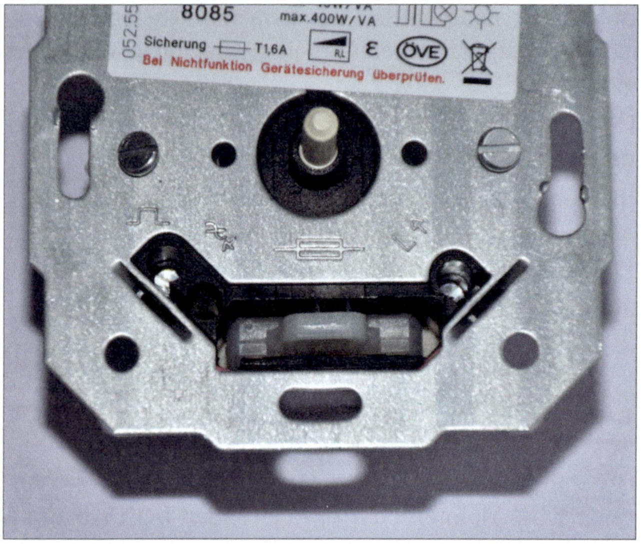

Beispiel für die Anschlussklemmenbeschriftung eines Lichtschalters

Welche Drähte wo anzuschließen sind, ist den Klemmenbezeichnungen zu entnehmen

4.4 Stichwort Werkzeug

Für Arbeiten an elektrischen Anlagen – dazu zählt auch die Hausinstallation inklusive Steckdosen und Co. – ist sogenanntes Elektriker-Werkzeug dringend anzuraten. Es ist mit einer Schutzisolierung versehen, die seinen Einsatz unter Spannung zulässt. Elektriker-Werkzeug muss mehrere Anforderungen erfüllen, die sicheres Arbeiten gewährleisten. Dazu zählt, dass die Isolierung für Spannungen bis 1.000 Volt ausgelegt sein muss. Außerdem muss die Isolierung aus schwer entflammbarem PVC hergestellt sein. Und ein Abrutschschutz verhindert, dass man etwa beim Schraubendreher vom Griff in Richtung Klinge abrutschen kann.

Zulässiges Elektriker-Werkzeug ist VDE-geprüft, was zumindest bei hochwertigem Werkzeug an einem VDE- und GS-Gütesiegel erkennbar ist. Es informiert darüber, dass das Werkzeug die in der Norm VDE/EN/IEC 60900 festgelegten Sicherheitskriterien erfüllt und für gut befunden wurde.

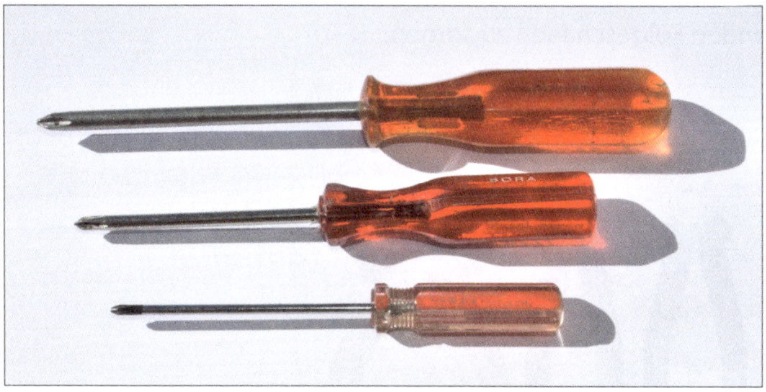

Solche Werkzeuge haben bei Arbeiten an elektrischen Anlagen nichts verloren. Sie bieten keinen ausreichenden Berührungsschutz

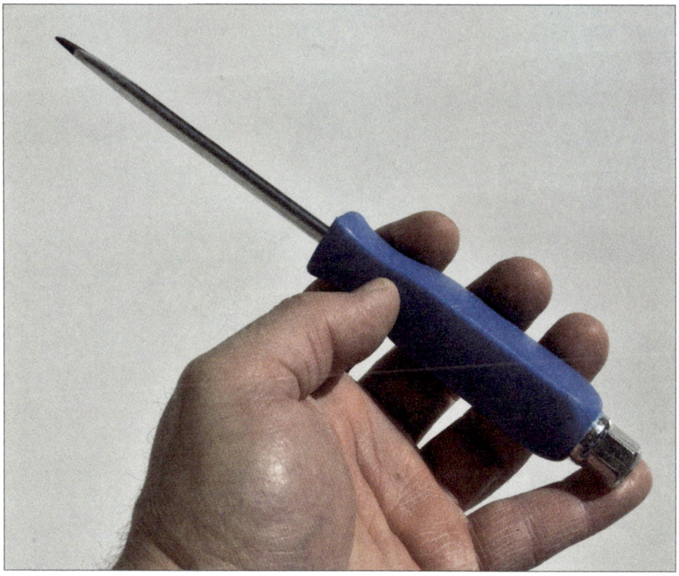

Solche Schraubendreher sind noch gefährlicher, da sie den Strom bis zur Handfläche leiten können

Warum ist Elektriker-Werkzeug wichtig?

Nicht immer lässt sich der Strom so weit abschalten, dass der gesamte Arbeitsbereich und dessen größeres Umfeld in seiner Gesamtheit spannungslos sind. Das kann zumindest in Verteilerschränken schwierig werden. Gerade hier bekommt die Aussage, dass man stets so arbeiten soll, als stünde die gesamte Anlage unter Spannung, eine besondere Gewichtung. Selbst bei größter Vorsicht ist man nicht davor gefeit, etwa von einer Schraube abzurutschen und mit der Spitze des Schraubendrehers an einen Spannung führenden Teil zu gelangen. Bei herkömmlichem Werkzeug ohne Isolierung würde in diesem Moment die Spannung bis unmittelbar an den Griff reichen. Damit würde sich nicht nur das Risiko einer zufälligen Berührung erhöhen, sondern auch die Wahrscheinlichkeit, für einen satten Kurzschluss mit weitreichenden Folgeschäden zu sorgen.

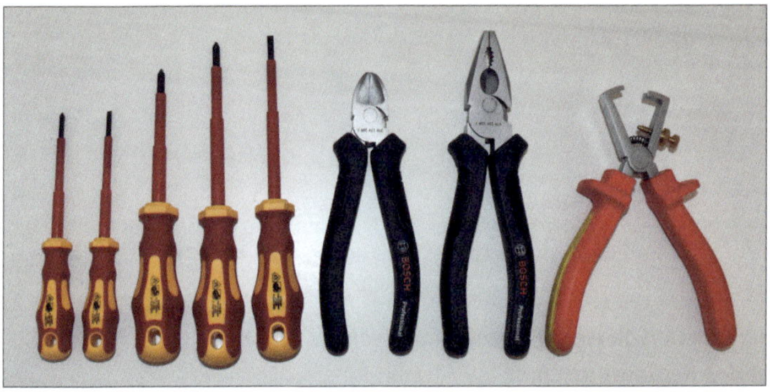

Für den Einsatz an elektrischen Anlagen geeignete Werkzeuge weisen ein Höchstmaß an Berührungsschutz auf

Ferner ist ein guter Abrutschschutz ein weiteres Merkmal guter Werkzeuge für den Einsatz an elektrischen Anlagen

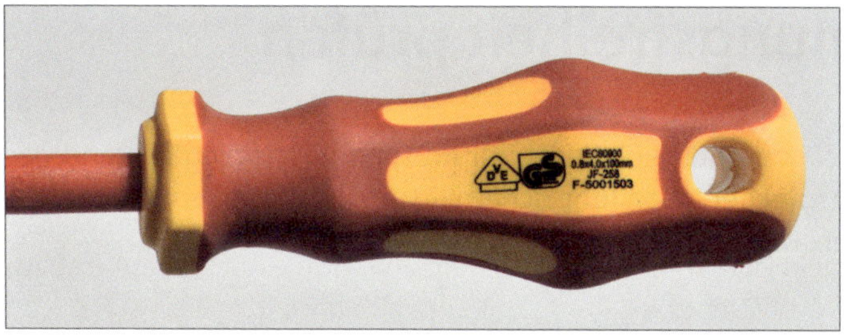

Geprüfte Werkzeuge sind mit Siegeln gekennzeichnet. Sie gewährleisten gute Qualität und somit guten Schutz

Elektriker-Werkzeug muss einwandfrei sein

Damit Elektriker-Werkzeug seiner Schutzfunktion nachkommen kann, muss es in technisch einwandfreiem Zustand sein. Bei Schäden an der Isolierung oder am Abrutschschutz sind die Schutzkriterien nicht mehr gegeben und das Werkzeug ist zu ersetzen.

Messgeräte

Was für Schraubendreher, Zangen und etwa Abisolierwerkzeuge zutrifft, gilt in gleichem Maße auch für Messgeräte wie Spannungsprüfer oder Multimeter. Ihre Gehäuse und Messleitungen müssen sich in technisch einwandfreiem Zustand befinden. Aufgescheuerte Leitungen, bei denen das blanke Metall sicht- und berührbar ist, sind unverzüglich zu ersetzen. Das Gleiche trifft auch für Messgeräte mit gebrochenem Gehäuse zu.

Beim Kauf eines Messgerätes gilt es, ebenfalls auf VDE- und GS-Symbole zu achten. Billig-Multimeter aus Fernost erfüllen diese Kriterien nicht immer und können bereits überfordert sein, wenn damit Messungen im Drehstrombereich (400 Volt) vorgenommen werden sollen. Mit solchen fehlerhaften Geräten kann man sich dabei in absolute Lebensgefahr begeben.

5. Auf Spannungsfreiheit prüfen

Sicheres Arbeiten an einer elektrischen Anlage ist nur im spannungsfreien Zustand gewährleistet. Deshalb gilt, entsprechend den fünf Sicherheitsregeln, die Spannungsfreiheit an der Arbeitsstelle zu prüfen. Dazu bieten sich mehrere Optionen an.

5.1 Spannungsprüfer

Spannungsprüfer, auch Spannungstester genannt, stellen eine schnelle und simple Option dar, die Spannungsfreiheit, etwa an einer Steckdose, festzustellen. Sie sind gewöhnlich mit einer Reihe von LEDs ausgestattet, die jede für sich das Vorhandensein bestimmter Mindestspannungen, etwa 12 V, 24 V, 120 V, 230 V und weitere, signalisieren. Besser ausgestattete Modelle besitzen ein kleines Display, auf dem die exakte Spannung abzulesen ist.

Anders als bei einem Multimeter sind am Spannungsprüfer keine Voreinstellungen vorzunehmen, um ein korrektes Messergebnis angezeigt zu bekommen.

Wie wird mit dem Spannungsprüfer auf Spannungsfreiheit geprüft?

1. Spannungsprüfer mechanisch kontrollieren. Sind Gehäuse und Messleitung intakt? Falls nicht, darf das Gerät nicht mehr genutzt werden.
2. Spannungsprüfer auf Funktion prüfen. Dazu ist eine Kontrollmessung an einer funktionierenden Steckdose vorzunehmen. Beide Messspitzen sind in die Kontaktlöcher der Steckdose zu halten. Die Messspitzen dürfen keinesfalls berührt werden, da sie unter Spannung stehen.
3. Der Spannungsprüfer muss nun an die 230 Volt anzeigen. Dazu leuchten zum Beispiel alle LEDs bis 230 Volt. Zeigt der Tester nichts oder eine zu geringe Spannung an, ist er defekt und unverzüglich zu entsorgen.
4. Nachdem das einwandfreie Funktionieren festgestellt wurde, kann mit dem Spannungsprüfer die Spannungsfreiheit an der Arbeitsstelle kontrolliert werden. Wichtig ist eine allpolige Kontrolle. Nur sie stellt sicher, dass die Arbeitsstelle garantiert spannungsfrei ist. Im Fall einer Steckdose sind zum Beispiel drei Messungen erforderlich. Je eine zwischen Außen- und Neutralleiter, die sich hinter den beiden Kontaktlöchern befinden, sowie Außen- und Neutralleiter gegen den Schutzleiter, gemeinhin auch als Erde bekannt. Während aller drei Messungen darf am Spannungsprüfer keine LED aufleuchten.
5. Zuletzt ist die Funktion des Spannungsprüfers noch einmal an einer funktionierenden Steckdose an einem nicht abgeschalteten Stromkreis zu prüfen. Nun muss er wieder 230 Volt anzeigen.

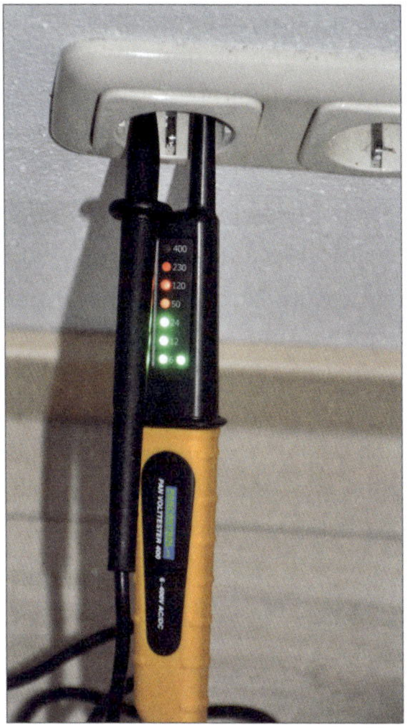

Vor und nach der Prüfung auf Spannungsfreiheit ist der Spannungsprüfer auf einwandfreie Funktion zu prüfen

Nur wenn im ausgeschalteten Zustand keine Anzeige erfolgt, ist die Arbeitsstelle tatsächlich spannungsfrei

> **Warum drei Messungen?**
> Geht man davon aus, dass bei einer elektrischen Anlage alle Leitungen korrekt angeschlossen wurden, würde die Kontrolle zwischen Außen- und Neutralleiter genügen. Doch die Praxis zeigt immer wieder, dass bei der Elektroinstallation geschlampt wurde. Deshalb sollte man bei Anlagen, die man nicht kennt, nicht davon ausgehen, dass die Arbeiten normgerecht ausgeführt wurden. Deshalb dient die Kontrolle zwischen Außen- und Neutralleiter sowie dem Schutzleiteranschluss der eigenen Sicherheit.

5.2 Spannungsfreiheit mit Multimeter prüfen

Multimeter sind universelle Mehrzweck-Messgeräte. Sie kommen nicht nur mit einem Display, das exakte Messwerte anzeigt, sondern auch mit einem Einstellrad und, je nach Modell, mit weiteren Tasten. Vor dem ersten Einsatz muss man sich im Klaren sein, wie das Messgerät auf die vorzunehmende Messung einzustellen ist. Macht man hier einen Fehler, sind falsche Messergebnisse unvermeidlich. Sie können fatale Folgen nach sich ziehen.

Multimeter können Gleich- und Wechselgrößen messen. Ist das Gerät beispielsweise für die Spannungsermittlung an einer Steckdose auf Gleichspannung eingestellt, zeigt es 0 Volt anstatt der 230 Volt an. Ein Messfehler, der das Leben kosten kann!

Schritt für Schritt

1. Multimeter auf die Betriebsart Wechselspannung schalten. Dies erfolgt entweder über den großen Messbereichs-Drehregler oder über einen gesonderten Druckknopf.
2. Multimeter auf Funktion prüfen. Dazu ist eine Kontrollmessung zum Beispiel an einer eingeschalteten Steckdose vorzunehmen. Beide Messspitzen sind in die Kontaktlöcher der Steckdose zu halten. Die Messspitzen dürfen keinesfalls berührt werden, da sie unter Spannung stehen.
3. Das Multimeter muss nun rund 230 Volt anzeigen. Andernfalls ist es nicht korrekt eingestellt oder es ist kaputt. Im Zweifelsfall sind die Einstellungen am Gerät zu überprüfen.
4. Ist die einwandfreie Funktion des Multimeters sichergestellt, kann damit die Spannungsfreiheit an der Arbeitsstelle kontrolliert werden. Auch hier ist eine allpolige Kontrolle zwischen Außen- und Neutralleiter sowie dem Schutzleiter vorzunehmen. Das Gerät muss in allen Fällen 0 Volt anzeigen.
5. Zuletzt ist die Funktion des Multimeters noch einmal an einer funktionierenden Steckdose an einem nicht abgeschalteten Stromkreis zu prüfen. Nun muss es wieder an die 230 Volt anzeigen.

Bei diesem älteren Analog-Multimeter sind Gleich- und Wechselspannungen über den großen Messbereichssteller auszuwählen

Hier ist das Multimeter auf Gleichspannung eingestellt und zeigt nur eine Spannung von wenigen Millivolt an

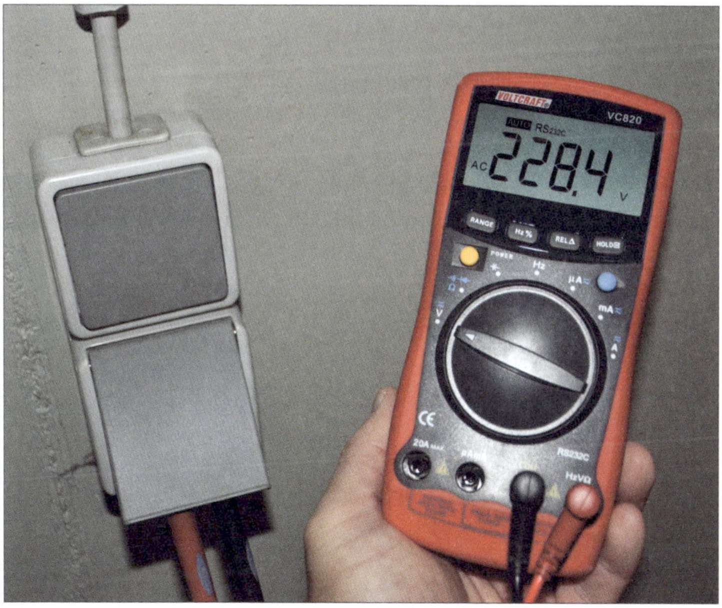

Mit der korrekten Einstellung zum Messen bei Wechselspannung, ersichtlich am AC-Zeichen im Display, wird die tatsächliche Spannung gemessen

Licht ein, Licht aus reicht nicht

Immer wieder erlebt man, dass die Spannungsfreiheit in einem Raum nur durch das Ein- und Ausschalten der Beleuchtung kontrolliert wird. Eine grob fahrlässige Vorgehensweise! Denn Steckdosen und Beleuchtung müssen nicht mit einem gemeinsamen Stromkreis abgesichert sein. Außerdem entfällt hier die Kontrollmöglichkeit nach der eigentlichen Überprüfung, ob das Messinstrument, in dem Fall die Beleuchtung, noch funktioniert. Sie könnte auch genau in diesem Augenblick kaputtgegangen sein und nur deshalb nicht leuchten, obwohl weiter Spannung besteht.

5.3 Was taugt ein Phasenprüfer?

Unter einem Phasenprüfer versteht man einen etwas kleineren Schraubendreher, in dessen Griff eine Glimmlampe eingebaut ist. Sie stellt eine simple Messeinrichtung dar, mit der sich feststellen lässt, ob am Außenleiter eine Wechselspannung von rund 100–250 Volt anliegt. Damit eignet er sich bedingt zur Ermittlung der Spannungsfreiheit. Allerdings ist der Phasenprüfer keine Alternative zu einem Spannungsprüfer oder einem Multimeter, da sich mit ihm keine zuverlässige Aussage über die Spannungsfreiheit eines Anlagenteils treffen lässt.

Schritt für Schritt

1. Noch bevor der Phasenprüfer auf sein Funktionieren getestet wird, ist zu kontrollieren, ob sein Gehäuse und die Schaftisolierung in technisch einwandfreiem Zustand sind. Bei festgestellten Mängeln ist der Phasenprüfer unverzüglich zu entsorgen. Sein Einsatz in einer elektrischen Anlage wäre lebensgefährlich.
2. Zur Spannungsprüfung ist die Schaftspitze zum Beispiel in eines der beiden Kontaktlöcher einer Steckdose zu halten.
3. Am hinteren Ende des Phasenprüfers befindet sich eine plane Metallfläche. Sie ist mit einem Finger zu berühren.

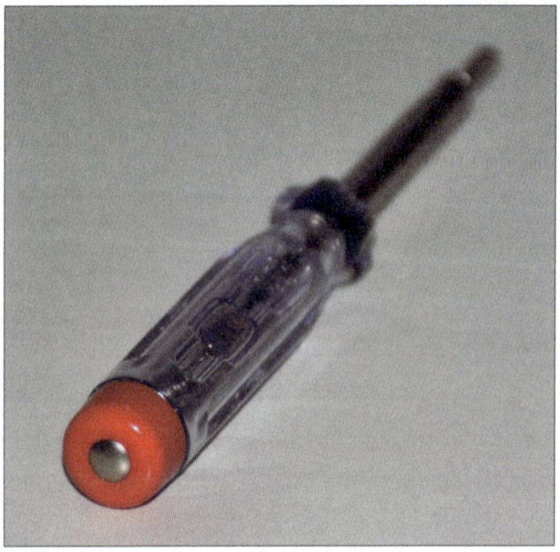

Der Phasenprüfer besitzt an der Rückseite eine Kontaktfläche

4. Wird der Phasenprüfer gerade an einen Außenleiter gehalten, beginnt die im Griff eingebaute Glimmlampe zu leuchten. Wird der Neutral- oder Schutzleiter berührt, bleibt die Glimmlampe dunkel.
5. Zur Funktionskontrolle ist die Messung an einem weiteren Außenleiter zu wiederholen.

Wird der Phasenprüfer wie hier an einen Außenleiter gehalten, bleibt die Glimmlampe dunkel

Nur wenn gleichzeitig die rückwärtige Kontaktfläche berührt wird, beginnt die Glimmlampe zu leuchten

5.4 Spannungsfreiheit in Drehstromnetzen ermitteln

Wie bereits erwähnt wurde, bringt die gewöhnliche Haushalts-Wechselspannung von 230 Volt bereits lebensbedrohliche Gefahren mit sich. Bei Drehstromanschlüssen ist das Gefahrenpotential ungleich höher. Schließlich haben wir es hier nicht nur mit einer höheren Spannung, nämlich 400 Volt, zu tun, sondern es können auch höhere Ströme fließen.

Die fünf Kontakte einer Drehstrom-Steckdose erhöhen das Risiko, sie falsch angeschlossen zu haben. Deshalb ist es bei ihnen umso wichtiger, jeden Kontakt gegen jeden auf Spannungsfreiheit zu prüfen. Was in Summe zehn Messungen ausmacht. Egal, zwischen welchen Kontakten gemessen wird, das Instrument muss in jedem Fall 0 Volt anzeigen.

Diese Messungen sind durchzuführen

Spannung zwischen:

- L1 und L2
- L1 und L3
- L2 und L3
- L1 und N
- L2 und N
- L3 und N
- L1 und PE
- L2 und PE
- L3 und PE
- N und PE

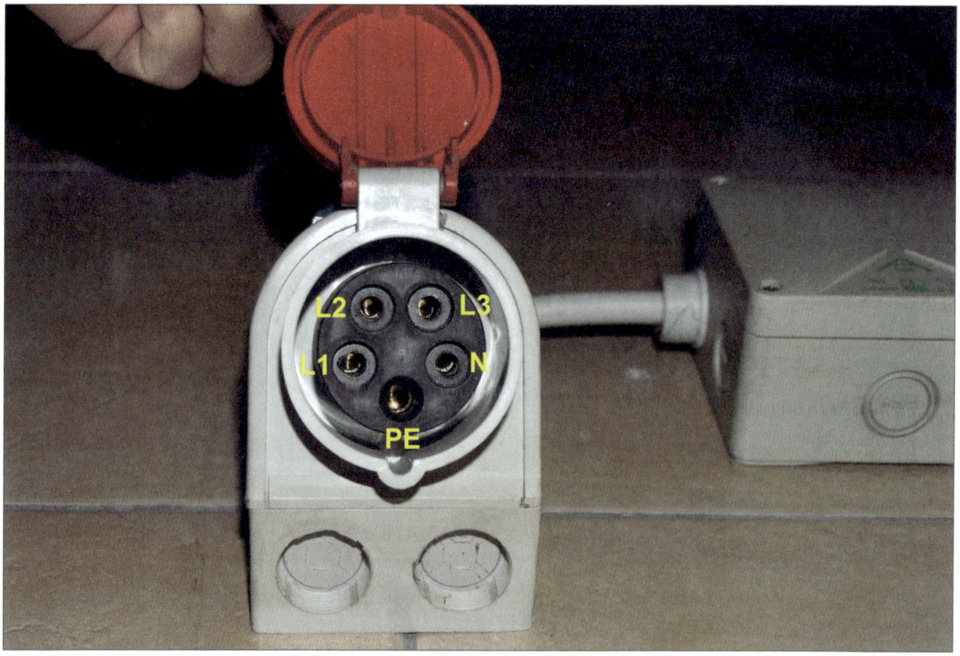

Bei einer Drehstrom-Steckdose ist die Belegung der fünf Pins genau definiert

Schritt für Schritt

1. Multimeter auf die Betriebsart Wechselspannung schalten. Dies erfolgt entweder über den großen Messbereichs-Drehregler oder über einen gesonderten Druckknopf.
2. Multimeter auf Funktion prüfen. Dazu ist eine Kontrollmessung zum Beispiel an einer eingeschalteten Steckdose vorzunehmen. Beide Messspitzen sind in die Kontaktlöcher der Steckdose zu halten. Die Messspitzen dürfen keinesfalls berührt werden, da sie unter Spannung stehen.
3. Das Multimeter muss nun rund 230 Volt anzeigen. Andernfalls ist es nicht korrekt eingestellt oder es ist kaputt. Im Zweifelsfall sind die Einstellungen am Gerät zu überprüfen.
4. Ist die einwandfreie Funktion des Multimeters sichergestellt, kann damit die Spannungsfreiheit an der Drehstrom-Steckdose kontrolliert werden. Mit zehn Messungen zwischen allen Kontakten ist eine allpolige Kontrolle gewährleistet. Das Gerät muss in allen Fällen 0 Volt anzeigen.
5. Zuletzt ist die Funktion des Multimeters noch einmal an einer funktionierenden Steckdose an einem nicht abgeschalteten Stromkreis zu prüfen. Nun muss es wieder an die 230 Volt anzeigen.

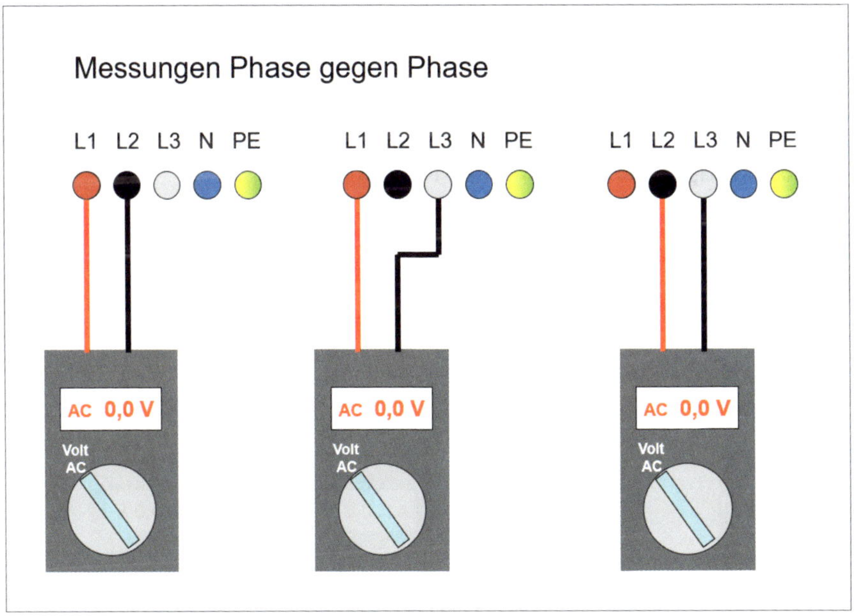

Die Grafik zeigt, wie die Kontrollmessungen zwischen den drei Außenleitern einer Drehstrom-Steckdose vorzunehmen sind

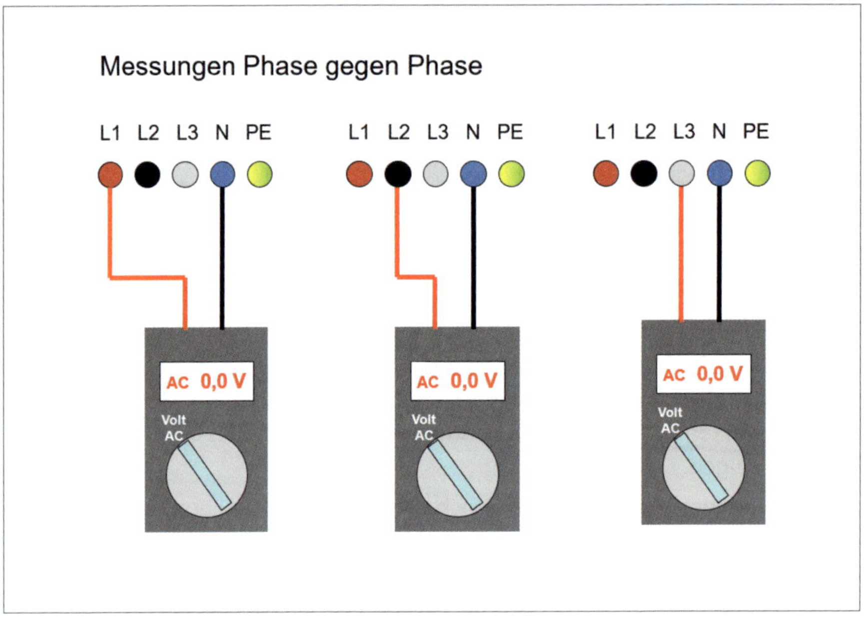

Diese Grafik veranschaulicht die Kontrollmessungen zwischen den drei Außenleitern und dem Neutralleiter einer Drehstrom-Steckdose

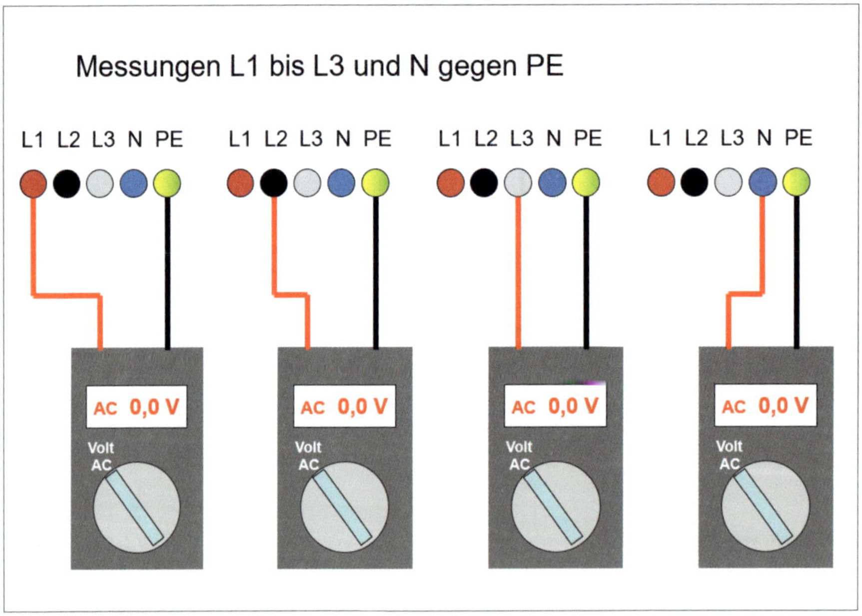

Zuletzt ist noch die Spannungsfreiheit zwischen den drei Außenleitern, dem Neutralleiter und dem Schutzleiter zu prüfen

6. Arten und Farben elektrischer Leitungen

In der Verkabelung elektrischer Anlagen findet man eine Reihe an bunten Leitungen. Sie sind nicht zufällig gewählt, sondern kennzeichnen die Funktion der einzelnen Drähte. Damit helfen die Leiterfarben, sich Übersicht in einer elektrischen Anlage verschaffen zu können. Dabei versteht sich von selbst, dass die farbliche Kennzeichnung einer Leitung auf ihrer gesamten Länge gegeben sein muss, um Verwechslungen ausschließen zu können. Nur so bleibt die Übersichtlichkeit gewahrt. Zudem werden dadurch Unfallrisiken verringert.

Elementar ist die Einhaltung der Farbcodes insofern, als elektrische Anlagen sozusagen für die Ewigkeit errichtet werden. Je nach Alter eines Hauses kann die Elektroinstallation inzwischen bis an die 100 Jahre alt sein. Mit einer alten Hausinstallation ist man etwa konfrontiert, wenn man zum Beispiel in ein Haus aus den 1970ern einzieht und die Elektroinstallation an die heutigen Anforderungen angepasst werden soll. Was auch heißt, dass andere Installateure diese Modernisierung ausführen werden als jene, die diese Anlage errichtet hatten. Damit schafft die Einhaltung der Normen die Grundlage, um sich in einer beliebigen Altanlage zurechtfinden zu können.

Je nach Funktion ist jeder Leitungsart eine bestimmte Farbe zugeordnet. Am bekanntesten dürften das Grüngelb des Schutzleiters und das Blau des Neutralleiters sein.

6.1 Außenleiter allgemein

Der Außenleiter ist umgangssprachlich besser unter dem Begriff Phase bekannt. Er entspricht der Zuleitung zu einem Verbraucher, etwa zu einer Lampenfassung oder einer Steckdose. Die Funktion des Außenleiters ist der Transport der elektrischen Energie zu einem Verbraucher. Gemeinsam mit dem Neutralleiter bildet der Außenleiter einen Stromkreis.

Der Außenleiter trägt die Abkürzung **L**. Da bei Drehstromanschlüssen drei Außenleiter zum Einsatz kommen, werden sie als **L1**, **L2** und **L3** bezeichnet.

Ungeschalteter Außenleiter

Unter der ungeschalteten Phase bzw. dem ungeschalteten Außenleiter versteht man den vom Sicherungskasten abgehenden spannungsführenden Leiter. Wobei dieser nicht durch ein Schaltgerät oder einen Steuermechanismus unterbrochen ist. Womit an ihm stets Spannung vorhanden ist. Für den ungeschalteten Außenleiter ist die Farbe Schwarz vorgesehen.

Geschalteter Außenleiter

Der geschaltete Außenleiter ist zum Beispiel die Verbindung vom Lichtschalter zu einer Lampenfassung. Als Farben können für den geschalteten Außenleiter Braun, Schwarz oder Grau genutzt werden. Im Unterschied zum ungeschalteten Außenleiter kann am geschalteten Außenleiter Spannung anstehen oder nicht.

6.2 Neutralleiter

Der Neutralleiter transportiert den elektrischen Strom vom Verbraucher zurück zum Sicherungskasten. Je nachdem, ob der Verbraucher an oder aus ist, fließt durch ihn Strom oder nicht. Für den Neutralleiter ist der Kennbuchstabe **N** vorgesehen. Er ist in einer Elektroinstallation mit der Farbe Blau auszuführen.

6.3 Schutzleiter

Der Schutzleiter, Abkürzung **PE**, ist auch als Erdung bekannt. Über ihn werden Fehlströme zur Erde abgeleitet. Sie entstehen gewöhnlich im Rahmen eines Defekts, bei dem das Metallgehäuse eines Gerätes unter Spannung gesetzt wird. Der damit verbundene Fehlerstrom fließt über den Schutzleiter ab und schaltet den FI-Fehlerstrom-Schutzschalter aus.

Zur leichten Erkennbarkeit muss der Schutzleiter in Grüngelb ausgeführt sein. Damit ist er der einzige zweifarbige Draht in der Elektroinstallation.

6.4 Vorgeschriebene Leiterfarben

Welche Leiterfarben in der Elektroninstallation vorgeschrieben sind, ist in der DIN VDE 0100-510 »Errichten von Niederspannungsanlagen« und dort in Teil 5-51 »Auswahl und Errichtung elektrischer Betriebsmittel – Allgemeine Bestimmungen« festgelegt. Im Detail bezieht sich dabei die VDE 0100-510 auf die DIN-Norm VDE 0293-308. Sie gilt in Deutschland, Österreich und der Schweiz und wurde von den in allen drei Ländern geltenden nationalen Regelungen für die Errichtung von Elektroinstallationen übernommen.

Ausnahmen

Für den Außenleiter kommt gewöhnlich Braun zum Einsatz. In älteren Anlagen ist er in der Regel in Schwarz ausgeführt. Dennoch kann auch heute noch der Außenleiter in Wechselstromkreisen in Schwarz oder sogar Grau anzutreffen sein. Dann nämlich, wenn in einem Mehrleiterkabel die Farben Braun, Schwarz und Grau für unterschiedliche Wechselstromkreise vorgesehen sind.

Ausnahmen bei der Farbwahl der zu verlegenden Leitungen sind zum Teil auch auf nationale Eigenheiten zurückzuführen. So kommen etwa in Österreich im Vergleich zu Deutschland einige weitere Leiterfarben zum Einsatz. Orange und Rosa sind in Österreich für Verbindungsleitungen bei Wechsel- und Kreuzschaltungen sowie als Steuerleitung zulässig. Weiter kann Weiß als geschalteter Außenleiter genutzt werden.

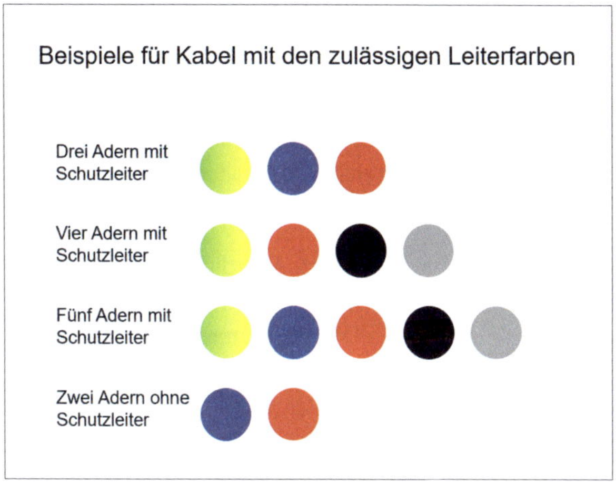

Beispiele für zulässige Leiterfarben bei Kabeln

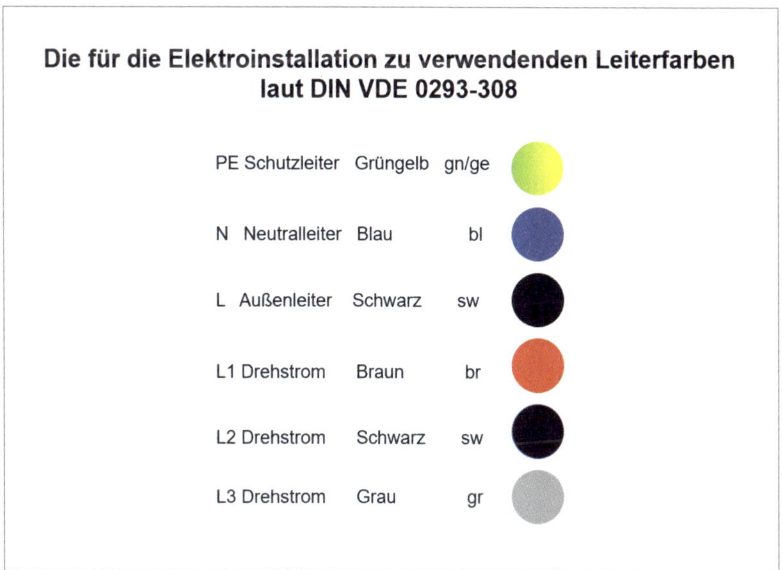

Die Grafik veranschaulicht die laut DIN VDE 0293-308 zu verwendenden Leiterfarben

7. Elektroinstallationen im Wandel der Zeit

Die ersten Elektroinstallationen in Gebäuden wurden bereits im ausgehenden 19. Jahrhundert vorgenommen. Sie wurden mit der Einführung der Glühlampe ab etwa 1880 notwendig. Art und Ausführung von Elektroinstallationen haben sich im Laufe der Jahrzehnte grundlegend geändert. So hat man etwa bis nach dem Ersten Weltkrieg auch im Wohnbereich Freileitungen zu Glühlampen verlegt. Dazu wurden blanke Drähte auf kleinen Isolatoren an der Zimmerdecke angebracht. Gut erreichbar mit allerlei Gegenständen und somit absolut lebensgefährlich.

Vergleichsweise schnell wurden elektrische Leitungen isoliert. Allerdings noch nicht mit den heute üblichen Kunststoffen, sondern mit Textilumwicklung. Derartige stoffummantelte Leitungen kann man bis heute in den Elektroinstallationen alter Häuser vorfinden. Bei ihnen ist besondere Vorsicht geboten, da die Textilisolation im Laufe der Jahrzehnte erheblich gelitten haben kann und etwa locker und spröde geworden ist. In einzelnen Fällen kann sie sogar teilweise abgefallen sein, sodass sich heute in den alten Verrohrungen durchaus auch blanke stromführende Leitungen finden können. Von ihnen gehen gleich mehrere Gefahren aus. Zum einen bleibt die Funktion des Drahts oder der Drähte in der Elektroinstallation im Unklaren. Zum anderen besteht die potentielle Gefahr von Kurzschlüssen. Sie können sogar Auslöser eines Feuers sein. Dass derart in Mitleidenschaft gezogene Installationen lebensgefährlich und zu erneuern sind, versteht sich von selbst.

Die Aufputz-Installation blieb noch über Jahrzehnte üblich. Um sie sicherer zu gestalten, wurden die elektrischen Leitungen in sogenannten Bergmannrohren verlegt. Das waren Metallrohre mit einer isolierenden Bitumen-Beschichtung in ihrem Inneren. War diese schadhaft, konnte das ganze Rohr unter Spannung stehen. Etwas mehr Sicherheit versprachen textilummantelte Leitungen, die als Aufputz-Installation ohne Bohren auf Schellen montiert wurden.

Die moderne Unterputz-Elektroinstallation setzte sich im großen Stil erst nach dem Zweiten Weltkrieg durch. Erst ab etwa der zweiten Hälfte der 1960er-Jahre erreichte sie ein Niveau, das sich den aktuellen Sicherheitskriterien zumindest angenähert hat.

7.1 Alte Farbnormen und Bezeichnungen

1965 gilt als Schlüsseljahr, in dem im Wesentlichen der bis heute bei Elektroinstallationen übliche Farbcode eingeführt wurde. In ab 1938 bis vor 1965 errichteten Anlagen begegnen uns vollkommen andere Farben, aber auch abweichende Klemmenbezeichnungen.

Der Schutzleiter PE wurde laut der von 1938 bis 1965 gültigen Norm in Rot ausgeführt. Rot wurde aber auch für geschaltete Drähte genutzt. Damit konnten rote Drähte auch regulär stromführend sein.

Zur weiteren Verwirrung kann beitragen, dass der Schutzleiter bei Drehstrom-Installationen in Grau ausgeführt wurde. Außerdem konnte auch der Neutralleiter N in Grau, aber auch in Blau, ausgeführt sein. Die drei Außenleiter bei Drehstrom wurden anstatt L1, L2 und L3 mit R, S und T bezeichnet und wurden in Schwarz, Rot und Blau ausgeführt.

Von 1965 bis 2003 trugen zumindest die Außenleiter noch etwas abweichende Farben. Für den Außenleiter L war es Schwarz statt des heutigen Braun. Zudem wurden für die drei Außenleiter L1 bis L3 eines Drehstromnetzes die Farben Schwarz, Braun und noch einmal Schwarz genutzt.

Vor 1938 gab es für Elektroinstallationen noch keine verbindliche Farbnorm. Damit erfolgte die Farbwahl bei der Errichtung von Anlagen vor 1938 höchst individuell.

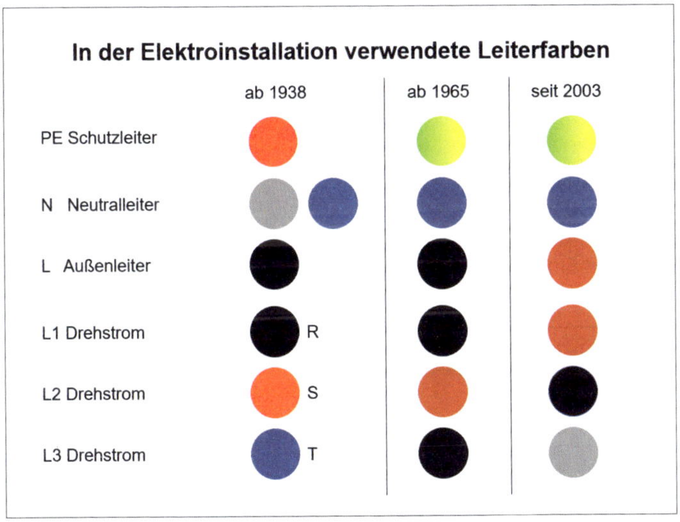

Die Gegenüberstellung veranschaulicht, welche Farbnormen bei der Elektroinstallation ab 1938 üblich waren

Solche schon recht museal anmutende Schalter mahnen zur Vorsicht, dass in dieser Anlage noch ältere Standards zur Anwendung gekommen sind

8. Installationszonen

Die Elektroinstallation darf in einem Gebäude nicht beliebig verlegt werden. Klare, in der DIN 18015-3 festgelegte Regeln gewährleisten, dass Elektroinstallationen auch von Personen wiedergefunden werden, die diese Anlagen nicht errichtet haben. Ferner hilft diese Regel, den Verlauf der nicht sichtbaren Elektroinstallation nachvollziehen zu können. Damit wird verhindert, dass elektrische Leitungen etwa bei später durchgeführten Montagen beschädigt werden. Als Stichworte seien nur das Einschlagen eines Nagels oder das Bohren von Dübellöchern genannt.

Entsprechend der DIN 18015-3 »Elektrische Anlagen in Wohngebäuden« dürfen elektrische Leitungen in Wänden nur waagerecht und senkrecht verlegt werden. Außerdem ist eine Reihe von Maßen einzuhalten. So müssen die Installationen zum Boden oder zur Zimmerdecke einen Abstand von 150 mm haben und dürfen eine Breite bis zu 300 mm beanspruchen. Bei senkrecht verlaufenden Elektroinstallationen ist zu den Zimmerecken sowie den Kanten von Türen und Fenstern ein Abstand von 100 mm einzuhalten. Die senkrechten Installationsschächte dürfen bis zu 200 mm breit sein. Schalter sind in einer Höhe von 1.050 mm vom Boden gemessen einzubauen.

Im Bereich von Arbeitsflächen in der Küche und in Arbeitsräumen sind Steckdosen üblicherweise in einer Höhe von 1.150 mm zu montieren.

Die angegebenen Maße beziehen sich auf den fertigen Wohnraum. Demnach sind der Estrich und der Wandverputz beim Einhalten der Abstände mit einzurechnen.

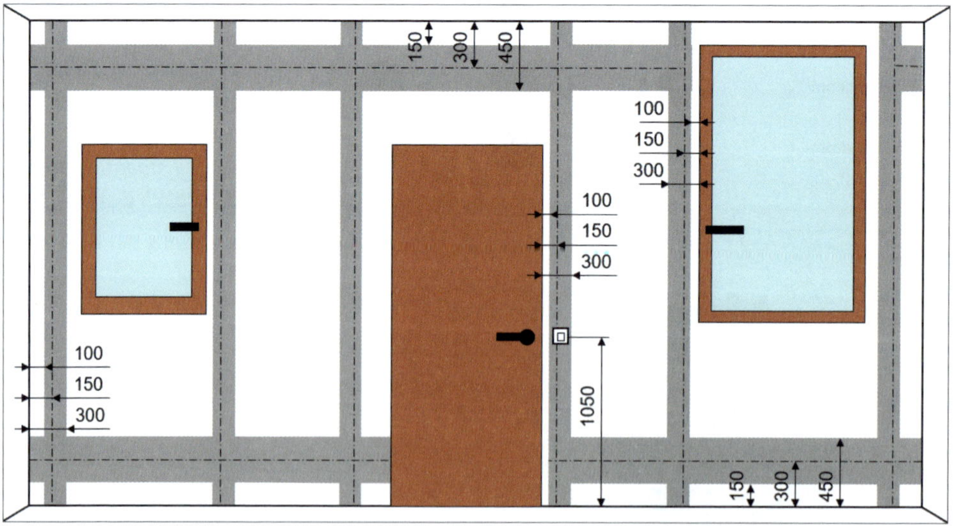

Die Grafik zeigt die entsprechend DIN 18015-3 einzuhaltenden Installationszonen in Wohnbereichen

9. Spannungsarten

Weltweit dient Wechselspannung zur Versorgung elektrischer Geräte aller Art. Doch von einem weltweit einheitlichen Standard für die elektrische Energieversorgung sind wir meilenweit entfernt. In Europa sind für Wechselspannung 230 Volt mit einer Netzfrequenz von 50 Hz üblich. In Afrika, Asien und Australien sind bis auf wenige Ausnahmen entweder 220, 230 oder 240 Volt anzutreffen. In den USA und Kanada sind 120 Volt bei 60 Hz üblich. In Mittel- und Südamerika sind Netzspannungen von 110, 115, 120, aber auch 220, 230 oder 240 Volt mit 50 oder 60 Hz verbreitet.

In unseren Breiten ist die Wechselspannung von 230 Volt allgemeiner Standard. Üblich sind ferner Vierleiteranschlüsse. Sie bestehen aus drei Außenleitern und einem Neutralleiter. Über sie werden drei um je 120 Grad zueinander verschobene Wechselströme bereitgestellt. Zwischen einem der drei Außenleiter L1, L2 oder L3 und dem Neutralleiter N herrscht eine Spannung von 230 Volt, zwischen zwei Außenleitern beträgt sie 400 Volt.

9.1 Tatsächliche Spannung

Die 230 bzw. 400 Volt gelten nur als Richtwerte. Welche Spannung genau an der Steckdose zur Verfügung steht, wird primär davon beeinflusst, wie weit man von einer Trafostation entfernt wohnt. Die zulässige Spannungstoleranz ist in der Europäischen Norm EN 50160 festgelegt. Demnach liegt der zulässige Toleranzbereich bei ±10 % der Nennspannung. Damit sind Netzwechselspannungen im Bereich von 207–253 Volt zulässig.

Bei der Versorgung entlegener Stromkunden ist der Toleranzbereich mit +10/-15 % zur Nennspannung zulässig. Dasselbe gilt ferner, wenn keine Verbindung zu einem Stromübertragungsnetz besteht. In diesen Fällen sinkt der untere Spannungsgrenzwert auf 196 Volt. Diese Toleranzen gelten auch im 400-Volt-Drehstromnetz. Demnach darf sich hier die Spannung im Bereich von 360–440 Volt bewegen. Bewegt sich die Netzspannung außerhalb der angegebenen Grenzwerte, ist mit dem zuständigen Elektrizitäts-Versorgungsunternehmen Verbindung aufzunehmen.

Hier liegt die tatsächliche Netzspannung geringfügig unter der Nennspannung von 230 Volt

9.2 Kleinspannung

Unter einer Kleinspannung versteht man eine Wechselspannung bis maximal 50 Volt und eine Gleichspannung bis zu 120 Volt. Diese beiden Spannungen gelten gleichzeitig als Grenzwerte für eine dauerhaft zulässige Berührungsspannung für Erwachsene und Standardanwendungen. Sie gelten als nicht lebensbedrohlich.

9.3 Sicherheitskleinspannung

Unter einer Sicherheitskleinspannung versteht man ein Spannungsniveau, das für Kinder und Tiere als unbedenklich gilt. Die Grenzwerte lauten bei Wechselspannung 25 Volt und bei Gleichspannung 60 Volt. Ein Schutz gegen direkte Berührung kann deshalb entfallen.

Eine Sicherheitskleinspannung begegnet uns etwa bei der Modelleisenbahn, die mit einer Gleich- oder Wechselspannung von höchstens 16 Volt betrieben wird. Die Obergrenze für Kinderspielzeug liegt bei Gleich- und Wechselspannung bei 24 Volt. Allerdings ist dabei zu berücksichtigen, dass der die Sicherheitskleinspannung erzeugende Transformator nicht Bestandteil des Kinderspielzeugs sein darf.

Bei Arbeiten in Kesseln oder allgemein in elektrisch leitfähiger Umgebung ist ausschließlich der Einsatz von Geräten zulässig, die mit einer Sicherheitskleinspannung von maximal 42 Volt betrieben werden. Darunter fällt neben Werkzeugen auch die Beleuchtung.

Achtung!
Um Verwechslungen vorzubeugen, gibt es für jede Spannungsebene eigene Stecker und Kupplungen. Sie verhindern, dass etwa ein für Kleinspannung vorgesehenes Gerät versehentlich an 230-Volt-Wechselspannung angeschlossen wird.

Kinderspielzeug wird mit Schutzkleinspannung betrieben. Bei der Modelleisenbahn ist sie auf maximal 16 Volt begrenzt

10. Stichwort: Leistungen

Steckdosen hat man immer zu wenige und vor allem nicht da, wo man sie gerade brauchen würde. Was bleibt also anderes übrig, als an der einzigen vor Ort erreichbaren Steckdose alles anzuschließen, was man gerade an elektrischen Geräten in Betrieb nehmen möchte? Schließlich gibt es Steckdosenleisten, die genau das zulassen. Immerhin gibt es solche Leisten mit bis zu zehn Schuko-Steckern. Mit anderen Worten: Aus eins mach zehn. Aber geht das? Kann man so etwa einen Heizlüfter, das Bügeleisen, den großen Standrechner, den Staubsauger und den Haarföhn bequem an nur einer einzigen Steckdose anschließen?

Ja – Aber!

Grundsätzlich funktioniert das. Allerdings mit einer großen Einschränkung. Die Geräte dürfen **nicht gleichzeitig** betrieben werden. Denn die von einer Steckdose beziehbare elektrische Energie ist begrenzt. Und zwar gleich mehrfach!

Zunächst kommt es darauf an, welcher Drahtquerschnitt in dem betreffenden Stromkreis verlegt wurde. Für typische Steckdosen-Stromkreise wurde in der Vergangenheit ein Querschnitt von 1,5 mm^2 verlegt. Er darf mit maximal 16 Ampere abgesichert sein. Damit können an diesen Stromkreis höchstens 3.680 Watt an zu verbrauchender elektrischer Leistung angeschlossen werden. Meist wird es aber weniger sein, da je nach Ausführung der Elektroinstallation und Beschaffenheit des Mauerwerks mitunter auch nur 10-Ampere-Sicherungen zulässig sind. Womit sich die Maximalleistung auf 2.300 Watt reduziert.

Warum ist das so wichtig?

Fließt Strom durch einen elektrischen Leiter, entsteht Wärme. Wobei die Wärmeentwicklung mit der Strommenge steigt. Mit der Begrenzung des Stroms durch vorgeschaltete Sicherungen wird einer zu starken Erwärmung der Elektroinstallation vorgebeugt. Damit wird das Schmelzen der Drahtisolierung und das Entstehen von Kurzschlüssen vermieden. Auf diese Weise wird auch das Entstehen von Bränden vermieden. Sie könnten am Ende dazu führen, dass die gesamte Wohnung oder das Haus ab- bzw. ausbrennt.

Wie ist das mit der Maximalleistung?

Die zulässige Maximalleistung ist nicht pro Steckdose, sondern pro Stromkreis zu betrachten. Übliche Stromkreise im Haushalt beschränken sich aber nicht nur auf alle Steckdosen in einem oder sogar mehreren Räumen, sondern auch auf die in ihnen installierte Beleuchtung.

10.1 Leistungen ermitteln

Die Gesamtleistung der in einem Stromkreis betriebenen Geräte inklusive der Beleuchtung darf die durch die Verkabelung und die Absicherung des Stromkreises vorgegebene Maximalleistung nicht überschreiten.

Entscheidend ist dabei die Summe der Leistungen der gleichzeitig betriebenen Geräte. Die Anschlussleistung eines jeden Gerätes ist auf dem Typenschild angeführt. Dieses befindet sich üblicherweise an der Rück- oder Unterseite. Bei Kleingeräten, insbesondere solchen, die über ein externes Netzteil betrieben werden, sucht man entsprechende Angaben mitunter vergebens. Hier können Energiekostenmessgeräte für Abhilfe sorgen. Sie eignen sich auch für größere Wechselstrom-Verbraucher und sind bereits für kleines Geld erhältlich.

Auf den Typenschildern von Geräten ist auch deren Leistungsaufnahme vermerkt. Kleingeräte wie dieses sind bei der Leistungsermittlung nebensächlich

Von Bedeutung für die Belastung eines Stromkreises sind vor allem leistungsstarke Verbraucher. Zu ihnen zählen Heizlüfter für die Übergangszeit, aber auch Standrechner mit Peripheriegeräten. Die Summe aller an allen Steckdosen eines Stromkreises angeschlossenen Geräte darf jedenfalls nicht die zulässige Maximalleistung überschreiten. In die Betrachtung ist auch die Beleuchtung mit einzurechnen.

10.2 Welche Leistungen werden benötigt?

Zur Planung eines neuen Eigenheims zählt auch, sich darüber Gedanken zu machen, welche Geräte man wo betreiben möchte. Die besondere Herausforderung liegt dabei nicht nur darin, das Jetzt und Heute zu berücksichtigen, sondern auch abzuschätzen, welche Geräte man in fünf, zehn oder 20 Jahren betreiben möchte.

Grundsätzlich ist davon auszugehen, dass der Anteil an elektrisch betriebenen Geräten in Zukunft höher sein wird als heute. Diese Erfahrung hat uns bereits die Vergangenheit gelehrt. Besonderes Augenmerk bei der Planung ist auf Geräte mit hohem Energiebedarf zu lenken.

Um für die Zukunft gewappnet zu sein, wird für Steckdosen-Stromkreise bereits allgemein ein Drahtquerschnitt von 2,5 mm^2 empfohlen. Zumindest sollte man für Geräte mit einem Anschlusswert von jedenfalls 2 kW separate Stromkreise vorsehen, die auf jeden Fall mit 2,5 mm^2 Drahtquerschnitt auszuführen sind. Dies kann etwa auf leistungsstarke Kaffeeautomaten oder elektrische Heizkörper zutreffen, deren Anschlusswert über 2 kW liegen kann.

Für die Zukunft planen

1. Machen Sie sich für jeden Raum Gedanken, welche Geräte Sie darin betreiben möchten.
2. Überlegen Sie weiter, wo im Raum Sie die Geräte betreiben möchten. Ihr künftiger Standort entscheidet darüber, wo in der Wand wie viele Steckdosen einzubauen sind.
3. Seien Sie großzügig. Insbesondere, was die Anzahl der in den Räumen einzubauenden Steckdosen anbelangt. Planen Sie jedenfalls mehr Steckdosen ein, als Sie glauben zu brauchen. Denn einerseits steigt der Bedarf im Lauf der Jahre und außerdem wird die finale Einrichtung garantiert anders als geplant werden. Was auch heißt, dass die eine oder andere Steckdose letztlich hinter einem Möbelstück unerreichbar sein wird.
4. Sparen Sie nicht bei der Anzahl der Stromkreise. Je mehr Sie vorsehen, umso flexibler können Sie in Zukunft Geräte betreiben, ohne an die Belastungsgrenzen zu stoßen.
5. Realisieren Sie Steckdosen-Stromkreise mit einem Drahtquerschnitt von 2,5 mm^2. Über ihn lassen sich höhere Ströme als über einen 1,5-mm^2-Draht transportieren. Damit steigt auch die zur Verfügung stehende Maximalleistung.

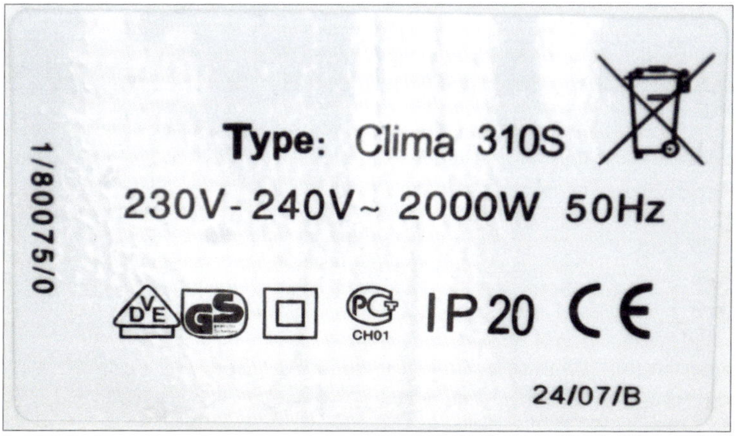

Relevant sind insbesondere leistungsstarke Verbraucher. Dieses Gerät nimmt 2 kW auf und belastet einen Stromkreis bereits erheblich

11. Mindestausstattung elektrischer Anlagen in Wohngebäuden

Die Anzahl der Stromkreise für Steckdosen zur allgemeinen Nutzung und für die Raumbeleuchtung orientiert sich an der Wohnfläche. Die DIN 18015-2 gibt die Mindestausstattung in modernen Wohngebäuden vor. Dabei wird besonders auf die multifunktionale Nutzung der Räume Rücksicht genommen.

Für Verbraucher mit hoher Anschlussleistung, etwa für Bügelstationen oder den Elektrogrill, können zusätzliche Stromkreise vorgesehen werden.

Anzahl von Steckdosen und Beleuchtungsanschlüssen

Die Tabelle dient als Richtwert für die Mindestausstattung. Nach Bedarf können auch zusätzliche Steckdosen erforderlich sein.

Art des Raums	Steckdosen	Beleuchtungsanschlüsse
Küche	3	2
Esszimmer	3	1
Wohnzimmer < 20 m^2	4	1
Wohnzimmer > 20 m^2	5	2
Schlafzimmer < 16 m^2	6	1
Schlafzimmer > 16 m^2	8	2
Bad	2	2
WC	1	1

Wie viele Stromkreise in der Wohnung?

Wie viele Stromkreise in einer Wohnung für Steckdosen und die Beleuchtung mindestens vorzusehen sind, richtet sich nach ihrer Größe. Die folgende Tabelle gibt die Mindestanzahl an Steckdosenkreisen für allgemeine Steckdosen und die Beleuchtung an.

Nicht eingerechnet sind jene Stromkreise, die zum Beispiel für den Anschluss des E-Herds und weitere Verbraucher mit hohem Anschlusswert vorzusehen sind.

Wohnungsgröße	Mindestanzahl an Stromkreisen
bis 50 m^2	3
50 bis 75 m^2	4
75 bis 100 m^2	5
100 bis 125 m^2	6
über 125 m^2	7

12. Sicherungen im Haushalt

Sicherung ist die allgemein übliche Bezeichnung für Leitungsschutzschalter. Er ist auch als Sicherungsautomat bekannt. Jeder Stromkreis ist mit einem eigenen Leitungsschutzschalter abzusichern.

12.1 Leitungsschutzschalter

Für Haushaltsanwendungen sind Leitungsschutzschalter für Nennströme von 10–16 Ampere üblich. Diese Stromstärken resultieren aus den verlegten Drahtquerschnitten und der Verlegungsart. Wie der Name bereits andeutet, schützen Leitungsschutzschalter die elektrischen Leitungen eines Stromkreises. Mit dieser Schutzeinrichtung wird vermieden, dass sich die Drähte durch den hindurchfließenden Strom zu stark erwärmen und ihre Isolierung Schaden nehmen kann. Zudem wird auf diese Weise vermieden, dass Schaltkontakte verkleben, wodurch sich ein Verbraucher nicht mehr ausschalten lassen würde. Außerdem wird so dem Schmelzen der Leitungen an sich vorgebeugt.

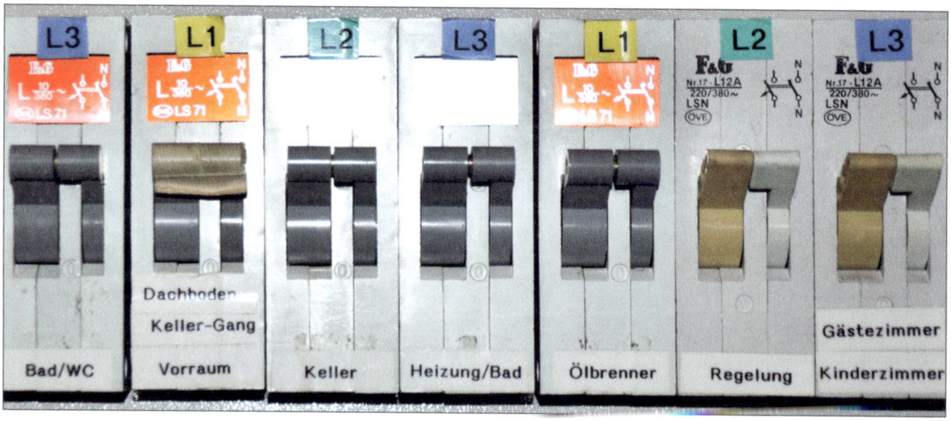

Die Stromkreise sind je nach verlegtem Leiterquerschnitt abzusichern

12.2 Schmelzsicherungen

Schmelzsicherungen zählen zu den ältesten Schutzeinrichtungen in elektrischen Anlagen. Bereits 1890 wurden sie von Thomas Alva Edison eingeführt. In der Hausinstallation sind sie nur noch in Altbauten zu finden. Der allmähliche Wechsel zu Leitungsschutzschaltern erfolgte ab etwa 1970.

Die Schmelzsicherung besteht aus einem Sicherungssockel und einer Schraubkappe, in die eine Sicherungspatrone eingelegt wird. Sie besteht aus einem zylindrischen Keramik-Körper, dessen Inneres mit feinem Sand gefüllt ist. Durch diesen ist ein sehr dünner Schmelzdraht gespannt, der mit den beiden metallenen Kappen an der Ober- und Unterseite verbunden ist. Die Dicke des Drahtes richtet sich nach dem Nennstrom, für den die Sicherungspatrone ausgelegt ist. Um sicherzustellen, dass ein Stromkreis nicht mit einer zu starken Sicherungspatrone abgesichert wird, variiert ihr Fußdurchmesser je nach Stromstärke. Entsprechende Schraubeinsätze in den Sicherungssockeln nehmen nur Patronen mit der zulässigen maximalen oder einer geringeren Stromstärke auf.

Fließt durch eine Schmelzsicherung ein zu hoher Strom, wird der Schmelzdraht über Gebühr erhitzt und schmilzt. Dadurch kommt es zur Abschaltung des Stromkreises. Schmelzsicherungen sind Einwegbauteile und müssen nach ihrem Auslösen durch neue Sicherungspatronen ersetzt werden. Die Abschaltung erfolgt im Vergleich zu Leitungsschutzschaltern ausgesprochen träge. Deshalb wurden sie längst von den deutlich zuverlässigeren Leitungsschutzschaltern abgelöst.

Schmelzsicherungen

Sind Schmelzsicherungen noch zulässig?

Schmelzsicherungen zur Absicherung von Stromkreisen sind in Altanlagen nach wie vor zulässig. Für sie gilt üblicherweise Bestandsschutz. Allerdings nur, solange die Anlage alle zum Zeitpunkt ihrer Errichtung gültigen Normen eingehalten hat und von ihr aktuell keine Gefahr ausgeht.

Für bestimmte Anwendungen sind Schmelzsicherungen noch zulässig. Dazu zählen fest angeschlossene Geräte wie E-Herde oder Durchlauferhitzer. In der Landwirtschaft und Industrie finden sie ebenfalls weiter Anwendung.

Wie sicher sind Schmelzsicherungen?

Sicherungsautomaten und Fehlerstrom-Schutzschalter gelten als sicherer als alte Schmelzsicherungen. Allein schon deshalb, weil sie etwa bei Kurzschlüssen ungleich schneller abschalten als Schmelzsicherungen.

Unabhängig davon ist die Nachrüstung von FI-Schutzschaltern unter mehreren Voraussetzungen per Gesetz vorgeschrieben. Nachzurüsten sind sie unter anderem für Feuchträume und für alle neuen Steckdosen-Stromkreise.

Schmelzsicherungen prüfen

Haben Sie einen Altbau erworben, in dem die elektrische Anlage noch auf Basis von Schmelzsicherungen aufgebaut wurde, sind diese Stück für Stück zu kontrollieren. Warum? Mitunter wurde in der Vergangenheit mit Sicherungseinsätzen grob Schindluder getrieben. Etwa, indem durchgebrannte Sicherungspatronen mit einem außen geführten Draht oder gar mit einem Nagel geflickt wurden. Dass eine derart manipulierte Schmelzsicherung niemals auslösen wird, versteht sich von selbst. Womit sie auch keine Schutzwirkung mehr darstellt.

Ob eine Schmelzsicherung noch intakt ist, erkennt man gewöhnlich an einem kleinen runden Plättchen an der Rückseite der Sicherungspatrone. Hat diese ausgelöst, ist das Plättchen in der Regel abgefallen. Dieses Plättchen kann man durch das Schauglas der Schraubkappe kontrollieren.

Schritt für Schritt kontrollieren

1. Schalten Sie zunächst alle Verbraucher im Haushalt (Haus oder Wohnung) ab.
2. Schrauben Sie die erste Sicherung heraus und kontrollieren Sie ihren ordnungsgemäßen Zustand.
3. Prüfen Sie, ob die Größe der eingesetzten Schmelzsicherung für den abgesicherten Stromkreis plausibel sein kann. Finden Sie etwa eine 20-A-Sicherungspatrone in einem gewöhnlichen Steckdosen-Stromkreis, ist da was faul. Ziehen Sie eine autorisierte Fachkraft zurate.
4. Wurde eine geflickte Sicherungspatrone entdeckt, ist diese durch eine neue mit derselben Stromstärke zu ersetzen.
5. Sofern Sie wirklich eine geflickte Sicherung gefunden haben, kontrollieren Sie anschließend den von ihr abgesicherten Stromkreis. Löst dieser immer wieder aus, deutet das auf einen gröberen Mangel im Bereich dieses Stromkreises hin, der mit der geflickten Sicherung umgangen wurde. In solchen Fällen ist die Anlage von einer zertifizierten Fachkraft zu kontrollieren und instand setzen zu lassen.
6. Kontrollieren Sie auf gleiche Weise alle Schraubsicherungen.

Farbcode bei Schmelzsicherungen

2 A	Rosa
4 A	Braun
6 A	Grün
10 A	Rot
13 A	Schwarz
16 A	Grau
20 A	Blau
25 A	Gelb

Lassen sich Sicherungspatronen ersetzen?

Grundsätzlich ist zu empfehlen, einen alten Verteilerschrank entsprechend den aktuellen Sicherheitsstandards von einem autorisierten Fachmann neu aufbauen zu lassen. Das ist zwar mit nicht unerheblichen Kosten verbunden, schützt aber für viele Jahrzehnte Menschen und Sachgüter ungleich wirkungsvoller als die Altanlage.

Als Erstmaßnahme bietet es sich an, die Schmelzsicherungen durch sogenannte Sicherungsschraubautomaten zu ersetzen. Das sind Leitungsschutzschalter mit E27-Gewinde, sie können in Schmelzsicherungssockel statt der Schraubkappe mit der Sicherungspatrone eingeschraubt werden. Der Vorteil der Sicherungsschraubautomaten liegt vor allem in der Wiederverwendbarkeit und leichteren Handhabung. So lassen sich an ihm Stromkreise – genauso wie bei modernen Leitungsschutzschaltern – aus- und wieder einschalten. Je nach Auslösekennlinie des Sicherungsschraubautomaten kann dieser auch schneller als eine Schmelzsicherung auslösen und so für höheren Schutz sorgen.

Kommen Schmelzsicherungen noch zur Anwendung?

In der modernen Elektro-Haushaltsinstallation spielen Schmelzsicherungen keine Rolle mehr. Sehr wohl aber nach wie vor im Inneren vieler Geräte in Form einer Glasrohrsicherung. Weiter begegnen uns Schmelzsicherungen in unseren Fahrzeugen.

13. FI, LS und FI/LS

FI, LS, FI/LS klingt alles irgendwie nach Schutzschalter. Für jene, die in Sachen Elektrotechnik nicht so bewandert sind, stellt sich die Frage nach den Unterschieden. Grundsätzlich sieht die zeitgemäße Elektro-Hausinstallation zwei Arten von Schutzeinrichtungen vor. Sie reagieren auf Fehler an Geräten sowie auf festgestellte Überlastungen in den einzelnen Stromkreisen. Sie helfen, Schäden zu vermeiden, und bewahren vor lebensbedrohlichen Situationen.

- **FI:** Der FI oder auch Fehlerstrom-Schutzschalter überwacht die Summe der zu- und abfließenden Ströme. Dabei wird davon ausgegangen, dass die Hausinstallation in Ordnung ist, wenn der Strom, der über die Außenleiter in die Hausverteilung fließt, über den Neutralleiter auch wieder zurückkommt. Im Fall eines Körper- oder Erdschlusses fließt Strom durch den Schutzleiter ab. Da sich nun die Summe der zu- und abfließenden Ströme nicht mehr aufhebt, erkennt der FI-Fehlerstrom-Schutzschalter einen Fehler, löst innerhalb von maximal 0,2 bis 0,4 Sekunden aus und schaltet die gesamte nachgeschaltete Elektroinstallation aus.
- **LS:** Der LS oder auch Leitungsschutzschalter überwacht stets nur einen Stromkreis und schützt diesen vor Überlast und Kurzschlüssen. Sein Nennschaltvermögen beträgt bis zu 15.000 Ampere. Was in etwa dem Tausendfachen entspricht, wofür eine übliche Elektro-Hausinstallation ausgelegt ist.
- **FI/LS:** Der FI/LS ist auch als kombinierter Fehlerstrom-Leitungsschutzschalter bekannt. Er vereint die Funktion des Fehlerstrom- sowie des Leitungsschutzschalters in einem Gerät. Mit dem FI/LS wird aber jeweils nur ein einziger Stromkreis überwacht. Gewöhnlich kommt er in Stromkreisen mit besonderem Schutzanspruch zum Einsatz. Dieser ist etwa im Badezimmer, der Sauna oder für Steckdosensäulen im Freien gegeben.

13.1 Leitungsschutzschalter

Leitungsschutzschalter sind umgangssprachlich auch als LS-Schalter oder als Sicherungsautomaten bekannt. Sie sind seit den 1970er-Jahren die zeitgemäßen Nachfolger der alten Schmelzsicherungen. Laut DIN VDE 0100 ist der Einbau von Leitungsschutzschaltern vorgeschrieben. LS-Schalter schützen die Elektroinstallation, also Kabel, Leitungen und elektrische Betriebsmittel, vor Überlast und Kurzschluss. Leitungsschutzschalter werden gemeinsam mit dem Fehlerstrom-Schutzschalter im Verteilerkasten eingebaut. Wobei jeder Stromkreis mit einem eigenen Leitungsschutzschalter abgesichert ist.

Jeder Stromkreis einer Elektroinstallation ist für eine maximale Stromstärke vorgesehen. Sie ergibt sich aus den verwendeten Leiterquerschnitten und der Verlegungsart. Stromdurchflossene Leitungen erwärmen sich umso mehr, je mehr Strom durch sie fließt. Im Zuge eines Kurzschlusses kommt es von einem Augenblick zum nächsten zu einem extremen Anstieg der Stromstärke und mit ihr verbunden auch der Leitungserwärmung. Bei zu lange andauernden Kurzschlüssen oder Überlastsituationen besteht die Gefahr, dass die Isolierung der E-Installation schmilzt und dauerhafte Schäden am Gerät auftreten.

Im Zuge eines Kurzschlusses steigt auch das den elektrischen Leiter umgebende Magnetfeld schlagartig an. Diese rapide Änderung erkennt der Leitungsschutzschalter und schaltet den Stromkreis mittels elektromagnetischer Schnellauslösung unverzüglich ab. Sind an einem Stromkreis zu viele Verbraucher in Betrieb, löst der Leitungsschutzschalter mithilfe eines sich verformenden Bimetalls aus und schaltet ab.

Ein dreipoliger und drei einpolige Leitungsschutzschalter

Arten von Leitungsschutzschaltern

Üblicherweise kommen in der Hausinstallation einpolige Leitungsschutzschalter zur Anwendung. Sie überwachen den Außenleiter, also umgangssprachlich die Phase eines Wechselstromkreises. Seltener sind zweipolige LS-Schalter anzutreffen. Über sie wird zusätzlich auch der Neutralleiter geführt. Dieser wird im Fall einer Auslösung ebenfalls unterbrochen. Für Drehstrom-Verbraucher wie den E-Herd oder größere Motoren werden dreipolige Leitungsschutzschalter verbaut. Sie überwachen die drei Außenleiter L1, L2 und L3. Wird an einer der drei Phasen ein Kurzschluss oder Überstrom erkannt, werden alle drei Außenleiter vom LS-Schalter unterbrochen. Genauso wie Schmelzsicherungen gibt es auch Leitungsschutzschalter für unterschiedliche Stromstärken. Am weitesten verbreitet sind in Haushalten die Größen 10, 13 und 16 Ampere. Teilweise findet man auch 20-Ampere-LS-Schalter.

Auslösecharakteristiken

Welcher Leitungsschutzschalter der beste für einen Stromkreis ist, hängt auch von den zu betreibenden Geräten ab. Dabei kommt es vor allem auf den Einschaltstrom an. Wird ein elektrischer Verbraucher eingeschaltet, nimmt dieser im Moment des Einschaltens kurzzeitig ein Vielfaches seines Nennstroms auf. Die Höhe dieser auftretenden Stromspitze variiert je nach Gerät. Besonders hoch ist sie zum Beispiel bei Elektromotoren.

Da diese hohen Einschaltströme keine Fehlfunktion darstellen, muss sichergestellt sein, dass der Leitungsschutzschalter nicht bereits während des Einschaltvorgangs abschaltet. Dies wird erreicht, indem ihm eine gewisse Trägheit zugestanden wird. Sie entscheidet über die Auslösecharakteristik des Leitungsschutzschalters. Um für alle Einsatzgebiete den perfekten Schutz zu gewährleisten, sind LS-Schalter mit unterschiedlichen Auslösecharakteristiken erhältlich, die durch Buchstaben gekennzeichnet werden. Allgemein spricht man von Leitungsschutzschalter-Typen. Von ihnen gibt es – nicht mehr aktuelle Standards mitgezählt – 15. Relevant sind aktuell aber nur sechs Charakteristiktypen, nämlich B, C, D, E, K und Z. Die am häufigsten genutzten Typen sind B, C und K.

LS-Schalter-Typen im Detail

Typ B

Der Leitungsschutzschalter-Typ B dient in erster Linie zum Schutz von Beleuchtungs- und Steckdosen-Stromkreisen. Typ B akzeptiert kurzzeitig den drei- bis fünffachen Nennstrom.

Typ C

Leitungsschutzschalter Typ C lassen kurzzeitig den fünf- bis zehnfachen Nennstrom zu und empfehlen sich insbesondere für Stromkreise mit angeschlossenen Motoren.

Typ D

Typ-D-Leitungsschutzschalter lassen kurzzeitig den zehn- bis 20-fachen Nennstrom zu, bevor sie auslösen. Typ D empfiehlt sich für hochgradig induktive oder kapazitive Lasten. Zu ihnen zählen Transformatoren, Elektromagnete und Schaltnetzteile.

Typ E

Leitungsschutzschalter vom Typ E lassen den fünf- bis 6,25-fachen Nennstrom zu, lösen aber verzögert aus. Sie werden als selektive Hauptleitungsschutzschalter (SH) eingesetzt, denen gewöhnliche LS-Schalter, zum Beispiel Typ B, nachgeschaltet sind. Gewöhnlich sollten diese nachgeschalteten Leitungsschutzschalter zuerst abschalten. In Netzen mit geringer Impedanz können jedoch derart hohe Kurzschlussströme auftreten, dass diese nicht mehr von den herkömmlichen LS-Schaltern abgeschaltet werden können. In solchen Fällen sorgt der SH-Schalter für eine zuverlässige Abschaltung im Kurzschlussfall.

Typ K

Leitungsschutzschalter vom Typ K findet man vor allem in Motor-Stromkreisen. In der Vergangenheit wurden sie auch in Glühlampen-Stromkreisen verbaut. Da diese seit September 2012 nicht mehr verkauft werden dürfen, sind Typ-K-Schalter nur noch bei älteren Beleuchtungs-Stromkreisen anzutreffen. Typ-K-Leitungsschutzschalter lassen kurzzeitige Einschaltströme des acht- bis 14-fachen Nennstroms zu, bevor sie auslösen.

Typ Z

Die LS-Schalter vom Typ Z sind dann vorgesehen, wenn es bei gegebener hoher Netzimpedanz um den Schutz von Halbleitern geht. Typ-Z-Leitungsschutzschalter lassen kurzzeitig nur den doppelten bis dreifachen Nennstrom zu, ehe sie auslösen.

Welchen Leitungsschutzschalter?

Zur Planung einer Hausinstallation gehört, sich darüber Gedanken zu machen, welche Nennströme in den einzelnen Stromkreisen benötigt werden und welche Geräte man betreiben möchte. Dabei gilt es besonders auf leistungsstarke Verbraucher und solche mit hohem Einschaltstrom zu achten. Meist stellt der Leitungsschutzschalter-Typ C einen guten Kompromiss dar. In diesem Zusammenhang ist zu erwähnen, dass bereits die zu verlegenden Leiterquerschnitte darauf abgestimmt sein müssen. Denn am Ende gibt der in einem Stromkreis verlegte Leiterquerschnitt vor, für welche maximale Stromstärke der vorgeschaltete Leitungsschutzschalter ausgelegt sein darf.

Leitungsschutzschalter werden für einen oder drei Außenleiter sowie mit und ohne geschalteten Neutralleiter angeboten. Die benötigte Variante wird von der Art des zu schützenden Stromkreises bestimmt. Einphasige Leitungsschutzschalter finden in gewöhnlichen Wechselstromkreisen Verwendung. Dreiphasige Modelle sind für Drehstromanschlüsse, etwa für den E-Herd oder die Wärmepumpe.

Die Standardvarianten schalten ausschließlich den oder die Außenleiter. Modelle, die zusätzlich auch den Neutralleiter schalten, sorgen für noch mehr Sicherheit, da sie den nachgeschalteten Stromkreis vollständig vom Netz trennen.

Keine einphasigen LS für Drehstromkreise

Ein Drehstrom-Stromkreis mit drei einpoligen Leitungsschutzschaltern ist nicht zulässig. Technisch würde es zwar grundsätzlich funktionieren, doch ist diese in der Vergangenheit auch in der Realität ausgeführte Variante mit einer Reihe von Sicherheitsmängeln behaftet. So könnte etwa im Zuge der Arbeitsvorbereitungen beim allpoligen Abschalten entsprechend den fünf Sicherheitsregeln einer der drei Außenleiter vergessen werden. Womit höchste Lebensgefahr besteht. Weiter könnte der Ausfall nur eines Außenleiters Schäden an Maschinen hervorrufen. Schließlich läuft ein Drehstrommotor auch mit nur zwei Außenleitern. Allerdings nur ausgesprochen unrund und unter unzulässiger Materialbeanspruchung des Motors an sich.

Trifft man in einer Altanlage auf einen Drehstromkreis, der im Verteilerschrank mit drei einpoligen LS-Schaltern abgesichert ist, sind diese von einem autorisierten Elektroinstallateur gegen einen dreipoligen Leitungsschutzschalter zu tauschen.

13.2 Smarte Leitungsschutzschalter

Smarte Leitungsschutzschalter versprechen das Ein- und Ausschalten aus der Ferne. Was zum Beispiel interessant klingt, wenn man längere Zeit von zu Hause fort ist. Etwa um sicherzustellen, dass der Gefrierschrank nicht ohne Strom ist. Zudem können solche Geräte einen Leistungsmesser integriert haben, der über den Energieverbrauch im Stromkreis informiert.

Was sich auf den ersten Blick verlockend anhört, hat aber seine Tücken. Insbesondere, wenn es sich um Modelle unbekannter Hersteller aus Fernost handelt. Bei ihnen darf man nicht davon ausgehen, dass die Geräte die bei uns üblichen Sicherheitsstandards erfüllen. Zudem täuschen solche smarten Leitungsschutzschalter mitunter einen Funktionsumfang vor, den sie technisch gar nicht erfüllen können. Etwa, wenn ihre Nennstromstärke im Bereich von 1–63 Ampere programmierbar sein soll.

Wie wird ein smarter LS angeschlossen?

Hersteller smarter Leitungsschutzschalter sehen ihre Produkte mitunter nur als Ergänzung zur herkömmlichen Hausinstallation und schreiben deshalb vor, dem smarten LS einen herkömmlichen Leitungsschutzschalter vorzuschalten. Erst an diesem ist der smarte LS anzuschließen. Im Fehlerfall ist es daher wahrscheinlich, dass der herkömmliche LS oder beide auslösen. In beiden Fällen würde es keinen Sinn ergeben, den smarten Leitungsschutzschalter per App schalten zu können. Abgesehen davon, dass sich der vorgeschaltete LS nicht von der Ferne schalten lassen würde, würde dieser auch den smarten LS vom Stromnetz trennen, womit dieser für die App ohnehin nicht erreichbar wäre. Unter diesen Voraussetzungen stellt sich die Frage nach der Sinnhaftigkeit solcher Schalter.

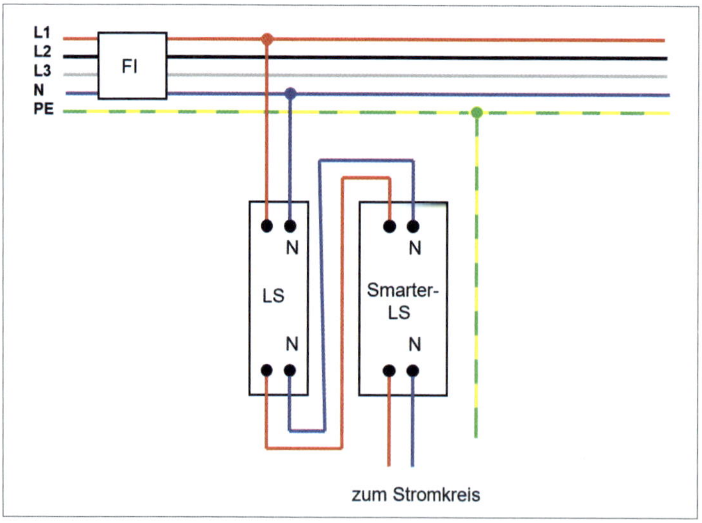

Anschlussbeispiel für einen smarten Leitungsschutzschalter, dem ein herkömmlicher LS vorzuschalten ist

13.3 Fehlerstrom-Schutzschalter

Der Fehlerstrom-Schutzschalter ist besser unter den Bezeichnungen FI-Schalter oder einfach nur FI bekannt. Er ist die wichtigste Maßnahme zum Personenschutz innerhalb einer elektrischen Anlage. Als übergeordnetes Sicherheitsinstrument ist der FI-Schutzschalter allen Stromkreisen und somit den Leitungsschutzschaltern vorgeschaltet und überwacht so die gesamte Hausinstallation. Darüber hinaus können zusätzliche Fehlerstrom-Schutzschalter zur Anwendung kommen. Sie dienen etwa zur Absicherung einzelner Stockwerke in Subverteilern und kommen für besonders schützenswerte Bereiche wie dem Bad zum Einsatz.

Funktion eines FI-Schalters

Damit Strom fließen kann, braucht es einen geschlossenen Kreislauf. Vereinfacht ausgedrückt bedeutet es, dass jener Strom, der durch den Außenleiter L zum Verbraucher gelangt, durch den Neutralleiter N wieder zurück ins Netz fließen muss. Die Aufgabe des FI-Schalters ist es, sozusagen mit zwei Stromzählern zu überwachen, wie viel jeweils durch den Außen- und Neutralleiter fließt. Solange beide Stromzähler denselben Wert ermitteln, ist in der überwachten elektrischen Anlage alles in Ordnung. Fließt jedoch durch den Neutralleiter weniger zurück als durch den Außenleiter zum Verbraucher, liegt ein Fehler vor und der FI-Schutzschalter löst aus. Die Stromdifferenz ergibt sich, wenn etwa durch einen Fehler ein Metallgehäuse unter Spannung gesetzt wird und dieser Strom durch den grüngelben Schutzleiter abfließt.

Kein absoluter Personenschutz

Auch wenn der Fehlerstrom-Schutzschalter ausgesprochen schnell reagiert, so tut er das zwangsweise doch mit einer geringen Verzögerung. Berührt man einen stromführenden Leiter, fließt der Fehlerstrom über den menschlichen Körper ab. Bis der FI-Schutzschalter den Fehlerstrom erkennt und abschaltet, hat man bereits einen Stromschlag erlitten.

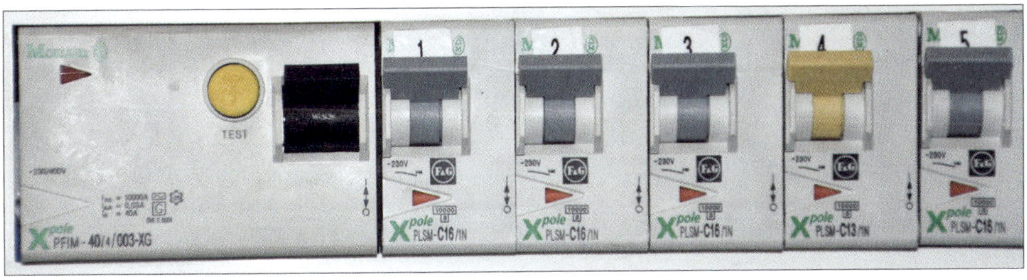

Der Fehlerstrom-Schutzschalter überwacht die nachgeschalteten Stromkreise auf Fehlerströme

Zumindest ist es dem Fehlerstrom-Schutzschalter zu verdanken, dass die Stromeinwirkung nur ausgesprochen kurz ist. Je nach Modell schaltet er die Anlage gewöhnlich nach rund 10–40 Millisekunden allpolig ab. Entsprechend der DIN EN 61008-1 beträgt die höchstzulässige Abschaltzeit bei FI-Schaltern ohne Zeitverzögerung 300 Millisekunden, also 0,3 Sekunden. Diese kurze Ausschaltzeit macht das Auftreten eines tödlichen Herzkammerflimmerns zumindest unwahrscheinlich. Ganz auszuschließen ist es jedoch nicht. Bei selektiven FI-Schutzschaltern muss die allpolige Abschaltung im Fehlerfall innerhalb von 0,5 Sekunden erfolgen.

13.4 FI-Schalter prüfen

Die Funktion eines FI-Schutzschalters ist in regelmäßigen Abständen auf seine ordnungsgemäße Funktion zu kontrollieren. Es wird empfohlen, eine Funktionskontrolle mindestens halbjährlich durchzuführen. Dazu ist der im FI-Schalter eingebaute Prüfknopf zu drücken. Mit ihm wird ein Fehlerstrom simuliert, der den Fehlerstrom-Schutzschalter zum Auslösen bringt. Löst der FI-Schalter im Zuge der Prüfung nicht aus, ist seine Funktion nicht mehr gewährleistet und er ist auf schnellstem Wege durch eine autorisierte Fachkraft zu ersetzen.

FI-Schalter richtig prüfen

1. Im Zuge der Vorbereitung auf die FI-Prüfung sind alle elektrisch betriebenen Geräte im Haushalt auszuschalten. Dies trifft insbesondere auf heikle Verbraucher wie Computer zu, die auf jeden Fall zuvor herunterzufahren sind, um Datenverlust zu vermeiden.
2. Erst nachdem zumindest alle kritischen Verbraucher abgeschaltet wurden, drücken Sie die Prüftaste des FI-Schalters. Löst dieser darauf unmittelbar aus, ist seine Funktion gewährleistet.
3. Anschließend schalten Sie den FI-Schutzschalter mit dem Kippschalter wieder ein. Dabei muss er in der oberen Stellung einrasten. Tut er das nicht, ist der FI-Schalter schadhaft.
4. Auf gleiche Weise sind alle FI-Schutzschalter im Haushalt zu kontrollieren.

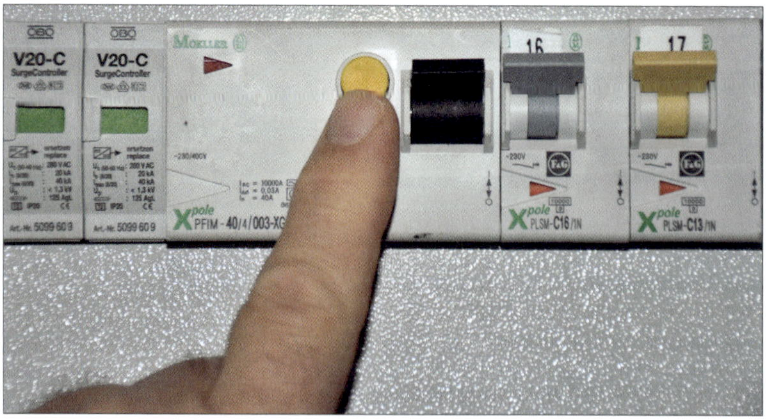

Der FI-Schutzschalter sollte mindestens halbjährlich auf seine Funktion getestet werden

13.5 Die Potentialausgleichsschiene

Der Potentialausgleichsschiene, kurz PAS, kommt eine zentrale Bedeutung in der Elektro-Hausinstallation zu. An ihr sind alle Gegenstände und Geräte anzuschließen, die elektrischen Strom leiten können. Damit sind mit der Potentialausgleichsschiene unter anderem sämtliche Schutzleiter, Wasserleitungs- und Heizungsrohre, Heizkörper, Metallgeländer, die Blitzschutzanlage, Fundamenterder und Antennenanlagen zu verbinden.

Die primäre Potentialausgleichsschiene ist im Hauptverteiler zu finden. Auch in Unterverteilern ist sie eingebaut. Wobei diese Unterverteiler-Potentialausgleichsschienen mit jener im Hauptverteiler miteinander verbunden sind.

So wird vermieden, dass sich einzelne metallische Gegenstände unterschiedlich hoch elektrisch aufladen und es zu gefährlichen Spannungsüberschlägen kommen kann. Alle Details zum Potentialausgleich sind in der Bestimmung DIN VDE 0618 zusammengefasst.

Potentialausgleichsleitungen an der Potentialausgleichsschiene anschließen

1. Im Hauptverteiler ist insbesondere der Arbeitsbereich rund um die Potentialausgleichsschiene entsprechend den fünf Sicherheitsregeln spannungsfrei zu schalten und gegen Wiedereinschalten zu sichern. Da Arbeiten in Verteilerschränken zu den gefährlichsten Tätigkeiten in der Elektroinstallation zählen, sei an dieser Stelle ganz besonders darauf hingewiesen, dass diese Tätigkeit ausschließlich von entsprechend ausgebildetem Fachpersonal durchgeführt werden darf. Allein schon deshalb, weil hier die Gefahr ausgesprochen hoch ist, Spannung führende Teile berühren zu können. Höchste Konzentration und die Verwendung von schutzisoliertem Werkzeug sind deshalb höchstes Gebot.
2. Potentialausgleichsleitungen sind ausschließlich mit grüngelb isolierten Drähten auszuführen und zum Hauptverteiler zu verlegen.
3. Zum Anschluss an der Potentialausgleichsschiene sind alle grüngelben Drähte auf rund 8 mm Länge abzuisolieren und an dieser festzuklemmen.

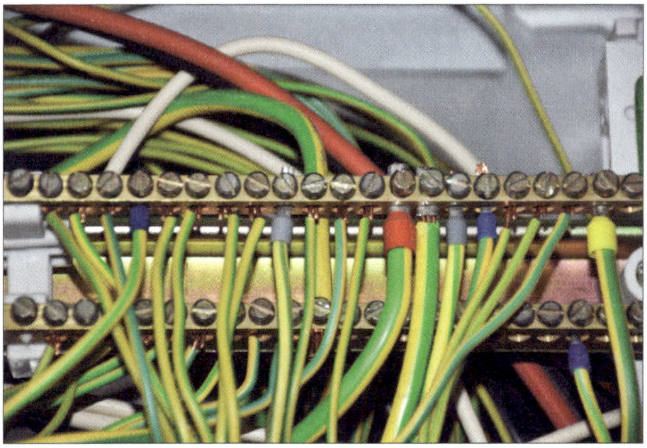

Unter anderem sind alle Schutzleiter PE der einzelnen Stromkreise an der Potentialausgleichsschiene anzuschließen

14. Schutzleiter und Co.

14.1 Der Schutzleiter

Der Schutzleiter PE ist auch als Erdung bekannt. Er ist ausschließlich und exklusiv in Grüngelb ausgeführt. Ihm kommt die zentrale Schutzfunktion in der Elektroinstallation zu. Gemeinsam mit dem FI-Fehlerstrom-Schutzschalter wendet er bei Schaden an der Anlage oder an Geräten lebensbedrohliche Gefahren für Mensch und Tier ab. Dementsprechend sorgsam ist bei seiner Verlegung vorzugehen.

Wie funktioniert der Schutzleiter?

Nehmen wir ein Gerät mit Metallgehäuse an. In ihm wurde der stromführende Außenleiter unzureichend angeschraubt, sodass dieser mit der Zeit aus der Klemme gerutscht ist und nun das Metallgehäuse berührt. Damit wird dieses unter Spannung gesetzt. Gleichzeitig fließt der Strom über den am Gehäuse angeschlossenen Schutzleiter ab. In der Folge kommt es zu einer Auslösung des FI-Schutzschalters. Dieser lässt sich erst wieder einschalten, nachdem der Mangel behoben ist.

Wäre der Schutzleiter nicht am Metallgehäuse angeschlossen, würde bei der eben beschriebenen Situation der Außenleiter das Gehäuse dauerhaft unter Spannung setzen. Der FI-Schalter würde aber nicht auslösen. Selbst dann nicht, wenn das Gehäuse berührt werden würde. Das würde mit hoher Wahrscheinlichkeit das Leben kosten.

Der Schutzleiter ist überall dort anzuschließen, wo er vorgesehen ist. Das schließt die Metallgehäuse von Geräten ebenso mit ein wie den Schutzkontakt von Steckdosen und Verlängerungskabeln. Zudem ist der Schutzleiter zwingend an der Potentialausgleichsschiene anzuschließen.

Funktionsprüfung

Die ordnungsgemäße Schutzleiterfunktion ist von einem autorisierten Elektroinstallateur zu kontrollieren. Er verfügt nicht nur über das erforderliche Messequipment, sondern kann festgestellte Mängel unmittelbar beheben.

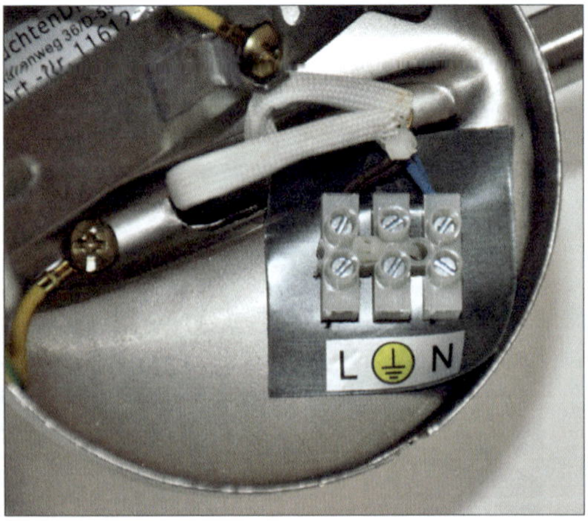

Ist an einem Gerät eine Schutzleiterklemme vorhanden, ist an ihr zwingend der Schutzleiter PE anzuschließen

14.2 Leitungen mit dem Multimeter prüfen

Das Kontrollieren von Leitungen kann erforderlich sein, wenn ein Fehler vorliegt. Etwa, wenn ein Verlängerungskabel nicht funktioniert. Leitungen sind stets im spannungslosen Zustand zu überprüfen und sollen nicht mit anderen Leitern verbunden sein. Diese könnten das Messergebnis verfälschen und eine Funktion vorgaukeln, obwohl der betroffene Leiter definitiv schadhaft ist.

Die Funktion einer Leitung lässt sich mit einem Multimeter kontrollieren. Je nach Ausstattung des Messgerätes bieten sich dazu zwei Optionen an. Die erste ist die Widerstandsmessung. Bei ihr wird davon ausgegangen, dass ein intakter Leiter keinen Widerstand hat, sodass das Instrument 0 Ohm anzeigen würde. Bei einem unterbrochenen Leiter würde indes ein unendlich hoher Widerstand gemessen werden.

Die zweite im Grunde einfachere Option ist, wenn das Multimeter im Rahmen der Widerstandsmessung auch eine Durchgangsprüfer-Funktion anbietet. Sie basiert auf einem akustischen Signal bei Durchgang, also wenn die Leitung in Ordnung ist. Dieses akustische Signal erlaubt es sogar, dem Display keine Aufmerksamkeit schenken zu müssen.

Wie Leitungen überprüfen?

1. Leitungen dürfen ausnahmslos im spannungsfreien Zustand kontrolliert werden.
2. Deshalb gilt auch hier, den Arbeitsbereich entsprechend den fünf Sicherheitsregeln spannungslos zu schalten und gegen Wiedereinschalten zu sichern. Auf Spannungsfreiheit ist zu prüfen.
3. Am Multimeter ist die Widerstandsmessung einzustellen. Sie ist gewöhnlich am Stellrad mit einem Ohm-Zeichen gekennzeichnet. Zur Durchgangsprüfung kann ein akustisches Signal zugeschaltet werden.
4. Die schwarze Messstrippe ist an der COM-Buchse des Multimeters anzustecken. Die rote ist an der mit HzVΩ oder ähnlich beschrifteten Buchse anzuschließen.
5. Zunächst ist die ordnungsgemäße Funktion der Widerstandsmessung des Multimeters zu kontrollieren. Dazu sind beide Messspitzen zusammenzuhalten. Das Messinstrument muss nun 0,0 Ohm anzeigen und der Summer muss ertönen. Werden die Messspitzen nicht mehr zusammengehalten, muss der Summton verstummen und auf dem Display wieder OL zu sehen sein.
6. Nun ist je eine Messspitze an die beiden Enden der zu prüfenden Leitung zu halten. Ist diese in Ordnung, ist auf dem Display 0,0 Ohm abzulesen. Bei langen Leitungen kann es auch ein sehr geringer Widerstandswert sein. In beiden Fällen ertönt auch der Summer, sofern er aktiviert wurde. Ist die Leitung unterbrochen, attestiert das Display OL.

Leitungsenden zu weit voneinander entfernt – was tun?

Die Längen der Messstrippen eines Multimeters lassen nur Messungen in einem engen Umfeld zu. Befinden sich die Enden einer zu prüfenden Leitung zu weit voneinander entfernt, ist eine Verlängerung einer Messleitung vonnöten. Dies kann zum Beispiel ein nicht verlegter Installationsdraht sein, der einfach bis zum zweiten Ende der zu messenden Leitung ausgerollt und mit ihm mit einer Klemme verbunden wird. Selbstverständlich ist der Draht vorher zu kontrollieren, ob bei ihm ein Durchgang gegeben ist.

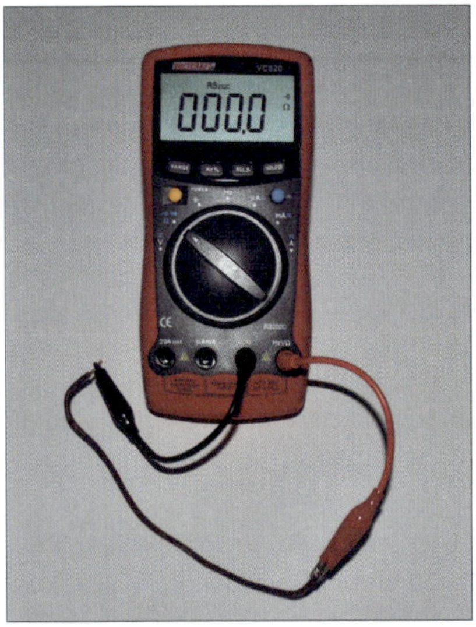

Leitungsmessung mit einem Multimeter. Bei Durchgang werden 0 Ohm angezeigt

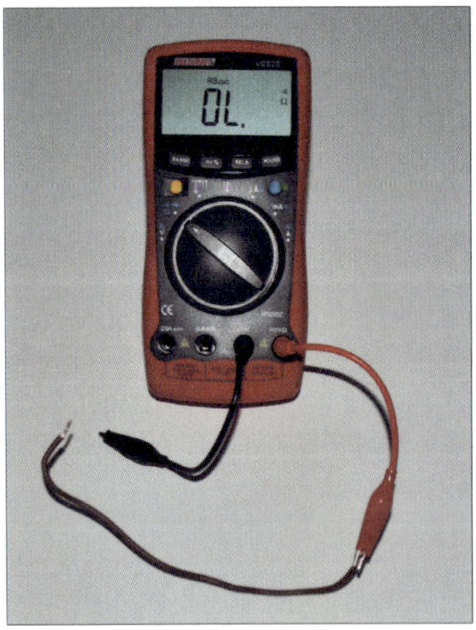

Eine Leitungsunterbrechung zeigt das Multimeter als unendlich großer Widerstand, kenntlich mit OL, an

14.3 Verlängerungskabel mit dem Multimeter prüfen

Verlängerungskabel sind einer höheren Belastung – Stichwort: rauer Einsatz – ausgesetzt als die Hausinstallation. Damit sind sie anfälliger für Gebrechen. Mit dem Multimeter lässt sich nicht nur leicht kontrollieren, ob ein Verlängerungskabel noch funktioniert, sondern auch, ob an ihm Stecker und Kupplung korrekt angeschlossen sind.

Die vollständige Kontrolle eines Verlängerungskabels erfolgt in zwei Schritten. Als Erstes ist es auf mechanische Beschädigungen zu kontrollieren. Dazu zählt nicht nur die Überprüfung, ob Stecker und Kupplung noch in Ordnung sind, sondern auch, ob das Kabel an seiner gesamten Länge Beschädigungen an der Isolierung aufweist.

Im zweiten Schritt ist die ordnungsgemäße Funktion eines 230-V-Verlängerungskabels mit neun Messungen zu ermitteln. Dabei wird jeder Leiter gegen jeden an beiden Enden gemessen. So lässt sich zweifelsfrei feststellen, ob zwischen L und L, N und N sowie zwischen PE und PE eine leitende Verbindung herrscht. Weiter wird so kontrolliert, ob die Adern an beiden Enden an den korrekten Klemmen angeschlossen sind. Wichtig ist ferner, dass jeweils nur eine Verbindung zwischen einem Kontakt des einen Kabelendes und den Kontakten des anderen Kabelendes besteht. Werden zwei ermittelt, deutet das auf einen Kurzschluss hin, der entweder im Klemmenbereich des Steckers oder der Kupplung vorliegt.

Vorzunehmende Messungen

Nur zwischen den rot markierten Messungen darf ein leitender Durchgang festgestellt werden. Das Kabel ist nur dann in Ordnung, wenn eine Verbindung zwischen L und L, N und N sowie PE und PE festgestellt wird.

L – L	N – L	PE – L
L – N	N – N	PE – N
L – PE	N – PE	PE – PE

Wo sind L und N?

An den bei uns gebräuchlichen 230-V-Steckern und Steckdosen sind die Anschlüsse bzw. Kontaktstifte für L und N gleich ausgeführt. Für die Funktion ist es auch egal, ob ein Gerätestecker so oder so rum eingesteckt wird. Lediglich der Anschluss des Schutzleiters ist eindeutig vorgegeben.

Verlängerungskabel richtig prüfen

1. Verlängerungskabel dürfen ausnahmslos im spannungsfreien Zustand kontrolliert werden.
2. Das Prinzip der fünf Sicherheitsregeln gilt auch hier. Sie sind aber insofern etwas abgeschwächt zu betrachten, als dass das an beiden Enden ausgesteckte Verlängerungskabel ohnehin so vor einem liegt, dass Stecker und Kupplung vor einem zum Liegen kommen. Damit hat man es ständig im Blick und sorgt so auch dafür, dass es nicht versehentlich von anderen Personen eingesteckt werden kann.
3. Am Multimeter ist die Widerstandsmessung einzustellen. Sie ist gewöhnlich am Stellrad mit einem Ohm-Zeichen gekennzeichnet. Zur akustischen Signalisierung kann die Durchgangsprüfer-Funktion zugeschaltet werden.
4. Die schwarze Messstrippe ist an der COM-Buchse des Multimeters anzustecken. Die rote ist an der mit HzVΩ oder ähnlich beschrifteten Buchse anzuschließen.

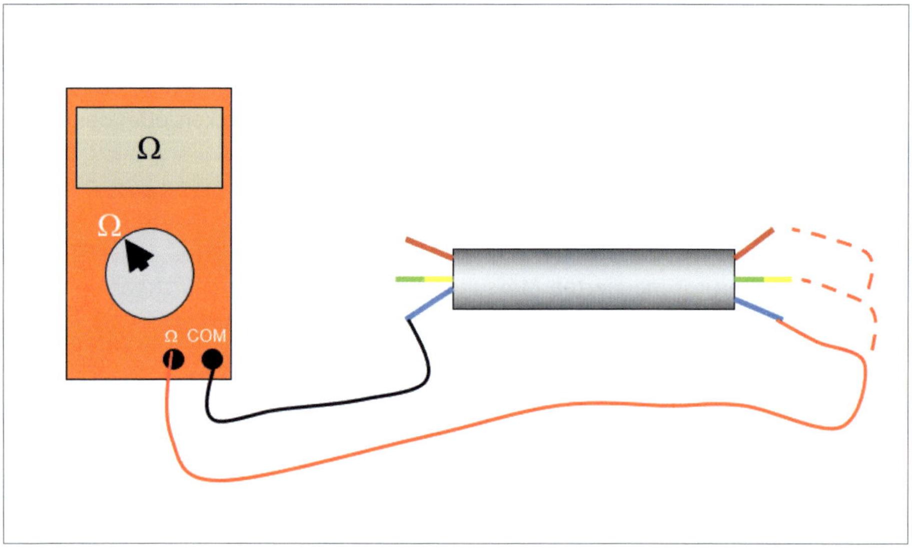

Zur Kontrolle von Kabeln ist jede Ader des ersten mit jeder Ader des zweiten Kabelendes zu messen

5. Eine Messstrippe ist mit dem ersten der drei Kontakte des Schuko-Steckers, etwa mit einer Klemme, zu verbinden.
6. Mit der zweiten Messstrippe sind nun an der Kupplung, also dem zweiten Ende des Kabels, der Reihe nach alle Kontakte zu berühren. Dabei darf es nur an einem der drei Kontakte zu einer leitenden Verbindung kommen. Wobei keine Verbindung zwischen einem der beiden Kontaktstifte des Steckers, also L und N, und dem Schutzleiter an der Kupplung zustande kommen darf.

7. Die Messung ist insgesamt neunmal durchzuführen. Also L und alle drei Kontakte der Gegenseite sowie dasselbe mit N und PE.

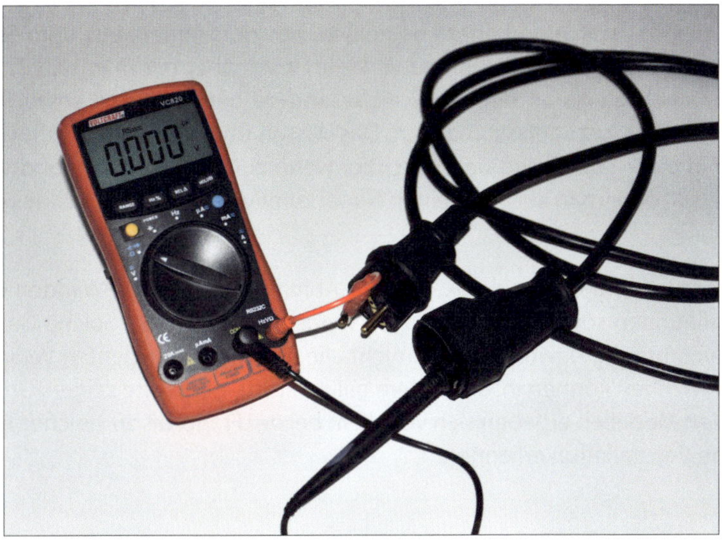

Kontrolle eines Verlängerungskabels mit einem Multimeter

14.4 Wann liegt ein Fehler vor?

Bei der Ermittlung der Funktion eines Kabels lassen sich mehrere Fehler feststellen. Misst man zwischen keinem der drei Leiter einen Durchgang, liegt ein grober Fehler vor. Der reicht von schlecht bzw. nicht angeschlossenen Adern bis zum Kabelbruch.

Wird nur bei zwei Messungen ein Durchgang festgestellt, deutet das auf eine locker gewordene Anschlussklemme am Stecker oder der Kupplung hin.

Stellt man bei einem Messdurchgang drei Kabelenden fest, also einen leitenden Durchgang zwischen einem Kontakt des einen Kabelendes und zweien des gegenüberliegenden, liegt ein Kurzschluss vor. Er deutet auf einen Mangel im Stecker oder der Kupplung hin. Er kann aber auch auf ein beschädigtes Kabel hinweisen.

Ferner liegt ein Mangel vor, wenn etwa an einer Seite des Verlängerungskabels der Schutzleiter versehentlich am Außen- oder Neutralleiter-Kontakt angeschlossen wurde.

Wird ein Mangel festgestellt, darf das Kabel erst wieder genutzt werden, nachdem der Mangel behoben wurde. Was ebenfalls von einer dafür autorisierten Person vorzunehmen ist.

15. E-Installation finden

Bei der Unterputz-Elektroinstallation könnte es heißen, aus den Augen, aus dem Sinn. Zwar ist geregelt, wo die Elektroinstallation zu verlegen wäre, aber hat man sich in der Vergangenheit auch wirklich daran gehalten? Insbesondere bei Altbauten sollte man sich immer auf Überraschungen gefasst machen. Das Wissen über den Verlauf von elektrischen Leitungen in einer Wand wird dann wichtig, wenn zum Beispiel ein Wandregal aufgehängt werden soll oder man auch nur einen Nagel zum Aufhängen eines Bildes einschlagen möchte.

Hier sorgen Leitungssucher und Multidetektoren für Abhilfe. Sie helfen, in Wänden versteckte Elektroinstallationen sowie Wasser- und Heizungsrohre zu finden. Solche Geräte werden zwar gern vollmundig beworben, aber nicht alle halten die gemachten Versprechungen. Große Schwächen können insbesondere billige Einsteigergeräte zeigen. Unterschiede zwischen den Modellen ergeben sich vor allem bei der Frage, bis zu welcher Tiefe sie zum Beispiel eine E-Installation erkennen.

Leitungssuchgeräte finden die Elektroinstallation bis zu einer Tiefe von rund 6 cm

15.1 Auf Funktion testen

Bevor man auf die Suche nach verborgener E-Installation geht, ist die Funktion eines Leitungssuchgerätes zu überprüfen.

1. Das Leitungssuchgerät ist auf einen traditionell verdrahteten Lichtschalter zu halten. Auf ihn muss es reagieren und ausschlagen.

2. Nun ist mit dem Leitungssuchgerät die Wand rund um den Lichtschalter langsam abzusuchen. Man muss dem Gerät für die Analyse des Maueruntergrunds Zeit lassen. Bei zu schneller Bewegung wird keine E-Installation erkannt. Gewöhnlich sollte das Gerät über dem Schalter ausschlagen. Die Signalisierung zeigt dann, dass der Leitungssucher für die vor Ort gegebene Einbautiefe geeignet ist.

15.2 Suche nach elektrischen Leitungen

1. Abhängig vom Modell des Leitungssuchers ist zuerst der gewünschte Suchmodus einzustellen. Zum Teil signalisieren Leitungssucher die Art des Gefundenen auch ohne Vorauswahl. Wieder andere geben eine Warnung ab, egal, was sie finden.
2. Schlägt ein Multidetektor aus, ist nicht immer klar, was er gefunden hat. Im Zweifelsfall ist von einer Elektroinstallation auszugehen.

Keine Garantie

Schlägt ein Multidetektor an, empfiehlt es sich, in diesem Bereich keinesfalls zu bohren oder einen Nagel einzuschlagen. Selbst wenn keine Alarmierung stattfindet, könnte sich darunter eine Stromleitung befinden. Diese würde sich aber unterhalb der maximalen Ortungstiefe des Leitungssuchers befinden. Davon betroffen kann man vor allem in Altbauten sein.

Der Multidetektor ist langsam über den zu scannenden Bereich zu bewegen. Bei Grün hat das Modell nichts gefunden

16. Bohren im Bereich elektrischer Leitungen

Soll eine Leuchte an der Zimmerdecke montiert werden, erfordert das stets ein Bohren in unmittelbarer Nähe der Elektroinstallation. Womit die Gefahr besteht, den Installationsschlauch oder gar einen oder mehrere Drähte zu beschädigen. Dies lässt sich aber mit geringem Aufwand weitgehend vermeiden.

1. Mit einem Leitungssucher lässt sich der exakte Verlauf der Elektroinstallation im Bereich des Lampenauslasses ermitteln. Zusätzlich kann man sich auch an der nahe der Zimmerdecke befindlichen Unterputz-Abzweigdose orientieren, von der die Leitung zum Lampenauslass abgeht.
2. Nachdem der Leitungsverlauf bekannt ist, ist der betroffene Stromkreis entsprechend den fünf Sicherheitsregeln abzuschalten und gegen Wiedereinschalten zu sichern. Weiter ist auf Spannungsfreiheit zu prüfen.
3. Strom für die Bohrmaschine organisiert man sich über einen benachbarten Raum, der über einen anderen Stromkreis versorgt wird. Ein Verlängerungskabel hilft hier weiter.
4. Am sichersten setzt man die Bohrungen an der gegenüberliegenden Seite, von der die Lichtanspeisung kommt. In dem Bereich sollte keine Elektroinstallation anzutreffen sein.
5. Nach dem Setzen der Bohrungen wird die Leuchte montiert.
6. Erst danach ist der Stromkreis wieder einzuschalten.
7. Löst der Leitungsschutzschalter auch bei eingeschaltetem Licht nicht aus, haben Sie die Aufgabe korrekt erledigt.

17. Was tun bei Stromausfall?

Stromausfälle können viele Ursachen haben. Sie entscheiden somit auch über das Erkennen und Beheben eines Mangels. Die Suche nach der Ursache eines Stromausfalls lässt sich entsprechend den ausgelösten Schutzeinrichtungen eingrenzen.

17.1 Ausgelöster Sicherungsautomat

Hat ein Sicherungsautomat ausgelöst, heißt das, dass die Ursache für die Schutzabschaltung innerhalb des betroffenen Stromkreises zu suchen ist. Die restlichen Stromkreise in der Wohnung oder dem Haus sind nicht betroffen.

Zur Lokalisierung des Fehlers empfiehlt sich folgende Vorgehensweise:

1. Sicherungsautomat ausgeschaltet lassen.
2. Alle an diesen Stromkreis angeschlossenen Verbraucher sind auszustecken. Fest angeschlossene Geräte wie der E-Herd, größere Motoren und die Beleuchtung sind auszuschalten.
3. Nachdem sichergestellt ist, dass alle Verbraucher vom Stromkreis getrennt oder zumindest vollständig abgeschaltet wurden, ist der Sicherungsautomat wieder einzuschalten.
4. Löst er nicht mehr aus, bedeutet das, dass in der Elektroinstallation des betroffenen Stromkreises kein Fehler vorliegt.
5. Die Vermutung liegt nahe, dass die Ursache für die Auslösung des Sicherungsautomaten bei einem der Verbraucher zu suchen ist. Deshalb ist nun der Reihe nach jeder Verbraucher einzeln zu testen. Dazu wird zunächst der erste Verbraucher eingesteckt und eingeschaltet. Löst der Sicherungsautomat innerhalb einer gewissen Wartezeit von rund 15–30 Sekunden nicht aus, ist der Verbraucher in Ordnung und kann wieder ausgeschaltet werden. Auf gleiche Weise sind alle weiteren Geräte und auch die Beleuchtung einzeln zu überprüfen. Auch beim E-Herd empfiehlt es sich, jede Kochplatte einzeln zu kontrollieren.
6. Jener Verbraucher, bei dem der Sicherungsautomat auslöst, ist defekt. Er ist wieder vom Stromnetz zu nehmen und von einem autorisierten Fachmann instand setzen zu lassen.
7. Wurde im Zuge dieser Kontrolle kein fehlerhaftes Gerät gefunden, liegt die Ursache für die Auslösung des Sicherungsautomaten vermutlich in einer Überlastung des Stromkreises. Sie tritt auf, wenn im Stromkreis zu viele energieintensive Geräte gleichzeitig in Betrieb genommen wurden.

Eine häufige Ursache während des Winterhalbjahres ist etwa, dass am Stromkreis neben einem Heizlüfter auch ein Bügeleisen eingeschaltet war. In solchen Fällen kann eine erneute Auslösung vermieden werden, indem immer nur eines der beiden Geräte betrieben wird.

Innerhalb des betroffenen Stromkreises sind alle Verbraucher auszustecken oder zumindest abzuschalten

17.2 Ausgelöster FI-Schutzschalter

Hat der Fehlerstrom-Schutzschalter ausgelöst, kann die Ursache im gesamten Haushalt liegen. Auch in solchen Fällen lässt sich die Ursache vergleichsweise schnell ermitteln. Zur Lokalisierung des Fehlers empfiehlt sich folgende Vorgehensweise:

1. Der FI-Schutzschalter bleibt zunächst ausgeschaltet.
2. Außerdem sind alle Sicherungsautomaten auszuschalten. Dabei sind auch alle in Subverteilern verbauten Sicherungsautomaten zu berücksichtigen.
3. Nachdem alle Sicherungsautomaten ausgeschaltet sind, ist der FI-Schutzschalter wieder einzulschalten.
4. Lässt sich der FI-Schalter erst gar nicht einschalten oder löst unmittelbar darauf wieder aus, liegt der Fehler höchstwahrscheinlich im Verteilerkasten. Dieser Mangel darf ausschließlich von einer autorisierten Fachkraft behoben werden, da im Inneren des Verteilers höchste Lebensgefahr droht.
5. Bleibt der FI an, ist zunächst der erste Sicherungsautomat einzuschalten. Löst der FI innerhalb einer Wartezeit von rund zehn Sekunden nicht aus, ist dieser Stromkreis in Ordnung. Nun sind der Reihe nach die weiteren Sicherungsautomaten einzuschalten, wobei ebenfalls jeweils an die zehn Sekunden zwischen jedem Einschaltvorgang zu warten ist.

6. Löst der FI-Schutzschalter nach dem Einlegen eines Sicherungsautomaten kurz darauf wieder aus oder lässt sich erst gar nicht einschalten, befindet sich der Fehler in diesem Stromkreis. Nach dem Einschaltversuch des betroffenen Stromkreises kann der FI oder der Sicherungsautomat oder beides binnen kurzer Zeit wieder fallen.
7. Nun gilt es, das schadhafte Gerät im betroffenen Stromkreis zu finden. Dazu gehen Sie wieder so vor wie in Abschnitt 17.1 beschrieben.

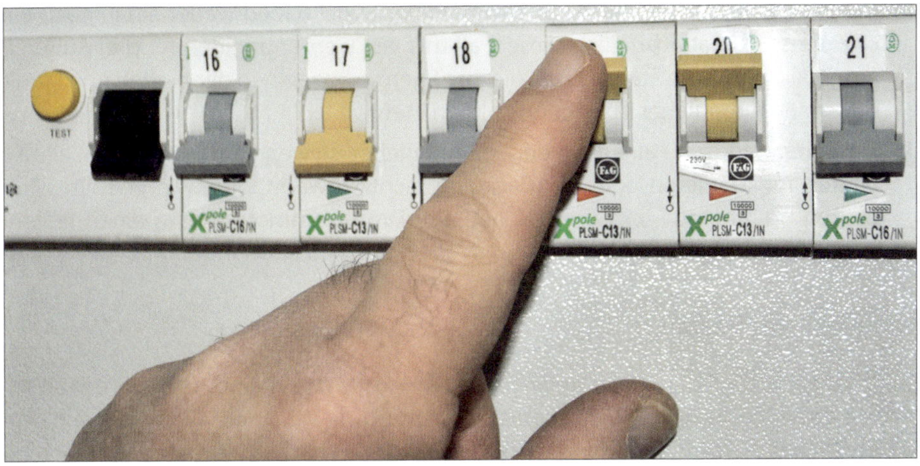

Zur Ermittlung der Fehlerursache sind zunächst alle Sicherungsautomaten auszuschalten. Dabei sind auch jene in Subverteilern zu berücksichtigen

17.3 Hausanschlusssicherung ausgelöst

Das erste Schutzkriterium für den Anschluss unserer Häuser an das öffentliche Stromnetz ist die Hausanschlusssicherung. Sie ist in Form einer Niederspannungs-Hochleistungssicherung, besser bekannt als NH-Sicherung, ausgeführt. Sie ist im Hausanschlusskasten eingebaut, der sich je nach örtlichen Gegebenheiten auch an der Grundstücksgrenze befinden kann. In ihm ist für jeden der drei Außenleiter L1 bis L3 eine eigene NH-Sicherung eingebaut. Eine NH-Sicherung ist sozusagen eine sehr große Schmelzsicherung, die für hohe Ströme ausgelegt ist.

Der Hausanschlusskasten ist entweder verplombt oder mit einem Spezialschlüssel versperrt. Zugang zum Hausanschlusskasten haben ausschließlich Mitarbeiter des für den Ort zuständigen Strom-Netzbetreibers. Nur ihnen obliegt es, den Hausanschlusskasten zu öffnen und NH-Sicherungen mit dafür benötigten Spezialwerkzeugen zu wechseln.

Ausgelöste Hausanschlusssicherung erkennen

Ob eine oder mehrere Hausanschlusssicherungen ausgelöst haben, lässt sich nur indirekt feststellen. Verschiedene Faktoren weisen darauf hin. Dazu zählen:

- Kein Strom im ganzen Haus. Gewöhnlich haben weder der FI noch ein Sicherungsautomat ausgelöst.
- Nur in einem Teil des Hauses ist Strom. In der Regel haben weder ein FI noch ein Sicherungsautomat ausgelöst. Dieser Fall tritt ein, wenn nur einer der drei Außenleiter ausgefallen ist. Jene Stromkreise, die ihre Energie über einen der beiden noch funktionierenden Außenleiter beziehen, funktionieren weiter.
- Ein weiteres Indiz für einen fehlenden Außenleiter ist, wenn am E-Herd nicht alle Kochplatten funktionieren oder der Backofen nicht so warm wird, wie er sollte. Zudem deuten brummende und unrund laufende Drehstrommotoren auf einen fehlenden Außenleiter hin.

Wo liegt der Fehler?

Üblicherweise liegt der Fehler außerhalb des Hauses. Meist sind Baggerarbeiten in der Nähe schuld, bei denen die Hausanschlussleitung in Mitleidenschaft gezogen wurde. Wurde im Rahmen von Erdarbeiten die Zuleitung zum nächstgelegenen Trafo ganz oder teilweise abgerissen, kann eine ganze Siedlung von einem teilweisen oder vollständigen Stromausfall betroffen sein.

Was ist zu tun?

Sind die Baggerarbeiten noch im Gange, ist unmittelbar Kontakt mit dem Baggerfahrer oder dem für die Baustelle Verantwortlichen aufzunehmen und auf die vermutlich beschädigte Stromzuleitung aufmerksam zu machen. Der Verantwortliche der Baufirma muss daraufhin Kontakt mit dem Netzbetreiber aufnehmen. Dieser ergreift anschließend alle Maßnahmen zur Beseitigung des Schadens. Für die Reparaturkosten kommt die Baufirma auf, die für solche Fälle eine Versicherung abgeschlossen hat. Finden in der Nähe keine Bauarbeiten statt oder wurde die Baustelle bereits verlassen, muss man selbst den Netzbetreiber verständigen.

17.4 Stromausfall durch äußere Ursachen

Ist der Strom ausgefallen, hat das meist äußere Ursachen. Zu ihnen zählen etwa Gewitter oder gerissene Leitungen bei Stürmen. Auch angekündigte Stromabschaltungen im Zuge von Arbeiten am Leitungsnetz sind zu berücksichtigen.

1. Fällt der Strom aus, sind alle Geräte, die eben noch in Betrieb waren, auszuschalten. Dazu zählen die Beleuchtung, Heizkörper und alle Geräte mit mechanischem Schalter, die ihren Betrieb sofort wieder aufnehmen würden, sobald der Strom wieder vorhanden ist.
2. Die Geräte sollten ausgeschaltet bleiben, bis sichergestellt ist, dass wieder Strom vorhanden ist. Erst danach können die Verbraucher wieder in Betrieb genommen werden.

Der Grund für diese Vorgehensweise liegt in den hohen Einschaltströmen, die alle elektrischen Geräte im Moment der Inbetriebnahme für eine kurze Zeit aufnehmen. Diese Ströme betragen ein Vielfaches des normalen Strombedarfs während des Betriebs. Würden bei der Wiedereinschaltung des Stroms alle bereits eingeschalteten Verbraucher gleichzeitig in Betrieb gehen, würde das zu einer ausgesprochen hohen Stromspitze führen. Sie kann derart hoch sein, dass einzelne Sicherungsautomaten auslösen können oder sogar die Hausanschlusssicherung auslösen kann.

Abgesehen davon kann das auch eine außergewöhnlich hohe Belastung für das eben erst eingeschaltete Stromnetz bedeuten. Sind die Verbraucher vieler Teilnehmeranschlüsse bereits eingeschaltet, kann die Summe all ihrer Einschaltströme derart hoch sein, dass die Stromversorgung im nächsten Augenblick auch schon wieder zusammenbricht.

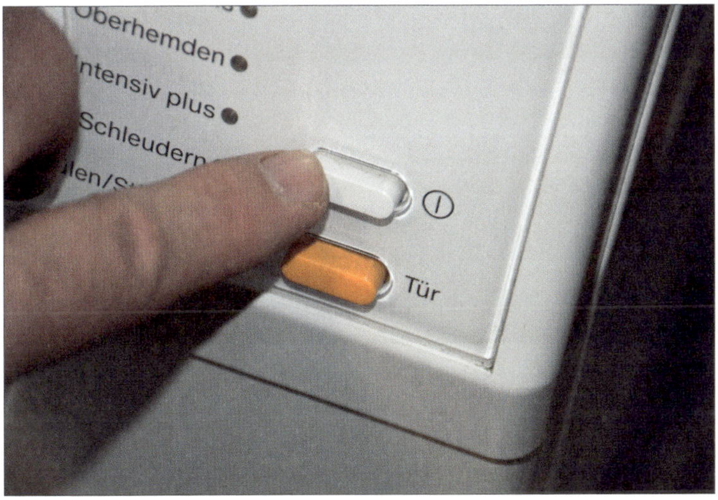

Bei einem Stromausfall sollten alle laufenden Geräte abgeschaltet werden

17.5 Externen Stromausfall erkennen

Ist der Strom von einem Augenblick auf den nächsten weg, vermutet man die Ursache zunächst im eigenen Haushalt. Doch das ist nicht immer so. Externe Stromausfälle lassen sich leicht als solche erkennen.

1. Liegt ein externer Stromausfall vor, ist der gesamte Haushalt ohne elektrische Energie.
2. Im Verteilerschrank wird man feststellen, dass kein FI-Schalter und kein Sicherungsautomat ausgelöst hat. Sie befinden sich demnach alle in der Ein-Stellung.
3. Ein weiteres Indiz für einen Stromausfall ist, wenn der FI durch Drücken der Prüftaste nicht auslöst.
4. Während der Abend- und Nachtstunden kann auch ein Blick aus dem Fenster für Klarheit sorgen. Brennt bei den Nachbarn Licht? Ist die Straßenbeleuchtung an?
5. Bleibt die eigene Wohnung im Gegensatz zur Nachbarschaft dunkel, ist beim zuständigen Netzbetreiber nachzufragen.

Meist sind Gewitter die Ursache für Stromausfälle

18. Veraltete Elektroinstallation

Die Elektroinstallation in Altbauten erfüllt üblicherweise kaum mehr die heutigen Anforderungen. Insbesondere in der Zeit vor 1960 wurde die Elektroinstallation minimalistisch ausgeführt. Einerseits um Geld zu sparen, andererseits, weil damals nicht annähernd vorstellbar war, welche und wie viele Elektrogeräte im Laufe der folgenden Jahrzehnte noch in den Haushalt einziehen würden.

Bis in die späten 1950er-Jahre wurden deshalb mehrere Räume zu einem Stromkreis zusammengefasst. Selbstverständlich mit Beleuchtung und allen Steckdosen. Zudem wurde gern bei den Drahtquerschnitten gespart.

Seit den 1960ern hat sich der Strombedarf in deutschen Haushalten jedenfalls verfünffacht. Tendenz weiter steigend. In diesem Zusammenhang brauchen nur die Schlagworte E-Mobilität und Wärmepumpe genannt zu werden. Allein daraus ergibt sich, dass überalterte Elektroinstallationen heute an der oberen Grenze ihrer Belastbarkeit betrieben werden. Das führt zu brüchigen Leitungen, die sogar durchschmoren können. Ein Kabelbrand mit fatalen Folgen steht so im Raum.

Hinzu kommt, dass die damals verbauten Schutzeinrichtungen nicht mehr annähernd heutige Standards erfüllen. So sind etwa Schmelzsicherungen gegenüber den heute üblichen Sicherungsautomaten eindeutig im Nachteil. Ein weiteres Sorgenkind können alte Fehlerstrom-Schutzschalter sein. Die hat es damals zwar auch schon gegeben, im Vergleich zu aktuellen Modellen hatten sie aber noch eine ausgesprochen lange Ansprechzeit und erforderten sehr hohe Fehlerströme. Die lagen in den 1960ern und noch darüber hinaus in der Größenordnung um 300 mA. Zum Vergleich: Heute sind 30-mA-FI weitverbreitet. Für die Absicherung des Bads kommen teils FI-Schalter für einen Fehlerstrom von 10 mA zum Einsatz.

Alte Elektroinstallationen, die über 60 bis 70 Jahre alt sind, sind mit Vorsicht zu genießen. Sie entsprechen weder den aktuellen Sicherheitsmaßnahmen, noch werden sie den heutigen Anforderungen gerecht. Sie stellen in zunehmendem Maße ein Risiko für Sachgüter und Menschen dar.

18.1 Was ist zu tun?

1. Es ist Kontakt mit einem autorisierten Elektroinstallateur aufzunehmen, damit er sich ein Bild von der vorhandenen Anlage machen kann.
2. Gemeinsam gilt es abzuklären, inwieweit Anpassungen möglich sind, um die Anlage auf Stand zu bringen, oder ob es ratsamer ist, gleich eine Neuinstallation ins Auge zu fassen.

3. In dem Zusammenhang ist auch zu überlegen, wo man etwa zusätzliche Steckdosen benötigt und wie sich die Beleuchtung modernisieren lässt. Auch an zusätzliche Funktionen wie etwa eine Rollladensteuerung ist zu denken.
4. Die Erneuerung der Anlage ist jedenfalls von einer autorisierten Fachkraft durchzuführen. Sie weiß auch über das erhöhte Sicherheitsrisiko in Altanlagen Bescheid.

Von veralteten Elektroinstallationen geht ein hohes Sicherheitsrisiko aus. Hier wurde die Raumbeleuchtung einst über eine Freileitung (!) gespeist

18.2 Nachrüsten eines FI-Schutzschalters

Ein Fehlerstrom-Schutzschalter ist bei Neuanlagen längst verpflichtend. Wird eine Altanlage noch ohne FI erweitert oder modernisiert, ist der Fehlerstrom-Schutzschalter nachzurüsten. Er schützt Personen vor Stromschlägen und schaltet im Fehlerfall innerhalb weniger Millisekunden ab. FI-Schutzschalter dürfen ausnahmslos nur von autorisierten Fachkräften nachgerüstet werden. Wie ist vorzugehen?

1. Vor Beginn der Arbeiten ist die Anlage entsprechend den fünf Sicherheitsregeln abzuschalten, gegen Wiedereinschalten zu sichern und auf Spannungsfreiheit zu prüfen.
2. Der FI-Schutzschalter ist zwischen dem Stromzähler und den einzelnen Sicherungsautomaten einzubauen.

3. Zuerst ist der Außenleiter L1 von der Zuleitung zu den über L1 angespeisten Sicherungsautomaten zu trennen. In weiterer Folge ist dieser Draht am L1-Eingang des FI-Schalters anzuklemmen.
4. Vom L1-Ausgang des FI-Schutzschalters ist eine braune Verbindungsleitung zur L1-Zuleitungsschiene der Sicherungsautomaten zu verlegen und dort anzuklemmen, wo vorhin die direkte L1-Anspeisung abgeklemmt wurde.
5. Anschließend ist der Außenleiter L2 von der Zuleitung zu den über L2 angespeisten Sicherungsautomaten zu trennen. Danach ist dieser Draht am L2-Eingang des FI-Schalters anzuklemmen.
6. Vom L2-Ausgang des FI-Schutzschalters ist eine braune Verbindungsleitung zur L2-Zuleitungsschiene der Sicherungsautomaten zu verlegen und dort anzuklemmen, wo vorhin die direkte L2-Anspeisung abgeklemmt wurde.
7. Dann ist der Außenleiter L3 von der Zuleitung zu den über L3 angespeisten Sicherungsautomaten zu trennen. In weiterer Folge ist dieser Draht am L3-Eingang des FI-Schalters anzuklemmen.
8. Vom L3-Ausgang des FI-Schutzschalters ist eine braune Verbindungsleitung zur L3-Zuleitungsschiene der Sicherungsautomaten zu verlegen und dort anzuklemmen, wo vorhin die direkte L3-Anspeisung abgeklemmt wurde.
9. Die Neutralleiter-Anspeisung N ist von der Neutralleiter-Anschlussklemme, von der die blauen Neutralleiterdrähte zu den einzelnen Stromkreisen abgehen, zu lösen und am Neutralleiter-Eingang des FI-Schalters anzuklemmen.
10. Zuletzt ist eine blaue Verbindungsleitung vom Neutralleiter-Ausgang N des FI-Schutzschalters zur Neutralleiter-Anschlussklemme zu verlegen und anzuschrauben.

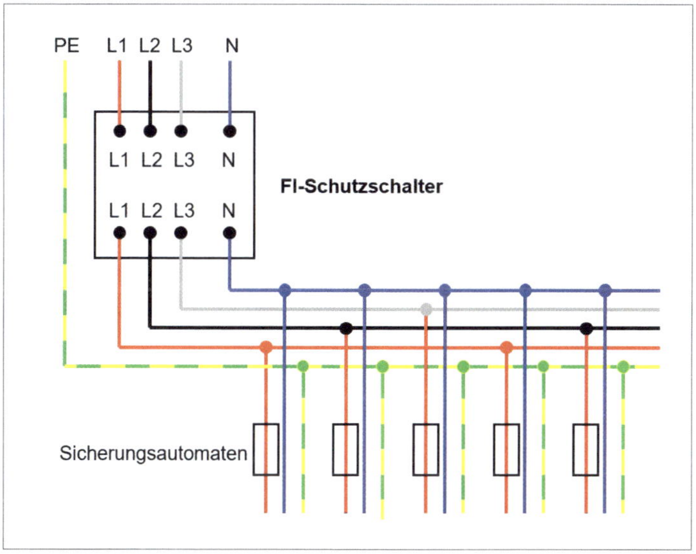

Der FI-Schutzschalter ist vor den Sicherungsautomaten der einzelnen Stromkreise einzubauen

19. Grundschaltungen

Die Serien- und Parallelschaltung sind die absoluten Grundschaltungen in der Elektrotechnik und somit auch in der Hausinstallation. Sie begegnen uns bei der Verdrahtung von Steckdosen, Lampen und Schaltern. Sie lassen sich aber nicht beliebig miteinander verbinden, da die Art der Schaltung einen grundlegenden Einfluss auf die Funktion an sich hat.

19.1 Parallelschaltung

Die Parallelschaltung ist die mit Abstand wichtigste Schaltung in der Elektroinstallation. Alle Steckdosen in einem Stromkreis sind parallel zueinander mit dem Außen- und Neutralleiter verbunden. Denn nur so ist sichergestellt, dass jede Steckdose unabhängig von den anderen genutzt werden kann und dass an jeder die volle Netzspannung, also 230 Volt, bereitstehen. Auch bei der Beleuchtung ist die Parallelschaltung der Regelfall, wenn mit einem Schalter mehr als eine Lampe geschaltet werden soll. Beispiele für Beleuchtungen mit mehreren Lampen findet man unter anderem im Flur oder einem Treppenhaus. Auch die mehrflammige Beleuchtung im Wohnzimmer oder Büro zählt dazu. Jede der parallel zueinander geschalteten Lampen leuchtet gleich hell wie eine einzelne. Alle liegen an der vollen Spannung.

Aufbau einer Parallelschaltung

Dieses Beispiel zeigt, wie mehrere Lampen parallel zu schalten sind. Steckdosen sind auf exakt gleiche Weise zu verdrahten.

1. Vor Beginn der Arbeiten ist der Bereich entsprechend den fünf Sicherheitsregeln abzuschalten, gegen Wiedereinschalten zu sichern und auf Spannungsfreiheit zu prüfen.
2. Der vom Verteilerschrank kommende Schutzleiter PE ist zu allen Lampen zu verlegen und an deren Schutzleiterklemmen PE anzuschließen.
3. Der vom Verteilerschrank kommende blaue Neutralleiter N ist an allen Neutralleiterklemmen N aller Lampen anzuschließen. Gewöhnlich erfolgt dies mithilfe mehrerer blauer Leitungen, die, ausgehend von einer gemeinsamen Verteilerdose, zu den einzelnen Beleuchtungen führen.
4. Alle von den Lampen kommenden blauen Neutralleiterdrähte sind in der Verteilerdose mit einer Blockklemme mit dem vom Verteilerschrank kommenden blauen Neutralleiter zu verbinden.

5. Die vom Schalter kommende schwarze Leitung ist an allen Außenleiterklemmen L aller Lampen anzuschließen. Gewöhnlich erfolgt dies mithilfe mehrerer schwarzer Leitungen, die, ausgehend von einer gemeinsamen Verteilerdose, zu den einzelnen Beleuchtungen führen.
6. Alle schwarzen von den Lampen kommenden Drähte sind in der Verteilerdose mit einer Blockklemme mit dem vom Lichtschalter kommenden schwarzen Draht zu verbinden.

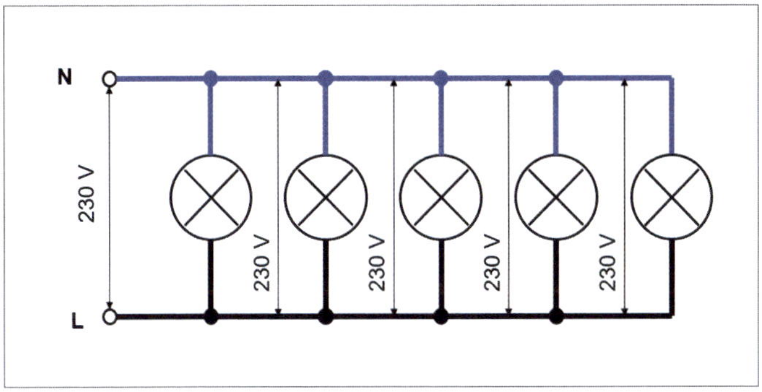

Bei der Parallelschaltung liegen alle Verbraucher an der vollen Spannung

19.2 Serienschaltung

Die Serienschaltung findet in der Hausinstallation nur selten Anwendung. Sie ist eine typische »Und-Schaltung«, was in ihrer extremen Wirkungsweise bei in Serie geschalteten Schaltern nachzuvollziehen ist. Bei zwei in Serie geschalteten Schaltern würde das Licht nur brennen, wenn beide Schalter eingeschaltet sind.

Wie der Name schon sagt, sind bei der Serienschaltung alle Verbraucher in Reihe geschaltet. Demnach sind sie gemeinsam an der Versorgungsspannung, etwa 230 Volt, angeschlossen. Was aber auch heißt, dass sich alle Verbraucher diese 230 Volt teilen müssen. Bei fünf in Serie geschalteten Lampen würde das bedeuten, dass an jeder nur eine Spannung von 46 Volt abfallen würde. Mit anderen Worten, die Lampen würden nicht so hell leuchten, wie von ihnen erwartet, sondern bestenfalls dunkel vor sich hin glimmen.

In der Praxis kann uns die Serienschaltung bei elektrischen Verbrauchern so gut wie nur bei Lichterketten begegnen. Bei ihnen können die einzelnen Lampen in Serie geschaltet werden. Würde so eine Lampenkette aus 20 Lampen bestehen, würde jede für eine Spannung von 12 Volt ausgelegt sein. Da der Strom durch alle Lampen fließt, würden alle erlöschen, sobald eine kaputtgeht. Die defekte Lampe ließe sich dann nur durch Überprüfung aller Lampen finden. Im Vergleich dazu würde bei einer Parallelschaltung nur die defekte Lampe ausfallen, während alle anderen weiter wie gewohnt leuchten würden.

Aufbau einer Serienschaltung

1. Vor Beginn der Arbeiten ist der Arbeitsbereich entsprechend den fünf Sicherheitsregeln abzuschalten, gegen Wiedereinschalten zu sichern und auf Spannungsfreiheit zu prüfen.
2. Der vom Verteilerschrank kommende Schutzleiter PE ist zu allen Lampen zu verlegen und an deren Schutzleiterklemmen anzuschließen.
3. Der vom Schalter kommende braune Außenleiter ist an der Außenleiterklemme L der ersten Lampe anzuschließen.
4. Von der Neutralleiterklemme N der ersten Lampe ist ein Verbindungsdraht zur Außenleiterklemme L der zweiten Lampe zu verlegen und an dieser anzuschließen.
5. Von der Neutralleiterklemme N der zweiten Lampe ist ein Verbindungsdraht zur Außenleiterklemme L der dritten Lampe zu verlegen und an dieser anzuschließen. Auch weitere in Serie zu schaltende Lampen sind auf diese Weise zu verbinden.
6. An der Neutralleiterklemme N der letzten Lampe ist der zum Verteiler führende blaue Neutralleiter N anzuschließen.

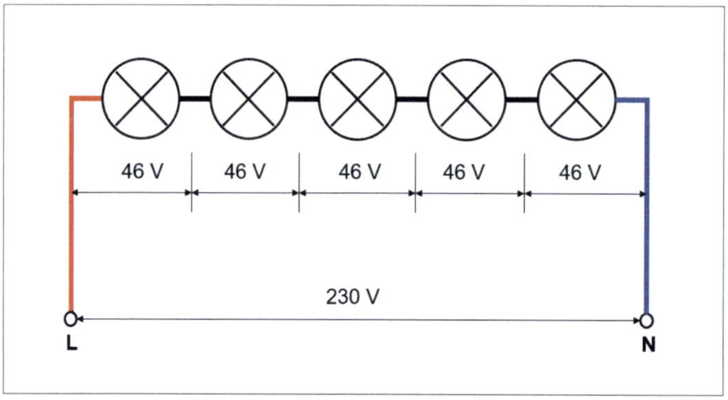

Bei der Serienschaltung teilt sich die Spannung gleichmäßig auf alle in Serie geschalteten Verbraucher auf

19.3 Einpolige Ausschaltung

Die einpolige Ausschaltung ist die einfachste Art einer Lichtschaltung. Sie dient zum Ein- oder Ausschalten einer oder mehrerer zu einer Gruppe zusammengeschalteter Lampen von einem Ort. Üblicherweise kommt die einpolige Ausschaltung für die Beleuchtung in kleinen Räumen, etwa dem WC oder Kellerräumen, zum Einsatz.

Als Schaltmittel werden für die einpolige Ausschaltung entweder Aus- oder Wechselschalter eingesetzt.

Aufbau der einpoligen Ausschaltung

1. Vor Beginn der Arbeiten ist der Bereich entsprechend den fünf Sicherheitsregeln abzuschalten, gegen Wiedereinschalten zu sichern und auf Spannungsfreiheit zu prüfen.
2. Der grüngelbe Schutzleiter PE ist direkt vom Verteilerschrank zur Schutzleiterklemme des Lampenschirms zu verlegen und dort anzuschließen.
3. Der blaue Neutralleiter N ist vom Verteilerschrank direkt zur Lampenfassung zu verlegen und an deren Neutralleiterklemme anzuschließen.
4. Der braune Außenleiter L ist vom Schaltschrank zum einpoligen Ausschalter zu verlegen und an seiner Zuleitungsklemme L anzuschließen.
5. Von der Ausgangsklemme des Ausschalters ist ein schwarzer Verbindungsdraht zur Außenleiterklemme der Lampenfassung zu verlegen.

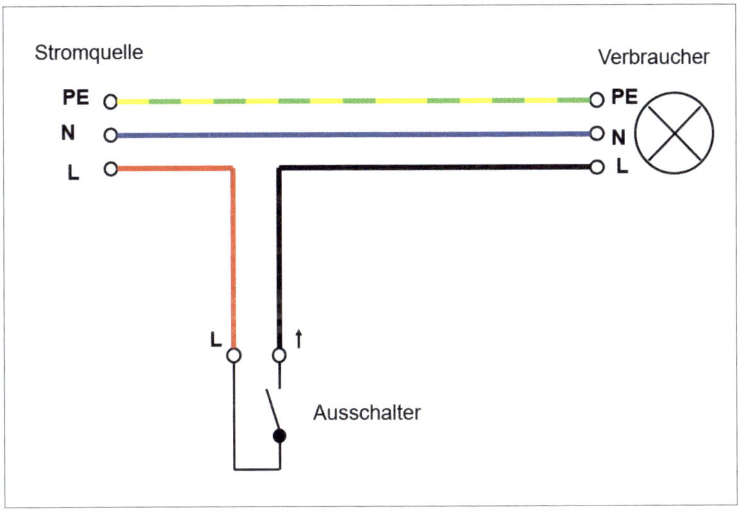

Schaltplan einer einpoligen Ausschaltung

19.4 Kontrollschaltungen

Genau genommen handelt es sich bei der Kontrollschaltung um keine spezielle Schaltung. Der Unterschied zu herkömmlichen Schaltungen besteht allein darin, dass die Schalter mit einer Kontrollleuchte versehen sind. Dazu ist in ihnen eine kleine Glimmlampe verbaut, die das Auffinden des Schalters bei Dunkelheit erleichtern soll. Sie leuchtet nur bei ausgeschalteter Raumbeleuchtung. Kontrollschaltungen unterscheiden sich von den herkömmlichen Schaltungsvarianten nur durch den zusätzlich zum Lichtschalter mit Kontrollleuchte zu verlegenden blauen Neutralleiter.

Aufbau einer Kontrollschaltung auf Basis der einpoligen Ausschaltung

1. Vor Beginn der Arbeiten ist der Bereich entsprechend den fünf Sicherheitsregeln abzuschalten, gegen Wiedereinschalten zu sichern und auf Spannungsfreiheit zu prüfen.
2. Der grüngelbe Schutzleiter PE ist direkt vom Verteilerschrank zur Schutzleiterklemme des Lampenschirms zu verlegen und dort anzuschließen.
3. Der blaue Neutralleiter N ist vom Verteilerschrank direkt zur Lampenfassung zu verlegen und an deren Neutralleiterklemme anzuschließen.
4. Weiter ist der vom Verteilerschrank kommende blaue Neutralleiter N zum Schalter mit Kontrollleuchte zu verlegen und an dessen Neutralleiterklemme N anzuschließen.
5. Der braune Außenleiter L ist vom Schaltschrank zum einpoligen Ausschalter zu verlegen und an seiner Zuleitungsklemme L anzuschließen.
6. Von der Ausgangsklemme des Ausschalters ist ein schwarzer Verbindungsdraht zur Außenleiterklemme der Lampenfassung zu verlegen.

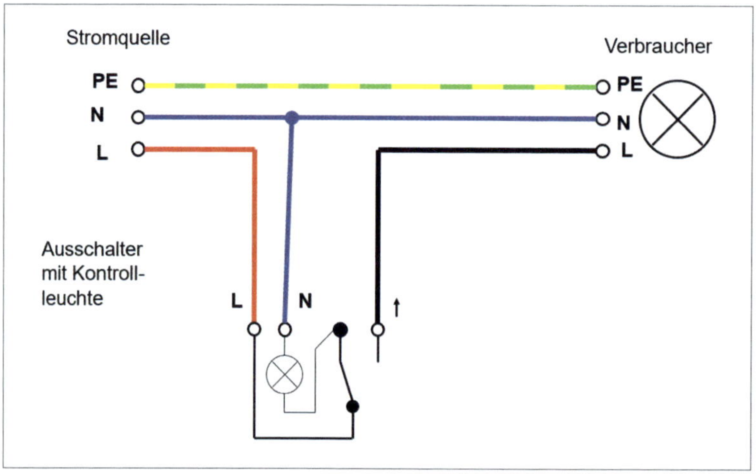

Kontrollschaltung am Beispiel einer Ausschaltung

19.5 Zweipolige Ausschaltung

Im Prinzip entspricht die zweipolige Ausschaltung der einpoligen. Allerdings mit dem Unterschied, dass bei der zweipoligen Ausschaltung nicht nur der stromführende Leiter L, sondern auch der Neutralleiter N geschaltet wird. Diese Variante hat den Vorteil, dass sie die zu schaltenden Verbraucher vollständig galvanisch vom Stromnetz trennt.

Die zweipolige Ausschaltung findet insbesondere dort Anwendung, wo erhöhte Sicherheit gefordert ist. Dementsprechend findet man sie zum Beispiel als Heizungs-Hauptschalter, bei der Warmwasseraufbereitung, bei Kochfeldern und bei medizinischen Geräten.

Aufbau der zweipoligen Ausschaltung

1. Vor Beginn der Arbeiten ist der Bereich entsprechend den fünf Sicherheitsregeln abzuschalten, gegen Wiedereinschalten zu sichern und auf Spannungsfreiheit zu prüfen.
2. Der grüngelbe Schutzleiter PE ist direkt vom Verteilerschrank zur Schutzleiterklemme des Verbrauchers zu verlegen und dort anzuschließen.
3. Der blaue Neutralleiter N ist vom Schaltschrank zum zweipoligen Ausschalter zu verlegen und an dessen N-Zuleitungsklemme anzuschließen.
4. Von der Neutralleiter-Ausgangsklemme des zweipoligen Ausschalters ist mit einem blauen Draht die Verbindung zu der Neutralleiterklemme des Verbrauchers herzustellen.
5. Der braune Außenleiter L ist vom Schaltschrank zum zweipoligen Ausschalter zu verlegen und an dessen Außenleiter-Zuleitungsklemme L anzuschließen.
6. Von der Außenleiter-Ausgangsklemme des Ausschalters ist ein schwarzer Verbindungsdraht zur Außenleiterklemme des Verbrauchers zu verlegen.

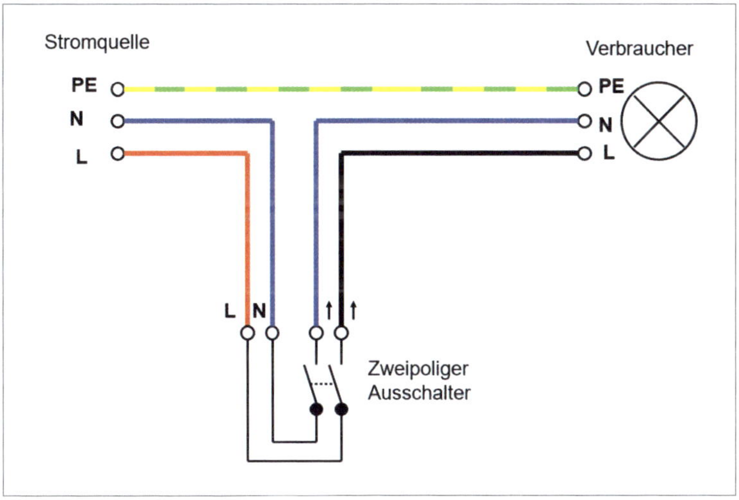

Schaltplan einer zweipoligen Ausschaltung

19.6 Serienschaltung im Detail

Vereinfacht ausgedrückt kann man sich den Serienschalter als zwei Ausschalter vorstellen. Der einzige Unterschied ist, dass diese beiden Ausschalter in einem gemeinsamen Gehäuse verbaut wurden und so weniger Platz für Schalter vorzusehen ist. Mit der Serienschaltung können von einem Ort zwei Verbraucher oder Verbrauchergruppen unabhängig voneinander geschaltet werden.

Aufbau einer Serienschaltung

1. Vor Beginn der Arbeiten ist der Arbeitsbereich entsprechend den fünf Sicherheitsregeln abzuschalten, gegen Wiedereinschalten zu sichern und auf Spannungsfreiheit zu prüfen.
2. Der grüngelbe Schutzleiter PE ist direkt vom Verteilerschrank zu den Schutzleiterklemmen der beiden Verbraucher, gewöhnlich Beleuchtungen, zu verlegen und an diese anzuschließen.
3. Der blaue Neutralleiter N ist vom Schaltschrank zu den Neutralleiterklemmen der beiden Verbraucher zu verlegen und an diese anzuschließen.
4. Der braune Außenleiter L ist vom Schaltschrank zum Serienschalter zu verlegen und an dessen Außenleiter-Zuleitungsklemme L anzuschließen.
5. Vom Anschlusskontakt der ersten Serienschalterwippe ist eine Verbindung mit einem schwarzen Draht zur Zuleitungsklemme des ersten Verbrauchers zu legen und an diesen anzuschließen.
6. Vom Anschlusskontakt der zweiten Serienschalterwippe ist eine Verbindung mit einem schwarzen Draht zur Zuleitungsklemme des zweiten Verbrauchers zu legen und an diesen anzuschließen.

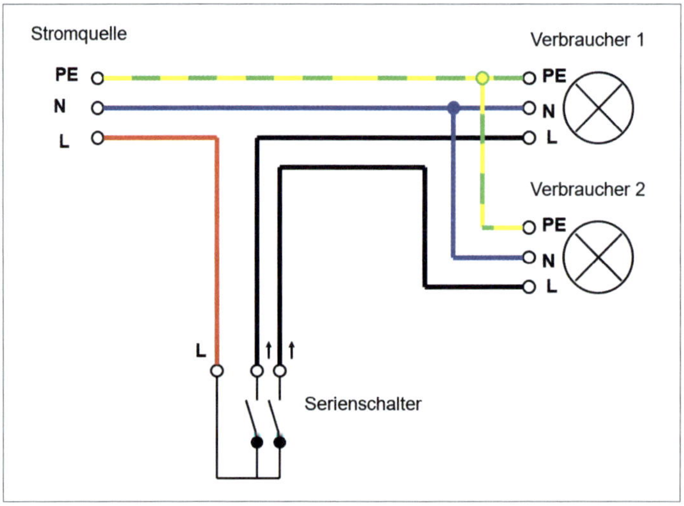

Schaltplan einer Serienschaltung

19.7 Wechselschaltung

Die Wechselschaltung dient dazu, eine Beleuchtung von zwei Stellen aus ein- und ausschalten zu können. Sie kommt zum Beispiel in Räumen mit zwei Türen oder etwa in einem Gang zum Einsatz. Nützlich kann sie auch im Schlafzimmer sein, um das Licht an der Tür und am Bett schalten zu können.

Aufbau einer Wechselschaltung

1. Vor Beginn der Arbeiten ist der Arbeitsbereich entsprechend den fünf Sicherheitsregeln abzuschalten, gegen Wiedereinschalten zu sichern und auf Spannungsfreiheit zu prüfen.
2. Der grüngelbe Schutzleiter PE ist direkt vom Verteilerschrank zur Schutzleiterklemme der Beleuchtung zu verlegen und an dieser anzuschließen.
3. Der blaue Neutralleiter N ist vom Schaltschrank zur Neutralleiterklemme der Beleuchtung zu verlegen und an dieser anzuschließen.
4. Der braune Außenleiter L ist vom Schaltschrank zum ersten Wechselschalter zu verlegen und an dessen Außenleiter-Zuleitungsklemme L anzuschließen.
5. Beide Ausgänge beider Wechselschalter sind mit zwei korrespondierenden Leitungen der Farbe Orange miteinander zu verbinden.
6. Die Außenleiter-Zuleitungsklemme des zweiten Wechselschalters ist mit einem schwarzen Draht mit der L-Klemme der Beleuchtung zu verbinden.

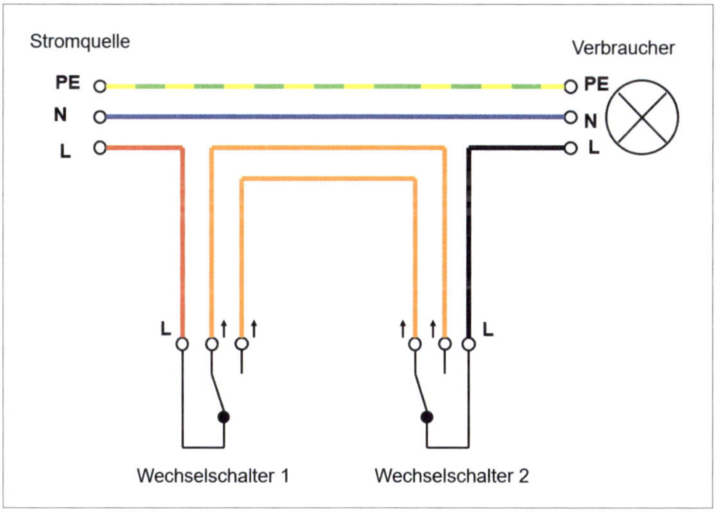

Schaltplan einer Wechselschaltung

19.8 Kreuzschaltung

Um eine Beleuchtung von mindestens drei Orten schalten zu können, braucht es eine Kreuzschaltung. Sie basiert auf der Wechselschaltung, in deren korrespondierende Leitungen mindestens ein Kreuzschalter eingebaut wird. Die Kreuzschaltung bietet sich für größere Räume an.

Aufbau einer Kreuzschaltung

1. Vor Beginn der Arbeiten ist der Arbeitsbereich entsprechend den fünf Sicherheitsregeln abzuschalten, gegen Wiedereinschalten zu sichern und auf Spannungsfreiheit zu prüfen.
2. Der grüngelbe Schutzleiter PE ist direkt vom Verteilerschrank zur Schutzleiterklemme der Beleuchtung zu verlegen und an dieser anzuschließen.
3. Der blaue Neutralleiter N ist vom Schaltschrank zur Neutralleiterklemme der Beleuchtung zu verlegen und an dieser anzuschließen.
4. Der braune Außenleiter L ist vom Schaltschrank zum ersten Wechselschalter zu verlegen und an dessen Außenleiter-Zuleitungsklemme L anzuschließen.
5. Beide Ausgänge des ersten Wechselschalters sind mit zwei korrespondierenden Leitungen der Farbe Orange mit den beiden Eingangsklemmen des Kreuzschalters zu verbinden.
6. Beide Ausgänge des Kreuzschalters sind mit zwei korrespondierenden Leitungen der Farbe Orange mit den beiden Ausgangsklemmen des zweiten Wechselschalters zu verbinden.
7. Die Außenleiter-Zuleitungsklemme des zweiten Wechselschalters ist mit einem schwarzen Draht mit der L-Klemme der Beleuchtung zu verbinden.

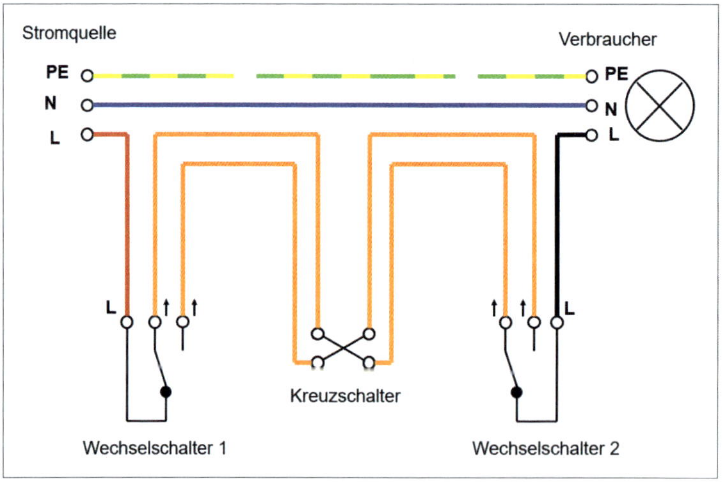

Schaltplan einer Kreuzschaltung

Kreuzschaltungen lassen sich beliebig erweitern und geben keine Obergrenze von verbaubaren Kreuzschaltern vor. Am prinzipiellen Aufbau der Schaltung ändert sich nichts. Nur, dass anstatt des abschließenden zweiten Wechselschalters ein weiterer Kreuzschalter und so weiter folgt. Erst am Ende der Schaltung steht dann tatsächlich der zweite Wechselschalter. Demnach bleibt auch der Aufbau einer erweiterten Kreuzschaltung im Prinzip der gleiche wie bei der Realisierung der »kleinen« Kreuzschaltung.

Aufbau einer erweiterten Kreuzschaltung

1. Vor Beginn der Arbeiten ist der Arbeitsbereich entsprechend den fünf Sicherheitsregeln abzuschalten, gegen Wiedereinschalten zu sichern und auf Spannungsfreiheit zu prüfen.
2. Der grüngelbe Schutzleiter PE ist direkt vom Verteilerschrank zur Schutzleiterklemme der Beleuchtung zu verlegen und an dieser anzuschließen.
3. Der blaue Neutralleiter N ist vom Schaltschrank zur Neutralleiterklemme der Beleuchtung zu verlegen und an dieser anzuschließen.
4. Der braune Außenleiter L ist vom Schaltschrank zum ersten Wechselschalter zu verlegen und an dessen Außenleiter-Zuleitungsklemme L anzuschließen.
5. Beide Ausgänge des ersten Wechselschalters sind mit zwei korrespondierenden Leitungen der Farbe Orange mit den beiden Eingangsklemmen des ersten Kreuzschalters zu verbinden.
6. Beide Ausgänge des ersten Kreuzschalters sind mit zwei korrespondierenden Leitungen der Farbe Orange mit den beiden Eingangsklemmen des zweiten Kreuzschalters zu verbinden. So wie der zweite Kreuzschalter eingebaut wurde, sind auch alle weiteren Kreuzschalter zu verdrahten.
7. Beide Ausgänge des letzten Kreuzschalters sind mit zwei korrespondierenden Leitungen der Farbe Orange mit den beiden Ausgangsklemmen des zweiten Wechselschalters zu verbinden.
8. Die Außenleiter-Zuleitungsklemme des zweiten Wechselschalters ist mit einem schwarzen Draht mit der L-Klemme der Beleuchtung zu verbinden.

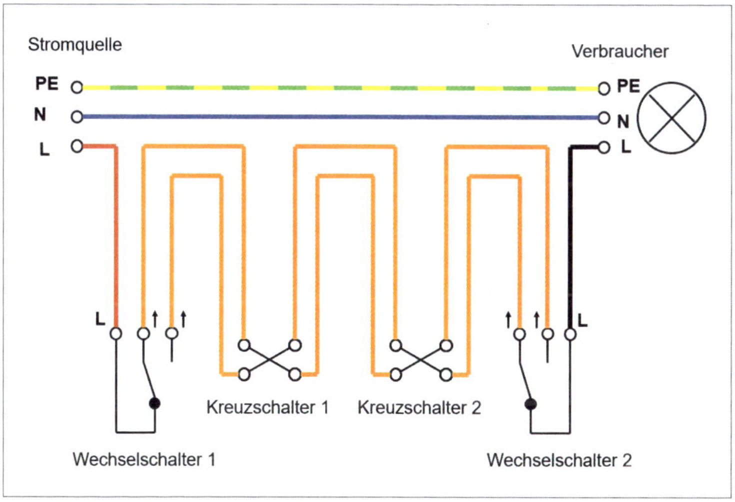

Schaltplan einer Kreuzschaltung mit zwei Kreuzschaltern

19.9 Dimmer-Wechsel- oder -Kreuzschaltung

Dimmer sorgen für eine stufenlose Regelung der Beleuchtungshelligkeit. Meist kommen sie in einer klassischen Ausschaltung zum Einsatz, bei der die Lichtquelle nur von einem Ort aus geschaltet werden kann. Dimmer werden aber auch mit Wechselschalter-Unterstützung angeboten. Das erlaubt, sie in Wechsel- und Kreuzschaltungen einzubauen. Dabei übernimmt der Dimmer die Funktion eines Wechselschalters. Bei einer Dimmer-Wechsel- oder -Kreuzschalter-Kombination lässt sich das Licht zwar wie gewohnt von allen Schaltern schalten, die Helligkeitsregelung ist aber nur am Dimmer-Schalter möglich.

Schaltungsaufbau

Das Verdrahtungsschema einer Dimmer-Wechsel- oder -Kreuzschaltung ist exakt das gleiche wie bei der herkömmlichen Wechsel- oder Kreuzschaltung. Deshalb wird an dieser Stelle auf die Abschnitte »Aufbau einer Wechselschaltung« in Kapitel 19.7 und »Aufbau einer Kreuzschaltung« in Kapitel 19.8 verwiesen.

Zu beachten ist, dass die Klemmenbezeichnungen von Dimmern irreführend sein können. Daher empfiehlt es sich dringend, die Montageanleitung so lange gründlich zu studieren, bis man das Anschlussschema des Dimmers wirklich verstanden hat.

19.10 Folgeschaltung

Die Folgeschaltung bildet zumindest im privaten Bereich eine Ausnahmeerscheinung. Für gewisse Anwendungen kann sie aber durchaus nützlich sein. Etwa wenn es darum geht zu vermeiden, dass man vergisst, das Licht auf dem Dachboden oder allgemein in Räumen, die man nur ausgesprochen selten betritt, abzudrehen.

Das Grundprinzip der Folgeschaltung beruht auf zwei hintereinander geschalteten Ausschaltern. In Betrieben kommt die Folgeschaltung etwa zur Anwendung, um mit einem gemeinsamen Hauptschalter mehrere Maschinen auszuschalten. Nur wenn dieser Hauptschalter an ist, lassen sich in Folge Maschinen in Betrieb nehmen.

Im privaten Bereich bietet sich die Folgeschaltung für die Beleuchtung der Treppe auf den Dachboden und für die Dachbodenbeleuchtung selbst an. Mit dem ersten Ausschalter wird die Treppenbeleuchtung zum Dachboden eingeschaltet. Diese geschaltete Leitung wird aber nicht nur zur Treppenbeleuchtung, sondern auch zum Ausschalter am Dachboden geführt. An ihm liegt an der Außenleiterklemme nur dann Spannung an, wenn das Treppenlicht bereits eingeschaltet ist. Nur dann lässt sich auch die Dachbodenbeleuchtung einschalten. Sie erlischt jedenfalls, nachdem die Treppenbeleuchtung wieder abgeschaltet wurde.

Aufbau der Folgeschaltung

1. Vor Beginn der Arbeiten ist der Bereich entsprechend den fünf Sicherheitsregeln abzuschalten, gegen Wiedereinschalten zu sichern und auf Spannungsfreiheit zu prüfen.
2. Der grüngelbe Schutzleiter PE ist direkt vom Verteilerschrank zu den Schutzleiterklemmen der beiden Beleuchtungen zu verlegen und an diese anzuschließen.
3. Der blaue Neutralleiter N ist vom Verteilerschrank direkt zu den Beleuchtungen zu verlegen und an deren Neutralleiterklemmen anzuschließen.
4. Der braune Außenleiter L ist vom Schaltschrank zum ersten einpoligen Ausschalter zu verlegen und an seiner Zuleitungsklemme L anzuschließen.
5. Von der Ausgangsklemme des ersten Ausschalters ist ein schwarzer Verbindungsdraht zur Außenleiterklemme L der ersten Beleuchtung zu verlegen und anzuschließen.
6. Außerdem ist von der Ausgangsklemme des ersten Ausschalters eine schwarze Verbindungsleitung zum zweiten Ausschalter zu verlegen und an dessen Außenleiterklemme L anzuschließen.
7. Von der Ausgangsklemme des zweiten Ausschalters ist ein schwarzer Verbindungsdraht zur Außenleiterklemme L der zweiten Beleuchtung zu verlegen und anzuschließen.

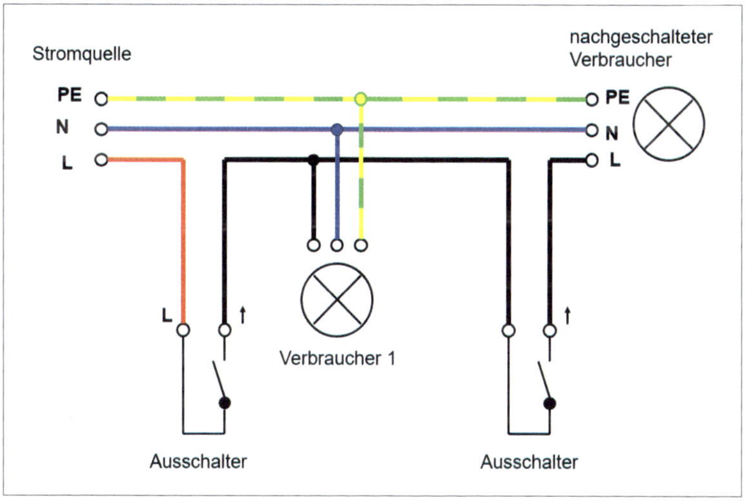

Schaltplan einer Folgeschaltung mit zwei Beleuchtungen

19.11 Tasterschaltung

Die Tasterschaltung ist auch als Stromstoßschaltung bekannt. Bei ihr kommen keine Schalter im üblichen Sinn zum Einsatz, sondern Taster, die nur für einen kurzen Stromimpuls sorgen. Dieser wirkt auf den Stromstoßschalter, der erst den Schaltvorgang ausführt. Dieser ist im Verteilerschrank oder einem Subverteiler eingebaut. Was ihm auch den Namen Fernschalter eingebracht hat.

Die Taster- oder Stromstoßschaltung bietet sich für Beleuchtungen mit mehr als zwei Schaltstellen an. Für solche Fälle würde sich zwar auch eine Kreuzschaltung anbieten. Sie erfordert aber einen spürbar höheren Verdrahtungsaufwand als die Tasterschaltung. Zu den weiteren Vorteilen der Tasterschaltung zählt die Möglichkeit, mit ihr auch hohe Leistungen schalten zu können. Dabei kommt es nur auf das Schaltvermögen des Stromstoßschalters an. Zudem lässt sich eine Tasterschaltung über lange Leitungslängen realisieren. Weiter kann der Schaltkreis mit geringer Spannung betrieben werden.

Aufbau einer Tasterschaltung

1. Der Arbeitsbereich ist entsprechend den fünf Sicherheitsregeln spannungsfrei zu schalten und auf Spannungsfreiheit zu kontrollieren.
2. Der grüngelbe Schutzleiter PE ist vom Schaltschrank zu den Beleuchtungen zu verlegen und an deren Schutzleiterklemmen anzuschließen.
3. Vom Schaltschrank ist der blaue Neutralleiter N zu den Beleuchtungen zu verlegen und an deren Neutralleiterklemmen anzuschließen.
4. Weiter ist vom Schaltschrank ein blauer Neutralleiter N zum Stromstoßschalter zu verlegen und an dessen Neutralleiterklemme anzuschließen.
5. Der braune Außenleiter L ist vom Schaltschrank zum Stromstoßschalter zu verlegen und an dessen L-Klemme anzuschließen.
6. Der braune Außenleiter L ist vom Schaltschrank zu den Tastern zu verlegen und an deren L-Klemmen anzuschließen.
7. Von den zweiten Tasterklemmen ist ein violetter Verbindungsdraht zum Stromstoßschalter zu verlegen. Er ist an dessen Tasterklemme anzuschließen.
8. Zuletzt ist vom Lampenausgang des Stromstoßschalters eine weiße Lampenleitung zur Beleuchtung zu verlegen. Sie ist an deren L-Klemmen anzuschließen.

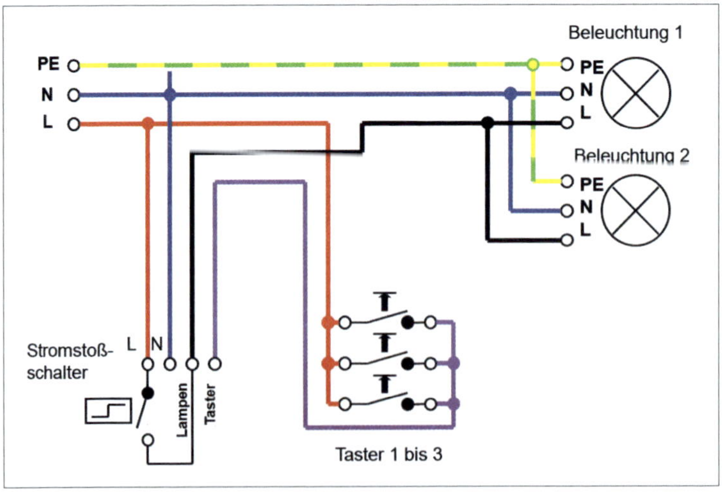

Schaltplan einer Tasterschaltung

20. Erweiterte Schaltungen

20.1 Tastdimmer-Schaltung

Beleuchtungen mit Helligkeitsregelung lassen sich auch mit Tastern bewerkstelligen. Dabei kommt aber kein Dimmer mit griffigem Drehknopf zur Anwendung, sondern ein abgesetzter Dimmer, der beispielsweise im Verteilerschrank oder einer Verteilerdose eingebaut sein kann.

Die Helligkeitssteuerung erfolgt durch die Art der Bedienung der Taster. Hält man einen länger gedrückt, ändert sich die Lampenhelligkeit kontinuierlich von null bis zum Maximum und wieder zurück. Ist die gewünschte Helligkeit erreicht, ist der Taster loszulassen. Dieser Helligkeitswert wird nun gespeichert und bleibt auch für künftige Schaltvorgänge erhalten. Das Schalten an sich erfolgt durch kurzes Antippen der Taster.

Dimmer für Tasterschaltungen kommen mit unterschiedlicher Anzahl von Klemmen und Beschriftungen. Je nach Modell sind einer oder beide Anschlüsse der Taster mit dem Dimmer zu verbinden.

Aufbau einer Tastdimmer-Schaltung

1. Der Arbeitsbereich ist entsprechend den fünf Sicherheitsregeln spannungsfrei zu schalten und auf Spannungsfreiheit zu kontrollieren.
2. Vom Schaltschrank ist der grüngelbe Schutzleiter PE zu den Beleuchtungen zu verlegen und an deren Schutzleiterklemmen anzuschließen.
3. Vom Schaltschrank ist der blaue Neutralleiter N zu den Beleuchtungen zu verlegen und an deren Neutralleiterklemmen anzuschließen.
4. Außerdem ist vom Schaltschrank ein blauer Neutralleiter N zum Tastdimmer zu verlegen und an dessen Neutralleiterklemme N anzuschließen.
5. Der braune Außenleiter L ist vom Schaltschrank zum Tastdimmer zu verlegen und an dessen L-Klemme anzuschließen.
6. Der braune Außenleiter L ist vom Schaltschrank zu den Tastern zu verlegen und an deren L-Klemmen anzuschließen.
7. Von den zweiten Tasterklemmen ist ein violetter Verbindungsdraht zum Tastdimmer zu verlegen. Er ist an dessen Tasterklemme anzuschließen.

8. Zuletzt ist vom Lampenausgang des Tastdimmers eine Verbindung zur Beleuchtung zu verlegen. Sie ist an deren L-Klemmen anzuschließen.

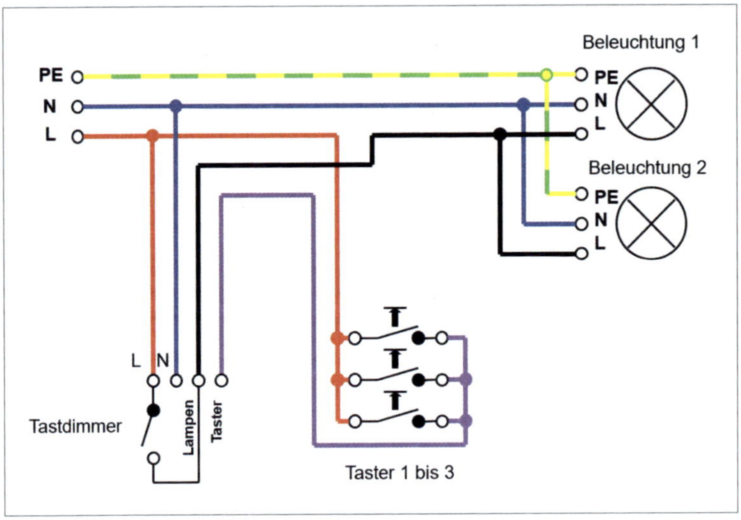

Schaltprinzip einer Tastdimmer-Schaltung

20.2 Treppenhausautomat-Schaltung

Die Treppenhausautomat- und die Stromstoßschaltung sind nahe Verwandte. Von der Verkabelung aus betrachtet, ist der Aufbau beider Schaltungen sogar identisch. Der einzige Unterschied besteht darin, dass bei der Treppenhausautomat-Schaltung sozusagen eine besondere Variante des Stromstoßschalters zum Einsatz kommt. Der ist in diesem Fall mit einer Zeitschaltuhr versehen und schaltet das Licht nach Ablauf einer programmierten Zeitdauer automatisch ab. Dieser Schalter nennt sich Treppenhausautomat. Er kann im Übrigen jederzeit nachträglich anstatt eines Stromstoßschalters eingebaut werden. Sodass sich eine Stromstoßschaltung mit wenigen Handgriffen zur Treppenhausautomat-Schaltung umrüsten lässt.

Worin liegen die Vorteile?

Mit der Treppenhausautomat-Schaltung wird die Beleuchtung selbsttätig abgeschaltet. Damit wird vermieden, dass das Ausschalten des Lichts vergessen wird. Diese Schaltung bietet sich auch für Räume an, in denen man sich nur selten und in der Regel auch nur kurz aufhält. Dazu zählt zum Beispiel die Speise- oder Besenkammer. Auch die Belüftung von Bad und WC kann mithilfe von Treppenhausautomaten gesteuert werden. Am Ende hilft diese Schaltung auch Strom sparen, da man das Ausschalten nicht mehr vergessen kann.

Aufbau einer Treppenhausautomat-Schaltung

1. Der Arbeitsbereich ist entsprechend den fünf Sicherheitsregeln spannungsfrei zu schalten und auf Spannungsfreiheit zu kontrollieren.
2. Der grüngelbe Schutzleiter PE ist vom Schaltschrank zu den Beleuchtungen zu verlegen und an deren Schutzleiterklemmen anzuschließen.
3. Vom Schaltschrank ist der blaue Neutralleiter N zu den Beleuchtungen zu verlegen und an deren Neutralleiterklemmen anzuschließen.
4. Weiter ist vom Schaltschrank ein blauer Neutralleiter N zum Treppenhausautomaten zu verlegen und an dessen Neutralleiterklemme A2 anzuschließen.
5. Der braune Außenleiter L ist vom Schaltschrank zum Treppenhausautomaten zu verlegen und an dessen mit 1 gekennzeichneten Klemme anzuschließen.
6. Der braune Außenleiter L ist vom Schaltschrank zu den Tastern zu verlegen und an deren L-Klemmen anzuschließen.
7. Von den zweiten Tasterklemmen ist ein violetter Verbindungsdraht zum Treppenhausautomaten zu verlegen und an dessen mit A1 beschrifteten Klemme anzuschließen.
8. Vom mit 4 gekennzeichneten Ausgang des Treppenhausautomaten ist eine weiße Lampenleitung zur Beleuchtung zu verlegen. Sie ist an deren L-Klemmen anzuschließen.

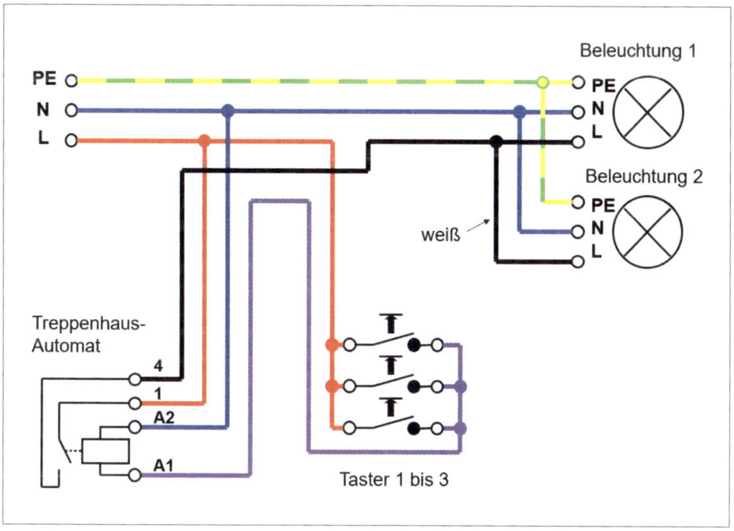

Schaltplan einer Treppenhausautomat-Schaltung

20.3 Stromstoß- gegen Treppenhausautomat-Schalter tauschen

Der entscheidende Vorteil des Treppenhausautomaten ist, dass dieser selbst für die Abschaltung der Beleuchtung sorgt. Wegen seiner nahen Verwandtschaft zum Stromstoßschalter lässt sich eine Tasterschaltung bequem zur Treppenhausautomat-Schaltung umbauen. Wobei sich die Arbeit auf den Tausch des Schaltgerätes beschränkt. Vereinfacht ausgedrückt brauchen nur die vier Drähte des Stromstoßschalters am Treppenhausautomaten angeschlossen zu werden. Eine Anpassung der Verdrahtung zu den Tastern oder zu den Verbrauchern ist nicht erforderlich.

Stromstoßschalter gegen Treppenhausautomaten tauschen

1. Der Arbeitsbereich ist entsprechend den fünf Sicherheitsregeln spannungsfrei zu schalten und auf Spannungsfreiheit zu kontrollieren.
2. Vor dem Einbau des Treppenhausautomaten ist anhand der gewöhnlich beiliegenden Montageanleitung zu kontrollieren, welche Drähte an welche Klemmen angeschlossen werden und vor allem, wie diese beschriftet sind. Die Klemmenbezeichnungen können je nach Hersteller und Modell variieren.
3. Der Stromstoßschalter ist aus dem Verteilerschrank auszubauen. Idealerweise bleiben die Drähte an ihm noch angeschlossen. So behält man eine bessere Übersicht, an welche Klemmen die vier Drähte am Treppenhausautomaten anzuschließen sind.
4. Der an der Tasterklemme des Stromstoßschalters angeschlossene violette Draht ist mit der Klemme A1 des Treppenhausautomaten zu verbinden.
5. Der weiße an der Lampenklemme des Stromstoßschalters angeschlossene Draht ist an der Klemme 4 des Treppenhausautomaten anzuschließen.

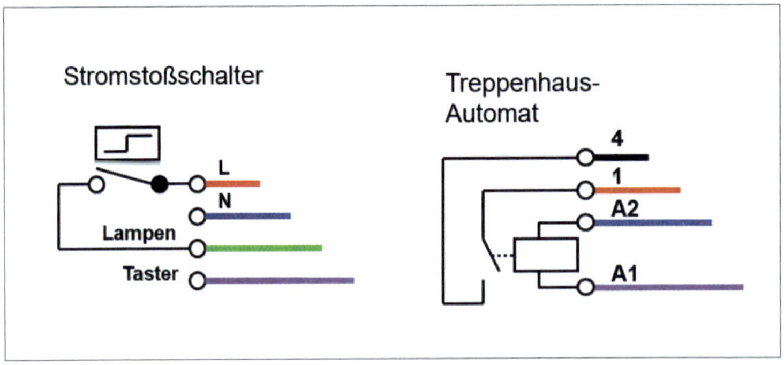

Die Grafik zeigt, welche Drähte wo am Stromstoßschalter und am Treppenhausautomaten anzuschließen sind (der weiße Lampendraht am Stromstoßschalter ist hier der besseren Sichtbarkeit wegen in Grün dargestellt)

6. Der blaue an der N-Klemme des Stromstoßschalters angeschlossene Neutralleiterdraht ist an der A2-Klemme des Treppenhausautomaten anzuklemmen.
7. Der braune am Stromstoßschalter an der Klemme L angeschlossene Außenleiter ist mit der Klemme 1 des Treppenhausautomaten zu verbinden.

20.4 Treppenhausautomat-Schaltung mit Bewegungsmelder

Bei einer Treppenhausautomat-Schaltung muss die Beleuchtung oder eine Belüftung nicht zwangsweise über einen Taster eingeschaltet werden. Alternativ lässt sich diese Aufgabe auch berührungslos über einen oder mehrere Bewegungsmelder realisieren. Sie erteilen den Schaltauftrag, sobald sie eine Bewegung erkennen. Wobei zum Teil die Empfindlichkeit eingestellt werden kann.

So ist sichergestellt, dass beispielsweise eine im Freien montierte Lichtanlage nur auf Menschen reagiert und bei herumstreunenden Katzen das Licht nicht einschaltet. Genauso wie bei der herkömmlichen Treppenhausautomat-Schaltung sind auch der Anzahl von Bewegungsmeldern keine Grenzen gesetzt.

Aufbau einer Treppenhausautomat-Schaltung mit Bewegungsmelder

1. Der Arbeitsbereich ist entsprechend den fünf Sicherheitsregeln spannungsfrei zu schalten und auf Spannungsfreiheit zu kontrollieren.
2. Der grüngelbe Schutzleiter PE ist vom Schaltschrank zu den Beleuchtungen zu verlegen und an deren Schutzleiterklemmen anzuschließen.
3. Vom Schaltschrank ist der blaue Neutralleiter N zu den Beleuchtungen zu verlegen und an deren Neutralleiterklemmen anzuschließen.
4. Weiter ist vom Schaltschrank ein blauer Neutralleiter N zum Treppenhausautomaten zu verlegen und an dessen Neutralleiterklemme A2 anzuschließen.
5. Vom Schaltschrank ist der blaue Neutralleiter zu den Bewegungsmeldern zu verlegen und an deren Neutralleiterklemmen N anzuschließen.
6. Der braune Außenleiter L ist vom Schaltschrank zum Treppenhausautomaten zu verlegen und an dessen mit 1 gekennzeichneten Klemme anzuschließen.
7. Der braune Außenleiter L ist vom Schaltschrank zu den Bewegungsmeldern zu verlegen und an deren L-Klemmen anzuschließen.
8. Von den L'-Ausgangsklemmen der Bewegungsmelder ist ein violetter Verbindungsdraht zum Treppenhausautomaten zu verlegen und an dessen mit A1 beschrifteten Klemme anzuschließen.

9. Vom mit 4 gekennzeichneten Ausgang des Treppenhausautomaten ist eine weiße Lampenleitung zur Beleuchtung zu verlegen. Sie ist an deren L-Klemmen anzuschließen.

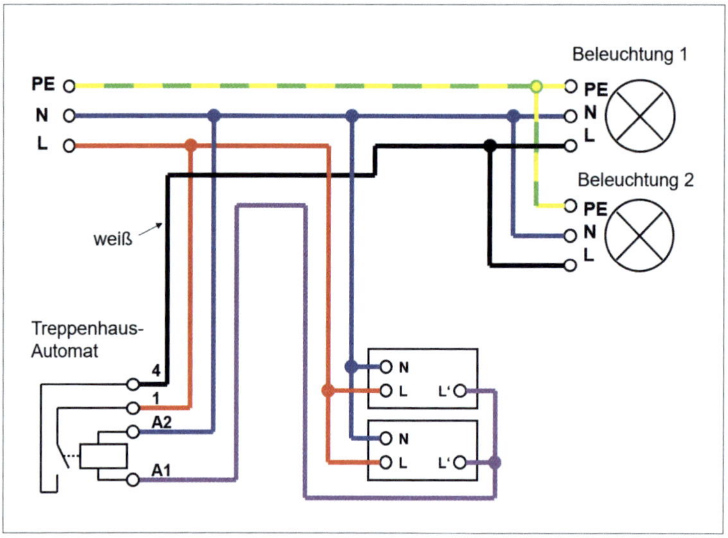

Verdrahtungsbeispiel für eine Treppenhausautomaten-Schaltung mit zwei Bewegungsmeldern

20.5 Kombinierte Treppenhausautomat-Schaltung

Die Anzahl der Schaltstellen ist bei einer Treppenhausautomat-Schaltung willkürlich. Das schließt auch die Art der Schaltmittel – also Taster oder Sensoren wie Bewegungsmelder – mit ein. Sie lassen sich auch beliebig kombinieren. Auf diese Weise können auch Bereiche abgedeckt werden, die außerhalb der Reichweite von Bewegungsmeldern liegen.

Die kombinierte Tasterschaltung unterscheidet sich von den bereits beschriebenen Varianten nur dadurch, dass nun Taster und Bewegungsmelder gemeinsam eingesetzt werden.

Aufbau einer kombinierten Treppenhausautomat-Schaltung

1. Der Arbeitsbereich ist entsprechend den fünf Sicherheitsregeln spannungsfrei zu schalten und auf Spannungsfreiheit zu kontrollieren.
2. Der grüngelbe Schutzleiter PE ist vom Schaltschrank zu den Beleuchtungen zu verlegen und an deren Schutzleiterklemmen anzuschließen.
3. Vom Schaltschrank ist der blaue Neutralleiter N zu den Beleuchtungen zu verlegen und an deren Neutralleiterklemmen anzuschließen.
4. Außerdem ist vom Schaltschrank ein blauer Neutralleiter N zum Treppenhausautomaten zu verlegen und an dessen Neutralleiterklemme A2 anzuschließen.

5. Vom Schaltschrank ist zudem der blaue Neutralleiter zu den Bewegungsmeldern zu verlegen und an deren Neutralleiterklemmen N anzuschließen.
6. Der braune Außenleiter L ist vom Schaltschrank zum Treppenhausautomaten zu verlegen und an dessen mit 1 gekennzeichneten Klemme anzuschließen.
7. Vom Schaltschrank ist ein stromführender brauner Außenleiter L zum Taster zu verlegen und an dessen Außenleiterklemme L anzuschließen.
8. Weiter ist vom Taster eine violette Verbindungsleitung zum Treppenhausautomaten vorzusehen und an dessen mit A1 beschrifteten Klemme anzuschließen.
9. Der braune Außenleiter L ist vom Schaltschrank zu den Bewegungsmeldern zu verlegen und an deren L-Klemmen anzuschließen.
10. Von den L'-Ausgangsklemmen der Bewegungsmelder ist ein violetter Verbindungsdraht zum Treppenhausautomaten zu verlegen und an dessen mit A1 beschrifteten Klemme anzuschließen.
11. Vom mit 4 gekennzeichneten Ausgang des Treppenhausautomaten ist eine weiße Lampenleitung zur Beleuchtung zu verlegen. Sie ist an deren L-Klemmen anzuschließen.

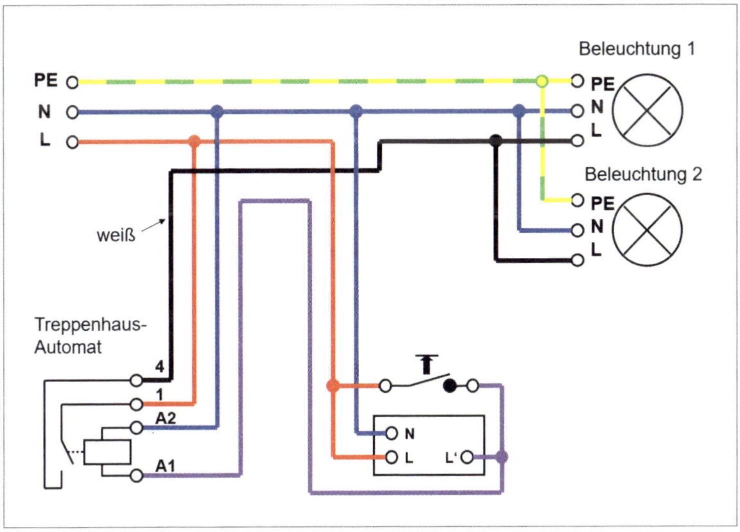

Kombinierte Treppenhausautomat-Schaltung mit je einem Taster und einem Bewegungsmelder

20.6 Lichtschaltung mit Radar-Bewegungsmeldern

Schaltungen mit Radar-Bewegungsmelder unterscheiden sich in Aufbau und Funktion nicht von herkömmlichen Schaltungen für Beleuchtungsanlagen. Allerdings unterscheiden sie sich von ihnen insofern, als sie ohne Lichtschalter aufgebaut werden. Diese Aufgabe übernimmt ein Radar-Bewegungsmelder. Sinnvoll ist der Aufbau einer Radar-Bewegungsmelder-Schaltung mit einer Zeitschaltuhr. Sie sorgt für eine automatische Abschaltung einer Beleuchtung, nachdem diese nach einer erkannten Bewegung eingeschaltet wurde.

Aufbau einer Lichtschaltung mit Radar-Bewegungsmelder

1. Der Arbeitsbereich ist entsprechend den fünf Sicherheitsregeln spannungsfrei zu schalten und auf Spannungsfreiheit zu kontrollieren.
2. Der grüngelbe Schutzleiter PE ist vom Schaltschrank zu den Beleuchtungen zu verlegen und an deren Schutzleiterklemmen anzuschließen.
3. Vom Schaltschrank ist der blaue Neutralleiter N zu den Beleuchtungen zu verlegen und an deren Neutralleiterklemmen anzuschließen.
4. Weiter ist vom Schaltschrank ein blauer Neutralleiter N zum Radar-Bewegungsmelder zu verlegen und an dessen Neutralleiterklemme N anzuschließen.
5. Der braune Außenleiter L ist vom Schaltschrank zum Radar-Bewegungsmelder zu verlegen und an seine mit L gekennzeichnete Klemme anzuschließen.
6. Vom mit L' gekennzeichneten Lampenausgang des Radar-Bewegungsmelders ist ein schwarzer Verbindungsdraht zur Außenleiter-Zuleitungsklemme an den Lampenfassungen zu verlegen und daran anzuschließen.

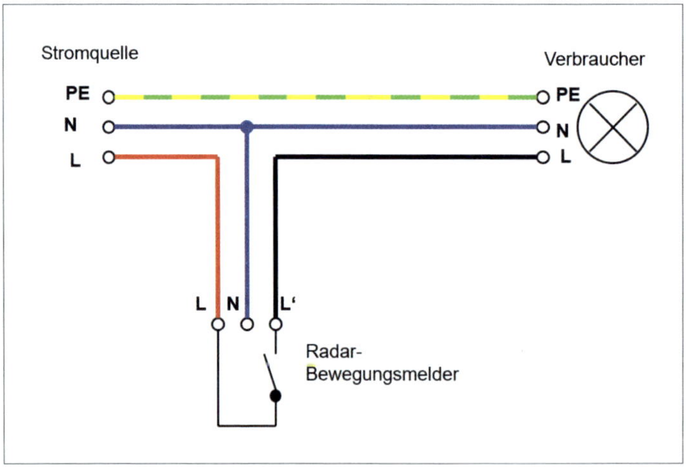

Plan einer Lichtschaltung mit Radar-Bewegungsmelder

Mit mehreren Bewegungsmeldern

Verwinkelte Gänge oder große Räume lassen sich nicht mit einem einzigen Bewegungsmelder erfassen. Für sie können mehrere Bewegungsmelder erforderlich sein, die parallel zueinander anzuschließen sind. Damit wird die Beleuchtung eingeschaltet, sobald ein Bewegungsmelder anspricht.

Achtung!

Nicht alle Bewegungsmelder sind für den Parallelbetrieb geeignet. Ist ein Bewegungsmelder vom Hersteller dafür zugelassen, wird dies auf der Verpackung oder zumindest in der Bedienungsanleitung erwähnt.

Der folgende Schaltplan zeigt, wie in einer Lichtschaltung mehrere Bewegungsmelder anzuschließen sind.

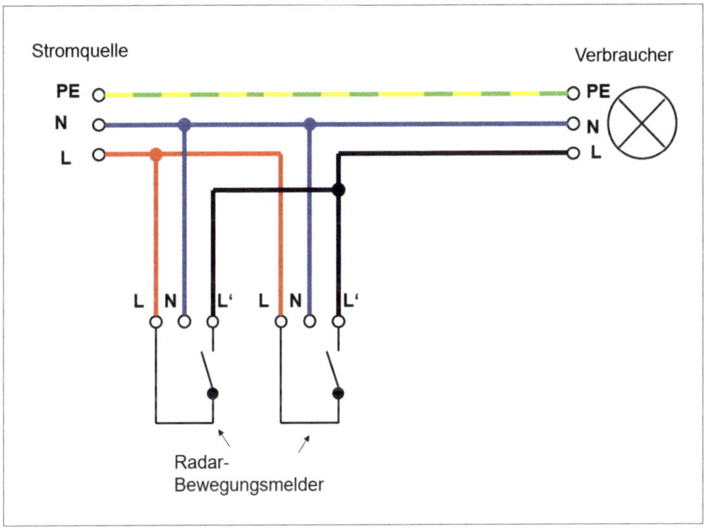

Plan einer Lichtschaltung mit zwei parallel geschalteten Bewegungsmeldern

20.7 Schaltungen für Niedervolt-LED-Beleuchtung

Eine Niedervolt-LED-Beleuchtung kann von Vorteil sein, da Niedervolt-Leuchtmitteln eine höhere Lebensdauer nachgesagt wird als den gebräuchlichen Hochvolt-Varianten. Niedervolt-Beleuchtungen arbeiten mit 12 oder 24 Volt Gleichspannung. Sie benötigen einen Transformator, der die 230 Volt Wechselspannung in die benötigte Gleichspannung umwandelt.

Damit werden die Beleuchtungskörper nicht direkt vom Lichtschalter angesteuert, sondern erhalten ihre elektrische Energie über den Transformator. Was auch bedeutet, dass jede zu schaltende Niedervolt-Beleuchtung mit einem separaten Transformator ausgestattet sein muss.

Wie viele Lampen über einen Transformator versorgt werden können, hängt von seiner maximalen Leistungsabgabe ab. Die Summe der Leistungsaufnahme aller vorgesehenen Niederspannungslampen darf die Leistungsabgabe des Transformators keinesfalls übersteigen.

Grundsätzlich kommen für Niederspannungs-Beleuchtungen die bereits beschriebenen Schaltungsvarianten zum Einsatz. Nur mit dem Unterschied, dass bei ihnen nicht das Leuchtmittel an sich, sondern der Transformator geschaltet wird. Dieser muss sich nicht in unmittelbarer Nähe der Leuchtmittel befinden. Damit ergibt sich etwa die Möglichkeit, im Bad für maximale Sicherheit eine Niedervolt-Beleuchtung zu realisieren, deren Trafo außerhalb des Bads eingebaut wird.

Separate Installationsrohre

In Installationsverrohrungen ist das Mischen mehrerer Spannungsebenen unzulässig. Deshalb ist für die Niederspannungsverkabelung eine separate Verrohrung vorzusehen. Auch bei Installationsdosen ist eine strikte Trennung von 230 Volt und Niederspannung vorzusehen. Womit für beide Spannungsebenen separate Installationsdosen erforderlich sind.

Aufbau einer Niedervolt-Beleuchtung am Beispiel einer einpoligen Ausschaltung

1. Vor Beginn der Arbeiten ist der Bereich entsprechend den fünf Sicherheitsregeln abzuschalten, gegen Wiedereinschalten zu sichern und auf Spannungsfreiheit zu prüfen.
2. Der grüngelbe Schutzleiter PE ist direkt vom Verteilerschrank zur Schutzleiterklemme des Niedervolt-Transformators zu verlegen und dort anzuschließen.
3. Der blaue Neutralleiter N ist vom Verteilerschrank zur Neutralleiterklemme des Niedervolt-Transformators zu verlegen und an dieser anzuschließen.
4. Der braune Außenleiter L ist vom Schaltschrank zum einpoligen Ausschalter zu verlegen und an seiner Zuleitungsklemme L anzuschließen.
5. Von der Ausgangsklemme des Ausschalters ist ein schwarzer Verbindungsdraht zur Außenleiterklemme L des Niedervolt-Transformators zu verlegen und mit dieser zu verbinden.
6. Von der Plus-Anschlussklemme der Niederspannungsseite des Niederspannungs-Transformators ist ein roter Verbindungsdraht zur Plus-Anschlussklemme der Niederspannungs-Beleuchtung zu verlegen und anzuschließen.
7. Von der Minus-Anschlussklemme der Niederspannungsseite des Niederspannungs-Transformators ist ein schwarzer Verbindungsdraht zur Minus-Anschlussklemme der Niederspannungs-Beleuchtung zu verlegen und anzuschließen.

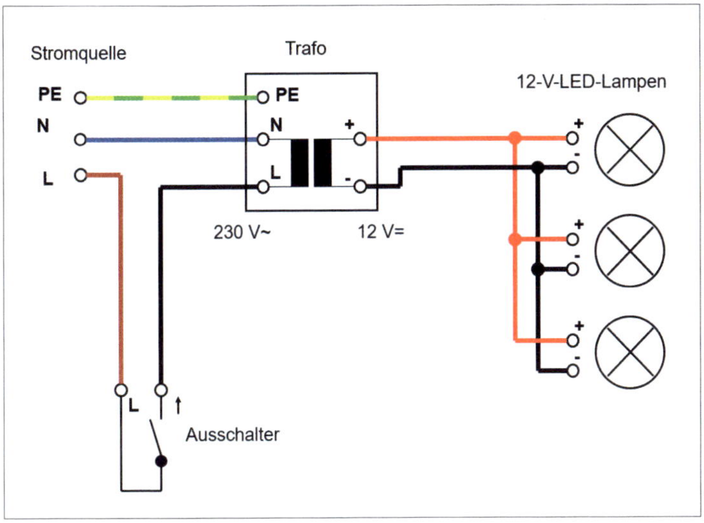

Schaltplan einer Niedervolt-LED-Beleuchtung auf Basis einer einpoligen Ausschaltung

20.8 Funk-Ausschaltung

Im Prinzip handelt es sich bei der Funk-Ausschaltung um eine gewöhnliche Ausschaltung, nur mit dem Unterschied, dass der Schalter per Funk betätigt wird. Damit ist der Einbau des Schalters, je nach Modell, nicht mehr an einen bestimmten Ort, etwa neben der Tür, gebunden. In einer Ausschaltung können auch mehrere Funkschalter vorgesehen sein, die dann parallel zueinander zu schalten sind. Zu beachten ist bei den Funkschaltern, dass drahtloses Schalten über Räume hinweg möglich sein kann. Demnach kommt der Programmierung der Funkschalter und den zugeordneten Fernsteuerungen höchste Bedeutung zu. Für jede per Funk zu schaltende Beleuchtung oder jedes Gerät ist ein eigener Fernsteuerungsbefehl zuzuordnen. Nur so wird sichergestellt, dass nicht alle innerhalb der Reichweite des Funksenders befindlichen Empfänger reagieren und schalten.

Arten von Funkschaltern

Für die Hausinstallation bieten sich mehrere Arten von Funkschaltern an. Ihnen gemeinsam ist, dass der Funkempfänger an zentraler Stelle, etwa in einer Verteilerdose im Deckenbereich eines Raums, eingebaut ist. Sofern zuverlässiger Empfang gewährleistet ist, können auch die Empfänger mehrerer Funk-Schaltkreise an einem gemeinsamen Ort zusammengefasst sein.

Die größten Unterschiede ergeben sich bei der Art der Funksender. Weitverbreitet sind solche, die klassischen Lichtschaltern zum Verwechseln ähnlich sehen und dort montiert werden, wo auch herkömmliche Lichtschalter zu finden sind. Allerdings handelt es sich bei ihnen sozusagen um batteriebetriebene Fernsteuerungen, die lediglich an der Wand angeschraubt sind. Zu ihnen führt keinerlei Verkabelung. Womit sich ihr Installationsaufwand auf ein absolutes Minimum beschränkt. Der Vorteil dieser Wand-Funkschalter ist, dass man sie nicht verlegen kann und sie immer griffbereit sind, wenn man bei Dunkelheit einen Raum betritt.

Alternativ oder zusätzlich bieten sich mobile Funkschalter an. Mit ihnen können bis zu zehn Funk-Stromkreise geschaltet werden, und sie erinnern in Form und Aussehen an übliche TV-Fernbedienungen.

Stichwort Smart Home

Maximalen Komfort versprechen Funksysteme, wenn sie auch über das Smartphone geschaltet werden können. Mit ihm hat man schließlich den universellen Schalter für Licht und alle weiteren per Funk gesteuerten elektrischen Anwendungen bei sich.

Wie umweltfreundlich?

Wie umweltfreundlich Funk-Schaltsysteme sind, hängt von der Art der verwendeten Funksender ab. Gewöhnlich arbeiten diese mit eingelegten Knopfzellen, also kleinen Batterien. Diese sind immer wieder zu wechseln. Wie lange sie halten, hängt davon ab, wie oft sie bedient werden. Wobei auch die Selbstentladung von Batterien zu berücksichtigen ist. Zu beachten ist ferner, dass funkbasierte Hausinstallationen mit einer stattlichen Anzahl an Funkschaltern arbeiten, die – über das Jahr betrachtet – auch eine nicht zu unterschätzende Anzahl an umweltschädlichen Altbatterien produzieren.

Die Alternative dazu sind kinetische Funkschalter. Sie kommen ohne Batterien aus. Bei ihnen wird die benötigte elektrische Energie durch Drücken auf den Schalter erzeugt. Ein Batteriewechsel ist somit nicht nötig. Weiter fallen keine Altbatterien an und man profitiert von der höheren Betriebszuverlässigkeit, da man keine Sorge haben muss, dass Batterien ihr Lebensende erreicht haben.

Arten von Funk-Lichtschaltungen

Egal, ob eine oder mehrere Lichtquellen von einer oder beliebig vielen Schaltstellen zu betätigen sein sollen, reduziert sich der Schaltungsaufwand bei der Funk-Beleuchtungsschaltung auf das Prinzip der Ausschaltung. Der funkgesteuerten Beleuchtungsschaltung ist es schließlich egal, ob sie von einer, zwei, drei oder mehr Stellen bedient werden soll. Damit erübrigen sich auch die Wechsel- und Kreuzschaltung und der mit ihnen verbundene nicht unerhebliche Installationsaufwand.

Kombiniert man die Funk-Ausschaltung mit einem Timer, kann sie sogar die klassische Treppenhaus-Schaltung ersetzen.

Aufbau einer Ausschaltung mit Funkschalter

1. Vor Beginn der Arbeiten ist der Bereich entsprechend den fünf Sicherheitsregeln abzuschalten, gegen Wiedereinschalten zu sichern und auf Spannungsfreiheit zu prüfen.
2. Der grüngelbe Schutzleiter PE ist direkt vom Verteilerschrank zur Schutzleiterklemme der Beleuchtung zu verlegen und dort anzuschließen.
3. Der blaue Neutralleiter N ist vom Verteilerschrank zur Neutralleiterklemme des Funkschalters zu verlegen und an dessen Neutralleiter-Zuleitungsklemme anzuschließen.
4. Von der Neutralleiter-Ausgangsklemme des Funkschalters ist ein blauer Neutralleiter zur Lampenfassung zu verlegen und an deren Neutralleiterklemme anzuschließen.
5. Der braune Außenleiter L ist vom Verteilerschrank zum Funkschalter zu verlegen und an dessen Zuleitungsklemme L anzuschließen.
6. Von der mit L' oder ähnlich gekennzeichneten Außenleiter-Ausgangsklemme des Funkschalters ist ein schwarzer Verbindungsdraht zur Lampenfassung zu verlegen und an deren Außenleiterklemme anzuschließen.
7. Zuletzt sind die für die Bedienung des Funkschalters vorgesehenen Funksender auf diesen auszurichten. Die Vorgehensweise ist der Bedienungsanleitung zu entnehmen.

Stichwort: Beschriftungen

Die Beschriftungen der Anschlussklemmen von Funkschaltern können variieren. Aus der Bedienungsanleitung ist zu entnehmen, an welche Klemmen welche Drähte anzuschließen sind.

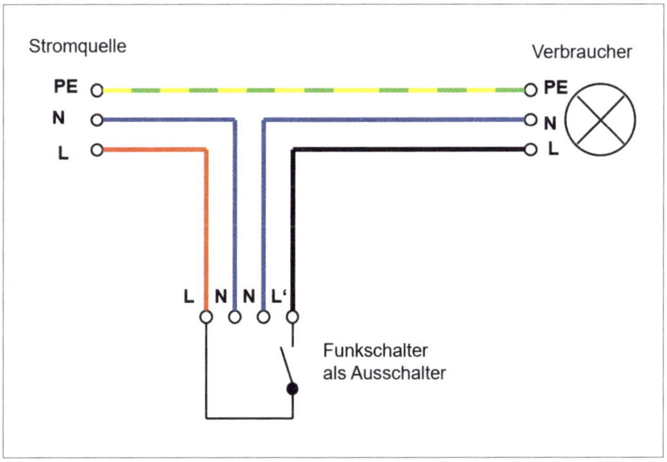

Plan einer Ausschaltung mit einem Funkschalter

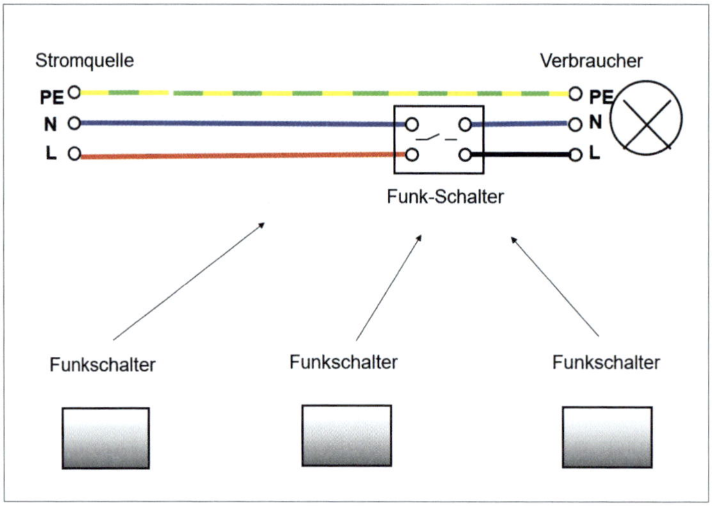

Dieser Funk-Beleuchtungsschaltplan ersetzt neben der Aus- auch die Wechsel- und Kreuzschaltung

20.9 Kombinierte Wechselschaltung mit Funk

Bei der herkömmlichen Hausinstallation erfordern Lichtstromkreise mit mehreren Schaltstellen einen erhöhten Installationsaufwand. So war es zumindest über Jahrzehnte üblich. Bestehende Wechselschaltungen in Altanlagen lassen sich nachträglich mit Funk erweitern, indem einer der beiden vorhandenen Wechselschalter gegen einen Funkschalter ausgetauscht wird.

Zumindest einige Hersteller bieten dafür spezielle Funk-Wechselschalter an. Ihr Verkabelungsaufwand ist allerdings höher, da sie anstatt der drei Anschlüsse eines Wechselschalters fünf besitzen. Sie erfordern zusätzlich eine eigene Stromversorgung und somit einen Außen- und Neutralleiter. Beide müssen an der Einbaustelle des Funk-Wechselschalters vorhanden sein oder nachgezogen werden.

Aufbau einer kombinierten Wechselschaltung mit Funk

1. Vor Beginn der Arbeiten ist der Arbeitsbereich entsprechend den fünf Sicherheitsregeln abzuschalten, gegen Wiedereinschalten zu sichern und auf Spannungsfreiheit zu prüfen.
2. Der grüngelbe Schutzleiter PE ist direkt vom Verteilerschrank zur Schutzleiterklemme der Beleuchtung zu verlegen und an dieser anzuschließen.
3. Der blaue Neutralleiter N ist vom Schaltschrank zur Neutralleiterklemme der Beleuchtung zu verlegen und an dieser anzuschließen.

4. Vom Schaltschrank ist der blaue Neutralleiter N zum Funk-Wechselschalter zu verlegen und an dessen Neutralleiterklemme N anzuschließen.
5. Der braune Außenleiter L ist vom Schaltschrank zum ersten – dem herkömmlichen – Wechselschalter zu verlegen und an dessen Außenleiter-Zuleitungsklemme L anzuschließen.
6. Weiter ist vom Schaltschrank ein brauner Außenleiter zum Funk-Wechselschalter zu verlegen und an dessen Zuleitungsklemme L anzuschließen.
7. Beide Ausgänge beider Wechselschalter sind mit zwei korrespondierenden Leitungen der Farbe Orange miteinander zu verbinden.
8. Der geschaltete Lampenausgang L' des Funk-Wechselschalters ist mit einem schwarzen Draht mit der L-Klemme der Beleuchtung zu verbinden.

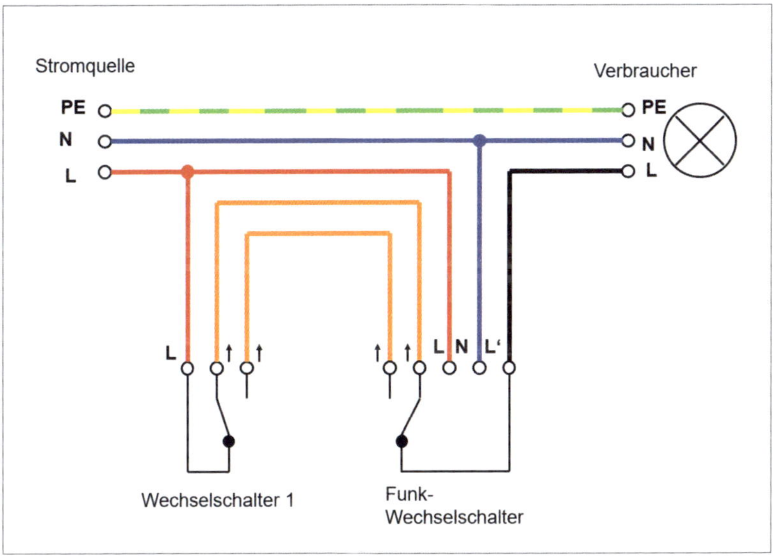

Schaltplan einer Wechselschaltung mit je einem herkömmlichen und einem Funk-Wechselschalter

20.10 Zentrale Funk-Lichtsteuerung

Funksteuerungen lassen die gesamte Lichtinstallation in einem Haus oder einer Wohnung von Grund auf neu überdenken. Vor allem, ob es die klassischen Beleuchtungsschaltungen wie Wechsel- und Tasterschaltungen in ihrer herkömmlichen Form mit ihrem nicht unerheblichen Installationsaufwand überhaupt noch braucht.

Alle diese Schaltungen lassen sich mit Funk bewerkstelligen. Wobei hier vor allem das Prinzip der klassischen Ausschaltung zum Einsatz kommt. Schließlich ist es dem Funk-Schaltelement, dem Schaltaktor, egal, ob es nun von einem oder mehreren Sendern Schaltbefehle zugesandt bekommt. Zudem ist es im weiteren Sinne egal, wo das Schaltelement eingebaut wird. Das kann in einer Verteilerdose oder direkt bei der Beleuchtung sein. Selbst der Einbau in einem Verteilerschrank ist möglich, wo die Funk-Schaltelemente für mehrere Lichtstromkreise zusammengefasst sind. Bei ihnen ist allerdings Voraussetzung, dass sie die von den Schaltern, also den Funksendern, abgegebenen Schaltsignale noch zuverlässig empfangen können.

Es muss sichergestellt sein, dass die in einem Verteilerschrank verbauten Schaltaktoren die Signale der an sie angebundenen Fernsteuerungen zuverlässig empfangen können. Funk-Schaltelemente werden für einzelne und mehrere zu schaltende Stromkreise angeboten. Jedenfalls reduzieren Funk-Schaltaktoren die Lichtinstallation auf ein Mindestmaß. Es gilt, je nach Modell des Schaltaktors das vom Hersteller vorgegebene Anschluss- und Verdrahtungsschema zu beachten.

Aufbau einer Beleuchtungsinstallation mit zentralen Funk-Schaltelementen

1. Vor Beginn der Arbeiten ist der Arbeitsbereich entsprechend den fünf Sicherheitsregeln abzuschalten, gegen Wiedereinschalten zu sichern und auf Spannungsfreiheit zu prüfen.
2. Der grüngelbe Schutzleiter PE ist direkt vom Verteilerschrank zu den Schutzleiterklemmen der Beleuchtungen zu verlegen und daran anzuschließen.
3. Der blaue Neutralleiter N ist vom Schaltschrank zu den Neutralleiterklemmen der Beleuchtungen zu verlegen und daran anzuschließen.
4. Vom Schaltschrank ist ein weiterer blauer Neutralleiter N zu der mit N gekennzeichneten Neutralleiter-Anspeisungsklemme des Funk-Schaltaktors zu verlegen und daran anzuschließen.
5. Vom Schaltschrank ist ein brauner Außenleiter L zu der mit L gekennzeichneten Außenleiter-Anspeisungsklemme des Funk-Schaltaktors zu verlegen und daran anzuschließen.
6. Weiter ist ein brauner Außenleiter L zu den Außenleiter-Anschlussklemmen der schaltbaren Lampengruppen des Funk-Schaltaktors zu verlegen und an diesen anzuschließen.
7. Von den Lampen-Ausgängen des Funk-Schaltaktors ist zu jeder zu schaltenden Lampengruppe ein schwarzer Draht zu verlegen, der an den L-Klemmen der Lampenfassungen anzuschließen ist.
8. Abschließend sind die Funksender auf die zu schaltenden Lichtstromkreise zu programmieren.

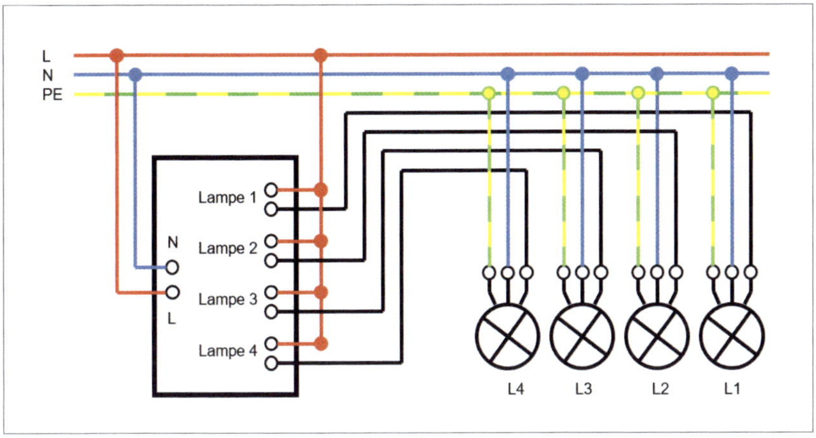

Verdrahtungsbeispiel für eine zentrale Funk-Lichtsteuerung für vier Lampen(gruppen)

20.11 Dämmerungsschaltung

Ein Dämmerungsschalter ist mit einem lichtempfindlichen Sensor ausgestattet. Mit ihm können je nach Helligkeit Schaltvorgänge automatisch vorgenommen werden. Dämmerungsschalter können etwa zum Schalten einer Außenbeleuchtung genutzt werden. Im Prinzip handelt es sich bei der Dämmerungsschaltung um eine Ausschaltung. Dennoch unterscheiden sich beide voneinander, da der Dämmerungsschalter anstatt zwei Anschlüssen vier bis fünf Anschlüsse besitzt. Bei fünf Klemmen wird auch der Schutzleiter über ihn geführt.

Aufbau einer Dämmerungsschaltung

1. Der Arbeitsbereich ist vor Beginn der Arbeiten entsprechend den fünf Sicherheitsregeln abzuschalten, gegen Wiedereinschalten zu sichern und auf Spannungsfreiheit zu prüfen.
2. Vom Verteilerschrank ist ein grüngelber Schutzleiter PE zur Beleuchtung zu verlegen und an deren Schutzleiterklemme anzuschließen.
3. Sollte der Dämmerungsschalter ebenfalls eine Schutzleiterklemme PE besitzen, ist auch zu ihm, vom Verteiler kommend, ein grüngelber Schutzleiter zu verlegen und an dessen PE-Klemme zu befestigen.
4. Ein blauer Neutralleiter ist vom Verteiler zum Dämmerungsschalter zu verlegen und an dessen Stromversorgungs-Neutralleiterklemme anzuschließen.
5. Von der Neutralleiter-Ausgangsklemme N des Dämmerungsschalters ist eine blaue Verbindungsleitung zur Beleuchtung zu verlegen und an deren Neutralleiterklemme N anzuschließen.

6. Vom Verteilerschrank ist ein brauner Außenleiter L zum Dämmerungsschalter zu verlegen und an dessen Stromversorgungs-Außenleiterklemme L anzuschließen.
7. Von der Außenleiter-Ausgangsklemme L' des Dämmerungsschalters ist eine schwarze Verbindungsleitung zur Beleuchtung zu verlegen und an deren Außenleiterklemme L anzuschließen.

Achtung!
Die Klemmenbeschriftungen der Dämmerungsschalter können variieren. Anschlusspläne und die Gerätebeschreibung allgemein klären darüber auf, welche Drähte an welchen Klemmen anzuschließen sind.

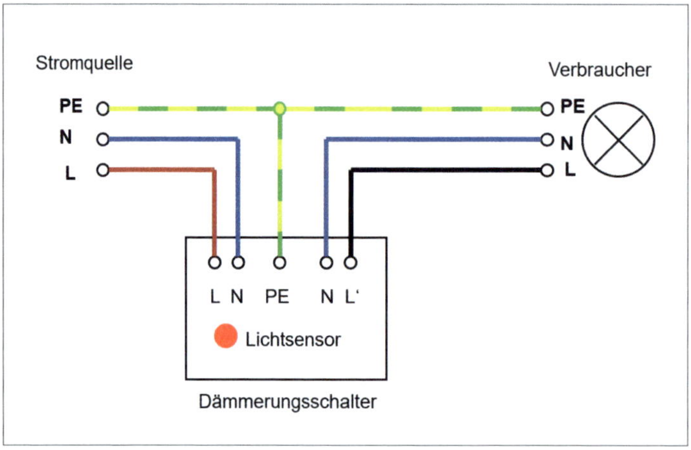

Anschlussschema für eine Beleuchtungsanlage mit Dämmerungsschalter

20.12 Dämmerungsschaltung mit externem Sensor

Dämmerungsschalter gibt es nicht nur mit integriertem Lichtsensor für die Montage im Freien, sondern auch für den Einbau in Schalt- und Verteilerschränken. An sie sind abgesetzte Lichtsensoren anzuschließen, die außerhalb des Verteilerschranks – zum Beispiel im Freien – zu montieren sind.

Aufbau einer Dämmerungsschaltung mit externem Sensor

1. Der Arbeitsbereich ist vor Beginn der Arbeiten entsprechend den fünf Sicherheitsregeln abzuschalten, gegen Wiedereinschalten zu sichern und auf Spannungsfreiheit zu prüfen.
2. Vom Verteilerschrank ist ein grüngelber Schutzleiter PE zur Beleuchtung zu führen und an deren Schutzleiterklemme anzuschließen.

3. Der blaue Neutralleiter N ist vom Verteiler zum Dämmerungsschalter zu verlegen und an dessen Stromversorgungs-Neutralleiterklemme N anzuschließen.
4. Weiter ist der blaue Neutralleiter N zur Neutralleiterklemme N der Beleuchtung zu verlegen und daran anzuschließen.
5. Vom Verteilerschrank ist ein brauner Außenleiter zur Zuleitungsklemme L des Dämmerungsschalters zu verlegen und daran anzuschließen.
6. Am Dämmerungsschalter ist von der Außenleiter-Anschlussklemme L zur Klemme L' eine braune Drahtbrücke einzubauen.
7. Außerdem ist eine schwarze Verbindungsleitung zwischen der zweiten Lampenklemme des Dämmerungsschalters und dem Außenleiteranschluss L der Beleuchtung herzustellen.
8. Zuletzt ist am Dämmerungsschalter an den dafür vorgesehenen beiden Klemmen der Helligkeitssensor anzuschließen. Zu ihm führen zwei orangefarbene Leitungen.

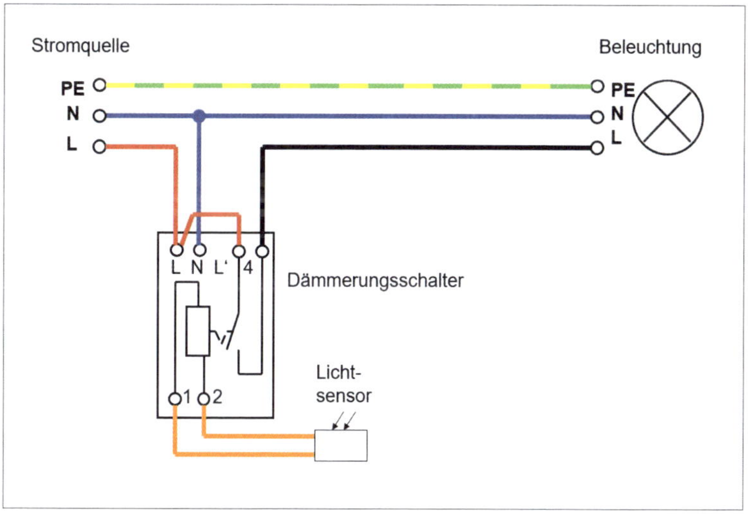

Anschlussschema einer Lichtschaltung mit Dämmerungsschalter und externem Sensor

20.13 Dämmerungsschaltung mit Zeitschaltung

Macht eine Dämmerungsschaltung mit Zeitschaltuhr Sinn? Zumindest dann, wenn es darum geht, die Einschaltdauer einer Beleuchtung zeitlich zu begrenzen. Etwa, indem man mittels Zeitschaltuhr das Licht in der Zeit von Mitternacht bis 4 Uhr ausschaltet. Damit ist gewährleistet, dass etwa eine Wegbeleuchtung dann aktiv ist, wenn sie gebraucht wird. Gleichzeitig hilft diese Maßnahme, Strom zu sparen.

Aufbau einer Dämmerungsschaltung mit externem Sensor und Zeitschaltuhr

> **Achtung!**
> Die Klemmenbezeichnungen von Dämmerungsschalter und Zeitschaltuhr können variieren. Details dazu sind den Montageanleitungen zu entnehmen.

1. Der Arbeitsbereich ist vor Beginn der Arbeiten entsprechend den fünf Sicherheitsregeln abzuschalten, gegen Wiedereinschalten zu sichern und auf Spannungsfreiheit zu prüfen.
2. Vom Verteilerschrank ist ein grüngelber Schutzleiter PE zur Beleuchtung zu führen und an deren Schutzleiterklemme anzuschließen.
3. Der blaue Neutralleiter N ist zur Neutralleiterklemme N der Beleuchtung zu verlegen und an diese anzuschließen.
4. Zudem ist ein blauer Neutralleiter N vom Verteiler zur Zeitschaltuhr zu verlegen und an deren Stromversorgungs-Neutralleiterklemme N anzuschließen.
5. Ein blauer vom Verteiler kommender Neutralleiter N ist außerdem zum Dämmerungsschalter zu verlegen und an dessen Stromversorgungs-Neutralleiterklemme N anzuschließen.
6. Vom Verteilerschrank ist ein brauner Außenleiter zur Zuleitungsklemme L der Zeitschaltuhr zu verlegen und daran anzuschließen.
7. In der Folge ist an der Zeitschaltuhr von der Außenleiter-Zuleitungsklemme L eine braune Drahtbrücke zum Wurzelkontakt der Zeitschaltuhr vorzusehen. Die Klemmenbezeichnungen können je nach Zeitschaltuhr-Modell variieren.
8. Ein vom Verteilerschrank kommender brauner Außenleiter L ist zur Zuleitungsklemme L des Dämmerungsschalters zu verlegen und anzuschließen.
9. Vom Schließerkontakt der Zeitschaltuhr ist eine schwarze Verbindungsleitung zur Klemme L' des Dämmerungsschalters zu verlegen und anzuschließen. Dabei ist auf herstellerspezifische Klemmenbezeichnungen zu achten.
10. Weiter ist eine schwarze Verbindungsleitung zwischen der zweiten Lampenklemme des Dämmerungsschalters und dem Außenleiteranschluss L der Beleuchtung herzustellen.
11. Benötigt der Dämmerungsschalter einen externen Lichtsensor, ist dieser an den dafür vorgesehenen beiden Klemmen anzuschließen. Zu ihm führen zwei orangefarbene Leitungen. Details dazu sind der Montageanleitung des Dämmerungsschalters zu entnehmen.

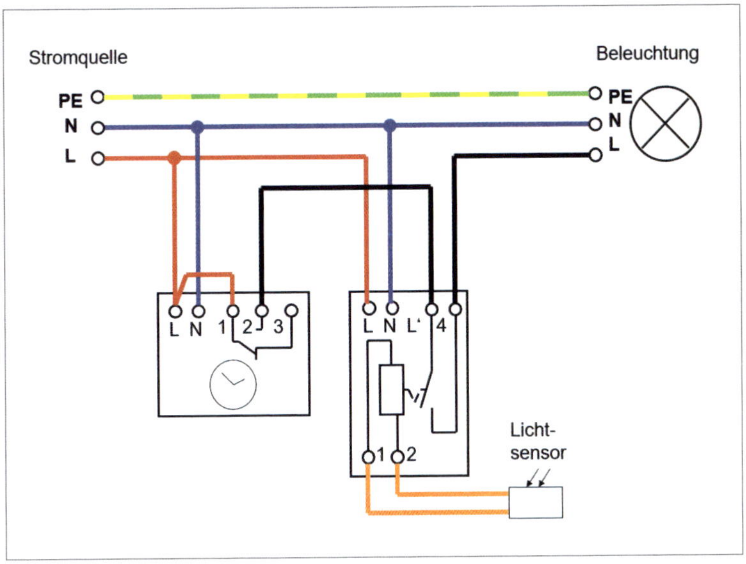

Verdrahtungsbeispiel einer Beleuchtungsschaltung mit Zeitschaltuhr und Dämmerungsschalter

20.14 Manuelle Jalousieschaltung

Mit Jalousieschaltern oder -tastern werden Jalousien oder Rollläden gesteuert. Hier begegnet uns im Grunde das Prinzip der Ausschaltung, die sozusagen doppelt – für jede Bewegungsrichtung einmal – ausgeführt ist.

Aufbau einer manuellen Jalousiesteuerung

1. Der Arbeitsbereich ist vor Beginn der Arbeiten entsprechend den fünf Sicherheitsregeln abzuschalten, gegen Wiedereinschalten zu sichern und auf Spannungsfreiheit zu prüfen.
2. Vom Verteilerschrank ist ein grüngelber Schutzleiter PE zum Jalousien-Antriebsmotor zu verlegen und an dessen Schutzleiterklemme PE anzuschließen.
3. Der blaue Neutralleiter N ist vom Verteilerschrank zum Jalousien-Antriebsmotor zu verlegen und an dessen Neutralleiterklemme N anzuschließen.
4. Der braune Außenleiter L ist vom Verteilerschrank zum Jalousieschalter zu verlegen. Er ist an dessen Zuleitungsklemme L anzuschließen.
5. Vom Jalousieschalter ist von dessen mit AUF bzw. einem nach oben zeigenden Pfeil gekennzeichneter Anschlussklemme eine schwarze Verbindungsleitung zum Jalousiemotor zu verlegen und an dessen Klemme für das Öffnen der Jalousie anzuschließen.

6. Vom Jalousieschalter ist von dessen mit AB bzw. einem nach unten zeigenden Pfeil gekennzeichneter Anschlussklemme eine schwarze Verbindungsleitung zum Jalousiemotor zu verlegen und an dessen Klemme für das Schließen der Jalousie anzuschließen.

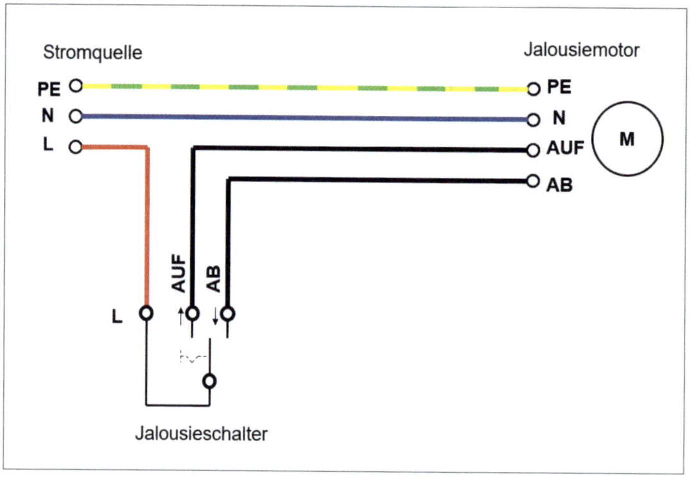

Plan einer manuellen Jalousiesteuerung mit Jalousieschalter

20.15 Sensor-Rollladensteuerung

Die Steuerung von Rollläden lässt sich durch eine Reihe von Sensoren automatisieren. Dabei spielen Zeit, Helligkeit und Witterung eine Rolle. Wobei es jedem selbst überlassen ist, welche Kriterien Einfluss auf die Rollladenschaltung nehmen. Mögliche Sensoren für die Rollladensteuerung sind für Wind, Regen, Sonneneinstrahlung und Helligkeit. Daneben lassen sich diese Schaltkriterien mit einer Zeitschaltuhr kombinieren.

Sensorgesteuerte Rollläden sind zudem nicht für sich allein zu betrachten, sondern als Gesamtheit. Entsprechend werden Steuermodule angeboten, über die bis zu zwölf Rollläden bedient werden können. Sie sind im Verteilerschrank einzubauen und erlauben den Anschluss einer Reihe von Sensoren, die so auf alle angeschlossenen Jalousien/Rollläden wirken.

Achtung!

Sensoren für Rollladen-Steuermodule können mit unterschiedlichen Spannungen von 12–230 V arbeiten. Davon hängt ab, wie die Verdrahtung dieser Sensoren zu erfolgen hat.

Anschlussbeispiel eines Rollladen-Steuermoduls

Dieses Anschlussbeispiel beruht auf der Annahme, dass für 230 V Wechselspannung geeignete Sensoren eingebaut werden.

1. Der Arbeitsbereich ist vor Beginn der Arbeiten entsprechend den fünf Sicherheitsregeln abzuschalten, gegen Wiedereinschalten zu sichern und auf Spannungsfreiheit zu prüfen.
2. Vom Verteilerschrank ist ein grüngelber Schutzleiter PE zum Jalousien-Antriebsmotor zu verlegen und an dessen Schutzleiterklemme PE anzuschließen.
3. Der blaue Neutralleiter N ist vom Verteilerschrank zum Jalousien-Antriebsmotor zu verlegen und an dessen Neutralleiterklemme N anzuschließen.
4. Weiter ist ein blauer Neutralleiter N vom Verteilerschrank zum Rollladen-Steuermodul zu verlegen und an dessen Neutralleiterklemme N anzuschließen.
5. Vom Verteilerschrank ist ein brauner Außenleiter L zur Außenleiter-Anschlussklemme des Rollladen-Steuermoduls zu verlegen und anzuschließen.
6. Weiter ist ein brauner Außenleiter L vom Verteilerschrank zu den Sensoren zu verlegen und an deren Außenleiterklemmen L anzuschließen.
7. Von den Ausgangsklemmen der Sensoren ist eine schwarze Verbindungsleitung zu den Sensor-Eingängen des Rollladen-Steuermoduls zu verlegen und anzuschließen.
8. Vom Rollladen-Steuermodul ist von dessen mit AUF bzw. einem nach oben zeigenden Pfeil gekennzeichneter Anschlussklemme eine schwarze Verbindungsleitung zum Jalousiemotor zu verlegen und an dessen Klemme für das Öffnen der Jalousie anzuschließen.
9. Vom Rollladen-Steuermodul ist von dessen mit AB bzw. einem nach unten zeigenden Pfeil gekennzeichneter Anschlussklemme eine schwarze Verbindungsleitung zum Jalousiemotor zu verlegen und an dessen Klemme für das Schließen der Jalousie anzuschließen.

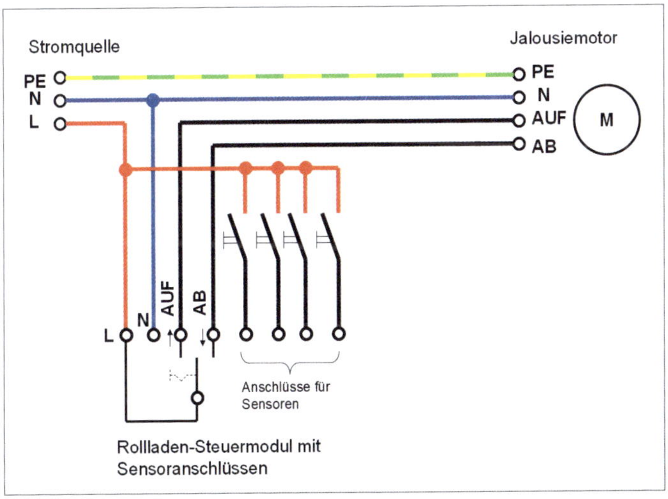

Anschlussbeispiel eines Rollladen-Steuermoduls

20.16 Rollladenmotor anschließen

Rollladenmotoren werden bereits mit einem fest angeschlossenen vieradrigen Anschlusskabel ausgeliefert, das über eine Leerverrohrung vom Montageort des Rollladenantriebs in eine Unterputzdose der Hausinstallation verlegen wird. Erst dort erfolgt der Anschluss des Motors unter Zuhilfenahme von Installationsklemmen.

Anschließen eines Rollladenmotors

1. Der Arbeitsbereich ist vor Beginn der Arbeiten entsprechend den fünf Sicherheitsregeln abzuschalten, gegen Wiedereinschalten zu sichern und auf Spannungsfreiheit zu prüfen.
2. Der grüngelbe Schutzleiter PE des Rollladenmotors wird mit den anderen in der Unterputzdose vorhandenen Schutzleitern zusammengeklemmt. Sollte die bereits vorhandene Klemme dafür zu klein sein, ist sie gegen eine größere auszutauschen.
3. Ebenso wird der vom Rollladenmotor kommende blaue Neutralleiter N mit den anderen Neutralleitern in der Installationsdose zusammengeklemmt. Sollte die bereits vorhandene Klemme dafür zu klein sein, ist sie gegen eine größere auszutauschen.
4. Die erste der beiden schwarzen Anspeiseleitungen des Rollladenmotors ist mit einer der beiden vom Rollladenschalter kommenden schwarzen Adern zusammenzuschließen.
5. Die zweite der beiden schwarzen Anspeiseleitungen des Rollladenmotors ist mit der zweiten vom Rollladenschalter kommenden schwarzen Ader zusammenzuschließen.

Funktionskontrolle

Ist der Rollladenmotor angeschlossen, ist mit einer Funktionskontrolle zu ermitteln, ob er sich in die richtige Richtung dreht. Dazu wird die Anlage unter Spannung gesetzt.

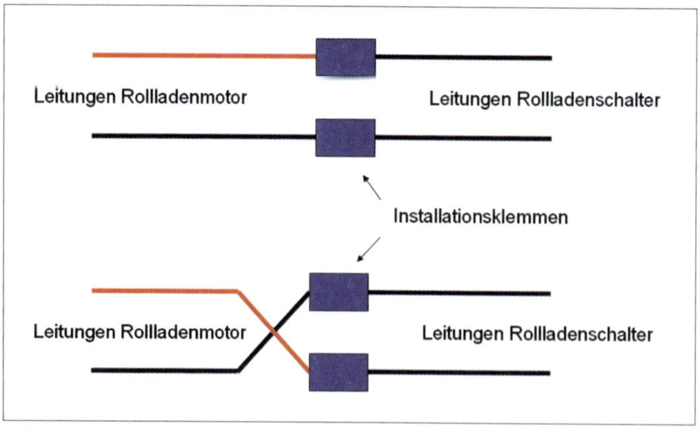

Läuft der Rollladenmotor in die falsche Richtung, sind die beiden vom Motor kommenden schwarzen Leitungen, hier zur besseren Unterscheidbarkeit in Schwarz und Rot dargestellt, auszukreuzen

Läuft der Motor in die falsche Richtung, also etwa »Rollladen zu«, wenn auf »Rollladen auf« gedrückt wird, sind die beiden schwarzen vom Motor kommenden Drähte in der Installationsdose auszukreuzen. Das darf aber erst erfolgen, nachdem die Anlage entsprechend den fünf Sicherheitsregeln wieder spannungsfrei gemacht wurde.

20.17 Garagentor-Antrieb anschließen

Garagentor-Antriebe werden üblicherweise mit einem Anschlusskabel mit fest daran montiertem 230-Volt-Eurostecker ausgeliefert. Dabei handelt es sich um die gleiche Steckernorm, die wir von unzähligen Kleingeräten aus dem Alltag kennen. Alles, was der Garagentor-Antrieb braucht, ist demnach eine Steckdose in der Nähe seines Montageorts. Diese ist in der Regel als Aufputz-Feuchtraum-Steckdose ausgeführt. Je nach Antriebsmodell wird der Antrieb nicht nur über Funk gesteuert, sondern erlaubt auch den Anschluss eines Tasters.

Anschließen eines Garagentor-Antriebs

1. Nachdem Garagentor-Antriebe gewöhnlich mit einem Netz-Anschlusskabel mit Stecker geliefert werden, brauchen sie nur noch an einer vorhandenen Steckdose angeschlossen zu werden und sind zumindest per Funkfernsteuerung bereits voll einsatzfähig.
2. Sofern der Antrieb auch den Anschluss eines Tasters zulässt und dieser angeschlossen werden soll, ist der Antrieb zunächst wieder auszustecken und so vom Stromnetz zu trennen.
3. Von den beiden Taster-Anschlussklemmen des Garagentor-Antriebs ist eine zweiadrige Leitung zum Taster zu verlegen und an seinen beiden Anschlüssen anzuschließen.

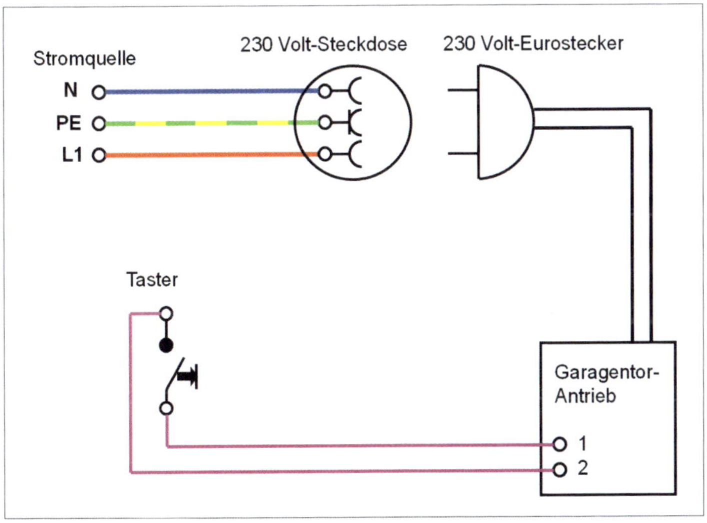

Anschlussschema eines Garagentor-Antriebs mit Taster

21. Schalterarten

21.1 Einpoliger Ausschalter

Der einpolige Ausschalter ist auch als »gewöhnlicher Lichtschalter« bekannt. Er stellt die einfachste Form eines Schalters dar und besitzt einen Schließkontakt, von dem zwei Anschlüsse abgehen. Einer dient als Eingangsklemme, an die der Außenleiter L angeschlossen wird. Der andere, die Schaltausgangsklemme, stellt die Verbindung zur Außenleiterklemme der Beleuchtung her.

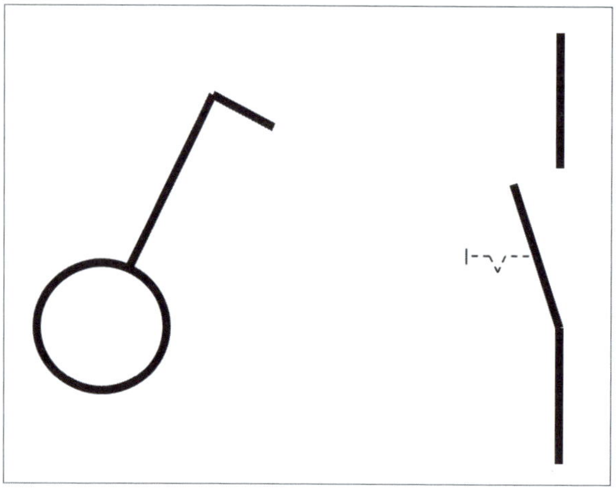

Symbol eines einpoligen Ausschalters, links: Elektroinstallationsplan, rechts: Stromlaufplan

Zumindest für die Beleuchtungssteuerung hat der einpolige Ausschalter weitgehend ausgedient und wurde vom Wechselschalter abgelöst. Wird dieser als Ausschalter genutzt, werden eben nur zwei anstatt drei Drähte an ihm angeschlossen.

Wechselschalter kommen heute vielfach auch als simple Ausschalter zum Einsatz

Anschließen eines Wechselschalters als Ausschalter

1. Der Arbeitsbereich ist vor Beginn der Arbeiten entsprechend den fünf Sicherheitsregeln abzuschalten, gegen Wiedereinschalten zu sichern und auf Spannungsfreiheit zu prüfen.
2. Der stromführende, vom Verteilerschrank kommende braune Außenleiter L ist an der Zuleitungsklemme L des Wechselschalters anzuschließen.
3. Der zur Beleuchtung führende schwarze Draht ist an einem der beiden Wechselschalter-Ausgänge anzuschließen.

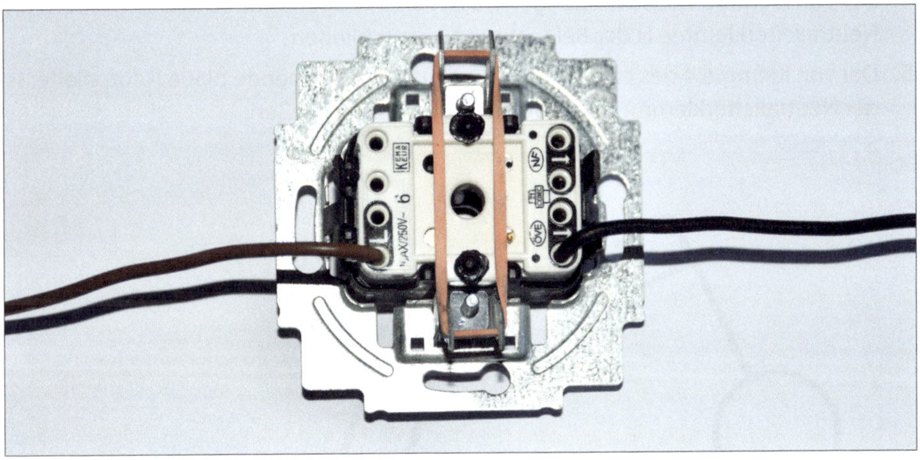

Als Ausschalter verdrahteter Wechselschalter

21.2 Zweipoliger Ausschalter

Der zweipolige Ausschalter ist ein naher Verwandter des einpoligen Ausschalters. Sie unterscheiden sich nur darin, dass bei der zweipoligen Variante nicht nur der zum Verbraucher führende Außenleiter L, sondern auch der von ihm zurückführende Neutralleiter N geschaltet wird. Dementsprechend kommt der zweipolige Ausschalter auch mit vier Anschlussklemmen.

Das hat den Vorteil, dass der zu schaltende Verbraucher im Aus-Zustand vollständig vom Netz getrennt ist. Der Vollständigkeit halber sei an dieser Stelle erwähnt, dass der zweipolige Ausschalter einen im Fall von Arbeiten in diesem Bereich nicht von der Einhaltung der fünf Sicherheitsregeln entbindet.

Die Klemmenbezeichnungen bei zweipoligen Ausschaltern können variieren. Gewöhnlich sind sie mit Zahlen gekennzeichnet, wobei dem ersten Schaltkontakt die 1 und 2 und dem zweiten die 3 und 4 zugeordnet sind. Dabei tragen die Wurzelkontakte die ungeraden Zahlen.

Anschließen eines zweipoligen Ausschalters

1. Der Arbeitsbereich ist vor Beginn der Arbeiten entsprechend den fünf Sicherheitsregeln abzuschalten, gegen Wiedereinschalten zu sichern und auf Spannungsfreiheit zu prüfen.
2. Der stromführende, vom Verteilerschrank kommende braune Außenleiter L ist an der Zuleitungsklemme 1 des zweipoligen Ausschalters anzuschließen.
3. Vom Verteilerschrank kommend, ist der blaue Neutralleiter N zum zweipoligen Ausschalter zu verlegen und an dessen Zuleitungsklemme 3 anzuschließen.
4. Der von Klemme 2 des zweipoligen Ausschalters abgehende schwarze Draht ist an der Neutralleiterklemme N der Beleuchtung anzuschließen.
5. Der von Klemme 4 des zweipoligen Ausschalters abgehende blaue Neutralleiter ist an der Neutralleiterklemme N der Beleuchtung anzuschließen.

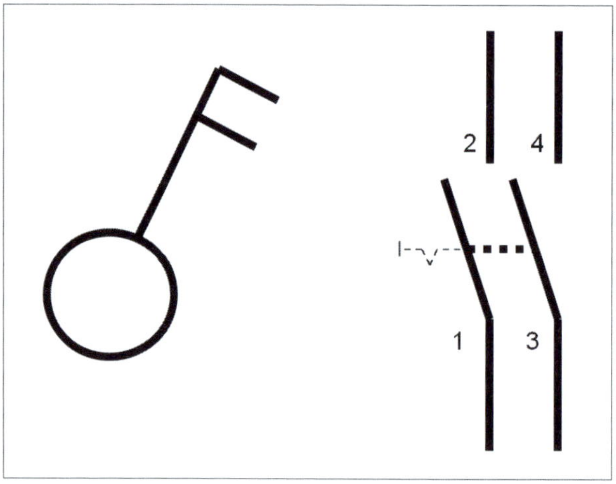

Symbol eines zweipoligen Ausschalters, links: Elektroinstallationsplan, rechts: Stromlaufplan

21.3 Serienschalter

Sollen zwei Beleuchtungen von einem Ort geschaltet werden, könnte man entweder zwei Ausschalter oder einen Serienschalter installieren. Dieser vereint zwei Ausschalter in einem Gehäuse. Das spart Platz und vereinfacht die Installation.

Der Serienschalter ist mit zwei Wippen mit je einer Ein- und Aus-Stellung versehen. Sie ermöglichen es, zwei Lichtquellen unabhängig voneinander zu schalten. Zum Einsatz kommt der Serienschalter etwa, wenn bei einem Luster nur die Hälfte der Lampen geschaltet werden soll, je nachdem, wie viel Licht man gerade benötigt. Außerdem lassen sich mit einem Serienschalter unabhängig voneinander die Decken- und Wandbeleuchtung schalten.

Anschließen eines Serienschalters

1. Der Arbeitsbereich ist vor Beginn der Arbeiten entsprechend den fünf Sicherheitsregeln abzuschalten, gegen Wiedereinschalten zu sichern und auf Spannungsfreiheit zu prüfen.
2. Vom Verteilerschrank ist ein brauner Außenleiter zu der mit L gekennzeichneten Klemme des Serienschalters zu verlegen und anzuschließen.
3. Die beiden Ausgänge des Serienschalters sind mit Pfeilen markiert. Jede dieser Klemmen ist einem der beiden Schaltkontakte des Serienschalters zugeordnet. Von ihnen sind schwarze Verbindungsleitungen zu den zu schaltenden Beleuchtungsgruppen zu verlegen.

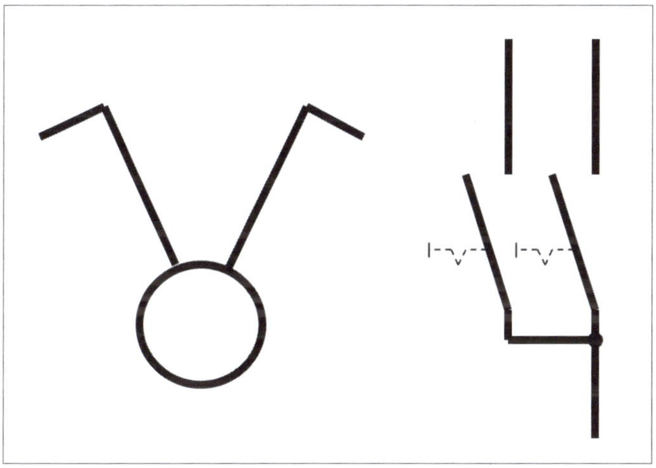

Symbol eines Serienschalters, links: Elektroinstallationsplan, rechts: Stromlaufplan

Achtung!

So wie der Ausschalter weitgehend vom Wechselschalter verdrängt wurde, trifft dies zunehmend auch auf den Serienschalter zu. Er wurde zumindest teilweise bereits von einem Doppelwechselschalter abgelöst. Dabei handelt es sich um zwei voneinander unabhängige Wechselschalter in einem Gehäuse. Um ihn trotzdem als Serienschalter verwenden zu können, ist vom Außenleiter-Anschluss L des ersten Wechselschalters eine braune Verbindungsleitung zum Wurzelkontakt des zweiten Wechselschalters herzustellen.

Dieses Modell wurde zwar als Serienschalter verkauft, der Anschlussplan verrät aber, dass es sich hier um zwei Wechselschalter in einem Gehäuse handelt

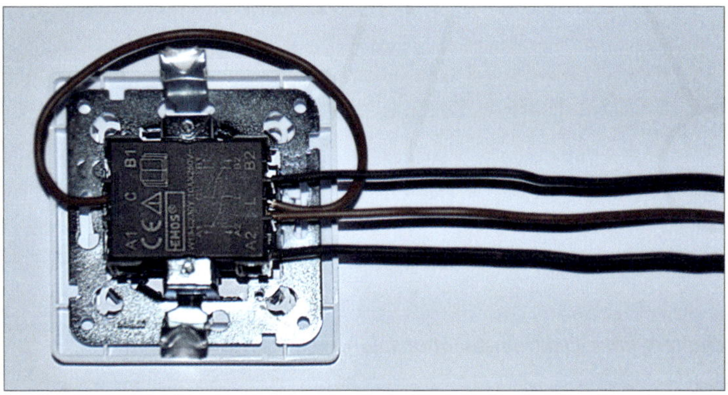

An seiner L-Klemme ist die Zuleitung anzuschließen und eine Brücke zur Wurzel des zweiten Wechselschalters zu schaffen. Von zwei Abgängen führen die Leitungen zu den beiden zu schaltenden Lampen

21.4 Wechselschalter

Seit geraumer Zeit hat sich der Wechselschalter zum Standardschalter in der Hausinstallation gemausert. Er kommt nicht nur für Wechsel- und Kreuzschaltungen zum Einsatz, mit denen eine Lichtquelle von mindestens zwei Stellen ausgeschaltet werden kann, sondern auch als gewöhnlicher Ausschalter. Der Wechselschalter besitzt eine Wippe. Je nach Stellung des zweiten Wechselschalters können beide Schalterstellungen entweder Ein oder Aus bedeuten. An der Rückseite hat der Wechselschalter drei Anschlüsse. Die Zuleitung ist gewöhnlich mit L gekennzeichnet. Die Klemmen für die beiden korrespondierenden Leitungen zum zweiten Wechselschalter sind mit Pfeilen markiert.

Anschließen eines Wechselschalters

1. Der Arbeitsbereich ist vor Beginn der Arbeiten entsprechend den fünf Sicherheitsregeln abzuschalten, gegen Wiedereinschalten zu sichern und auf Spannungsfreiheit zu prüfen.
2. Der vom Verteilerschrank kommende braune Außenleiter L ist an der Zuleitungsklemme L des Wechselschalters anzuschließen.
3. Die beiden Ausgangsklemmen des Wechselschalters sind mit Pfeilen kenntlich gemacht. Von jedem der beiden Ausgänge ist je eine orangefarbene korrespondierende Leitung anzuschließen, die zu den Pfeilklemmen eines zweiten Wechselschalters oder zu den Eingängen eines Kreuzschalters führen.

Anschlussschema eines Wechselschalters

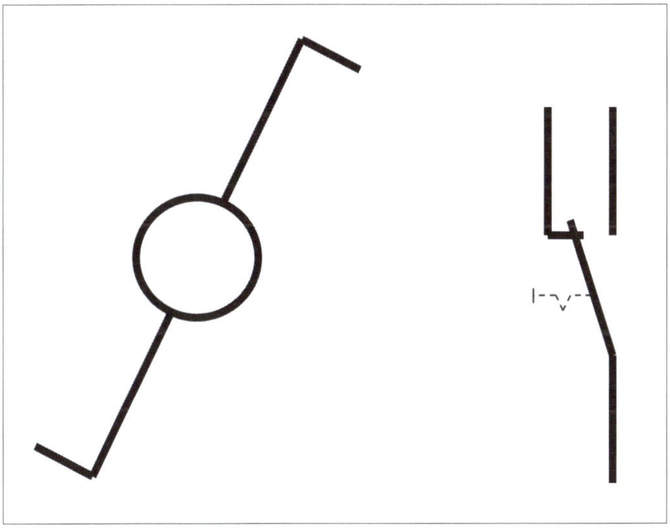

Symbol eines Wechselschalters, links: Elektroinstallationsplan, rechts: Stromlaufplan

21.5 Kreuzschalter

Wie der Wechselschalter ist auch der Kreuzschalter ein Kippschalter mit einer Wippe. Eindeutig definierte Schaltstellungen kennt der Kreuzschalter insofern nicht, weil seine Ein- und Aus-Stellung von den beiden Wechselschaltern, in deren Mitte er sich befindet, mitbestimmt wird.

Außergewöhnlich beim Kreuzschalter ist, dass er keine Klemme besitzt, an der ein Außenleiter L anzuschließen wäre. Stattdessen sind alle vier Anschlussklemmen nur mit Pfeilen markiert. An einer Seite des Schalters zeigen sie in sein Inneres, an der anderen Seite von ihm weg. Pro Seite sind demnach die beiden korrespondierenden Leitungen anzuschließen, die von je einem der umgebenden Wechselschalter stammen.

Anschließen eines Kreuzschalters

1. Der Arbeitsbereich ist vor Beginn der Arbeiten entsprechend den fünf Sicherheitsregeln abzuschalten, gegen Wiedereinschalten zu sichern und auf Spannungsfreiheit zu prüfen.
2. Machen Sie sich ein Bild davon, wo welche korrespondierenden Leitungen am Kreuzschalter anzuschließen sind. Auf der Rückseite des Kreuzschalters oder in dessen mitgelieferter Installationsanleitung ist zu erkennen, welche Klemmenpaare für den Anschluss je eines der beiden benachbarten Wechselschalter zu verwenden sind.

Rückseite eines Kreuzschalters

3. An den beiden ersten zusammengehörenden Klemmen des Kreuzschalters, zum Beispiel jenen, bei denen die Pfeile ins Geräteinnere, also zur Schaltermitte, zeigen, sind die beiden orangefarbenen korrespondierenden Leitungen des ersten Wechselschalters anzuschließen.
4. An den beiden zweiten zusammengehörenden Klemmen des Kreuzschalters, zum Beispiel jenen, bei denen die Pfeile nach außen, also zum Schalterrand, zeigen, sind die beiden orangefarbenen korrespondierenden Leitungen des zweiten Wechselschalters oder eines benachbarten weiteren Kreuzschalters anzuschließen.

Am Kreuzschalter sind nur korrespondierende Leitungen anzuschließen

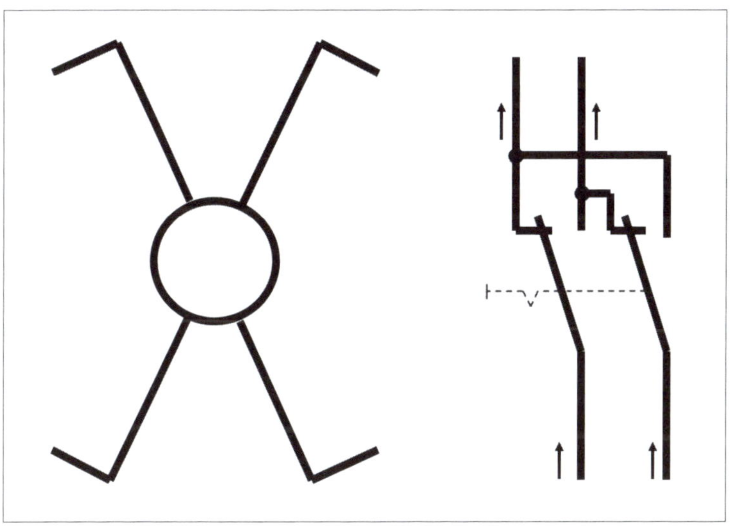

Symbol eines Kreuzschalters, links: Elektroinstallationsplan, rechts: Stromlaufplan

21.6 Taster

Unter einem Taster versteht man einen nicht einrastenden Kippschalter, der nach dem Betätigen wieder in seine Ausgangsstellung zurückkehrt. Somit wird mit ihm ein Stromkreis nur so lange geschlossen, während er gedrückt wird. Mit dem Taster wird ein Verbraucher nicht direkt geschaltet. Vielmehr gibt er nur einen Steuerimpuls aus, auf den erst nachgeschaltete Geräte, etwa ein Treppenhausautomat, reagieren.

An seiner Rückseite besitzt der Taster zwei Klemmen. Ihre Bezeichnung variiert je nach Modell. Sein Außenleiter-Kontakt ist zum Beispiel mit L oder mit einem in den Schalter zeigenden Pfeil markiert. Die Ausgangsklemme des Tasters, über die eine Verbindung mit einem Schaltrelais herzustellen ist, wird zum Beispiel mit einem nach außen zeigenden Pfeil kenntlich gemacht.

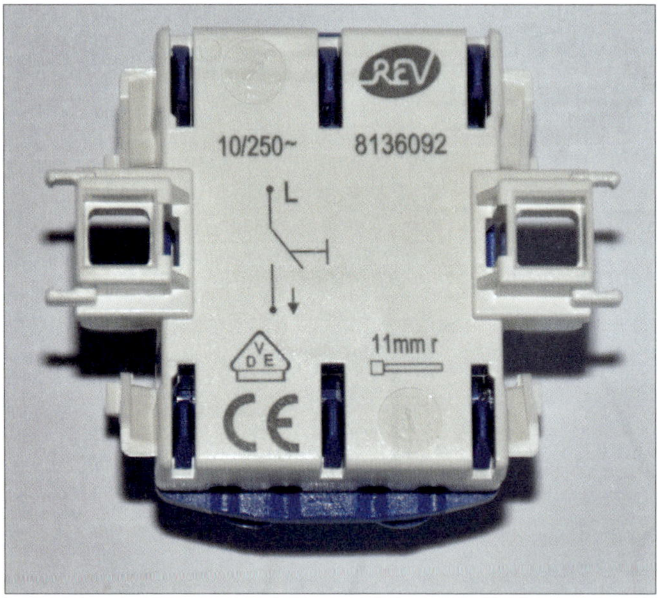

Auf der Rückseite des Tasters ist ein Anschlussschema aufgedruckt

Anschließen eines Tasters

1. Der Arbeitsbereich ist vor Beginn der Arbeiten entsprechend den fünf Sicherheitsregeln abzuschalten, gegen Wiedereinschalten zu sichern und auf Spannungsfreiheit zu prüfen.
2. Der vom Verteiler kommende braune Außenleiter L ist am Taster an der mit L oder einem ins Gerät zeigenden Pfeil gekennzeichneten Klemme anzuschließen.
3. Vom Ausgang des Tasters, der etwa durch einen nach außen zeigenden Pfeil markiert ist, ist eine violette Verbindungsleitung zum Relais anzuschließen, das den Steuerimpuls in einen Schaltbefehl umwandelt.

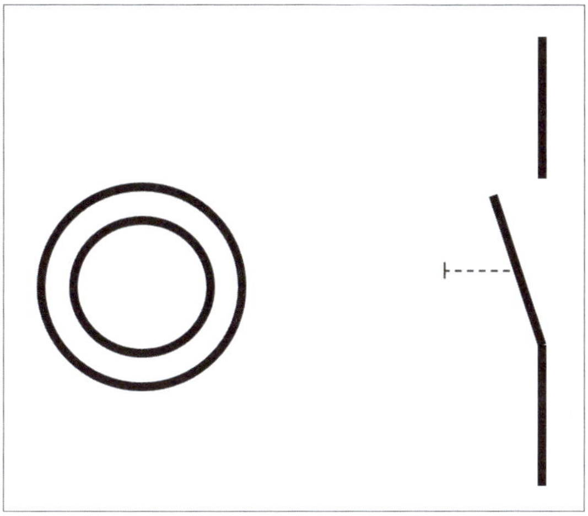

Symbol eines Tasters, links: Elektroinstallationsplan, rechts: Stromlaufplan

21.7 Schalter mit Glimmlampe

Insbesondere in Wohnungen können Lichtschalter auch mit Glimmlampen bestückt sein. Sie können verschiedene Funktionen erfüllen. Im Wohnbereich dienen Glimmlampen dazu, die Lichtschalter bei Dunkelheit leichter zu finden. Dementsprechend gibt es die üblichen Schaltervarianten wie Wechsel-, Kreuzschalter und Dimmer auch mit eingebauter Glimmlampe. Diese Schalter können zudem bestimmte Schaltzustände signalisieren. Etwa, indem sie nur bei Aus oder Ein leuchten. Je nach Funktion der im Schalter eingebauten Glimmlampe kann die Anzahl der Anschlussklemmen eines Schalters variieren. Aus diesem Grund können auch keine verbindlichen Aussagen zur Verdrahtung gemacht werden. Sie hängt vom vorhandenen Modell ab. Für Klarheit sollten Schaltbilder in der Montageanleitung sorgen.

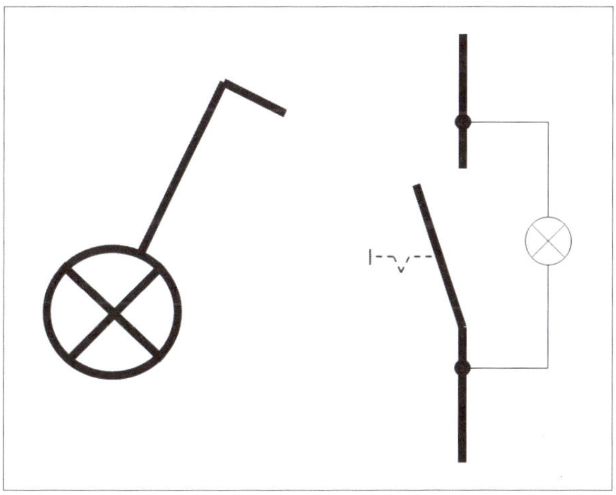

Symbol eines einpoligen Ausschalters mit Glimmlampe, links: Elektroinstallationsplan, rechts: Stromlaufplan

21.8 Tastdimmer

Den Tastdimmer gibt es in mehreren Ausführungen. Meist handelt es sich um kleine sogenannte Steuereinheiten, die sich in einer Unterputz-Installationsdose leicht unterbringen lassen. Alternativ werden Tastdimmer auch für den Einbau in den Verteilerschrank angeboten. Allen Ausführungen gemeinsam ist, dass sie von beliebig vielen Tastern angesprochen werden können.

Der Vorteil gegenüber herkömmlichen Dimmern, die nur von einem Ort aus eine Helligkeitsregelung zulassen, ist die vollkommene Unabhängigkeit. Per Tastdimmer lässt sich die Helligkeit von jedem angeschlossenen Taster einstellen. Zudem erlauben Tastdimmer das Einstellen der Dimmgeschwindigkeit.

Mit kurzem Drücken auf den Taster wird das Licht ein- und ausgeschaltet. Betätigt man den Taster länger, wird das Licht so lange gedimmt, bis man ihn wieder loslässt. Eine Memory-Funktion hilft, die zuletzt eingestellte Helligkeit auch nach einem Aus- und Wiedereinschalten nicht zu verlieren.

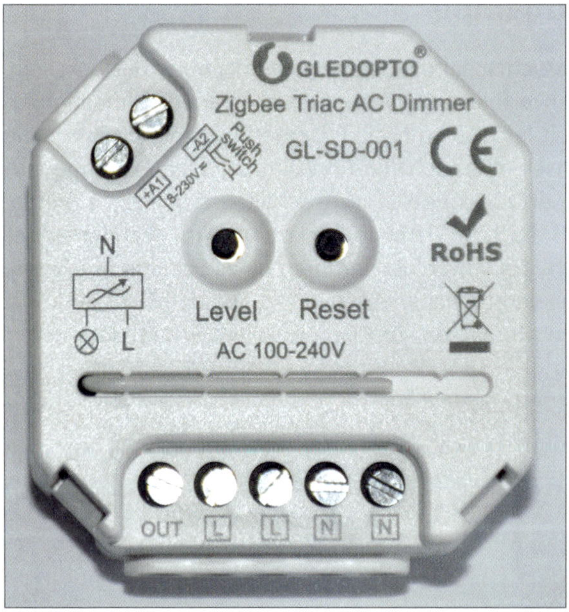

Multifunktions-Tastdimmer

> **Achtung!**
>
> Nicht alle Tastdimmer eignen sich für alle Leuchtmittel. Sie sind deshalb nach ihrer Tauglichkeit für das vorgesehene Beleuchtungssystem, von der alten Glühlampe bis zur LED, auszuwählen.

Anschließen eines Tastdimmers

1. Der Arbeitsbereich ist vor Beginn der Arbeiten entsprechend den fünf Sicherheitsregeln abzuschalten, gegen Wiedereinschalten zu sichern und auf Spannungsfreiheit zu prüfen.
2. Der vom Verteilerschrank kommende braune Außenleiter L ist an der Zuleitungsklemme L des Tastdimmers anzuschließen.
3. Der blaue vom Verteilerschrank kommende Neutralleiter N ist an der mit N gekennzeichneten Zuleitungsklemme des Tastdimmers anzuschließen.
4. Am Lampenausgang des Tastdimmers ist der schwarze zum L-Anschluss der Beleuchtung führende Draht anzuschließen.
5. Der oder die Taster sind an zwei weiteren Klemmen mit einem violetten Draht anzuschließen. Sie sind häufig mit A1 und A2 beschriftet.

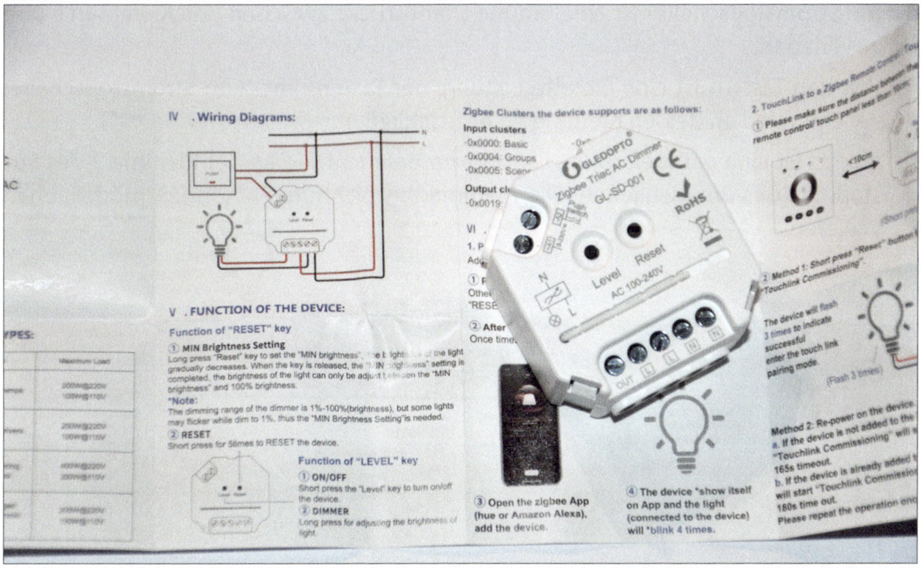

In der mitgelieferten Bedienungsanleitung des Tastdimmers ist auch ein detailliertes Anschlussschema enthalten

21.9 Stromstoßschalter

Der Stromstoßschalter ändert seinen Schaltzustand nach Erhalt eines kurzen elektrischen Impulses. Gewöhnlich erhält er diese von Tastern, die kurz gedrückt werden. Damit schaltet der Stromstoßschalter etwa das Licht so lange ein, bis wieder ein Taster gedrückt wird.

Stromstoßschalter, sie sind auch als Relais bekannt, gibt es in mehreren Ausführungen. Die Unterschiede zeigen sich nicht nur im Funktionsumfang, sondern auch in der Anzahl der Klemmen. Vor dem Einbau und der Verdrahtung des Stromstoßschalters sollte man sich jedenfalls mit dem häufig seitlich aufgedruckten Schaltbild vertraut machen. Alternativ kann es auch auf der Verpackung oder einem Beipackzettel zu finden sein. Es informiert – teils gemeinsam mit weiteren Hinweisen – darüber, wie der Stromstoßschalter anzuschließen ist und welche Klemmenbezeichnungen verwendet werden. Sie können je nach Modell variieren.

Anschließen eines Stromstoßschalters (Beispiel)

1. Der Arbeitsbereich ist vor Beginn der Arbeiten entsprechend den fünf Sicherheitsregeln abzuschalten, gegen Wiedereinschalten zu sichern und auf Spannungsfreiheit zu prüfen.
2. Vom Verteilerschrank ist ein brauner Außenleiter L zum Stromstoßschalter zu verlegen und an der Klemme L anzuschließen.
3. Am Stromstoßschalter ist eine braune Drahtbrücke zwischen den Klemmen L und A1 zu verlegen.
4. Von den Tastern ist eine violette Leitung, der Tasterdraht, zum Stromstoßschalter zu verlegen und an dessen Klemme A2 anzuschließen.
5. Zuletzt ist eine orangefarbene Leitung zur Beleuchtung an der Klemme 2 des Stromstoßschalters anzuschließen. Die Klemmenbezeichnungen können modellabhängig variieren.

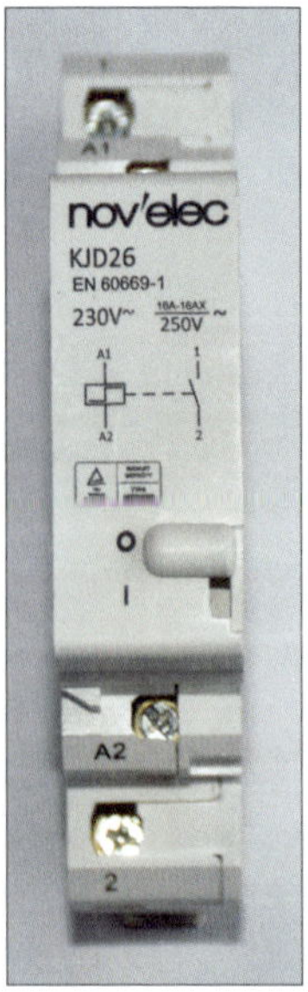

Einpoliger Stromstoßschalter

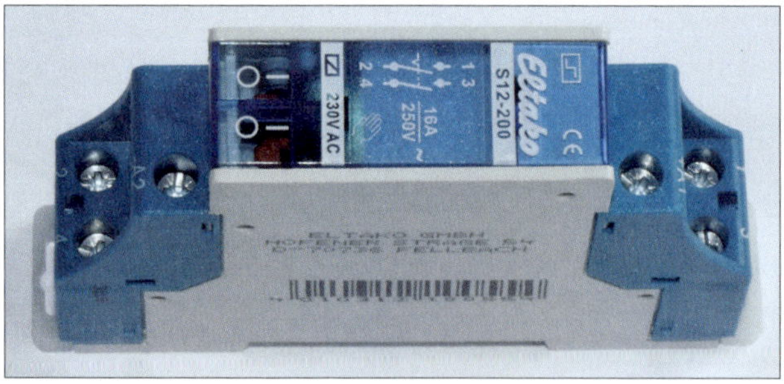

Zweipoliger Stromstoßschalter

21.10 Treppenlichtautomat

Nüchtern betrachtet ist der Treppenlichtautomat eine komfortablere Variante eines Stromstoßschalters. Beide erhalten über Taster einen Schaltimpuls. Nur mit dem Unterschied, dass der Treppenlichtautomat diesen nur für das Einschalten benötigt.

Anders als der Stromstoßschalter verharrt der Treppenlichtautomat nicht im Ein-Zustand, bis er einen erneuten Schaltimpuls empfängt, sondern er ist mit einer Zeitschaltuhr ausgestattet, die mit jedem Ein-Befehl gestartet wird und nach Ablauf der voreingestellten Brenndauer selbst für das Ausschalten sorgt.

Einfacher Treppenlichtautomat

Je nach Art des Treppenhausautomaten ist die Einschaltdauer über eine Schraube oder per elektronischer Programmierung einzustellen. Die Einschaltdauer im Bereich von zehn Sekunden bis etwa zehn Minuten wird entweder stufenlos oder anhand mehrerer vorgegebener Fixwerte ausgewählt.

Beim klassischen Treppenhausautomaten erfolgt das Einstellen der Einschaltdauer über eine Schraube

Elektronischer Treppenlichtautomat

Der elektronische Treppenlichtautomat bietet insbesondere beim Einstellen der Brenndauer des Lichts mehr Komfort. Nur mit solchen Geräten lässt sich eine genau definierte Einschaltdauer festlegen. Modellabhängig zum Beispiel von 30 Sekunden bis zehn Minuten in 30-Sekunden-Schritten und darüber hinaus minutengenau bis zu einer Brenndauer von 99 Minuten. Als besonderes Feature kann die elektronische Variante auch das baldige Aus des Lichts ankündigen, indem er es kurz vor dem Aus-Befehl einige Male aufflackern lässt.

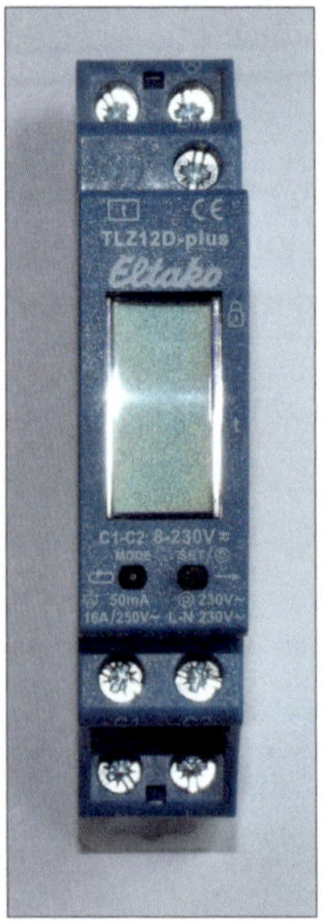

Den elektronischen Treppenlichtautomaten erkennt man am kleinen Display

Was beide Varianten bieten

Wird vorübergehend länger Licht benötigt, verfügt der Treppenhausautomat auch über einen kleinen Schalter, mit dem die Beleuchtung auf Dauer-Ein geschaltet werden kann.

Klemmenanzahl und deren Beschriftungen variieren je nach Modell. Deshalb muss man sich vor dem Einbau des Treppenhausautomaten im Detail darüber im Klaren sein, an welche Klemmen welche Drähte anzuschließen sind. Hier hilft die Bedienungsanleitung weiter. Mitunter ist ein Schaltbild auch auf der Seite des Treppenlichtautomaten aufgedruckt.

Anschließen eines Treppenlichtautomaten

1. Der Arbeitsbereich ist vor Beginn der Arbeiten entsprechend den fünf Sicherheitsregeln abzuschalten, gegen Wiedereinschalten zu sichern und auf Spannungsfreiheit zu prüfen.

2. Zunächst ist der Treppenlichtautomat im Verteilerschrank oder einem Subverteiler einzubauen. Dazu muss er genauso wie Sicherungsautomaten und Co. auf die Installationsschiene gesteckt werden.
3. Der von der Spannungsquelle kommende blaue Neutralleiter N ist an der Neutralleiterklemme des Treppenhausautomaten anzuschließen.
4. Von dem für den Stromkreis zuständigen Sicherungsautomaten ist ein brauner Außenleiter L zum Treppenlichtautomaten zu verlegen und an dessen mit L beschrifteten Klemme anzuschließen.
5. Von der zum Beispiel mit einem Lampensymbol gekennzeichneten Klemme des Treppenlichtautomaten ist eine weiße Verbindungsleitung zur Beleuchtung zu verlegen und an deren L-Klemme anzuschließen.
6. Die von den Tastern kommende violette Verbindungsleitung, auch Tasterdraht genannt, ist an der dafür vorgesehenen, beispielsweise mit einem Tastersymbol markierten, Klemme des Treppenlichtautomaten anzuschließen.

Treppenlichtautomat für welche Leuchtmittel?

Auch wenn sich die LED-Beleuchtung in den letzten Jahren durchgesetzt hat, ist die LED noch lange nicht die universelle Lichtquelle. Es ist anzunehmen, dass es ohne Weiteres noch ein Jahrzehnt oder länger dauern kann, bis der Wechsel weg von den alten Glüh- und Halogenlampen abgeschlossen ist. Da diese alten Leuchtmittel gegenüber den modernen LEDs mehrere Vorteile bieten, gibt es gar nicht so wenige, die sich einen entsprechenden Lampenvorrat angelegt haben, um sie noch möglichst lange im bereits begonnenen LED-Zeitalter nutzen zu können. Damit stellt sich insbesondere in älteren Gebäuden die Frage, welcher Treppenlichtautomat überhaupt eingebaut werden kann. Anlass dafür können Erweiterungen der vorhandenen Lichtanlage sein oder wenn der alte Treppenlichtautomat das Zeitliche gesegnet hat.

Den richtigen Treppenlichtautomaten auswählen

Dazu gilt es drei Fragen abzuklären:

1. Welches Leuchtmittel (Glühlampe, Halogenlampe, Leuchtstofflampe, LED) soll geschaltet werden?
2. Welches Schaltvermögen wird benötigt? Es wird ermittelt aus der Gesamtleistungsaufnahme aller gemeinsam zu schaltenden Leuchtmittel.
3. Der Treppenlichtautomat ist nach den ermittelten Kriterien auszusuchen. Dabei ist zu berücksichtigen, dass nicht alle Modelle für alle Leuchtmittel geeignet sind und dass das Schaltvermögen begrenzt ist.

Stichwort Schaltvermögen

Das Schaltvermögen eines Treppenlichtautomaten kann je nach Leuchtmittel variieren. Am höchsten ist es gewöhnlich bei Glüh- und Halogenlampen, die bis zu einer Gesamtleistung über 2.000 Watt geschaltet werden können. Bei Leuchtstoff- und Energiesparlampen kann derselbe Schalter mitunter nur 500 bis 1.000 Watt bewerkstelligen. Das geringste Schaltvermögen haben Treppenlichtautomaten gewöhnlich bei LED-Leuchtmitteln. Es bewegt sich im Bereich von rund 150 bis 300 Watt.

Das Schaltvermögen eines Treppenlichtautomaten sollte man keinesfalls bis zum letzten Watt ausreizen. Hier gilt es, großzügige Reserven einzuplanen. Nur sie stellen sicher, dass der Schalter mit dem hohen Einschaltstrom klarkommt und die Anlage störungsfrei betrieben werden kann.

Auf Zukunftssicherheit achten

Soll heute für eine konventionelle Treppenbeleuchtung mit alten Leuchtmitteln ein neuer Treppenlichtautomat verbaut werden, sollte man darauf achten, dass der Treppenlichtautomat nicht nur möglichst hohe Leistungen zu schalten in der Lage ist, sondern auch darauf, dass er für LED-Leuchtmittel geeignet ist. Nur so hat man in der Zukunft die freie Wahl, welche Leuchtmittel man künftig einsetzen möchte.

22. Schaltsensoren

22.1 Dämmerungsschalter

Der Dämmerungsschalter reagiert auf die Umgebungshelligkeit. Sinkt diese unter einen gewissen Wert, gibt der Dämmerungsschalter einen Schaltbefehl aus, mit dem etwa eine Lampe geschaltet wird. Auf diese Weise kann sie beispielsweise bis zum Einsetzen der Morgendämmerung leuchten. Ab welchem Helligkeitswert der Schaltbefehl ausgegeben wird, ist üblicherweise am Dämmerungsschalter einstellbar.

Dämmerungsschalter werden in mehreren Varianten angeboten. Es gibt sie für die Montage im Freien und im Inneren. Meist sind sie zweiteilig ausgeführt. Das erlaubt es etwa, den Sensor dort zu platzieren, wo er gebraucht wird, während die Schalteinheit unter anderem in einer Unterputzdose oder im Verteilerschrank Platz finden kann. Zudem gibt es Dämmerungsschalter, bei denen auch der Sensor im gemeinsamen Gehäuse verbaut ist. Die große Modellvielfalt erlaubt es, Dämmerungsschalter nicht nur in Neuanlagen vorzusehen, sondern mit geringem Aufwand auch bei bestehenden Anlagen nachzurüsten.

Dämmerungssensor richtig platzieren

Dämmerungssensoren und -schalter reagieren auf Helligkeit. Sofern damit etwa bei einsetzender Dämmerung eine Wegbeleuchtung geschaltet werden soll, müssen die Beleuchtung und der Sensor so weit voneinander getrennt montiert sein, dass es zu keiner gegenseitigen Beeinflussung kommt. Würden beide nebeneinander installiert werden, würde der Dämmerungssensor bei erkannter Dunkelheit zwar das Licht einschalten. Dieses würde aber sofort wieder ausgehen, weil das Licht auf den Sensor auftreffen und so simulieren würde, dass es wieder Tag sei. Am Ende würde die Beleuchtung nachts ständig ein- und ausgeschaltet.

Sofern der Dämmerungsschalter über einen integrierten Helligkeitssensor verfügt, ist er mit vier oder fünf Klemmen ausgestattet. Die fünfte Klemme dient dabei als Schutzleiterklemme, an der die grüngelben Adern der vom Verteiler und der Beleuchtung kommenden Kabel miteinander zu verbinden sind. Sofern der Dämmerungsschalter über einen externen Sensor verfügt, kommt er mit zwei zusätzlichen Klemmen.

Anschließen eines Dämmerungsschalters

1. Der Arbeitsbereich ist vor Beginn der Arbeiten entsprechend den fünf Sicherheitsregeln abzuschalten, gegen Wiedereinschalten zu sichern und auf Spannungsfreiheit zu prüfen.

2. Der blaue vom Verteilerschrank kommende Neutralleiter N ist an der Neutralleiterklemme des Dämmerungsschalters anzuschließen. Meist ist diese mit N kenntlich gemacht.
3. Der braune vom Verteilerschrank kommende Außenleiter L ist an der gewöhnlich mit L markierten Klemme des Dämmerungsschalters anzuschließen.
4. Der von der Beleuchtung kommende blaue Neutralleiter ist am Dämmerungsschalter an der dafür vorgesehenen Klemme anzuschließen.
5. Der von der Beleuchtung kommende schwarze Draht ist am Dämmerungsschalter an der mit L' beschrifteten Klemme anzuschließen.
6. Ist der Dämmerungsschalter auch mit einer Schutzleiterklemme PE ausgestattet, sind an ihr die vom Verteilerschrank und der Beleuchtung kommenden grüngelben Schutzleiter anzuschließen.
7. Handelt es sich um einen Dämmerungsschalter mit externem Sensor, ist dieser an den beiden dafür vorgesehenen Klemmen anzuschließen.

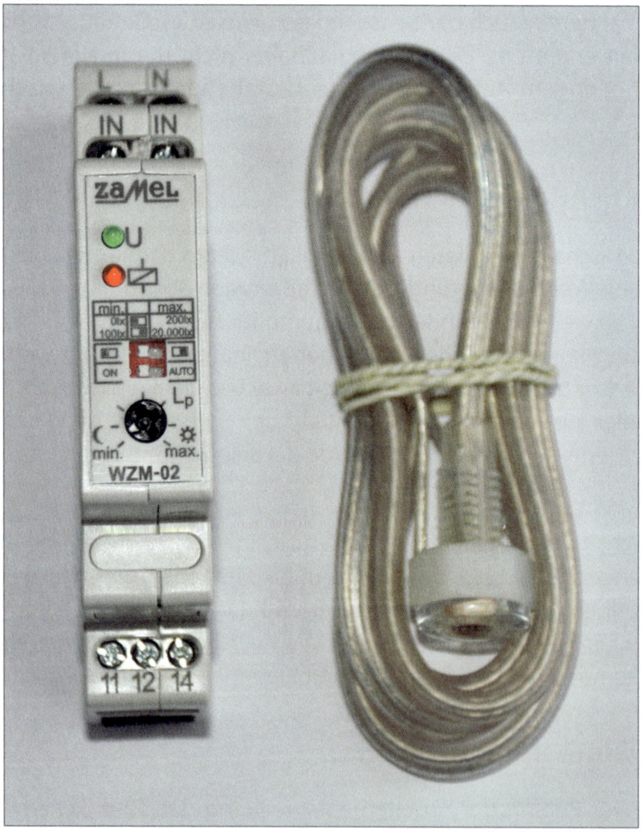

Dämmerungssensor für den Einbau im Verteilerschrank mit externer Sonde

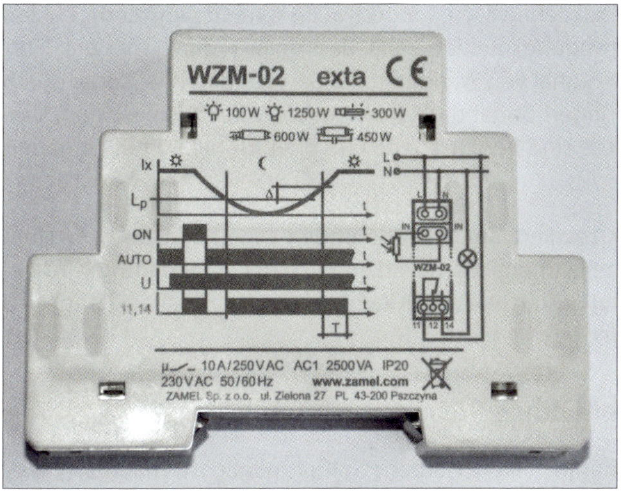

Der seitliche Aufdruck zeigt nicht nur einen Installationsplan, er informiert auch über das maximale Schaltvermögen je nach Leuchtmittel

22.2 Bewegungsmelder

Es gibt mehrere Arten von Bewegungsmeldern. Zumindest für private Anwendungen kommen vor allem PIR- und zunehmend auch Radar-Melder zum Einsatz. Im Bereich der Sicherheitstechnik können auch Kamera-Bewegungsmelder verbaut werden.

Gewöhnlich besitzen Bewegungsmelder mehrere Einstellungsmöglichkeiten, mit denen sich etwa die Empfindlichkeit regeln lässt. Insbesondere bei hochwertigen Radar-Bewegungsmeldern kann man auch einstellen, ob sie nur bei Nacht oder auch bei Tag auslösen und ab welcher Helligkeit das erfolgen soll. Zudem können solche Melder auch die Funktion eines Treppenhausautomaten übernehmen und eine regelbare Einschaltdauer im Bereich von rund zehn Sekunden bis über zehn Minuten bieten.

Der PIR- oder auch Passiv-Infrarot-Melder reagiert auf Wärmestrahlung, die von Menschen, Tieren, aber auch von Verbrennungsmotoren ausgeht. PIR-Melder reagieren auch auf E-Autos. Denn auch sie werden während der Fahrt warm, wenngleich in erheblich geringerem Umfang als Fahrzeuge mit Verbrennungsmotor. Der PIR-Melder erfordert eine direkte Sichtverbindung zum zu überwachenden Bereich. Durch Glas oder Holz funktioniert er nicht.

Der IR- oder auch Infrarot-Melder ist ein aktiver Sensor, der selbst Infrarotlicht aussendet und auf das reflektierte IR-Licht reagiert. Er arbeitet gewöhnlich zuverlässiger als der PIR-Melder, erfordert aber ebenfalls einen nicht verdeckten Sichtbereich. IR-Bewegungsmelder reagieren ebenso wie PIR-Melder gewöhnlich auf größere Wärmequellen.

Der Radar-Melder sorgt für eine höhere Betriebssicherheit als sein PIR-Kollege. Da er hochfrequente Energie abstrahlt, ist er auch als HF-Melder bekannt. Er reagiert allgemein auf

Reflexionen und erfasst so nicht nur Lebewesen, sondern auch kalte Gegenstände. Zu den weiteren Vorteilen des Radar-Bewegungsmelders zählt, dass er auch durch Glas und Holz funktioniert. Weiter kann das HF-Signal von Wänden reflektiert werden oder sogar durch dünne Gegenstände hindurchdringen. Sogar das Sehen um die Ecke ist in geringem Umfang möglich. Diese Eigenschaften sind hervorragend geeignet für die Kombination mit Alarmanlagen.

Der Kamera-Bewegungsmelder reagiert auf Veränderungen innerhalb des von einer Überwachungskamera erfassten Sichtbereichs. Bei Erkennen einer Veränderung wird gewöhnlich eine Videoaufzeichnung gestartet. Zudem kann über einen Schaltausgang auch eine Beleuchtung aktiviert werden.

Überlegungen zur Auswahl eines Bewegungsmelders

1. Wo soll der Bewegungsmelder installiert werden? Soll er möglichst unauffällig sein, lässt der Radar-Melder mehr Freiheiten.
2. Treten im zu überwachenden Bereich hohe Temperaturschwankungen auf, sollte ein Radar-Bewegungsmelder verbaut werden.
3. Soll der Bewegungsmelder auch Sicherheitsfunktionen erfüllen und nicht nur eine Beleuchtung schalten, könnte der Kamera-Melder die bessere Wahl sein. Gewöhnlich sprechen wir in solchen Fällen bereits von einer Überwachungskamera.

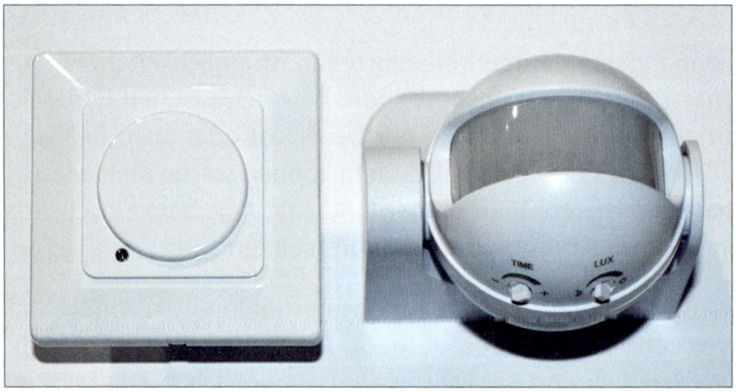

Radar- und PIR-Bewegungsmelder

Arten von Bewegungsmeldern

PIR-, IR- und HF-Bewegungsmelder gibt es für den Außen- und Innenbereich. Für die Innenmontage bieten sich Modelle an, die in Lichtschalterhöhe einzubauen sind und sich so unauffällig integrieren lassen. Insbesondere Radar-Bewegungsmelder sind kaum von echten Lichtschaltern zu unterscheiden, da sie nur ausgesprochen kleine Sensoren besitzen. Bei PIR- und IR-Meldern sind diese deutlich größer und fallen so auch mehr auf. Ihnen gemeinsam ist aber, dass sie bequem in einer üblichen Installationsdose Platz finden.

Für die Außenmontage vorgesehener PIR-Bewegungsmelder. Typisch für ihn ist das große Sensorfenster

Alternativ werden Bewegungsmelder auch für die Deckenmontage angeboten und erinnern in ihrem Aussehen entweder an Beleuchtungskörper oder Rauchmelder.

Als dritte Variante gibt es alle drei Systeme auch als kompakte Einheiten, die entweder im Verteilerschrank oder in einer Installationsdose untergebracht werden und mit abgesetztem Sensor arbeiten. Zumindest bei PIR- und IR-Meldern kann man zusätzlich zwischen Varianten mit fest angelöteten Anschlussdrähten oder Klemmen wählen.

In allen Fällen gilt es, die mitgelieferten Einbauanleitungen gründlich zu studieren. Insbesondere bei den Varianten mit Anschlussdrähten muss man sich genau darüber im Klaren sein, was an welchen Drähten anzuschließen ist. Üblicherweise werden dafür Installationsklemmen genutzt.

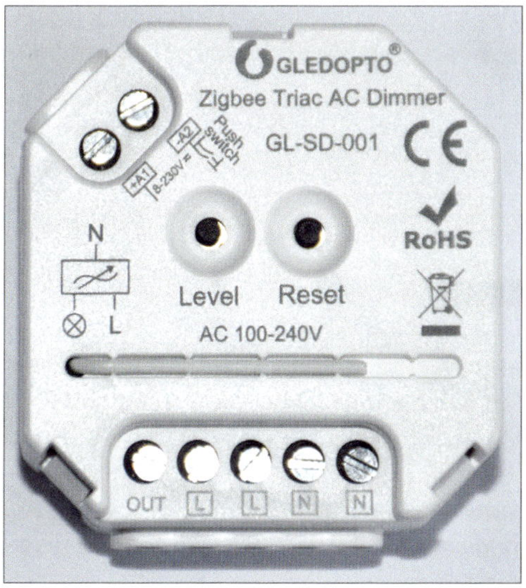

Radar-Bewegungsmelder besitzen ein recht unauffälliges Sensorfenster und sind mit herkömmlichen Lichtschaltern leicht zu verwechseln

Anschließen eines Unterputz-Bewegungsmelders

1. Der Arbeitsbereich ist vor Beginn der Arbeiten entsprechend den fünf Sicherheitsregeln abzuschalten, gegen Wiedereinschalten zu sichern und auf Spannungsfreiheit zu prüfen.
2. Sofern der Bewegungsmelder statt Klemmen über Anschlussdrähte verfügt, sind diese zur leichteren Unterscheidung gewöhnlich in mehreren Farben ausgeführt. Welcher Draht welche Funktion hat, ist der Installationsanleitung zu entnehmen.
3. Der vom Verteiler kommende blaue Neutralleiter N ist mit dem Neutralleiterdraht des Bewegungsmelders zu verbinden. Das erfolgt gewöhnlich mit einer Lüsterklemme.
4. Der vom Verteiler kommende braune Außenleiter L ist mit dem Außenleiterdraht des Bewegungsmelders ebenfalls mit einer Lüsterklemme zu verbinden.
5. Der schwarze zur Beleuchtung führende Draht ist mit dem dafür vorgesehenen Anschlussdraht des Bewegungsmelders zu verbinden. Dazu wird wiederum eine Lüsterklemme verwendet.
6. Sollte der Bewegungsmelder über einen abgesetzten Sensor verfügen, ist dieser gewöhnlich ebenfalls mit Lüsterklemmen mit den dafür vorgesehenen Drähten am Bewegungsmelder zu verbinden.

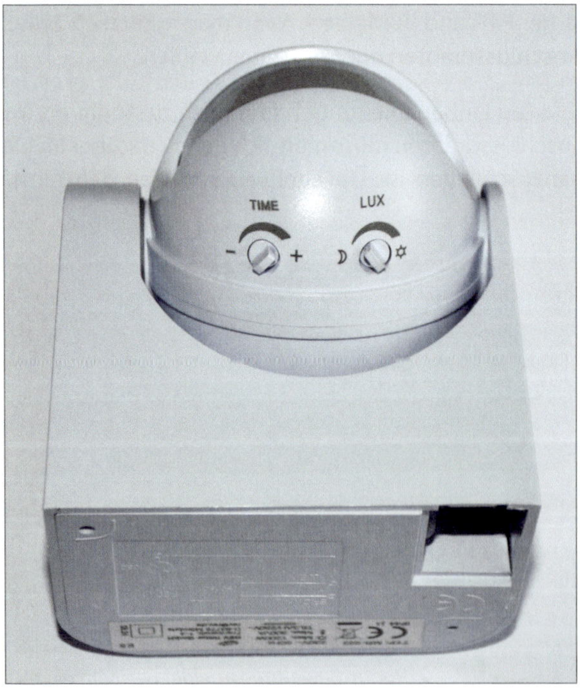

An der Unterseite erlaubt dieser PIR-Bewegungsmelder das Einstellen der Empfindlichkeit und der Brenndauer

Die drei Anschlussklemmen dieses PIR-Melders sind mit L, N und A markiert

Anschließen eines Komplett-Bewegungsmelders

1. Der Arbeitsbereich ist vor Beginn der Arbeiten entsprechend den fünf Sicherheitsregeln abzuschalten, gegen Wiedereinschalten zu sichern und auf Spannungsfreiheit zu prüfen.
2. Der vom Verteiler kommende blaue Neutralleiter N ist an der Neutralleiterklemme N des Bewegungsmelders anzuschließen.
3. Der vom Verteiler kommende braune Außenleiter L ist mit der Außenleiterklemme L des Bewegungsmelders zu verbinden.
4. Der schwarze zur Beleuchtung führende Draht ist am Bewegungsmelder an der Klemme L' anzuschließen.

Achtung!

Die Klemmenbezeichnungen von Bewegungsmeldern können variieren. Deshalb ist vor Arbeitsantritt die Bedeutung der vorgefundenen Klemmenbezeichnungen festzustellen.

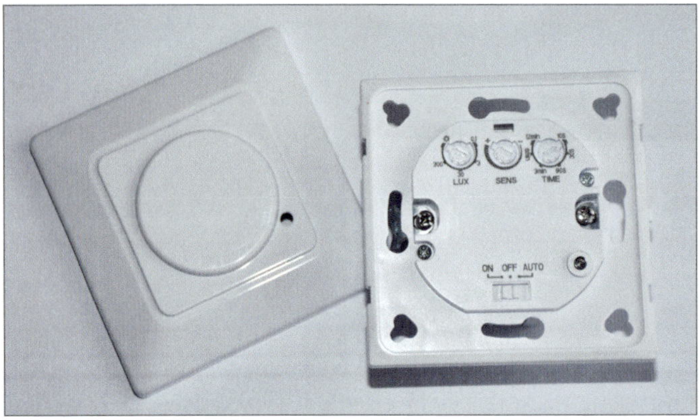

Unter der Abdeckung des Radar-Bewegungsmelders verbergen sich Einstellungsmöglichkeiten für die Licht- und Ansprechempfindlichkeit sowie die Einschaltdauer

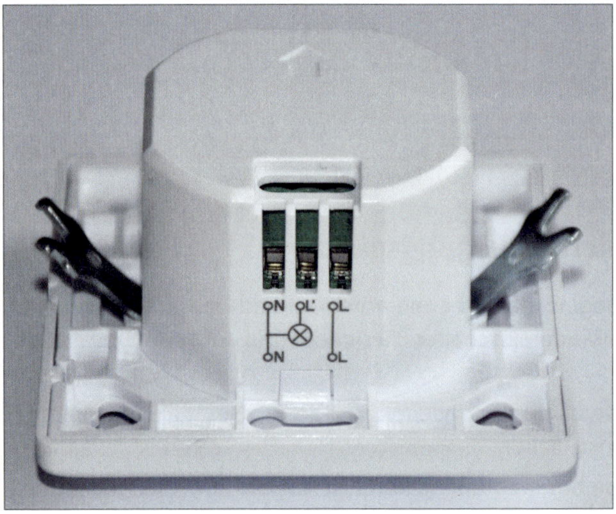

Der Radar-Bewegungsmelder ist mit drei Klemmen anzuschließen

22.3 Funkschalter

Herkömmliche in erster Linie Lichtschalter sind nur vor Ort zu bedienen und erfordern einen hohen Installationsaufwand. Dieser macht sich in einem hohen Maß bei Stemmarbeiten sowie bei einem entsprechenden Materialaufwand, etwa Verrohrungen und Drähten, bemerkbar.

Funkschalter sind hier die elegante Lösung, da sie bei verringertem Arbeitsaufwand mehr Komfort bieten. Zudem ersetzen sie die meisten herkömmlichen Lichtschaltungen. Egal, ob etwa Wechsel- oder Kreuzschaltung, sie alle lassen sich auf die funkgesteuerte Ausschaltung reduzieren, weil es einem Funkschalter egal ist, wie viele Fernsteuersender auf ihn angelernt sind.

Funkschalter können als Taster ausgeführt sein, die zum Beispiel neben der Tür platziert werden, ohne dass dafür eine Verbindung mit der Hausinstallation nötig ist. Alternativ zu fest installierten Funksendern bietet sich auch die mobile Variante an, mit der bis zu zehn Funkschalter gesteuert werden können. Sinnvoll können sie zum Beispiel sein, wenn in einem Raum mehrere Lichtquellen und Rollläden per Funk bedient werden wollen. Zunehmend an Bedeutung gewinnt auch die Steuerung von Funkschaltern über eine Smartphone-App.

Abweichende Installation

Verglichen mit der herkömmlichen Hausinstallation lässt sich jene für Funkschalter auf ein Minimum reduzieren. Zumindest, was den Installationsaufwand für die per Funk zu schaltenden Verbraucher anbelangt. So kann etwa der Funkschalter in unmittelbarer Nähe des Verbrauchers, in einer Verteilerdose in dessen Nähe oder zentral in einem Verteiler eingebaut werden. Voraussetzung ist nur, dass er die Steuerbefehle der Sender empfangen und auswerten kann.

Am Ende sollte sich die Ersparnis an Arbeits- und Materialaufwand bei einer Hausinstallation durch Funk dennoch in Grenzen halten. Denn bei aller Euphorie darf man nicht vergessen, dass Steckdosen weiter auf traditionelle Weise zu installieren sind. Was in der Regel auch heißt, dass die für die Lichtschalter erforderlichen Leitungsstränge ohnehin schon da sind, da unter den meisten Lichtschaltern auch Steckdosen vorgesehen sind.

Jedenfalls sollte man sich bereits während der Planung einer Hausinstallation darüber im Klaren sein, welche und wie viele Verbraucher per Funk geschaltet werden sollen. Auch die Wahl der Schaltkomponenten wirkt sich auf die Hausinstallation aus.

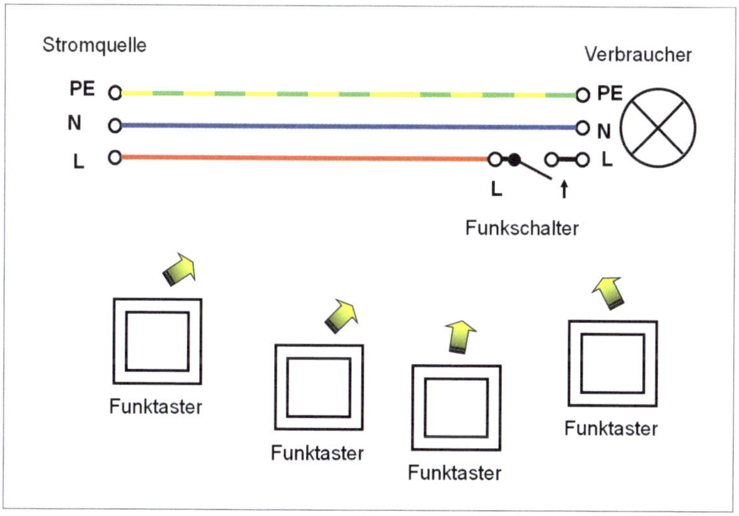

Die Grafik veranschaulicht, wie sich der Installationsaufwand für einen Verbraucher reduziert, wenn er per Funk geschaltet wird

22.4 Zeitschaltuhr

Für die Hausinstallation werden im Wesentlichen zwei Arten von Zeitschaltuhren angeboten: Zum einen handelt es sich um Modelle für den Einbau in den Verteilerschrank, zum anderen um solche, die einen herkömmlichen Lichtschalter ersetzen und stattdessen eingebaut werden. Diese Zeitschalter lassen sich je nach Bedarf auch leicht umprogrammieren. Ein naher Verwandter ist zudem die Variante einer Zeitschaltuhr, die im Inneren einer Verteilerdose eingebaut und von einem Taster zur Auslösung gebracht wird. Dabei ist die Einschaltdauer bereits vor dem Einbau einzustellen, da man zu einem späteren Zeitpunkt nicht mehr ohne Weiteres an sie herankommt und in der Regel eine geschulte Fachkraft vonnöten ist, da man in der E-Installation hantieren muss.

Zeitschaltuhr wozu?

Genau genommen lassen sich mit Zeitschaltuhren zwei Einsatzgebiete abdecken. Das primäre Ziel ist, den Betrieb von Verbrauchern zeitlich zu begrenzen. Etwa indem diese nur während der Abendstunden oder nur am Tag eingeschaltet werden. Wobei Ein- und Ausschaltzeit durch die Programmierung vorgegeben sind. So werden etwa Verbraucher für eine fest vorgegebene Zeit in Betrieb genommen. Typische Beispiele dafür findet man etwa in der Flur- und Wegbeleuchtung oder etwa bei Bewässerungsanlagen.

Auch im betrieblichen Umfeld leisten Zeitschaltuhren einen wertvollen Dienst. Etwa, indem sie die Stromversorgung – etwa auf die Zeit von 8–18 Uhr – begrenzen. Nur während dieser Zeit lässt sich ein Gerät oder eine Gerätegruppe dann in Betrieb nehmen. So wird etwa in Firmen sichergestellt, dass während der Nachtstunden garantiert alle Maschinen abgeschaltet sind.

Zeitschaltuhren für den Verteilerschrank

Zeitschaltuhren für den Verteilerschrank sind für die Montage auf einer Hutschiene vorgesehen und genauso auf diese zu stecken wie etwa die Sicherungsautomaten. Mit ihnen werden ganze Stromkreise zeitabhängig geschaltet. Im Verteilerschrank eingebaute Zeitschaltuhren dienen häufig dazu, alle an einem Stromkreis angeschlossenen Verbraucher gemeinschaftlich zu steuern.

Zeitschaltuhr anstatt Schalter

Zeitschaltuhren können auch einzelne Lichtschalter ersetzen und schalten demnach nur eine Lichtquelle oder eine Beleuchtungsgruppe. Je nach Ausführung sind sie in einer Unterputzdose eingebaut und werden über einen Taster zur Auslösung gebracht, oder sie ersetzen den herkömmlichen Lichtschalter und erlauben so auch das bequeme Ändern von Schaltzeiten.

Zeitschaltuhr programmieren

Simple Einsteigermodelle kommen mit einem Drehregler, der gleichzeitig eine 24-Stunden-Uhr darstellt. Mit seitlichen Kontakten können durch deren Herunterdrücken die Betriebszeiten festgelegt werden. In der Regel handelt es sich dabei um 15- oder 30-Minuten-Zeitraster. Digitale Zeitschaltuhren erlauben eine ungleich flexiblere Programmierung. So können bis zu zehn Schaltprogramme mit verschiedenen Wochentagskombinationen eingestellt werden.

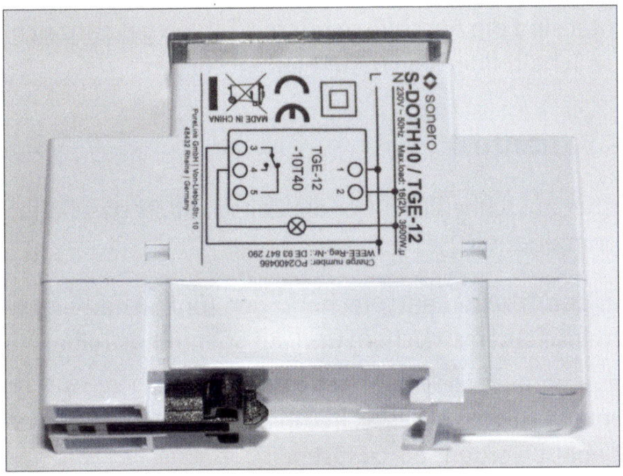

Auf dieser Zeitschaltuhr ist seitlich ein detaillierter Anschlussplan aufgedruckt

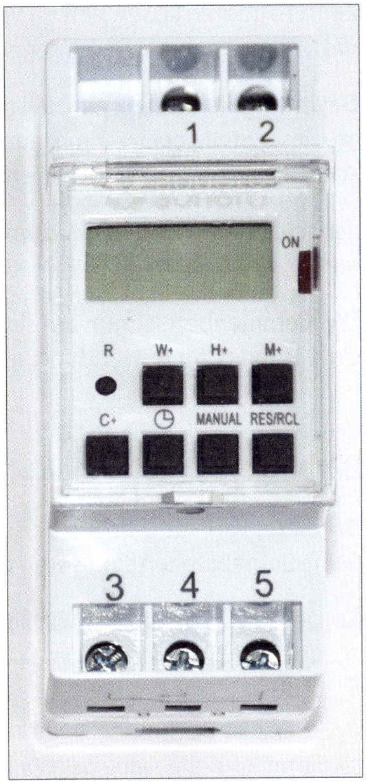

Digitale Zeitschaltuhr für den Einbau in den Verteilerschrank

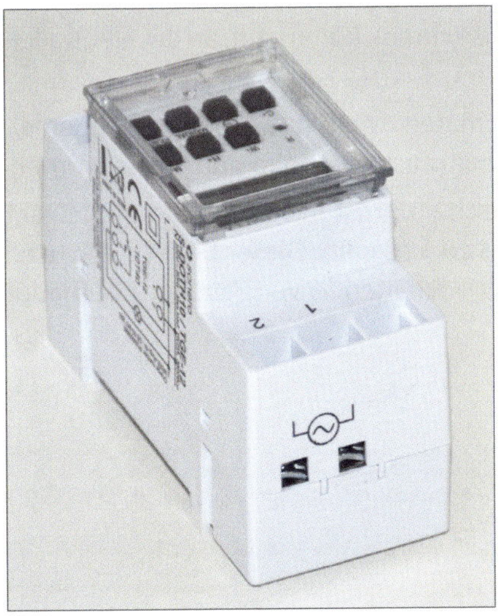

Zusätzlich sind die Klemmen mit weiteren Schaltbildern kenntlich gemacht

Nachrüsten einer Zeitschaltuhr

Zeitschaltuhren lassen sich im Verteilerschrank vergleichsweise leicht nachrüsten. Was es dazu vor allem braucht, ist der entsprechende Platz auf der Hutschiene.

Da im Verteilerschrank eine ausgesprochen hohe Gefahr besteht, sich zu elektrisieren, sei an dieser Stelle noch einmal ausdrücklich darauf hingewiesen, dass solche Arbeiten ausschließlich von einem autorisierten Elektroinstallateur vorgenommen werden dürfen.

Zeitschaltuhren sind hinter dem Leitungsschutzschalter, also nach dem Sicherungsautomaten, einzubauen.

Die Klemmenbezeichnungen sind bei Zeitschaltuhren nicht einheitlich. Zum Teil kommen etwa L und N zur Anwendung, mitunter sind die Anschlüsse nur mit Zahlen gekennzeichnet. Auf der Geräteseite aufgedruckte Schaltbilder sollten für Klarheit sorgen.

Einbau einer Zeitschaltuhr – Variante 1

Bei dieser Variante wird ein Verbraucher ausschließlich über die Zeitschaltuhr geschaltet. Seine Betriebszeiten sind somit fest vorgegeben.

1. Der Arbeitsbereich ist vor Beginn der Arbeiten entsprechend den fünf Sicherheitsregeln abzuschalten, gegen Wiedereinschalten zu sichern und auf Spannungsfreiheit zu prüfen.
2. Zuerst ist der braune Außenleiter vom Ausgang des Sicherungsautomaten, in dessen Stromkreis die Zeitschaltuhr eingebaut werden soll, zu lösen.
3. Der vom Sicherungsautomaten abgeklemmte Außenleiter ist nun an der betreffenden Schaltkontakt-Klemme an der Unterseite der Zeitschaltuhr anzuklemmen. Damit ist die Verbindung zwischen Zeitschaltuhr und Verbraucher hergestellt.
4. Weiter ist der blaue Neutralleiter N, vom Verteilerschrank kommend, an der Neutralleiterklemme der Zeitschaltuhr anzuschließen.
5. Vom Außenleiter Ausgang des Sicherungsautomaten ist ein neuer brauner Außenleiter L zur oberen Außenleiterklemme der Zeitschaltuhr zu verlegen und anzuklemmen.
6. Von der oberen Außenleiterklemme L der Zeitschaltuhr ist mit einem braunen Draht eine Brücke zum unteren Außenleiteranschluss zu verlegen. Dieser bildet die Wurzel des Schaltkontakts und sorgt dafür, dass der zu schaltende Verbraucher überhaupt Energie bekommt.

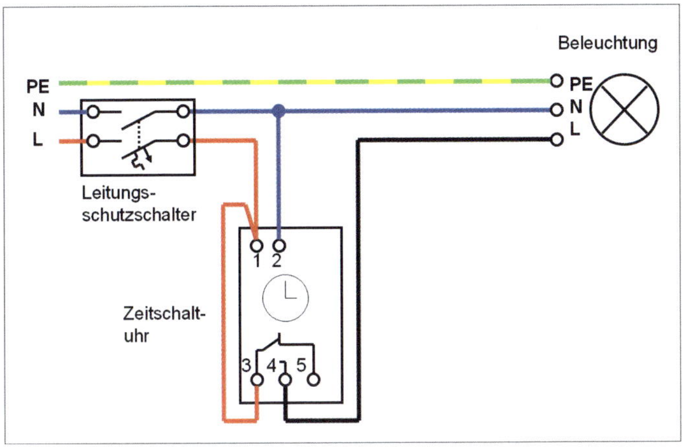

Verdrahtungsschema einer Zeitschaltuhr, die einen Verbraucher direkt schaltet

Einbau einer Zeitschaltuhr – Variante 2

Bei diesem Verdrahtungsbeispiel ist der Zeitschaltuhr ein Schalter nachgeschaltet. Damit lässt sich der Verbraucher nicht automatisch in Betrieb nehmen, wenn die Zeitschaltuhr einschaltet, sondern nur, wenn er manuell mittels Schalter zum Laufen gebracht wird. Der Verbraucher wird anschließend manuell mit dem Schalter außer Betrieb genommen oder nach Ablaufen der in der Uhr eingestellten Zeit von dieser abgeschaltet. Jedenfalls ist der nach der Zeitschaltuhr eingebaute Schalter auszuschalten, um sicherzustellen, dass der Verbraucher nicht unbeaufsichtigt angeht, sobald die Zeitschaltuhr wieder einschaltet. Bei diesem nachträglichen Einbau einer Zeitschaltuhr ändert sich an der Verdrahtung im Verteilerschrank im Vergleich zur Variante 1 nichts. Der Unterschied liegt allein darin, dass die von der Zeitschaltuhr geschaltete Leitung nicht direkt zum Verbraucher, sondern zu einem ihm vorgelagerten Schalter geht.

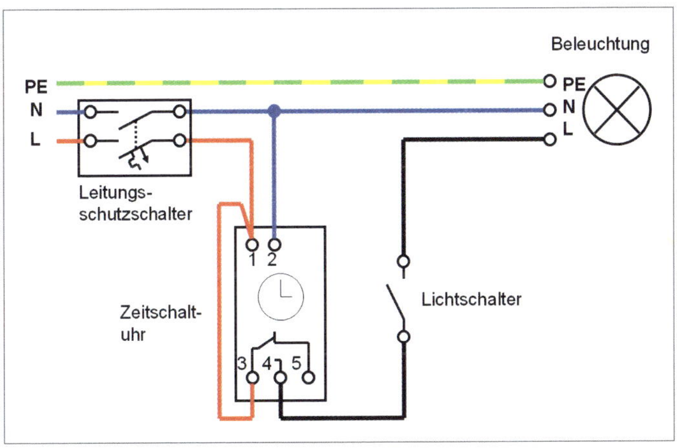

Verdrahtungsschema einer Zeitschaltuhr, die einen Verbraucher über einen vorgeschalteten Schalter anspeist

23. Jalousieschalter und -taster

23.1 Jalousieschalter

Der Jalousieschalter besteht aus zwei einrastenden, gegeneinander verriegelten Wippen, die mit nach oben und unten zeigenden Pfeilen gekennzeichnet sind. Rückwärts finden sich drei Anschlüsse, die in der Regel mit **L** sowie **Auf** und **Ab** und den zugehörigen Richtungspfeilen beschriftet sind.

Gewöhnlich werden Jalousieschalter zum Bewegen von Rollläden genutzt. Da diese meist ganz herauf- oder heruntergefahren werden, helfen die einrastenden Wippen, dass sie währenddessen nicht die ganze Zeit gehalten werden müssen. Um ein Überdrehen der Rollläden zu vermeiden, sind deren Antriebsmotoren mit Endschaltern ausgestattet, die für rechtzeitiges Abschalten sorgen.

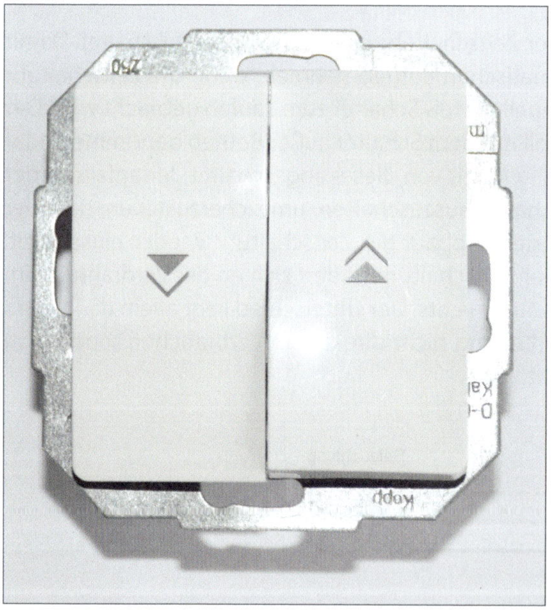

Die beiden Wippen des Jalousieschalters sind gegeneinander verriegelt

23.2 Jalousietaster

Der Jalousietaster unterscheidet sich vom Jalousieschalter nur darin, dass seine Wippen nicht einrasten. Sie müssen also gedrückt werden, solange der Rollladen bewegt werden soll. Die Idee dahinter ist, dass es so leichter möglich ist, den Rollladen in eine gewünschte Zwischenstellung, zum Beispiel nur halb hochgefahren, zu bringen. Auf diese Weise wird der Rollladen gern dem Sonnenstand angepasst, um nicht geblendet zu werden.

Anschließen eines Jalousieschalters oder -tasters

1. Der Arbeitsbereich ist vor Beginn der Arbeiten entsprechend den fünf Sicherheitsregeln abzuschalten, gegen Wiedereinschalten zu sichern und auf Spannungsfreiheit zu prüfen.
2. Vom Verteilerschrank kommend, ist ein brauner Außenleiter L an der mit L beschrifteten Klemme des Jalousieschalters oder -tasters anzuschließen.
3. Der vom Rollladenmotor kommende schwarze Draht für die Auf-Bewegung ist an der mit **Auf** beschrifteten Klemme des Jalousieschalters oder -tasters anzuschließen.
4. Der vom Rollladenmotor kommende schwarze Draht für die Ab-Bewegung ist an der mit **Ab** beschrifteten Klemme des Jalousieschalters oder -tasters anzuschließen.

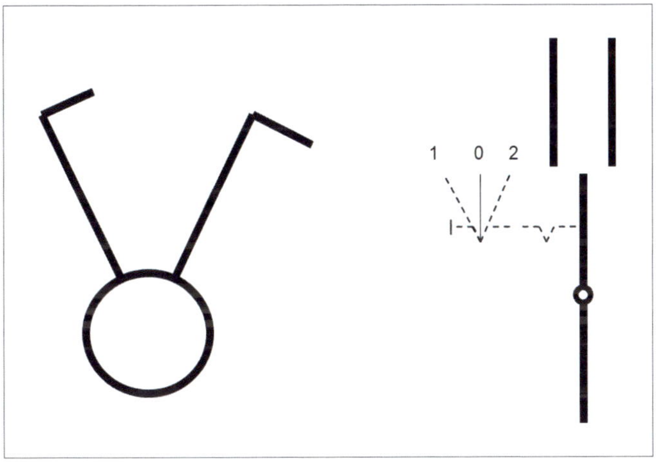

Symbol eines Jalousieschalters, links: Elektroinstallationsplan, rechts: Stromlaufplan

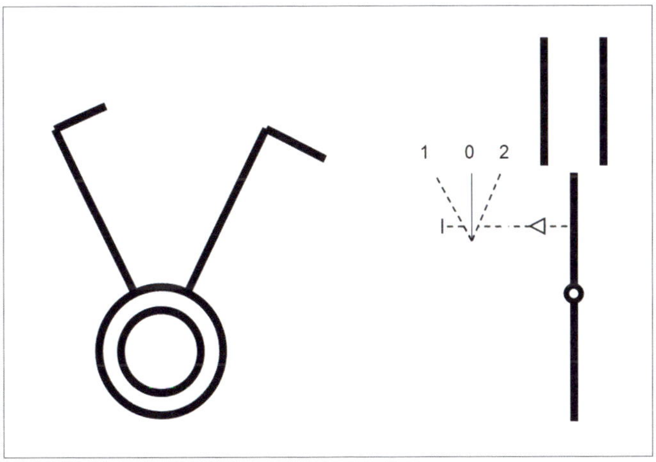

Symbol eines Jalousietasters, links: Elektroinstallationsplan, rechts: Stromlaufplan

23.3 Rollladen-Zeitschalter

Rollladen-Zeitschalter sind im Prinzip Rollladen-Taster mit erweiterter Funktion und kommen mit einer programmierbaren Zeitschaltuhr, die je nach programmiertem Programm die Rollläden automatisch öffnet und schließt. Modellvielfalt und Funktionsumfang sind groß und reichen bis zu WLAN und zur Steuerung über eine Smartphone-App. Auch Modelle mit Sprachsteuerung sind erhältlich.

Anschließen eines Rollladen-Zeitschalters

Obwohl das Anschlussprinzip des Rollladen-Zeitschalters das gleiche wie beim Schalter ist, kommen Rollladen-Zeitschalter mit mindestens vier Klemmen. Dabei handelt es sich um eine Neutralleiterklemme. Davon kann der Zeitschalter auch eine zweite besitzen, an der der vom Rollladenmotor kommende Neutralleiter anzuschließen ist.

Generell ist die Anzahl der Klemmen bei Rollladen-Zeitschaltern nicht nur variabel. Auch die Funktion der über die vierte Klemme hinausgehenden Klemmen ist nicht einheitlich. Womit es an dieser Stelle auch nicht möglich ist, ein verbindliches Anschlussschema anzubieten. Daher beschränken wir uns an dieser Stelle auf die Vorgehensweise bei einem Modell mit vier Klemmen.

1. Der Arbeitsbereich ist vor Beginn der Arbeiten entsprechend den fünf Sicherheitsregeln abzuschalten, gegen Wiedereinschalten zu sichern und auf Spannungsfreiheit zu prüfen.
2. Vom Verteilerschrank kommend, ist ein brauner Außenleiter L an der mit L beschrifteten Klemme des Jalousieschalters oder -tasters anzuschließen.
3. Der blaue vom Verteilerschrank kommende Neutralleiter N ist an der mit N beschrifteten Klemme des Jalousieschalters oder -tasters anzuschließen.
4. Der vom Rollladenmotor kommende schwarze Draht für die Auf-Bewegung ist an der mit **Auf** beschrifteten Klemme des Jalousieschalters oder -tasters anzuschließen.
5. Der vom Rollladenmotor kommende schwarze Draht für die Ab-Bewegung ist an der mit **Ab** beschrifteten Klemme des Jalousieschalters oder -tasters anzuschließen.

24. Beleuchtung

Die Beleuchtung ist längst viel mehr als nur eine lieblos in den Raum gehängte Glühlampe, die für Helligkeit sorgt. Licht hat auch viel mit Wohlfühlen zu tun. Dementsprechend kommt es nicht nur auf die Helligkeit an sich an. Sie wird davon bestimmt, welche Tätigkeiten in einem Raum vorgenommen werden. Großes Augenmerk ist auch auf die Lichtfarbe zu legen. Sie erzeugt Emotionen und beeinflusst unser Verhalten. Nicht umsonst wird etwa in Supermärkten bei den Fleischabteilungen auf Leuchtmittel mit hohem Rotanteil geachtet, weil er das Fleisch besser und frischer aussehen lässt.

Zur Beurteilung der Lichthelligkeit dient die Einheit Lux. Die Lichtfarbe wird in Kelvin angegeben. 2.700 Kelvin entsprechen etwa einem als angenehm empfundenen warmweißen Licht, 6.500 Kelvin entsprechen tagheller Beleuchtung.

Mit einem Belichtungsmesser oder auch Luxmeter lässt sich die Helligkeit vor Ort prüfen

24.1 Das richtige Licht

Die empfohlene Lichtfarbe und -helligkeit variiert je nach Raum. Somit sind bei der Planung der Beleuchtung mehrere Faktoren zu berücksichtigen. Sie richten sich danach, welche Tätigkeiten in einem Raum ausgeführt werden.

Indirekte Beleuchtung wird als besonders angenehm empfunden. Dazu ist es förderlich, die Lichtquelle in Nischen oder hinter Möbeln zu platzieren, sodass sie als solche unsichtbar bleibt. Die Beleuchtung erfolgt dann primär über Reflexionen, die das Licht weich in alle Richtungen verteilen. Auf diese Weise lassen sich Schatten und starke Kontraste vermeiden. Weitere Behaglichkeit wird erzeugt, indem man Leuchtmittel mit erhöhtem Rotanteil einsetzt.

Je nach örtlicher Gegebenheit wird mehr oder weniger Lichtstärke benötigt

Wohnzimmer

Im Wohnzimmer sollte die Grundbeleuchtung zwischen 100 und 200 Lux liegen. Allerdings sollte die Möglichkeit bestehen, die Beleuchtung auch heller aufdrehen zu können. Schließlich ist das Wohnzimmer oft jener Bereich, in dem unterschiedliche Tätigkeiten ausgeführt werden können, Stichwort Basteln. Dimmer können hier helfen, die Beleuchtung für jeden Anlass anzupassen. Weiter empfiehlt sich für das Wohnzimmer warmweißes Licht rund um 2.700 Kelvin.

Schlafzimmer

Für das Schlafzimmer gelten vergleichbare Kriterien wie für das Wohnzimmer. Auch hier sorgt warmweißes Licht von etwa 2.700 Kelvin für eine angenehme Atmosphäre. Zudem empfehlen sich hier besonders indirekte und punktuelle Beleuchtungen.

Bad

Auch das Bad zählt zu den Wohlfühlzonen einer Wohnung. Das wird durch warmes Licht unterstrichen, weshalb für das Bad ebenfalls an die 2.700 Kelvin empfohlen werden. Die Grundbeleuchtung sollte jedenfalls 200 Lux betragen. Zusätzliche punktuelle Beleuchtungen sind für mehr Helligkeit im Spiegelbereich vorzusehen.

Küche

Für die Küche ist helles, neutrales Licht zu empfehlen. Die Lichtfarbe sollte sich um die 3.000 Kelvin bewegen. Außerdem ist eine hohe Grundhelligkeit von wenigstens 500 Lux gefordert. Insbesondere im Arbeitsbereich muss die Beleuchtung blendfrei sein und sollte mindestens 500–650 Lux erreichen.

Büro

Auch im Büro ist eine Grundbeleuchtung von 500 Lux gefordert und sollte im Arbeitsbereich heller sein. Besonderes Augenmerk ist auch hier auf eine blendfreie Beleuchtung zu legen. Weiter wird für Bildschirmarbeitsplätze eine Lichtfarbe von etwa 4.000 Kelvin empfohlen.

Flur und Treppenhaus

Für den Flur werden mindestens 100 Lux, für das Treppenhaus um die 200 Lux empfohlen. Die Lichtfarbe spielt in diesem Bereich eine eher nebensächliche Rolle und kann je nach eigenen Vorlieben zwischen rund 2.700 und über 5.000 Kelvin liegen.

24.2 Beleuchtung planen

Als die Raumbeleuchtung noch in der Mitte der Zimmerdecke üblich war, musste man sich keine großen Gedanken über die künftige Einrichtung eines Raums machen.

Nachdem sich aber die Ansprüche gesteigert haben, ist es das Ziel, durch verschiedene Effekte Wohlfühloasen zu schaffen. Das setzt voraus, dass man bereits bei der Planung der Elektroinstallation bis ins Detail weiß, wie die einzelnen Räume künftig eingerichtet werden. Denn nur so ist abzusehen, wo welche Beleuchtungen vorzusehen sind.

Der Belichtungsmesser verrät ferner, ob an einem Ort das Tageslicht ausreicht oder ob es eine zusätzliche Beleuchtung braucht

Einige Gedanken und Anregungen zur Planung der Beleuchtung:

- Räume wirken dann behaglich, wenn sie nicht gleichmäßig bis in den letzten Winkel ausgeleuchtet sind. Indirekte Beleuchtung und Lichtinseln, etwa geschaffen durch Spots oder Leselampen, lockern das Raumempfinden auf und schaffen Orte der Entspannung.
- Auf die Platzierung der Leuchtmittel kommt es an. Nichts stört mehr, als wenn man durch Licht geblendet wird. Mitunter können hier auch Abschirmungen, etwa in Form eines Lampenschirms, helfen.
- Für die Schaffung von Lichtinseln bieten sich vor allem Spotbeleuchtungen an. Mit ihnen lassen sich einzelne Punkte des Raums gezielt in Szene setzen. Außerdem lässt sich mit Spots das Licht genau dorthin bringen, wo man es braucht, etwa im Arbeitsbereich.
- Es wird nicht immer gleich viel Licht benötigt. Dies trifft auf die Helligkeit, aber auch auf Orte innerhalb eines Raums zu. Deshalb ist es von Vorteil, im Raum mehrere Lichtstromkreise vorzusehen, die auch mit Dimmern ausgestattet sein können.
- Raumbeleuchtungen müssen sich nicht auf fest installierte Beleuchtungen beschränken, sondern können auch bewegliche Lampen mit einschließen. Sie erfordern Steckdosen. Davon sind in jedem Raum reichlich vorzusehen. Abgesehen davon können sie auch für den Betrieb anderer Geräte von Nutzen sein.

24.3 Lampenausgänge richtig verkabeln

Wie viele Drähte braucht es zu einem Lampenausgang an der Decke oder einer Wand? Grundsätzlich werden drei Drähte benötigt. Dies sind die stromführende Zuleitung, meist ein schwarzer Draht, sowie der blaue Neutralleiter und der grüngelbe Schutzleiter. Diese drei Adern sind auf jeden Fall vorzusehen. Auch dann, wenn es nicht zwingend einen Schutzleiter bei der installierten Lampe braucht. Schließlich erfordern nicht alle Beleuchtungskörper einen Schutzleiter. Also den Schutzleiter einsparen? Keinesfalls! Denn Beleuchtungen können sich im Laufe der Zeit ändern. Zum Beispiel, weil sie kaputtgegangen sind oder man sich an ihnen sattgesehen hat. Die neu angeschaffte Beleuchtung kann dann sehr wohl mit Schutzleiterklemme kommen. Aus diesem Grund ist der grüngelbe Schutzleiter PE jedenfalls mit zu den Lampenausgängen zu verlegen. Er sorgt so für maximale Flexibilität.

Überlegenswert ist ferner, ob man zumindest zur Hauptbeleuchtung eines Raums einen zweiten stromführenden Außenleiter verlegt. Größere Beleuchtungen könnten schließlich anbieten, in zwei Gruppen geschaltet zu werden. Was dann auch zumindest zwei Ausschalter erfordern würde.

Nicht benötigter Schutzleiter – was tun?

1. Erfordert die anzuschließende Lampe keinen Schutzleiter, ist dieser am Lampenausgang jedenfalls in seiner vollen Länge zu belassen. Nur so kann er nach einem etwaigen Lampentausch seine Aufgabe erfüllen.
2. Wird der Schutzleiter nicht benötigt, ist er auch nicht abzuisolieren. Ansonsten ist sein blankes Drahtende zu isolieren. Etwa, indem man es in eine Blockklemme steckt oder zumindest mit Isolierband abklebt.
3. Der so vorbereitete Schutzleiter ist gemeinsam mit den anderen Anschlussdrähten im Lampensockel zu verstauen.

24.4 Lampenfassung verdrahten und anschließen

Lampenfassungen mit Gewinden der Größen E14 und E27 gelten nach wie vor als weitverbreiteter Standard. Es gibt sie in zahlreichen Ausführungen vom Retro-Designer-Stück bis zur simplen Lampenfassung für den Einsatz auf Baustellen. Sie sind durchweg aus Kunststoff gefertigt und besitzen zwei Anschlüsse. Je einen für den Außen- und Neutralleiter.

Baustellenlampe, die bereits einen harten Einsatz hinter sich hat

Allein von der Funktion betrachtet, wäre es egal, an welche Klemme welcher der beiden Drähte anzuschließen ist. Jedoch gibt der Sicherheitsaspekt genau vor, welche Ader wo anzuschließen ist.

Aufbau einer Lampenfassung

Blickt man bei abgeschraubter Lampe in das Innere einer Lampenfassung, erkennt man zwei Kontakte. Einer befindet sich unten in der Mitte, der zweite ist am unteren Rand im Bereich des Gewindes zu erkennen. Bei älteren Fassungen wurde das gesamte Gewinde aus Metall gefertigt und bildete so den zweiten Kontakt.

Allein dieser Blick ins Innere verrät, ein Kontakt ist mit Fingern schwerer erreichbar, der zweite leichter. Wobei es hier um die zufällige Berührung geht. Ist eine Lampe kaputtgegangen und ist auszutauschen, weiß man gewöhnlich nicht, ob der Lichtschalter auf Ein oder Aus steht. Damit verbunden ist aber auch, dass man nicht weiß, ob die Lampenfassung unter Spannung steht oder nicht. Womit bei zufälliger Berührung absolute Lebensgefahr herrscht! Zumindest, wenn der Kontakt des stromführenden Leiters berührt wird. Um dies möglichst zu verhindern, wurde festgelegt, dass der unter Spannung stehende – gewöhnlich schwarze – Leiter am Fußkontakt der Lampenfassung anzuschließen ist. Der blaue Neutralleiter ist folglich mit dem seitlichen Gewindekontakt zu verbinden.

Die Lampenfassung richtig anschließen

1. Zunächst ist der Arbeitsbereich entsprechend den fünf Sicherheitsregeln spannungsfrei zu machen, gegen Wiedereinschalten zu sichern und auf Spannungsfreiheit zu prüfen.
2. Es ist zu kontrollieren, welcher der beiden Anschlüsse der Lampenfassung mit dem Mittelkontakt verbunden ist. Eine eindeutige Beschriftung wird höchstwahrscheinlich nicht vorhanden sein.

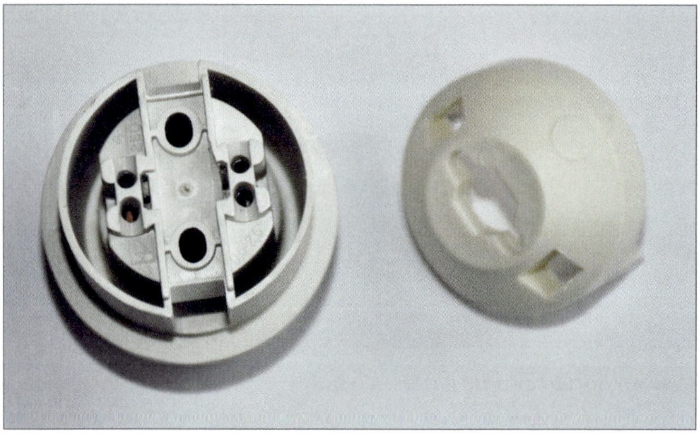

An den Anschlussklemmen einer Lampenfassung wird man gewöhnlich keine Klemmenbezeichnungen finden

3. Die beiden anzuschließenden Drähte sind durch das abgenommene hintere Ende der Lampenfassung zu fädeln.
4. Der in der Regel schwarze Draht, also der vom Schalter kommende Lampendraht, ist am Mittelkontakt der Fassung anzuschließen.
5. Am zweiten Kontakt der Lampenfassung ist der blaue Neutralleiter anzuschließen.
6. Die beiden Teile der Lampenfassung sind, je nach Modell, wieder zusammenzuschrauben oder zusammenzustecken.

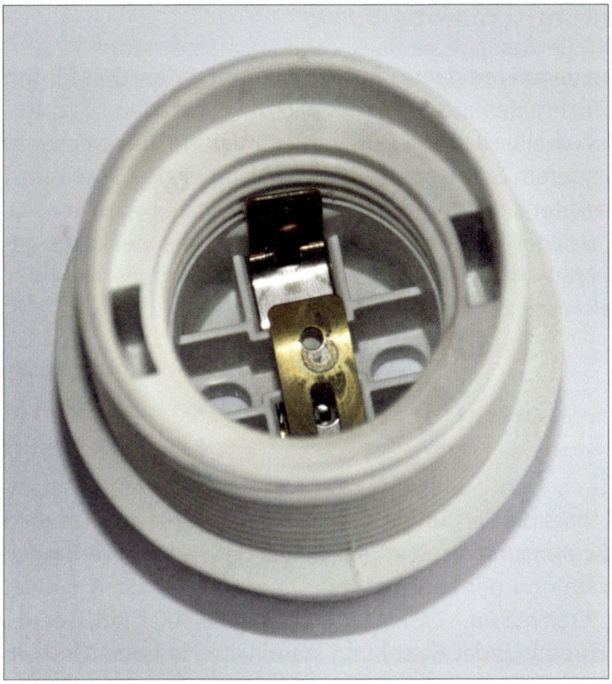

Der Blick ins Innere der Lampenfassung zeigt den Mittelkontakt, an dem der stromführende Leiter anzuschließen ist, und den seitlichen Kontakt für den Neutralleiter

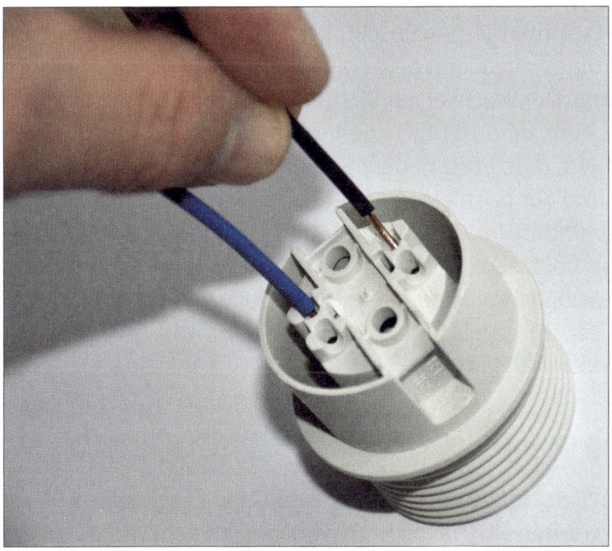

Es ist darauf zu achten, den stromführenden Leiter am Mittelkontakt anzuschließen

Achtung! Vorsicht bei Schreibtischlampen usw.

Der Außenleiter ist bei Lampenfassungen mit dem Fußkontakt zu verbinden. Dies fördert die Sicherheit beim Lampentausch. Problematisch wird es allerdings bei allen Leuchten, die es fix und fertig mit Anschlusskabel und meistens daran montiertem Eurostecker zu kaufen gibt. Dies betrifft unter anderem Schreibtisch- und Stehlampen. Bei ihnen lässt sich nicht festlegen, ob der Außenleiter am Fuß- oder Gewindekontakt zu liegen kommt. Das hängt nämlich davon ab, in welcher Richtung der Netzstecker in die Steckdose gesteckt wurde. Um vor dem Lampentausch auf Nummer sicher zu gehen, empfiehlt es sich, die Leuchte vor dem Leuchtmitteltausch auszustecken.

24.5 Für welche Leuchtmittel geeignet?

Egal, ob es sich um eine Schreibtisch- oder Stehlampe oder fest zu installierende Leuchten handelt, allen gemeinsam ist, dass die Leistungsaufnahme der in sie einzusetzenden Leuchtmittel begrenzt ist. Diese Begrenzung resultiert aus den in den Lampen verbauten Drahtquerschnitten und der Erwärmung der Leuchtmittel. Diese war vor allem bei der alten Glühlampe beachtlich und erreichte am Glaskolben noch an die 300 Grad. Der abgegebenen Wärme muss eine Lampe in jeder Beziehung standhalten können. Deshalb ist beim Lampentausch zu kontrollieren, welche maximale Leistung die Leuchte zulässt.

Wird an einem Ort eine höhere Lichtmenge gewünscht, kann sich der Wechsel der Art des Leuchtmittels anbieten. Allerdings nur, wenn bislang noch eine herkömmliche Glüh- oder Halogenlampe genutzt wurde. Der Wechsel auf die heute üblichen LED-Leuchtmittel bringt bei gleicher Lichtausbeute eine deutlich geringere Leistungsaufnahme mit sich. Allerdings ist auch zu beachten, dass etwa neuere Schreibtischlampen mitunter für LED-Leuchtmittel optimiert sind und nur noch eine entsprechend sehr geringe maximale Leistungsaufnahme zulassen. Zumindest im Glühlampen- und Halogen-Zeitalter waren zulässige Leistungen von 100 Watt bei Deckenleuchten und 40–60 Watt bei Schreibtisch- und Stehlampen nichts Außergewöhnliches. Inzwischen ist die zulässige Leistung des in eine Lampe einzuschraubenden Leuchtmittels häufig auf unter zehn Watt begrenzt und bewegt sich nur noch im Bereich von 7–9 Watt.

Zulässige Maximalleistung ermitteln

1. Welches Leuchtmittel soll zum Einsatz kommen? Selbst wenn LED-Leuchtmittel heute allgemeiner Standard sind, so wurden von gar nicht so wenigen vor dem Verkaufsende von Glüh- und Halogenlampen Reserven angeschafft, die noch für lange Zeit reichen sollten. Abgesehen davon hatte man etwa im Frühjahr 2026 noch immer die Chance, klassische Glühlampen käuflich zu erwerben. Unter gewissen Voraussetzungen haben diese alten Leuchtmittel noch immer ihre Vorteile.

2. Für welche Maximalleistung eine Lampe zugelassen ist, ist entweder auf einem kleinen, unauffällig angebrachten Aufkleber oder auf der Lampenverpackung angegeben. Ihr ist auch zu entnehmen, welcher Typ von Lampensockel verbaut ist.
3. Die zulässige Höchstleistung einer Lampe sollte großzügig bemessen sein, um die Freiheit zu haben, je nach Bedarf auch etwas leistungsstärkere Leuchtmittel für mehr Helligkeit nutzen zu können.

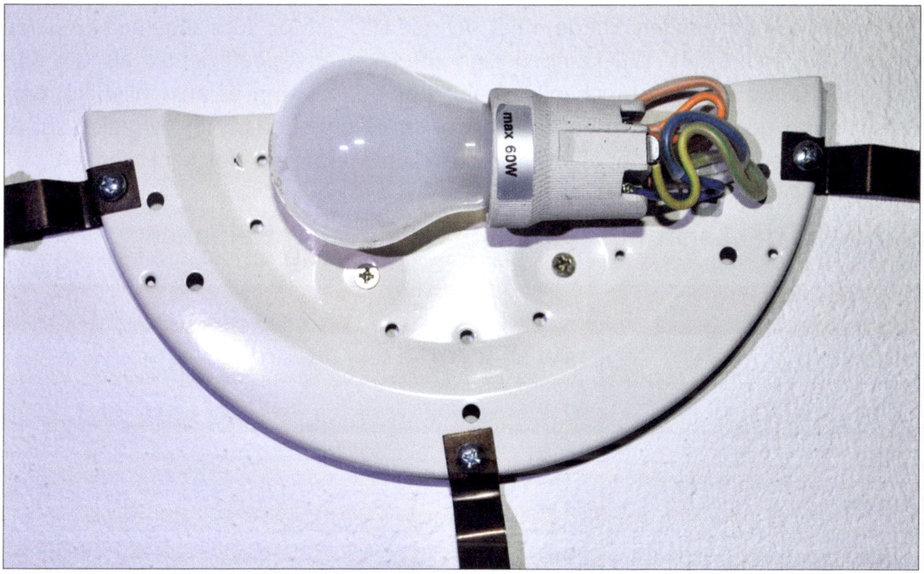

Meist findet man an Leuchten einen Aufkleber, der über die maximal zulässige Leistung der Leuchtmittel informiert

25. Leuchtmittel

25.1 LED-Leuchtmittel

Seit 2012 sind in der EU klassische Glühlampen, seit 2023 Leuchtstoffröhren und Energiesparlampen und seit 2026 Hochvolt-Halogenlampen verboten, es dürfen nur noch Restbestände verkauft werden. Seitdem hat sich die LED-Lampe zum allgemeinen Beleuchtungsmittel entwickelt. LED-Lampen sind ungleich energieeffizienter als die älteren Lampensysteme und versprechen deshalb, zumindest wenn es ausschließlich um die Beleuchtung geht, einen wesentlich geringeren Energiebedarf. Im Vergleich zur alten Glühlampe benötigen sie nur etwa ein Sechstel an Energie bei gleicher Helligkeit.

Vergleich der Leistungsaufnahme bei gleicher Helligkeit

Glühlampe	Halogenlampe	LED-Lampe
100 W	75 W	15 W
75 W	60 W	11 W
60 W	45 W	8,5 W
40 W	30 W	4 W
25 W	20 W	4 W

Lebensdauer von LED-Leuchtmitteln

LED-Leuchtmittel werden mit ihrer hohen Lebensdauer beworben. Sie wird mit 20.000 bis 50.000 Stunden angegeben. Hochwertige LED-Leuchtmittel für anspruchsvolle, professionelle Anwendungen, etwa in der Industrie, sollen es auf 100.000 Stunden bringen. Im Vergleich dazu wird der klassischen Glühlampe eine Brenndauer von 1.000 bis 2.000 Stunden nachgesagt. Womit die LED-Lampe mindestens zehnmal so lange halten soll. Doch die Praxis sieht etwas anders aus. Vor allem geht es um die Schalthäufigkeit. Von der Glühlampe war bekannt, dass sie zu häufiges Schalten mit verkürzter Lebensdauer quittierte. Dem LED-Chip, also jenem Teil der LED-Lampe, der das Licht an sich erzeugt, ist es egal, wie oft das Licht an- und ausgeschaltet wird. Das dem LED-Chip vorgeschaltete Vorschaltgerät, also die Elektronik, sieht das aber etwas anders. Lampen, die oft geschaltet werden, etwa solche in Treppenhäusern oder über Bewegungsmelder am WC, machen durchaus schon nach einem bis zwei Jahren schlapp. Das können sie aber auch bei typischer Wohnzimmerbeleuchtung, die gefühlt weniger geschaltet wird. Immer wieder ist zu hören, dass LED-Leuchtmittel nicht oder kaum länger funktionieren als die alten Glüh- oder Halogenlampen.

LED-Leuchtmittel sind im Übrigen nicht über den Hausmüll zu entsorgen. Da sie recycelbare, wertvolle Komponenten enthalten, sind sie in Wertstoffhöfen oder Sammelstellen von Elektrofachmärkten usw. abzugeben.

Wie geht eine LED-Lampe kaputt?

Geht die Elektronik eines LED-Leuchtmittels kaputt, brennt sie, wie auch die Glüh- oder Halogenlampe, von einem Augenblick zum nächsten nicht mehr. Hat eine LED-Lampe aber das seltene Glück, doch ihr angegebenes Lebensende zu erreichen, erlischt sie nicht einfach nach 20.000 bis 50.000 Stunden. Eine Eigenheit der LED-Leuchtmittel ist, dass sie im Laufe der Zeit immer dunkler werden. Sie leuchten mit zunehmendem Alter demnach nicht mehr so hell wie im neuen Zustand. Ihre Stromaufnahme bleibt jedoch dieselbe. Damit sinkt gleichzeitig ihre Wirtschaftlichkeit. Am Ende bedeutet das, dass eine LED-Lampe nach den angegebenen 50.000 Stunden nicht einfach nur erlischt, sondern nur dunkler leuchtet und der Punkt erreicht ist, an dem sie durch eine neue Lampe zu ersetzen ist. Die Praxis zeigt aber auch, dass dieses deutlich wahrnehmbare Abdunkeln schon ungleich früher stattfinden kann. Mitunter auch schon nach 1.000 bis 2.000 Stunden.

25.2 LED-Leuchtmittel dimmen

Längst nicht alle LED-Lampen sind dimmbar. Dazu braucht es Modelle, die dieses Feature unterstützen. Gewöhnlich findet man entsprechende Hinweise auf der Verpackung der LED-Lampen. Um die Helligkeit einer LED-Beleuchtung regeln zu können, braucht es zudem auch einen Dimmer, der auf LED-Leuchtmittel abgestimmt ist.

Der Knackpunkt ist die geringe Leistungsaufnahme der LED-Lampen. Bei herkömmlichen Dimmern liegt das Mindestschaltvermögen im Bereich um 50 Watt. Bei LED-Leuchtmitteln kann die Leistungsaufnahme aber selbst bei mehreren Lampen auf unter 10 Watt sinken.

Nicht jede LED-Lampe ist dimmbar. Hinweise dazu findet man auf der Verpackung

Worauf ist zu achten?

1. Beim Kauf von LED-Leuchtmitteln ist darauf zu achten, dass diese für den Einsatz mit Dimmern geeignet sind.
2. Herkömmliche und ältere Dimmer arbeiten gewöhnlich nicht mit LED-Leuchtmitteln zusammen. Fehlfunktionen wie flackerndes Licht oder überhitzende Lampen sind die unausweichliche Folge. Die LED-Eignung muss am Dimmer extra angegeben sein. Dabei gilt es auch, das Schaltvermögen von LED-Leuchtmitteln zu berücksichtigen. Es liegt durchweg deutlich unter dem von normalen Glüh- oder Halogenlampen.
3. Noch vor dem Tausch von Glüh- oder Halogenlampen auf LED-Leuchtmittel ist die LED-Tauglichkeit des Dimmers festzustellen. Ist diese nicht gegeben, ist der Dimmer gegen einen mit LED-Unterstützung zu tauschen.
4. Bei der Auswahl eines LED-Dimmers ist auf dessen zulässige LED-Maximalleistung zu achten. Sie sollte jedenfalls spürbar über der Gesamtleistung der zu schaltenden LED-Leuchtmittel liegen. Was der Lebensdauer des Dimmers entscheidend zugutekommt.

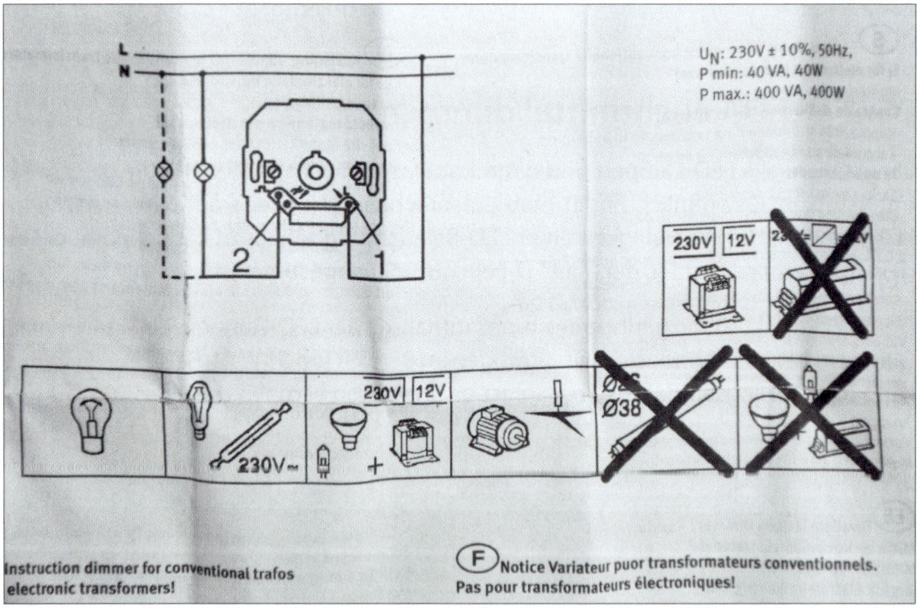

Bei diesem Dimmer ist die LED-Tauglichkeit noch nicht gegeben

25.3 Störquelle LED-Leuchtmittel

Die Qualität von LED-Leuchtmitteln lässt oft zu wünschen übrig. Das merkt man einerseits daran, dass sie mitunter nicht annähernd so lange funktionieren wie angegeben, andererseits senden sie oft auch einen erheblichen elektromagnetischen Störnebel aus. Der macht sich bemerkbar, indem etwa der Radio- und terrestrische Fernsehempfang nicht mehr so gut oder gar nicht mehr funktioniert. Auch der Mobilfunk, also das Smartphone, und sogar WLAN können davon betroffen sein. Vor allem digitale Übertragungsverfahren wie das Digitalradio DAB+ und das digitale Antennenfernsehen DVB-T2 reagieren auf solche von LED-Lampen ausgehende Störungen allergisch.

Übrigens nicht nur im eigenen Haushalt, sondern auch im Freien, Stichwort Straßenbeleuchtung und Ampelanlagen. Von ihnen stören nicht alle Anlagen gleich stark, aber zumindest einige haben es in sich. Wie stark sie stören, kann man etwa während der Nachtstunden feststellen, wenn der Radioempfang immer dann zusammenbricht, wenn man unter einer Straßenlaterne herfährt oder an einer Ampel zu stehen kommt.

Diese von LED-Lampen ausgehenden Störungen haben bereits ein beachtliches Niveau erreicht und es wächst weiter. Was insbesondere in Städten zu bemerken ist. Schließlich kann die Störreichweite einer Lampe über einen Raum hinausgehen, sodass Beeinträchtigungen auch von Beleuchtungen aus der näheren Nachbarschaft ausgehen können.

LED-Lampen mit E27-Gewinde

25.4 LED-Leuchtmittelarten

LED-Leuchtmittel lassen sich im Wesentlichen in zwei Klassen einteilen, nämlich Hoch- und Niedervolt-Lampen. Hochvolt-LED-Leuchtmittel sind allgemeiner Standard. Sie können direkt an der 230-Volt-Netzwechselspannung angeschlossen werden und erfordern keine speziellen Vorschaltgeräte. Damit können sie grundsätzlich überall eingesetzt werden. Auch als Ersatz von Glüh- und Halogenlampen. Voraussetzung ist allerdings, dass im Lichtstromkreis kein Dimmer oder ein solcher verbaut ist, der bereits für LED-Lampen geeignet ist.

In Hochvolt-LED-Leuchtmitteln für 230 Volt ist die benötigte Vorschaltelektronik bereits integriert. Konkret handelt es sich dabei um ein kleines Netzteil. Dieses sorgt für einen etwas geringeren Wirkungsgrad der Lampe und auch für eine höhere Wärmeentwicklung. Damit sollte eine Hochvolt-LED-Lampe unter nicht zu beengten Bedingungen betrieben werden. Jedenfalls ist für eine ausreichende Wärmeabfuhr zu sorgen.

LED-Niedervolt-Lampen werden mit 12 Volt betrieben. Wobei Gleich- oder Wechselspannung gleichermaßen genutzt wird. Einige Modelle arbeiten auch mit 24 Volt. LED-Niedervolt-Leuchtmittel können nicht direkt an einer 230-Volt-Wechselspannung betrieben werden, sondern erfordern einen Vorschalt-Trafo. 12-Volt-LEDs kommen ohne integriertes Vorschaltgerät und entwickeln auch weniger Wärme als Hochvolt-LEDs. Auch ihr Wirkungsgrad ist höher. Zumindest, wenn man das Vorschaltgerät außer Acht lässt.

Einsatzgebiete

Beide Varianten eignen sich für den Einsatz im Wohnbereich. Der Vorteil der Hochvolt-LED-Lampen liegt in ihrer universellen Einsetzbarkeit. Sie lassen sich unmittelbar anstatt älterer Leuchtmittel nutzen. Was auch heißt, dass sie sich in Standard-Installationen nutzen lassen. Selbst der Wechsel eines herkömmlichen auf einen LED-tauglichen Dimmer lässt sich leicht bewerkstelligen. Wobei darauf hingewiesen wird, dass diese Aufgabe unter Einhaltung der fünf Sicherheitsregeln nur von qualifizierten Fachkräften durchgeführt werden darf. Für Niedervolt-LED-Leuchtmittel spricht die ungefährliche Kleinspannung. Damit bieten sie sich insbesondere für Feuchträume wie das Badezimmer an. Niedervolt-Anlagen erfordern eine auf sie abgestimmte Installation.

25.5 Glühlampe

Mit der klassischen Glühlampe wurde ab Ende des 19. Jahrhunderts die Grundlage geschaffen, elektrisches Licht in die Wohnungen zu bringen. Sie sorgte für angenehmes, warmes Licht. Wegen ihrer schlechten Energiebilanz wurde die Glühlampe ab 2009 seitens der EU verboten. Schließlich hatte sie rund 95–96 % der zugeführten elektrischen Energie in Wärme umgewandelt. Deshalb gilt sie auch als Energieverschwender. Wobei dieser Aspekt etwas differenzierter zu betrachten ist. Ganz Schnee von gestern ist die Glühlampe noch nicht. Schließlich bekommt man sie auch im Jahr 2026 immer noch vereinzelt zu kaufen. Abgesehen davon haben sich viele mit einem Vorrat an Glühlampen eingedeckt und profitieren noch heute von ihren positiven Eigenschaften.

Besser als gedacht

Die Glühlampe bietet insbesondere im Vergleich zu LED-Leuchtmitteln einige Vorteile. Ihr Licht wird durchweg als angenehm empfunden und ihre Helligkeit lässt sich problemlos mit Dimmern steuern. Zudem haben sie sich als preiswertes Leuchtmittel für selten genutzte Orte, an denen man nur kurz Licht braucht, angeboten. Dazu zählen das WC, der Keller oder die Besenkammer. Von der Glühlampe gehen keinerlei elektromagnetische Störstrahlungen aus. Damit wird von ihr der Funkempfang in keiner Weise beeinträchtigt. Das trifft sogar auf die störanfälligen Bereiche der Lang-, Mittel- und Kurzwelle zu, die von DXern nach wie vor gern genutzt werden. Aber auch DAB+ und DVB-T2 sowie WLAN und allgemein der Mobilfunk profitieren davon.

Zuletzt hilft die Glühlampe Energie sparen. Insbesondere während des Winters. Zumindest indirekt. Während der langen Nächte des kalten Winters braucht man in der Wohnung viel Licht und eine Heizung. Heizungen sind in der Regel so ausgelegt, dass sie die gesamte Wohnung auf Temperatur halten. Auch jene Bereiche, in denen man sich gerade nicht aufhält. Mit der Glühlampe lassen sich die täglichen Heizzeiten im Wesentlichen auf die hellen Tagesstunden minimieren. Wird am Abend das Licht eingeschaltet, wird der Raum sozusagen von der Glühlampe auf Temperatur gehalten. Damit bleiben die Räume auf Temperatur, in denen man sich aufhält. Die dafür anfallenden Energiekosten sind jedenfalls geringer, als wenn man die Heizung bis tief in die Nacht laufen lassen würde. Wird dieser Aspekt auf die modernen LED-Leuchtmittel übertragen, heißt das nicht weniger, als dass sie uns zwingen, die Heizung länger laufen zu lassen und so auch mehr Energie zu verbrauchen.

Auslaufmodell

Die große Zeit der klassischen Glühlampe ist zwar längst vorbei. Aber es wird noch lange Zeit dauern, bis sie wirklich von der Bildfläche verschwunden ist. So gesehen ist es noch immer von Vorteil, über sie Bescheid zu wissen.

Die klassische Glühlampe wandelt nur 4–5 % des Stroms in Licht um

Wie eine Glühlampe tauschen?

Bis zu 96 % der zugeführten elektrischen Energie wird von der klassischen Glühlampe in Wärme umgewandelt. Damit erhitzt sie sich bereits sehr kurz nach ihrem Einschalten extrem stark. Ihr Glühfaden erreicht eine Temperatur von rund 2.500 °C. Am Glaskolben sind es noch immer um die 300 °C. Nachdem sie abgeschaltet wurde oder kaputtgegangen ist, bleibt sie noch eine Zeit lang heiß. Vor dem Lampentausch sollte man ihr mehrere Minuten zum Auskühlen geben. So lassen sich Verbrennungen an den Händen vermeiden.

1. Zuerst ist der Lichtschalter auszuschalten. Auch dann, wenn die Lampe durchgebrannt ist.
2. Der Glühlampe ist eine Abkühlzeit von mehreren Minuten zu gönnen.
3. Nachdem man sich vergewissert hat, dass der Glaskolben weit genug abgekühlt ist, ist die Lampe entgegen dem Uhrzeigersinn aus der Lampenfassung herauszuschrauben. Grundsätzlich ist die Lampe am Glaskolben zu halten. Solange die Lampe Kontakt mit der Fassung hat, ist ihr seitliches Metallgewinde keinesfalls zu berühren. Diese Maßnahme ist wichtig, um die Gefahr eines Stromschlags zu minimieren. Zum einen, da man bei einer durchgebrannten Lampe oft nicht weiß, ob der Lichtschalter wirklich auf Aus steht. Zum anderen ist nicht ausgeschlossen, dass an der Lampenfassung der stromführende Außenleiter verkehrt angeschlossen wurde und so leicht berührt werden könnte.
4. Vor Einsetzen der neuen Lampe ist zu kontrollieren, für welche Maximalleistung der Lampenschirm oder die Lampenfassung zugelassen ist. Dieser Watt-Wert darf von der neuen Lampe keinesfalls überschritten werden.
5. Anschließend ist die neue Lampe im Uhrzeigersinn in die Fassung einzuschrauben. Auch dabei ist das seitliche Metallgewinde keinesfalls zu berühren. Die neue Lampe ist nicht mit aller Gewalt in die Fassung zu drehen.

25.6 Halogenlampe

Die Halogenlampe ist ein naher Verwandter der Glühlampe. Ihre Lichtausbeute liegt aber immerhin bei 10–15 % der zugeführten Energie. Obwohl sie rund 20–30 % weniger Energie als die Glühlampe verbraucht, ist sie in der EU inzwischen ebenfalls verboten. Seit 2018 dürfen Modelle mit E14- oder E27-Gewinde nicht mehr produziert oder importiert werden. Für die meisten anderen Halogenlampen-Modelle greift dieses Verbot seit 2023. Aktuell werden noch die letzten Restbestände verkauft.

Genau wie die Glühlampe sorgt auch die Halogenlampe für flimmerfreies, weißes Licht, das durchweg als ausgesprochen angenehm empfunden wird. Häufig wird es sogar als angenehmer als das der Glühlampe bewertet. Zur Helligkeitsregelung von Halogenlampen eignet sich jeder Dimmer. Zudem stört auch der Großteil der Halogenlampen den Radio- und Fernsehempfang sowie den Mobilfunk und WLAN in keiner Weise. Eine negative Ausnahme bilden lediglich jene Lampenmodelle, die auf höchstmögliche Energieeffizienz getrimmt wurden. Sie wurden mit einer Einsparung von 30 % im Vergleich zur herkömmlichen Glühlampe beworben.

Die Halogenlampe ist etwas sparsamer als die alte Glühlampe. Sie ist inzwischen ebenfalls verboten

Auslaufmodell

Auch die Halogenlampe zählt zu den Auslaufmodellen. Zumindest Halogen-Spots waren im Frühjahr 2026 noch im Handel erhältlich. Angesichts der vergleichsweise langen Lebensdauer der Halogen-Lampen von 4.000 bis 5.000 Stunden sollte sie uns noch lange begleiten. Zumindest, bis alle derzeit noch in Betrieb befindlichen und als Reserve gehaltenen Lampen ihr Lebensende erreicht haben werden.

Zumindest Halogen-Spotstrahler sind auch 2026 noch erhältlich

25.7 Spotlampen tauschen

Spotlampen sind im Wohnbereich weitverbreitet und können etwa an der Decke montiert oder in dieser eingebaut sein. Sie sind durchweg mit der Lampenfassung GU10 ausgestattet, in die Halogen- und LED-Lampen gleichermaßen passen.

Spots sind durchweg kompakt aufgebaut. Zwischen den Leuchtmitteln und den sie umgebenden Schirmen, meist aus Glas oder Metall, besteht nur wenig Platz. Damit wird ein Lampentausch zur Herausforderung, da sie sich nicht ohne Weiteres mit den Fingern greifen lassen. Spezielle Saugnäpfe sorgen hier für Abhilfe.

Wie Spotlampen austauschen?

1. Zunächst ist die zu wechselnde Lampe auszuschalten und auskühlen zu lassen.
2. Zum Lampentausch ist ein Saugnapf mit Griff vonnöten. Dieser ist auf die plane Glasoberfläche der Lampe aufzusetzen, sodass er fest hält.
3. Die Lampe ist etwas in die Fassung zu drücken und gleichzeitig nach links zu drehen, bis ein Anschlag zu spüren ist.
4. Nun lässt sich die Lampe aus der Fassung herausziehen.
5. Nachdem der Saugnapf auf die neue Lampe aufgesetzt wurde, ist diese in die Bohrungen des Lampensockels zu stecken und unter leichtem Drücken bis zum Anschlag nach rechts zu drehen.
6. Zuletzt ist die Lampe auf guten Halt zu kontrollieren und der Saugnapf zu lösen.

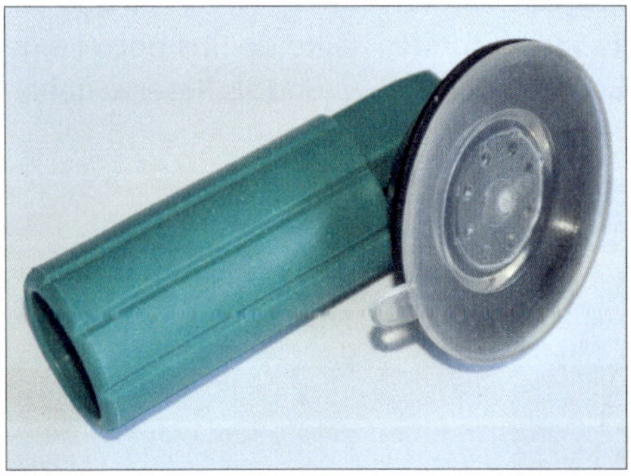

Für den Lampentausch gibt es spezielle Saugnäpfe

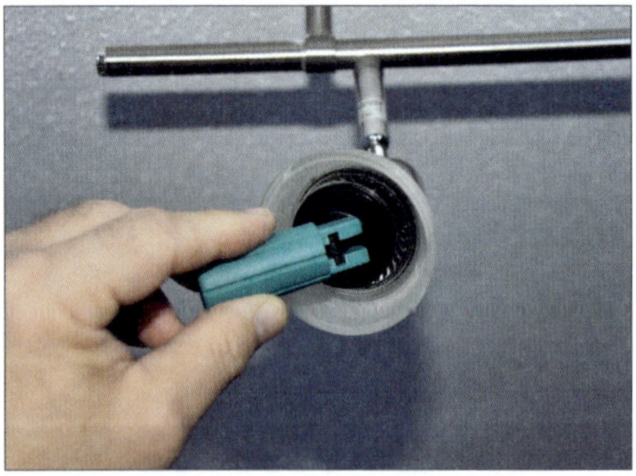

Der Saugnapf ist auf die Lampe aufzusetzen und erleichtert den Tausch einer Spotlampe ungemein

25.8 Leuchtstofflampe

Die Leuchtstofflampe oder auch Leuchtstoffröhre darf seit 2023 nicht mehr in Umlauf gebracht werden und ist in der EU somit ebenfalls inzwischen verboten. Die Ursache dafür ist in erster Linie in den verwendeten Stoffen zu suchen.

Leuchtstofflampen wurden meist für großflächige Beleuchtungen eingesetzt, etwa in Hallen, großen Räumen sowie in Industrie und Gewerbe. Für sie spricht der vergleichsweise hohe Wirkungsgrad von 20–40 %. Außerdem punktet dieser Lampentyp mit einer hohen Lebensdauer, 6.000 bis 8.000 Stunden gelten als absolutes Mindestmaß. Als Durchschnittswert sind rund 15.000 bis 25.000 Stunden anzunehmen. Allerdings mögen es Leuchtstofflampen nicht, wenn sie oft nur kurz eingeschaltet werden. Das kann ihre Lebensdauer merklich verkürzen.

Leuchtstofflampen geben ein blendfreies Licht ab. Je nach Art der fluoreszierenden Beschichtung kommen sie meist mit kalt- oder warmweißem Licht.

Von ihrem Aufbau her lassen sich Leuchtstofflampen nicht mit anderen Leuchtmitteln vergleichen. Was etwa daran ersichtlich ist, dass sie einen Leuchtstofflampen-Balken benötigen, in den die Röhre einzusetzen ist. Dieser ist mit einem Starter und einem Vorschaltgerät ausgestattet. Sie sorgen für die hohe Zündspannung, die die Leuchtstofflampe während des Einschaltens benötigt.

Leuchtstofflampen sind, aus praktischer Sicht betrachtet, nicht dimmbar. Zumindest würden mit gedimmten Leuchtstoffröhren keine angenehmen Beleuchtungsumgebungen geschaffen werden, da starkes Flackern und ähnliche Effekte auftreten würden. Zudem würde der Energieverbrauch gedimmter Leuchtstofflampen steigen.

Leuchtstoffröhre

Größen, Leistungen und Starter

Von Glüh-, Halogen- und LED-Lampen ist man es gewohnt, dass es verschiedene Leistungsklassen für ein und dieselbe Bauform gibt. Bei Leuchtstofflampen entscheidet die Länge der Röhre über die Leistungsklasse und somit die Helligkeit.

Je nach Leistungsklasse benötigt eine Leuchtstoffröhre den dazu passenden Starter. Zur eindeutigen Identifizierung sind diese mit einem Code versehen. Im Übrigen ist es meist der Starter, der kaputtgeht und etwa dazu führt, dass eine Leuchtstoffröhre nicht mehr zündet oder nur noch flackert.

- **S2** für Röhren mit einer Leistung von 4–22 Watt
- **S10** für mit einer Leistung von 4–65 Watt
- **S16** für mit einer Leistung von 70–125 Watt

Starter für Leuchtstoffröhren

Umgang mit Leuchtstoffröhren

Alte Leuchtstoffröhren gelten als Sondermüll. Bricht eine Leuchtstoffröhre, entweicht Quecksilberdampf, der zumindest ein gründliches Lüften des Raums erfordert. Zudem wird dringend empfohlen, einen Arzt aufzusuchen, wenn man sich mit einem Splitter einer zerbrochenen Leuchtstofflampe schneidet. Hier besteht Vergiftungsgefahr.

Energiesparlampen

Ab den 1980ern brachte man Leuchtstofflampen in Miniaturbauweise unter der Bezeichnung Energiesparlampen auf den Markt. Sie hatten das nötige Vorschaltgerät bereits in ihrem Lampensockel verbaut und konnten so anstelle jeder Glühlampe eingeschraubt werden. Auf Dauer bewährten sie sich jedoch nicht, da sie merklich größer waren und häufiges Ein- und Ausschalten mit einem baldigen Lebensende quittierten.

Gut kann man bei dieser Energiesparlampe die im Inneren angebrachte Leuchtstoffröhrenwendel erkennen

Wie Leuchtstoffröhren tauschen?

Eine Leuchtstoffröhre kann auf zwei Arten ihren Dienst versagen. Leuchtet sie gar nicht mehr, ist die Wahrscheinlichkeit groß, dass sie ausgebrannt ist. Diese Vermutung liegt auch nahe, wenn die Lampe nur noch wenig flackert und an ihren Enden deutliche Verfärbungen zu erkennen sind. Flackert die Lampe nur, liegt die Ursache höchstwahrscheinlich in einem defekten Starter, der unter der Lampe in den Lichtbalken eingesetzt ist. Nach seinem Wechsel kann die Leuchtstoffröhre in der Regel weiter genutzt werden.

1. Lichtschalter ausschalten.
2. Nachdem sich Leuchtstoffröhren wegen ihres höheren Wirkungsgrads kaum erwärmen, können sie unmittelbar danach bedenkenlos berührt werden. Die folgende Vorgehensweise beruht auf der Annahme, dass man sich an der Seite des Lichtbalkens befindet, an der der Starter im Balken eingebaut ist.
3. Die Leuchtstoffröhre ist idealerweise nah an ihren beiden Enden mit den Händen anzufassen und behutsam gegen den Uhrzeigersinn etwa 90 Grad weit zu drehen. Handschuhe geben zusätzlichen Schutz, sollte die Röhre brechen.

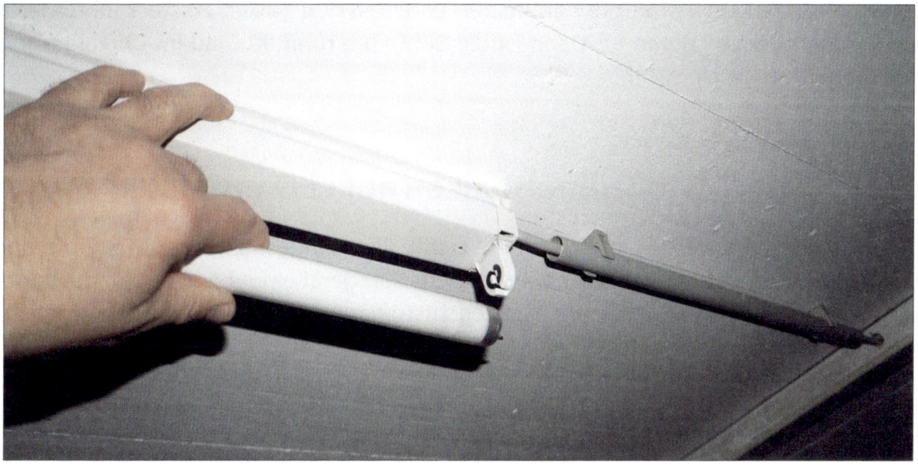

Zum Herausnehmen ist die Lampe um rund 90 Grad gegen den Uhrzeigersinn zu drehen

4. Anschließend ziehen Sie die Leuchtstoffröhre vorsichtig nach unten aus den beiden seitlichen Fassungen heraus. Dies kann auch erfolgen, indem Sie die Lampe erst an der einen Seite und dann an der anderen herausziehen.
5. Ein altersschwacher Starter ist mitunter an Verfärbungen seines Kunststoffgehäuses zu erkennen. Er ist ebenfalls um 90 Grad nach links zu drehen und abzuziehen.
6. Der neue Starter ist entsprechend dem verbauten Lampentyp auszuwählen. Zur Orientierung hilft die Typenbezeichnung des alten Starters. Der neue ist in den Startersockel einzusetzen und etwa 90 Grad nach rechts zu drehen, bis er einrastet.

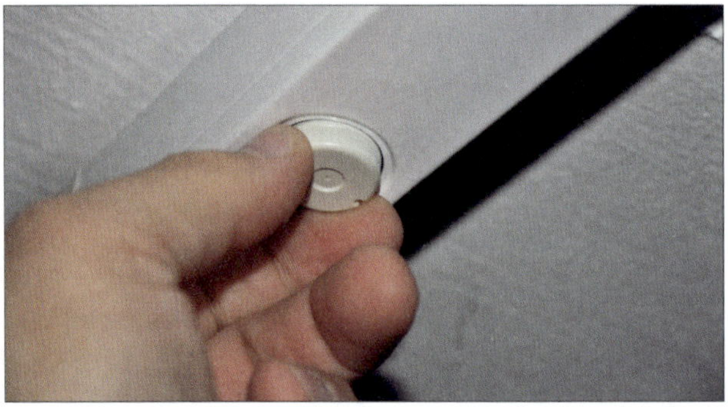

Flackert eine Leuchtstofflampe, ist wahrscheinlich der Starter zu erneuern

7. Vor dem Einsetzen der (neuen) Leuchtstoffröhre ist zu prüfen, ob die Schlitze der Lampenkontakte an beiden Schenkeln des Balkens senkrecht nach unten zeigen. Falls nicht, ist die Röhre nur an der betroffenen Seite mit ihren beiden Kontaktstiften einzustecken und der Schlitz durch Drehen der Röhre in Position zu bringen. Gegebenenfalls ist dieser Vorgang an der zweiten Seite zu wiederholen.
8. Nun ist die Leuchtstoffröhre an beiden Enden in den Balken zu stecken, bis leichter Gegendruck zu spüren ist. Dann ist die Röhre um rund 90 Grad im Uhrzeigersinn zu drehen, bis sie einrastet.

25.9 Leuchtstoffröhrenbalken auf LED umrüsten

Leuchtstoffröhren werden in sogenannte Lichtbalken eingesetzt, die zum Beispiel an der Zimmerdecke montiert sind. Sie haben ein Vorschaltgerät eingebaut, das für die benötigte hohe Zündspannung sorgt, um eine Leuchtstofflampe zum Leuchten zu bringen. Dazu können im Lichtbalken unterschiedliche Vorschaltgeräte eingebaut sein. Diese wurden im Laufe der Zeit hinsichtlich ihres Energieverbrauchs verbessert, sodass heute zwischen drei verschiedenen Varianten unterschieden wird. Das konventionelle Vorschaltgerät KVG und das verlustarme Vorschaltgerät VVG sind im Grunde zwei Arten von Drosselspulen, die sich in ihrem inneren Aufbau unterscheiden. KVG und VVG benötigen einen Starter. Auf ihn kann die neueste Variante, das elektronische Vorschaltgerät EVG, verzichten. Es bringt die größte Energieeinsparung.

Die Art des Vorschaltgerätes bestimmt, wie leicht eine herkömmliche Leuchtstoff- durch eine LED-Röhre ersetzt werden kann. Zumindest bei KVG und VVG lässt sich der Wechsel des Leuchtmittels problemlos bewerkstelligen. Um LED-Leuchtröhren in alten Leuchtstoffröhren-Balken mit KVG oder VVG betreiben zu können, wird ein spezieller LED-Brückenstarter benötigt. Er ist im Wesentlichen ohne Funktion und hat nur eine Drahtbrücke eingebaut. Er ist anstelle des bisherigen Leuchtstoffröhren-Starters in den Lichtbalken einzubauen. Er bewirkt, dass die eingebaute Drossel nur noch als geringer Widerstand wirkt und so nicht mehr weiter berücksichtigt werden muss.

So wird das Vorschaltgerät ermittelt

1. Leuchtstofflampe einschalten.
2. Kamerafunktion des Smartphones aktivieren. Alternativ kann auch eine Digitalkamera genutzt werden.
3. Diese in die Nähe der eingeschalteten Röhre halten und ein Foto machen.
4. Sind auf der Aufnahme in der Lampe oder dem ganzen Bild in regelmäßigen Abständen dunkelgelbe Flecken oder Linien zu sehen, handelt es sich um ein konventionelles Vorschaltgerät. Falls nicht, um ein elektronisches.

Achtung!

Nicht alle Kameras machen diesen Effekt sichtbar. Vor allem, wenn sie im Automatikmodus mit zu langen Belichtungszeiten arbeiten.

Fotografiert man einen KVG- oder VVG-Balken mit der Digitalkamera, werden gelbe Flecken sichtbar. Mit EVG-Vorschaltgerät kommt die Leuchtstoffröhre in gleichmäßigem Weiß

Wo liegt der Vorteil der LED?

Das Umrüsten einer Leuchtstoffröhre auf LED kann vonnöten sein, wenn die alte Röhre das Zeitliche gesegnet hat und keine Ersatz-Leuchtstoffröhre mehr vorhanden ist. Selbst wenn die alte Röhre noch funktioniert, bietet eine neue LED-Röhre einige Vorteile. Wird eine Leuchtstoffröhre eingeschaltet, dauert der Zündvorgang rund drei Sekunden. Währenddessen geht das Licht kurz zwei bis dreimal an, ehe es dauerhaft leuchtet. Zudem ist die Leuchtstoffröhre kälteempfindlich und startet in kalter Umgebung schwerer. Auch neigt sie zum deutlich sichtbaren Flackern. Die LED-Lampe leuchtet indes unmittelbar nach dem Einschalten und ist auch unempfindlich gegenüber kalten Temperaturen.

Der wohl größte Vorteil der LED-Röhre liegt aber im Energieverbrauch. Bei gleicher Größe und Helligkeit kann man von einer Einsparung von rund zwei Dritteln ausgehen. Das macht sich insbesondere dann bei der Stromrechnung bemerkbar, wenn in einem Raum mehrere Röhren täglich über viele Stunden eingeschaltet sind.

KVG- oder VVG-Balken für LED umrüsten

1. Lichtschalter ausschalten.
2. Nachdem sich Leuchtstoffröhren wegen ihres höheren Wirkungsgrads kaum erwärmen, können sie unmittelbar danach bedenkenlos berührt werden. Die folgende Vorgehensweise beruht auf der Annahme, dass man sich an der Seite des Lichtbalkens befindet, an der der Starter im Balken eingebaut ist.
3. Die Leuchtstoffröhre ist idealerweise mit beiden Händen nahe der beiden Enden anzufassen und behutsam gegen den Uhrzeigersinn etwa 90 Grad weit zu drehen. Handschuhe geben zusätzlichen Schutz, sollte die Röhre brechen.
4. Weiter ist die Leuchtstoffröhre vorsichtig nach unten aus den beiden seitlichen Fassungen herauszuziehen. Dies kann auch erfolgen, indem man die Lampe schief erst an der einen Seite und dann an der anderen herauszieht.
5. Der alte Starter ist gegen den Uhrzeigersinn rund 90 Grad weit zu drehen und abzuziehen.
6. Anstelle des alten Leuchtstoffröhren-Starters ist ein sogenannter LED-Brückenstarter in den Startersockel einzusetzen und etwa 90 Grad nach rechts zu drehen, bis er einrastet.
7. Vor dem Einsetzen der neuen LED-Röhre ist zu prüfen, ob die Schlitze der Lampenkontakte an beiden Schenkeln des Balkens senkrecht nach unten zeigen. Falls nicht, ist die Röhre nur an der betroffenen Seite mit ihren beiden Kontaktstiften einzustecken und mit ihr der Schlitz durch Drehen der Röhre in Position zu bringen. Gegebenenfalls ist dieser Vorgang an der zweiten Seite zu wiederholen.
8. Nun ist die LED-Röhre an beiden Enden in den Balken zu stecken, bis leichter Gegendruck zu spüren ist. Dann ist die Röhre um rund 90 Grad im Uhrzeigersinn zu drehen, bis sie einrastet.

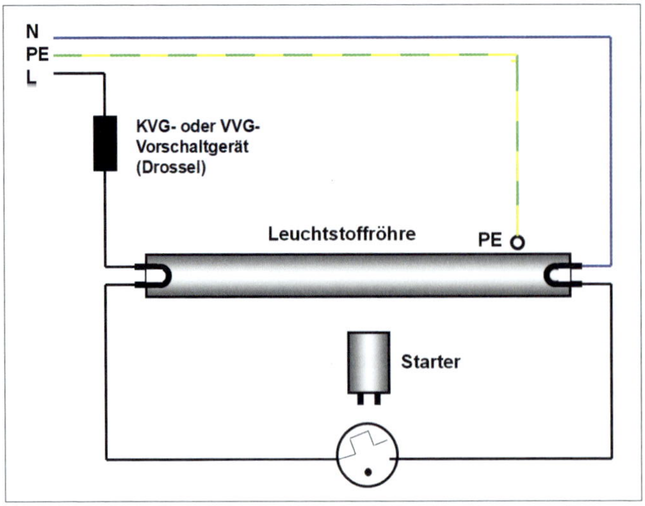

Verdrahtungsschema eines KVG- oder VVG-Leuchtstofflampen-Lichtbalkens mit Starter

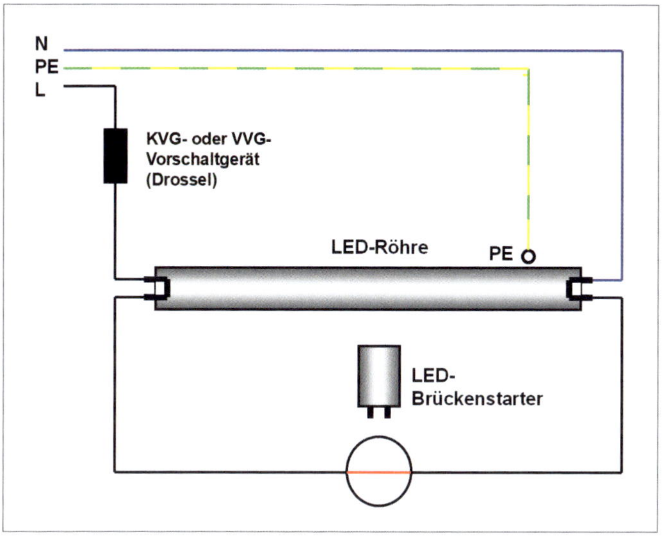

Um in einem KVG- oder VVG-Leuchtstofflampen-Lichtbalken eine LED-Röhre betreiben zu können, ist nur der Starter auszutauschen

LED-Röhre richtig einsetzen

LED-Röhren sind an ihrer Rückseite mit einem weißen Strich gekennzeichnet. Die Röhren sind so in den Balken zu setzen, dass diese Markierung an der Hinterseite, also zum Leuchtbalken zeigend, zu liegen kommt.

25.10 EVG-Leuchtstoffröhren-Balken auf LED umrüsten

Leuchtstoffröhren-Balken mit dem elektronischen Vorschaltgerät EVG arbeiten ohne Starter. Was ein eindeutiges Identifikationsmerkmal ist, um Lichtbalken mit verbauter EVG-Technik von denen mit KVG und VVG zu unterscheiden. Wird in einen solchen Lichtbalken eine LED-Röhre eingesetzt, kann sie zwar nicht kaputtgehen, allerdings leuchtet sie nur für wenige Sekunden, bevor sie wieder ausgeht. Die Ursache liegt im Vorschaltgerät. Es erkennt, dass mit der eingesetzten Lampe etwas nicht in Ordnung ist, und schaltet deshalb ab. »Nicht in Ordnung« heißt in diesem Fall, dass keine Leuchtstofflampe erkannt wird.

Um eine LED-Röhre dennoch an einem EVG-Leuchtstoffröhren-Balken betreiben zu können, ist das in ihm verbaute Vorschaltgerät zu deaktivieren. Dies erfolgt, indem es abgeklemmt wird und die beiden Stromversorgungsleitungen direkt bis zu den beiden Kontakten an einer Seite des Balkens geführt werden. Die Kontakte der zweiten Seite des Balkens brauchen nicht angeschlossen zu werden, da sich die elektrischen Kontakte der LED-Röhren nur noch an einer Seite befinden. Die Stifte an der anderen Seite dienen nur dazu, dass die Röhre im Balken sicheren Halt hat.

Vorgehensweise

1. Der Arbeitsbereich ist vor Beginn der Arbeiten entsprechend den fünf Sicherheitsregeln abzuschalten, gegen Wiedereinschalten zu sichern und auf Spannungsfreiheit zu prüfen.

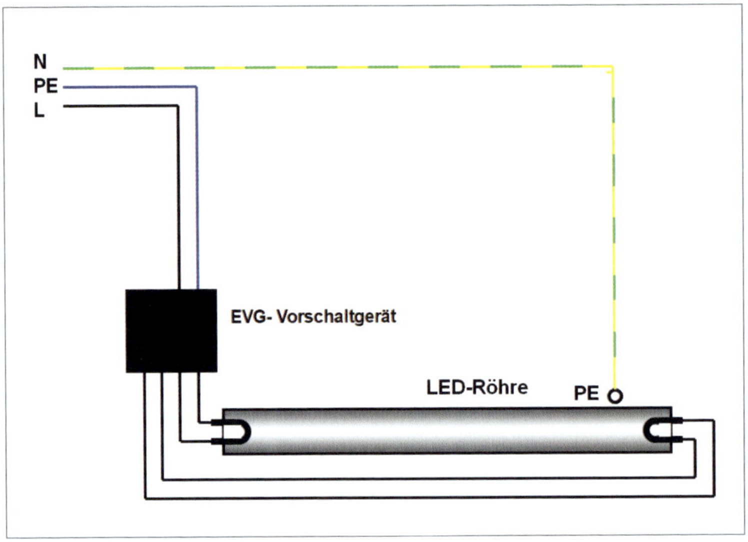

Verdrahtungsschema eines Leuchtstoffröhren-Balkens mit elektronischem Vorschaltgerät

2. Zuerst ist, wie bereits beschrieben, die alte Leuchtstoffröhre vom Leuchtstofflampen-Balken zu entfernen.
3. Anschließend ist der Balken zu öffnen. Gewöhnlich ist er mit Schnüren am Rahmen befestigt, sodass er nicht herunterfallen kann.
4. Zunächst sind vom EVG-Vorschaltgerät der vom Lichtschalter kommende Außenleiter und der Neutralleiter abzuklemmen.
5. Weiter sind von der Fassung einer Seite die beiden vom EVG-Vorschaltgerät kommenden Leitungen abzuklemmen.
6. An der Fassung sind anstelle der vom EVG kommenden Drähte der Außen- und Neutralleiter direkt anzuschließen.

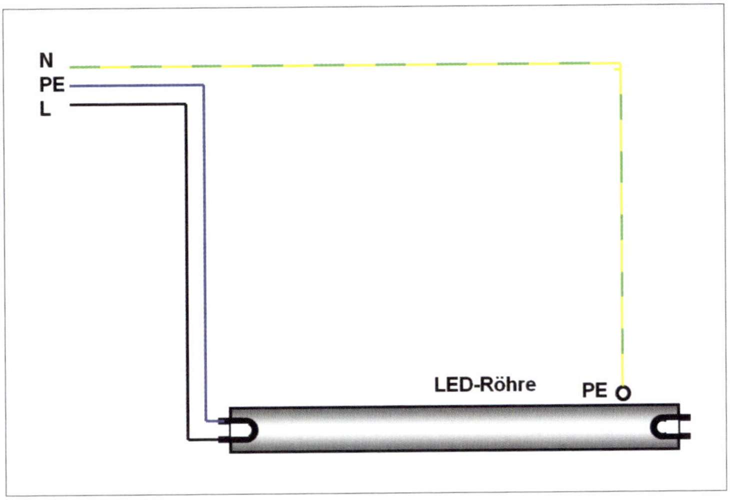

Funktionsprinzip eines umgebauten EVG-Balkens für LED-Röhren

7. Danach wird der Lichtbalken wieder zusammengeschraubt.
8. Beim Einsetzen der LED-Röhre ist darauf zu achten, sie so einzusetzen, dass ihre Stromkontakte auf der Seite des Balkens zu liegen kommen, an der der Außen- und Neutralleiter angeschlossen sind.

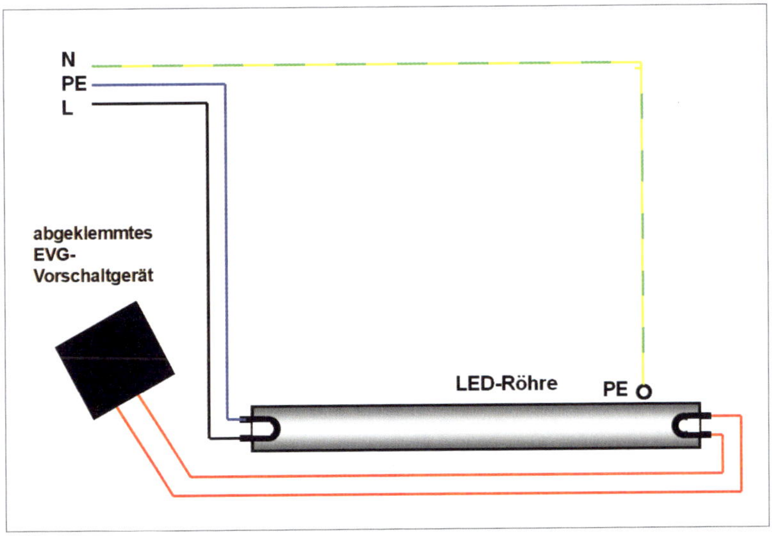

In der Praxis belässt man das EVG-Vorschaltgerät und die in Rot eingefärbte, nun funktionslose Verdrahtung einfach im Balken

25.11 Feuchtraum- und Außenbeleuchtung

Feuchtraumleuchten sind für die Montage in feuchter Umgebung optimiert und komplett geschlossen. Sie bestehen aus einem dichten Gehäuse mit einer durchsichtigen Glas- oder Kunststoffabdeckung an der Front. Die Ausführung von Feuchtraumleuchten variiert. Eine genormte IP-Schutzklassenbezeichnung gibt vor, unter welchen Voraussetzungen eine Feuchtraumleuchte betrieben werden darf. Je höher die IP-Schutzklassenzahlen, umso besser ist auch der Schutz vor Eindringen von Feuchtigkeit, aber auch von Schmutz. Die Schutzklassen von Feuchtraumleuchten reichen von etwa IP 44 bis IP 67.

Typische Einsatzgebiete für Feuchtraumlampen sind Garage, Keller, Waschraum, Lagerhalle, Großküche, Landwirtschaft (Stall), Industrieanlagen. Sofern eine ausreichend hohe Schutzklasse erfüllt wird und eine Lampe auch extremen Witterungseinflüssen wie Starkregen standhält, kann sie auch im Freien Verwendung finden. Für den Einsatz im Freien braucht es eine Schutzklasse von IP 65. Sie hält auch extremen Witterungseinflüssen stand. Wird die Beleuchtung im Freien an einem weitgehend geschützten Bereich montiert, kann auch auf eine etwas geringere Schutzklasse zurückgegriffen werden, etwa IP 55.

Korrektes Anschließen einer Feuchtraumlampe

1. Der Arbeitsbereich ist vor Beginn der Arbeiten entsprechend den fünf Sicherheitsregeln abzuschalten, gegen Wiedereinschalten zu sichern und auf Spannungsfreiheit zu prüfen.
2. Beim Anschließen einer Feuchtraumlampe ist die Aufmerksamkeit darauf zu lenken, die IP-Schutzklasse, also die Dichtheit der Lampe, nicht zu beeinträchtigen.
3. Beim Einziehen des Anschlusskabels in die Feuchtraumleuchte sind die mitgelieferten Feuchtraum-Verschraubungen zu nutzen. Sie gewährleisten, dass keine Feuchtigkeit ins Innere der Lampe dringen kann.
4. Feuchtraumlampen sind genauso anzuschließen wie jede andere Lampe. Demnach sind der grüngelbe Schutzleiter PE, der blaue Neutralleiter N und der schwarze Außenleiter L an den dafür vorgesehenen Klemmen an der Lampe anzuschließen.
5. Vor dem Zusammenschrauben der Feuchtraumlampe ist der sichere und korrekte Sitz der Dichtungselemente zu überprüfen.
6. Keinesfalls dürfen Feuchtraumlampen ohne Abdeckung betrieben werden.

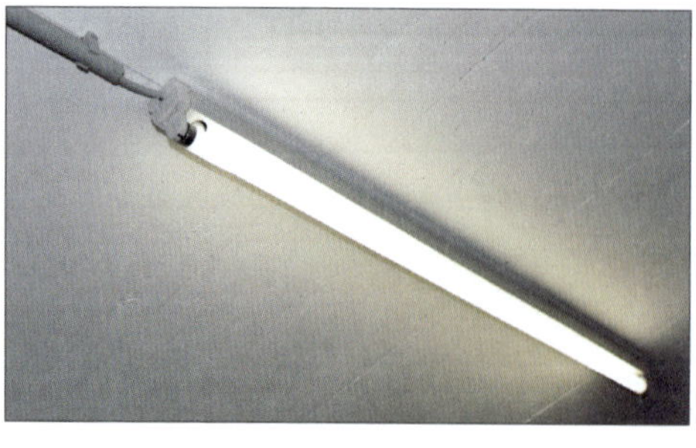

Lichtbalken in Feuchtraumausführung

26. Stromleitungen verlegen

26.1 IP-Schutzarten

Die IP-Schutzart gibt an, unter welchen Umweltbedingungen elektrische Betriebsmittel sicher eingesetzt werden können. Mit dem zweistelligen IP-Code werden die Schutzklassen angegeben. IP steht für **I**ngress **P**rotection, also Eindringschutz. Die erste Zahl gibt den mechanischen Schutz an. Die zweite Zahl steht für den Schutz gegen das Eindringen von Wasser. Die Schutzklassen sind in der Norm DIN EN 60529 definiert.

Der IP-Code gibt, wie bereits erwähnt, an, unter welchen Voraussetzungen ein elektrisches Betriebsmittel sicher eingesetzt werden kann. Hier kommt es besonders auf den vorgesehenen Montageort an. So gelten etwa für den Einsatz in Feuchträumen höhere Sicherheitsanforderungen als etwa im Wohnbereich. Für die Montage im Freien werden noch höhere Anforderungen gestellt, sowohl was die mechanische Ausführung als auch das Eindringen von Wasser betrifft. Es muss jederzeit ein ausreichender Schutz für Menschen gewährleistet sein. Die IP-Schutzarten sind mit den Zahlen 0 bis 9 für das Eindringen von Wasser und mit den Zahlen 0 bis 6 für die mechanische Stabilität bzw. das Eindringen von Staub gekennzeichnet. Je höher die Zahl, umso größer ist die Schutzwirkung.

IP-Schutzklassen

	1. Kennziffer	2. Kennziffer
0	kein Schutz	kein Schutz
1	Schutz gegen feste Fremdkörper >50 mm	Schutz gegen Tropfwasser
2	Schutz gegen feste Fremdkörper >12 mm	Schutz gegen Tropfwasser bis 15 Grad Neigung
3	Schutz gegen feste Fremdkörper >2,5 mm	Schutz gegen Sprühwasser bis 60 Grad Neigung
4	Schutz gegen feste Fremdkörper > 1mm	Schutz gegen allseitiges Spritzwasser
5	Schutz gegen Staub	Schutz gegen Strahlwasser
6	Dicht gegen Staub	Schutz gegen starkes Strahlwasser
7		Schutz gegen zeitweiliges Untertauchen
8		Schutz gegen dauerndes Untertauchen
9		Schutz gegen Wasser bei Hochdruck- und Dampfstrahlreinigung

IP-Schutzklassen und ihre Bedeutung

26.2 Installations- und Stromlaufplan

Für die Elektroinstallation sind zwei Arten von Plänen von Bedeutung, und zwar der Installationsplan sowie der Stromlaufplan.

Der Installationsplan wird in den Bauplan eingetragen. Aus ihm geht unter anderem hervor, wo Schalter, Steckdosen und Beleuchtungen vorgesehen sind. Auch die möglichst genaue Lage von Großgeräten wie dem E-Herd und dem Geschirrspüler sind in ihm enthalten. Was insofern wichtig ist, da der Installationsplan auch als Grundlage für Stemmarbeiten gilt. Der Installationsplan gibt zwar die exakte Lage der einzelnen E-Installationskomponenten an sich an, bedient sich aus technischer Sicht aber nur einer vereinfachten Darstellung. Die Funktion einer Schaltung lässt sich aus ihm nicht erkennen. Zudem enthält er nur die Anzahl an Drähten, die von Ort zu Ort einzuziehen sind. Informationen über die benötigten Drahtfarben enthält er nicht. Dieses Wissen wird vorausgesetzt. Installationsdosen sind nur als Punkte eingezeichnet.

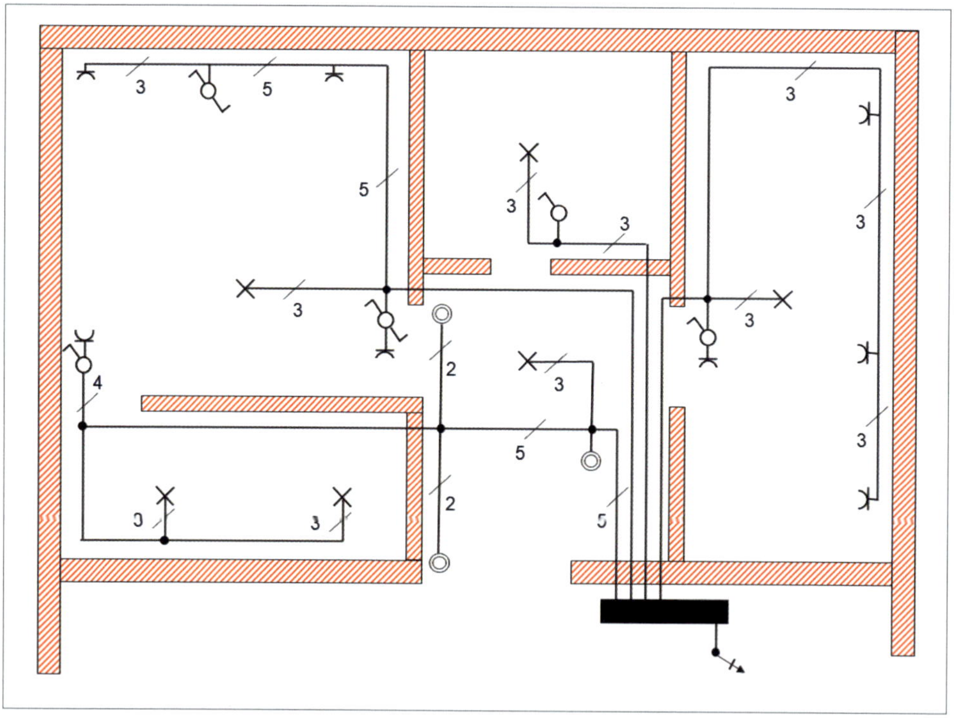

Der Installationsplan zeigt die örtliche Anordnung der Hausinstallation inklusive der Anzahl der zu verlegenden Drähte

Im Gegensatz dazu beschränkt sich der Stromlaufplan auf den technischen Aspekt. Er bildet eine elektrische Schaltung ab und lässt deren Funktion erkennen. Weiter ist aus ihm ersichtlich, welche Drähte an welchen Klemmen anzuschließen sind. Damit ist der Stromlaufplan nicht nur ein wertvolles Hilfsmittel zum richtigen Anschließen von Geräten, sondern auch, um Fehler zu finden. Laut Definition sind Stromlaufpläne im ausgeschalteten Zustand zu zeichnen. Üblicherweise kommen im Stromlaufplan in der DIN EN 60617 genormte Symbole zum Einsatz. In ihnen kann zur besseren Verständlichkeit das Aussehen von Klemmfeldern integriert sein.

26.3 Hausinstallation planen

Am Beginn der Planung einer Elektroinstallation muss man sich Gedanken machen, wie die künftige Möblierung in den einzelnen Räumen aussehen soll. Ihre Positionierung entscheidet etwa, wo Steckdosen vorzusehen sind. Sie sollen frei zugänglich sein und am Ende nicht durch Möbelstücke verdeckt werden.

Weitere Punkte sollten in die Planung miteinbezogen werden:

- Zu den Überlegungen zählt weiter, welche Aufgaben eine Elektroinstallation erfüllen soll.
- Von wie vielen Orten sollen eine oder mehrere Lichtquellen geschaltet werden können? Soll dies auch über Funk möglich sein?
- Wo an Decke und Wänden sind Auslässe für die Beleuchtung vorzusehen?
- Wie viele Steckdosen werden wo in den einzelnen Räumen benötigt?
- Welche Sonderfunktionen sind gewünscht? Stichworte: Rollläden, Helligkeitsregelung, Bewegungssensoren usw.
- Zu berücksichtigen sind ferner Antennenanschlüsse, LAN-Verbindungen, Sicherheitstechnik usw.

Ausstattungsumfang nach DIN

Einen guten Anhaltspunkt zur zukunftsorientierten Planung der Elektroinstallation bietet die DIN 18015. Sie empfiehlt eine Mindestausstattung für verschiedene Räume. Weiter sind in der Richtlinie RAL-RG 678 zusätzlich die Standard- und Komfortausstattung definiert.

Empfohlene Steckdosenanzahl nach RAL-RG 678

Raum	Mindestausstattung	Standardausstattung	Komfortausstattung
Wohnzimmer	6	10	ab 20
Küche	10	15	ab 25
Schlafzimmer	5	8	ab 15
Kinderzimmer	4	6	ab 10
Arbeitszimmer	3	8	ab 12
Bad	2	4	ab 8
Flur	2	3	ab 4
Außenbereich	2	7	ab 9

Insbesondere die hohe Anzahl an Steckdosen im Bad mag überraschen. Sie sind zum Anschluss der Waschmaschine, eines Wäschetrockners sowie eines Heiz- und Warmwassergerätes gedacht. Eine Steckdose wird zudem unter anderem für den Fön oder den Rasierer benötigt.

Wie viele Stromkreise?

Die Mindestzahl an Stromkreisen richtet sich gemäß DIN 18015-2 nach der Wohnungsgröße. Die genaue Anzahl richtet sich nach den zu betreibenden Sondergeräten. Zu ihnen zählen etwa der E-Herd, die Waschmaschine und der Wäschetrockner. Zusätzliche Stromkreise sind für den Keller und den Dachboden mit einzurechnen. Insbesondere, wenn diese über den Wohnungszähler abgerechnet werden. Gewöhnlich werden für Wohnräume gemeinsame Stromkreise für Steckdosen und Beleuchtung ausgeführt. Bei Räumen mit besonderer Nutzung, etwa dem Bad oder einem Sauna-Raum, empfehlen sich jedoch separate Stromkreise für die Beleuchtung und für Steckdosen. So soll gewährleistet bleiben, dass beim Ausfall eines Stromkreises zumindest eine Mindestfunktion des Raums erhalten bleibt.

Wohnungsgröße	Mindestanzahl an Stromkreisen
bis 50 m^2	3
50 bis 75 m^2	4
75 bis 100 m^2	5
100 bis 125 m^2	6
über 125 m^2	7

26.4 Stromkreise richtig aufteilen

Das Stromversorgungsnetz erfordert eine möglichst gleichmäßige Belastung aller drei Außenleiter.

So soll erreicht werden, dass keiner der drei Außenleiter überlastet wird, während in einem anderen Stromkreis sozusagen ungenutzte Reserven schlummern. Um eine gleichmäßige Auslastung von L1, L2 und L3 zu gewährleisten, sind in der Hausinstallation die zu versorgenden Stromkreise auf diese drei Phasen möglichst gleichmäßig aufzuteilen. Auf diese Weise wird unter anderem vermieden, dass eine Hausanschlusssicherung immer wieder auslöst, während die anderen sozusagen ohne Arbeit sind.

Im Rahmen der Hausinstallation erfolgt diese Aufteilung so, indem etwa dem Außenleiter L1 die Stromkreise für die Räume 1, 4 und 7 zugeordnet werden, während L2 die Räume 2, 5 und 8 versorgt. Demnach kommen die Stromkreise für die Räume 3, 6 und 9 an L3 zu liegen.

Wie Stromkreise richtig planen?

1. Welche leistungsstarken Verbraucher mit einer Anschlussleistung ab etwa 2 kW sind geplant? Für jeden ist nach Möglichkeit ein eigener Stromkreis mit eigenem Leitungsschutzschalter vorzusehen.
2. Diese leistungsstarken Verbraucherstromkreise sind gleichmäßig auf die drei Außenleiter aufzuteilen.
3. Auch die weiteren Stromkreise mit normalem zu erwartendem Verbrauch sind gleichmäßig auf die drei Außenleiter aufzuteilen.

27. Draht- und Kabelbezeichnungen

Je nach Einsatzgebiet werden unterschiedliche Arten elektrischer Leitungen, also Drähte und Kabel, angeboten. Genormte Typenbezeichnungen helfen, den richtigen Draht und das richtige Kabel für die vorgesehene Anwendung zu finden. Neben der europaweiten harmonisierten Bezeichnung sind auch noch nationale Normen üblich. Drähte und Kabel werden nach dem gleichen Schema bezeichnet.

27.1 Drahtbezeichnungen im Detail

Die Typenbezeichnungen von Drähten setzen sich aus sechs Informationsblöcken zusammen. Sie geben Aufschluss über den Standard, die zulässige Spannung, Art der Isolierung, Art des Leitermaterials und dessen Ausführung sowie Anzahl und Querschnitt des Leiters.

Bedeutung im Detail:

H07 V-U 1x1,5 mm^2

H – harmonisierte Leitung
07 – zulässige Wechselspannung von 450 V zwischen Außen- und Schutzleiter sowie 750 V zwischen den Außenleitern
V – Isolierwerkstoff der Ader ist hier PVC, er ist ausgelegt für eine Dauer-Betriebstemperatur von 70 °C
U – Das U kennzeichnet die Art des Leiters als einadrig
1 – Gesamtzahl der Adern
1,5 – Drahtquerschnitt in mm^2

Die Art der Bezeichnung weist auf Kupfer als Leitermaterial hin. Im Fall eines Aluminium-Leiters wäre zwischen dem V und U noch ein A (für Aluminium) eingefügt.

Ergänzt wird die Drahtbezeichnung noch durch die Leiterfarbe. Sie kann im Anschluss an die Typenbezeichnung mit Abkürzungen wie etwa BL für Blau erfolgen, oder sie wird in Klartext auf der Verpackung angeführt, wie etwa: H07 V-U 1,5 BL.

Die wichtigsten Grundbezeichnungen von Drähten für die Hausinstallation

H07 V-U

Starrer, einadriger Installationsdraht mit PVC-Ummantelung. Er ist für Licht- und Steckdosen-Stromkreise üblich. Einadrige Einzelleiter werden mit Querschnitten von 0,5 bis 10 mm^2 angeboten.

H07 V-K

Das **K** weist diesen Draht als flexibel aus. Er besteht aus zahlreichen dünnen Litzen und kommt ebenfalls mit PVC-Ummantelung. Er ist zur Verlegung in Rohren sowie in geschlossenen Installationskanälen vorgesehen. Litzendrähte gibt es ab einem Querschnitt von 1,5 mm².

H07 V-R

Mit **R** werden einadrige Drähte mit höherem Querschnitt bezeichnet. Sie sind wegen ihrer unzureichenden Biegsamkeit schwer zu verlegen. Querschnitte ab 6 mm² werden als verseilte Leiter angeboten. Sie bestehen aus mehreren dünneren verflochtenen Drähten mit gemeinsamer Isolation. Für Installationen im Haushalt spielt dieser Drahttyp keine Rolle.

Die Drahtbezeichnung ist allgemein auf der Verpackung zu finden

27.2 Kabelbezeichnungen

Für Kabel gilt ebenfalls das europaweit harmonisierte Bezeichnungssystem. Zudem sind auch hier weiter nationale Bezeichnungen gebräuchlich. Bei Kabeln ist die Auswahl an Typen jedenfalls größer. Sie werden nicht nur für die übliche Hausinstallation genutzt, sondern finden vor allem in der Feuchtraumumgebung Anwendung. Dazu zählen auch Zuleitungen zu den Pumpen, die sich unter Wasser befinden. Weiter ist an Verlängerungskabel, auch für den Einsatz in rauer Umgebung im Freien, zu denken.

Bei den mehradrigen Kabeln findet sich vor der Querschnittsangabe ein weiterer Buchstabe – das **G**. Es gibt an, dass dieses Kabel einen grüngelben Schutzleiter enthält.

Einige Beispiele

H07 RN-F 3G1,5 mm²

Auffällig ist bei dieser Kabelbezeichnung das **F**. Es kennzeichnet feinadrige Leitungen, wie sie für frei bewegliche Anschluss- und Verlängerungskabel üblich sind. **RN** kennzeichnet die Art der Isolierung. Wobei hier die Art der Isolierung der einzelnen Leiter (**R**) und des Mantels (**N**) separat angeführt sind. Bei **RN** handelt es sich etwa um Gummi-Isolierungen für mittlere mechanische Beanspruchungen.

H05 VVH2-F 2 X 1

Hier handelt es sich um ein flaches, flexibles Apparatekabel, wie es bei Kaltgeräten üblich ist. Sie zeichnen sich allgemein durch geringen Stromverbrauch aus. Dieses Kabel ist zweiadrig ohne Schutzleiter ausgeführt. Er wird für Kleingeräte wie etwa Radios, Fernseher und Küchenkleingeräte nicht gebraucht. Typisch für dieses Kabel sind die beiden flexiblen Leiter (**F**). Ihr Querschnitt beträgt 1 mm².

H05 VV-F 3 G 1,5

Auch dieses flexible Apparatekabel ist für ortsveränderliche Geräte gedacht. Dieses ist jedoch dreiadrig ausgeführt und kommt mit Schutzleiter. Damit kommt es bei Geräten zur Anwendung, die einen Schutzleiteranschluss erfordern.

NYM-J 3 G 1,5

Hierbei handelt es sich um ein Standard-Installationskabel für die feste Verlegung in Gebäuden auf oder unter Putz.

Das **N** steht hier für Normleitung, das **Y** weist auf eine PVC-Isolierung der einzelnen Adern hin. Sie kommt auch für den Mantel zum Einsatz, was mit dem **M** zum Ausdruck gebracht wird. Das **J** weist auf den vorhandenen grüngelben Schutzleiter hin. Diese Bezeichnung basiert übrigens auf der deutschen Kabelbezeichnung nach VDE 0250.

Auch die Kabelbezeichnung nach VDE 0250 ist nach wie vor weitverbreitet

H07 VV-U 5 G 1,5

Dieses Installationskabel mit PVC-Ummantelung enthält fünf Drähte des Typs H07 V-U mit einem Querschnitt von je 1,5 mm². Es dient zum Anschluss ortsfester Drehstromgeräte. Dies kann zum Beispiel ein Drehstrommotor, aber auch der E-Herd sein. Die Farben der fünf Leiter sind Braun, Schwarz, Grau, Blau und Grüngelb.

27.3 Warum gibt es starre und flexible Drähte?

Starre Leiter oder auch Massivleiter sind die Wahl für feste Installationen. Sie sind stabil und lassen sich leicht und zuverlässig an festen Verbrauchern anklemmen. Dazu zählen Lichtschalter, Steckdosen und etwa die Beleuchtung an der Zimmerdecke.

Starre Kupferdrähte mit PVC-Isolierung sind in Installationsrohren zu verlegen. Zu ihnen zählen Flexschläuche genauso wie starre Installationsrohre. Etwa in den Größen M16 oder M20.

Starre Drähte und Kabel mit starren Drähten dürfen nicht frei beweglich verlegt werden. Diese Leiter lassen sich zwar auch in bescheidenem Ausmaß biegen, jedoch sind sie nicht für solche immer wiederkehrenden Belastungen gebaut. Sie neigen bereits nach wenigen Bewegungen zum Knicken. Dabei kommt es nicht nur zur Leitungsunterbrechung und damit verbunden zu Fehlfunktionen. Kurzschlüsse und sogar Brände können die Folge sein.

Kabel mit flexiblen Drähten sind für ortsveränderliche Geräte vorgesehen, etwa kleine Küchengeräte, Radios, Bohrmaschinen usw.

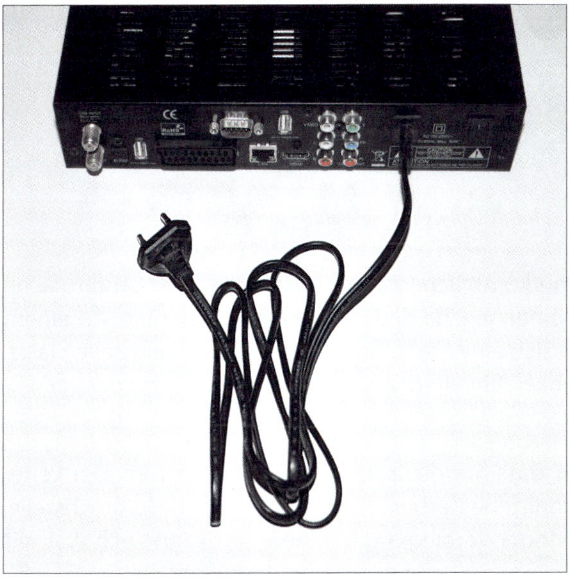

Ortsveränderliche Geräte besitzen ausschließlich Kabel mit flexiblen Drähten

28. Drähte und Kabel abisolieren

28.1 Drähte abisolieren

Es gibt mehrere Möglichkeiten, einen Draht abzuisolieren. Geübte Personen nehmen dafür ein Messer oder eine gewöhnliche Zange, konkret einen Seitenschneider. Bei beiden Varianten kommt es auf das Gefühl der Person an, nur so weit in die Isolierung zu schneiden, dass der Leiter nicht beschädigt wird.

Zuverlässiger gelingt das Abisolieren mit speziellen Abisolierwerkzeugen. Sie stellen nicht nur die korrekte Schnitttiefe, sondern je nach Modell auch die passende Länge der Abisolierung sicher. Unabhängig vom Werkzeug braucht es etwas Übung, um zufriedenstellende Abisolierergebnisse zu erhalten.

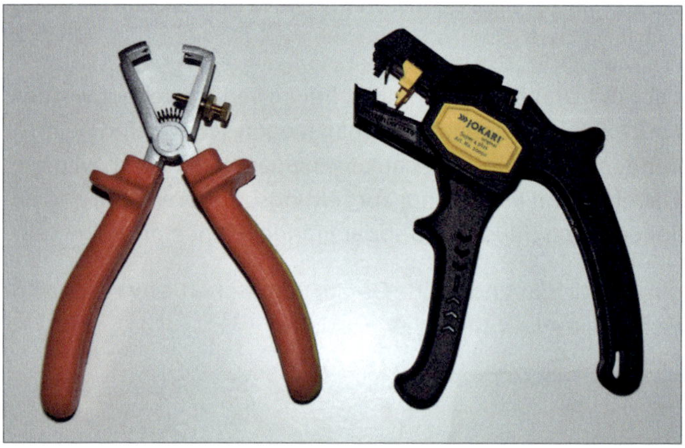

Abisolierzange und -werkzeug zum Abisolieren von Drähten

28.2 Abisolierzange

Die Abisolierzange erinnert an eine herkömmliche Zange. Anstelle je einer Schnittfläche an beiden Schenkeln findet man an ihnen je eine dreieckförmige Aussparung. An einem der beiden Zangenschenkel befindet sich eine Stellschraube, mit der sich einstellen lässt, wie weit sich die beiden Zangenschenkel schließen lassen. Damit vergrößert oder verkleinert sich auch das Schnittfenster.

Das Schnittfenster ist so einzustellen, dass nur die Isolation geschnitten wird. Der Leiter sollte nicht berührt werden. Eingeschnittene Kerben bilden eine potentielle Bruchstelle. Hier können Drähte bereits nach geringer Verbiegung brechen. Das kann auch erst mit der Zeit erfolgen. Außerdem bedeuten Kerben eine Querschnittverminderung. Bei Stromfluss kann es an dieser Stelle zu erhöhter Wärmebelastung kommen.

Wie richtig abisolieren?

1. Die Stellschraube ist auf den abzuisolierenden Drahtquerschnitt einzustellen.
2. Ob die gewählte Einstellung passt, ist mit einer Test-Abisolierung zu kontrollieren. Gegebenenfalls ist die Stellschraubeneinstellung noch etwas zu korrigieren.
3. Nach der Korrektureinstellung ist ein weiterer Test vorzunehmen. Diese Vorgehensweise ist so oft zu wiederholen, bis die Isolierung abgetrennt wird, ohne den Leiter zu beschädigen.
4. Die Zange ist für jeden Drahtquerschnitt neu einzustellen. Aber auch bei unterschiedlichen Drähten gleichen Querschnitts kann eine Anpassung vonnöten sein, da die Dicke der Abschirmung gegebenenfalls etwas variieren kann.

Die Abisolierzange ist mit der seitlichen Stellschraube auf den abzuisolierenden Drahtquerschnitt einzustellen

Besondere Vorsicht bei Litzendrähten

Drähte mit feinen Litzen erfordern besondere Vorsicht beim Abisolieren. Mit der gewählten Einstellung der Abisolierzange dürfen keine Litzen abgeschnitten werden. Sie entsprechen den Einkerbungen bei einadrigen Leitern.

28.3 Abisolierwerkzeug

Abisolierwerkzeuge werden oft auch als »moderne Abisolierzange« bezeichnet. Sie erinnern ein wenig an eine Pistole. Diese Werkzeuge empfehlen sich für Drahtquerschnitte von rund 0,2 bis 6 mm^2. Wobei nicht sichergestellt ist, dass ein Abisolierwerkzeug mit sehr geringen Drahtquerschnitten zuverlässig klarkommt. Mit größeren Drahtquerschnitten können sie ebenfalls überfordert sein.

Die Vorteile von Abisolierwerkzeugen sind, dass sie nicht auf den Drahtquerschnitt eingestellt werden müssen. Weiter erlauben sie das Einstellen der Abisolierlänge. So wird gewährleistet, dass alle an einem Gerät anzuschließenden Drähte exakt gleich lang abisoliert sind.

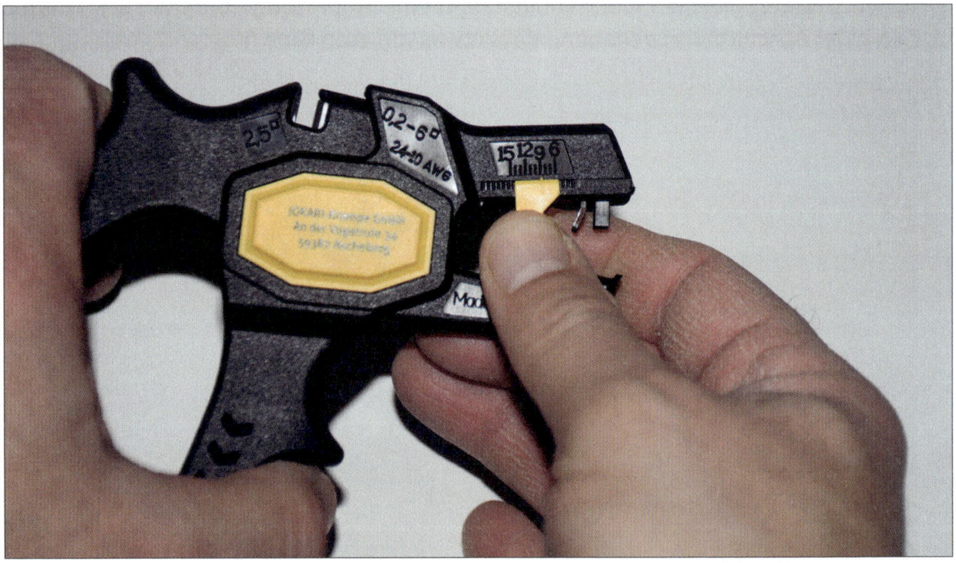

Mit dem Anschlag ist die Zange auf die gewünschte Abisolierlänge einzustellen

Korrekte Handhabung

1. In der Praxis eignen sich Abisolierwerkzeuge am besten für Drahtquerschnitte von rund 1 mm^2 bis 4 mm^2. Sie brauchen auf den zu bearbeitenden Draht nicht eingestellt zu werden.
2. Gewöhnlich besitzen moderne Abisolierwerkzeuge einen verstellbaren Längenanschlag. Als grober Richtwert für Klemmen an Steckdosen und Schaltern empfiehlt sich eine Abisolierlänge von ca. 8 mm.
3. Bei korrekter Vorgehensweise bleibt der Leiter unbeschadet.

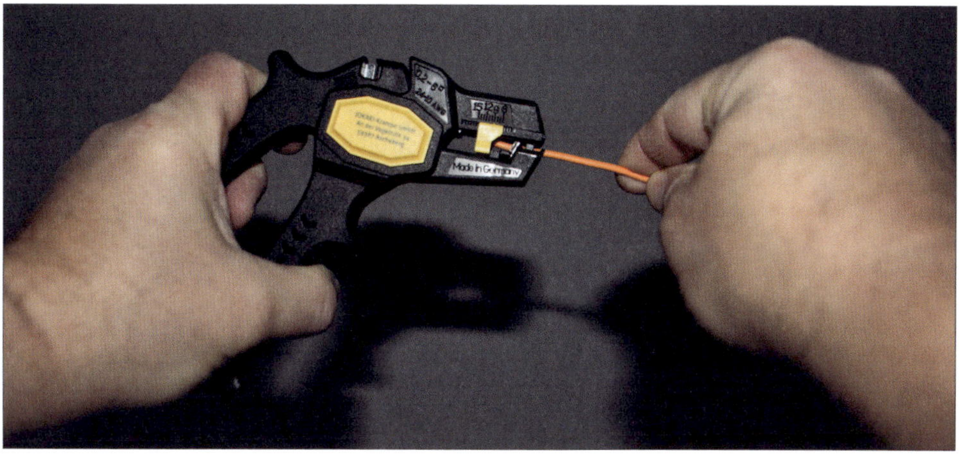

Moderne Abisolierzangen brauchen nicht auf den Drahtquerschnitt eingestellt zu werden

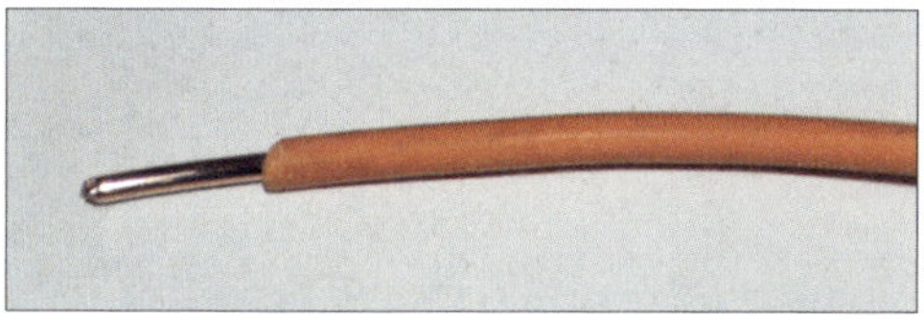

Mit Abisolierzangen gelingen durchweg sehr gute Abisolierungen

28.4 Kabel abisolieren

Zum Abmanteln von Kabeln haben sich bei Elektrikern seit Jahrzehnten Kabelmesser als zuverlässiges Hilfsmittel etabliert. Es besteht aus einem Griff mit einer runden Öffnung in der Mitte der Oberfläche, aus der eine kleine Klinge herausragt. Sie ist mit einem Drehrand an der Unterseite des Griffs höhenverstellbar. So lässt sich die Schneidetiefe an den abzuisolierenden Kabelmantel anpassen. Über der Klinge befindet sich ein Haken, der sich seitlich nach oben schieben lässt, sodass sich das zu bearbeitende Kabel in Position bringen lässt. Nach Loslassen des Griffs sorgt eine Feder dafür, dass der Haken nach unten gezogen und das Kabel auf die Klinge gedrückt wird.

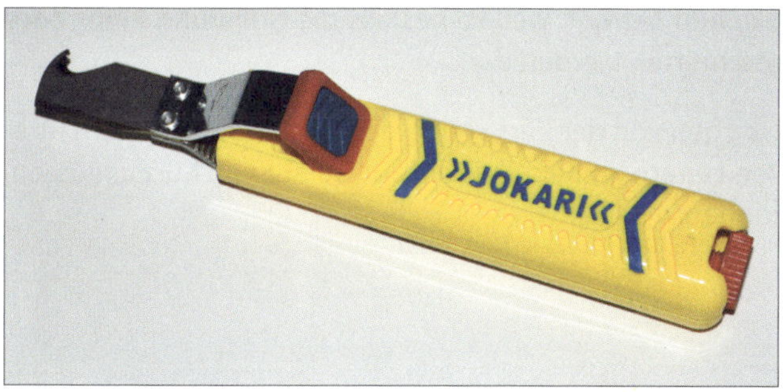

Kabelmesser

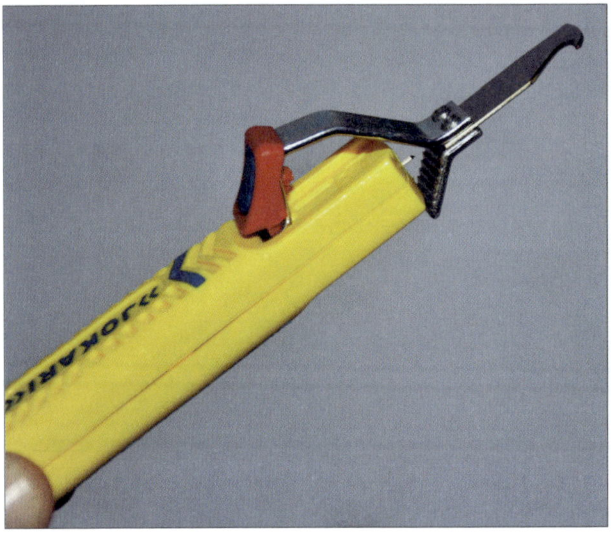

Das Kabelmesser besitzt eine verstellbare Klinge

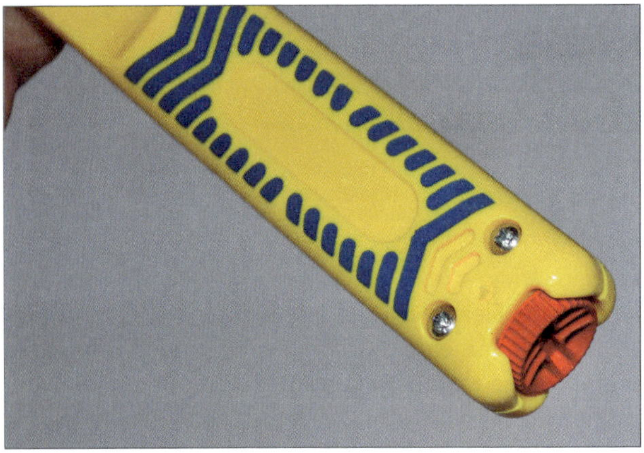

Die Klinge ist mit dem Stellrad an der Unterseite auf die Manteltiefe einzustellen

Worauf es ankommt

Entscheidend ist, dass das Kabelmesser ausschließlich zum Entfernen des Kabelmantels dient. Dabei ist behutsames Vorgehen gefragt, weil keinesfalls die Isolierung eines oder mehrerer Adern des Kabels angeschnitten werden darf.

Die Folgen wären vielfältig und reichen von der Zerstörung des Berührungsschutzes über die Querschnittverminderung von Leitern im Kabel bis hin zur Gefahr von Kurzschlüssen, die sogar Brände verursachen können.

Kabelmesser vorbereiten

1. Als Erstes ist die Klinge so weit wie möglich in das Innere des Kabelmessers zu drehen.
2. Die Manteldicke des abzuisolierenden Kabels ist zu schätzen.
3. Entsprechend der Schätzung ist die Klinge wieder herauszudrehen. Wobei man hier Zurückhaltung üben sollte.
4. Nahe des äußeren Kabelrandes ist eine Testabmantelung durchzuführen. Gegebenenfalls ist ein Nachjustieren der Klinge vonnöten und es sind weitere Testschnitte vorzunehmen.
5. Die korrekte Einstellung ist gefunden, wenn sich der Mantel lösen lässt und gleichzeitig die Isolierung der Adern nicht angeschnitten wurde.

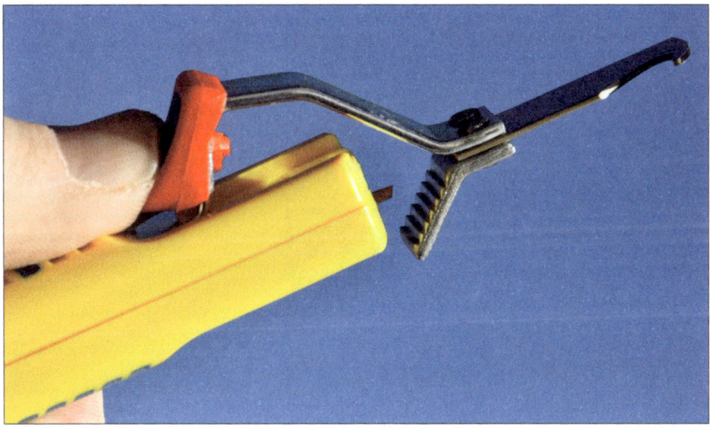

Man sollte davon ausgehen, dass die Einstellung der Kabelmesserklinge nicht automatisch für das abzuisolierende Kabel passt

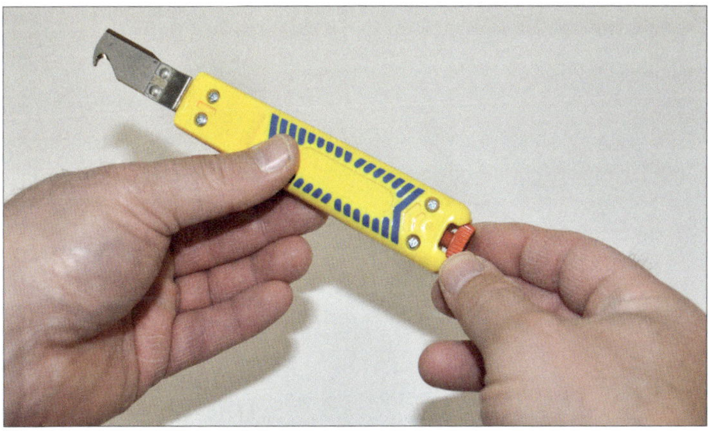

Als Erstes ist die Klinge ins Innere des Kabelmessers zurückzudrehen

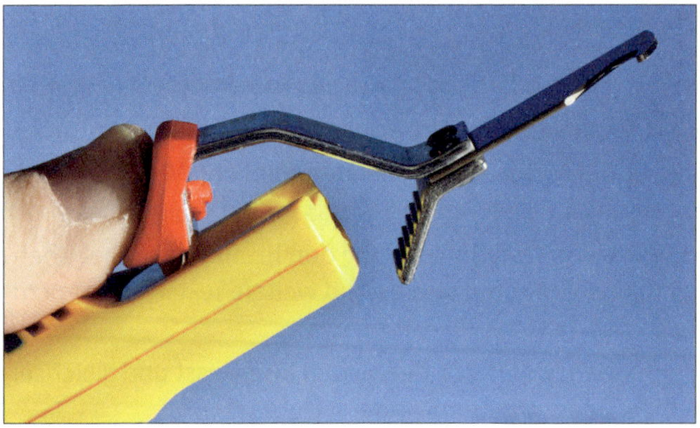

Es empfiehlt sich, die Klinge zunächst vollständig ins Innere des Kabelmessers zu drehen

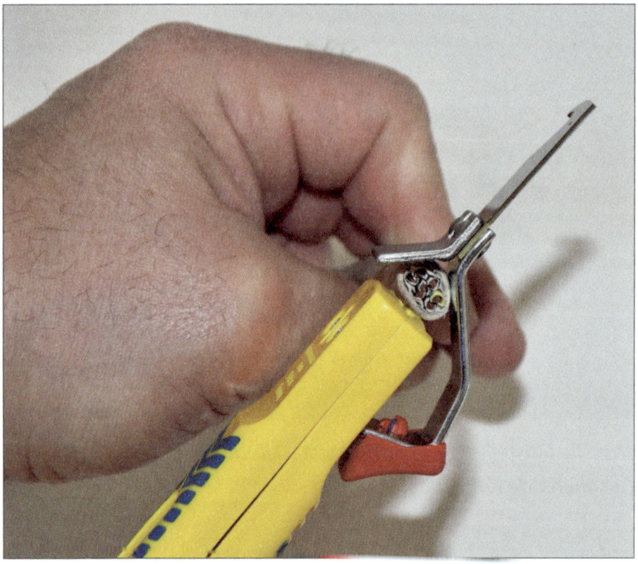

Die benötigte Schnitttiefe ist zu ermitteln

Nach dem Einstellen der Klinge empfiehlt sich eine Testabmantelung am Kabelrand

Kabel korrekt abisolieren

1. Zuerst ist die Schneideklinge auf das zu bearbeitende Kabel einzustellen.
2. Durch Hochschieben des seitlichen Hebels ist das Kabel einzufädeln und an der beabsichtigten Schnittstelle in Position zu bringen.
3. Das Kabelmesser ist nun ein- bis zweimal rund um das Kabel zu drehen. Dabei muss die Position so gehalten werden, dass keine Spirale in den Mantel geschnitten wird.

Das Kabelmesser ist in Position zu bringen und ein- bis zweimal um das Kabel zu drehen, um den Mantel durchzutrennen

4. Anschließend ist das Kabelmesser an den Rand des Kabels zu ziehen. Gleichzeitig wird der Kabelmantel aufgeschlitzt und lässt sich in Folge leicht lösen.

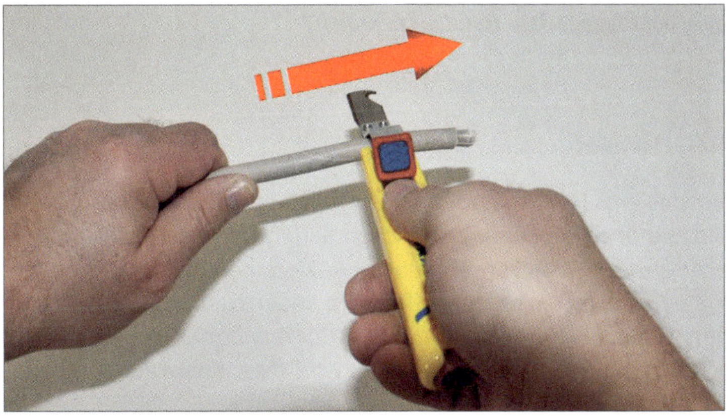

Anschließend ist das Kabelmesser in Richtung Kabelrand zu ziehen. Damit wird der Kabelmantel auf voller Länge aufgeschlitzt

5. Als Letztes sind die freigelegten Adern auf Einschnitte zu kontrollieren. Sollten welche gefunden werden, ist die Klinge am Kabelmesser zu weit herausgedreht. Was zur Folge hat, dass die abisolierten Drähte abgezwickt werden müssten. Das Abisolieren des Kabels ist mit nicht mehr so weit herausgedrehter Klinge zu wiederholen.

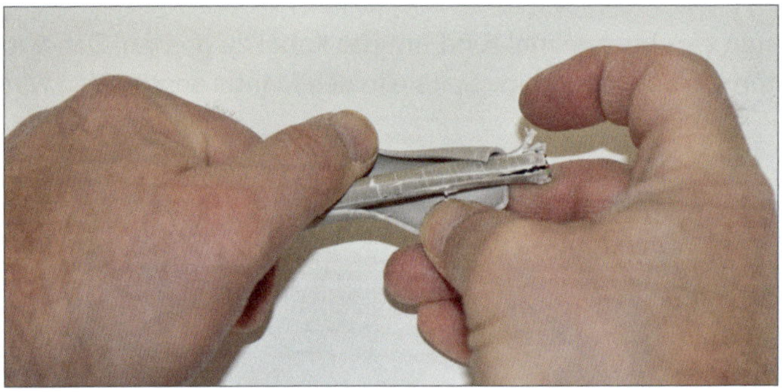

Zuletzt ist der Mantel vom Kabel zu lösen

Weiter sind die Adern auf schadensfreie Isolation zu prüfen

28.5 Aderendhülsen

Litzendrähte wie jene des Typs H07 V-F findet man bei allen beweglichen Anschluss- und Verlängerungskabeln. Sie sind dank ihrer zahlreichen feinen Litzen leicht biegbar. Allerdings erschwert dieser vermeintliche Vorteil auch das Anklemmen solcher Drähte. Die Litzen können ihre Lage selbst in festgezogenen Klemmen ändern und so für sich lockernde Verbindungen sorgen. Schlechte Kontakte und lokale Übererwärmungen sind die Folge. Sie können Verursacher von Bränden sein. Verhindert wird dies, indem auf Litzen-Leitungen Aderendhülsen gesteckt werden.

Aderendhülsen werden in verschiedenen Größen, abgestimmt auf die Drahtquerschnitte, angeboten. Sie sind mit einer Farbnorm gekennzeichnet. Über lange Zeit war der deutsche Farbcode (B) im deutschen Sprachraum allgemein üblich. Inzwischen wurde er von der DIN-Norm 46228-4 abgelöst. Erwähnenswert ist ferner der französische Farbcode (A). Es versteht sich von selbst, dass jeder mit anderen Farbzuordnungen arbeitet.

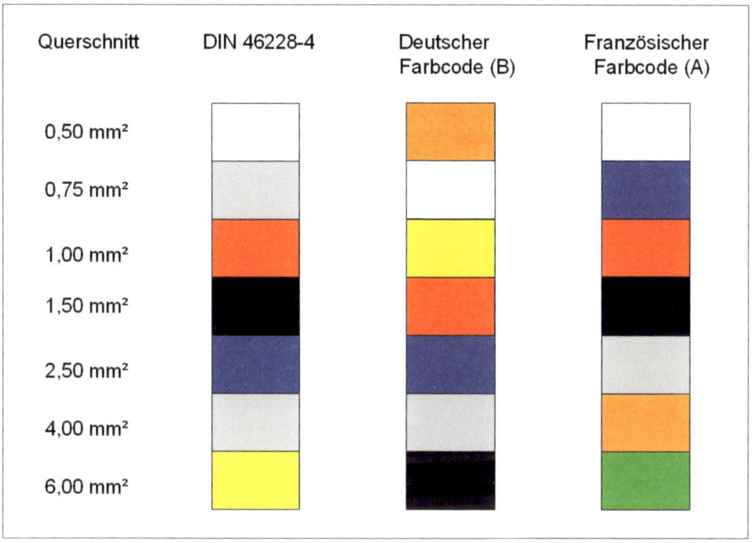

Die Grafik zeigt den aktuellen Farbcode DIN 46228-4 sowie den deutschen (B) und den französischen Farbcode (A) für Aderendhülsen

Jeder Leiterquerschnitt erfordert eine eigene Aderendhülsengröße

Aderendhülsen aufkerben

Um Aderendhülsen fachgerecht auf Litzendrähten aufkerben zu können, braucht es eine Aderendhülsen-Kerbzange. Es gibt sie in unterschiedlichen Ausführungen. Viele Modelle kommen mit separaten Kerben für die unterschiedlichen Drahtquerschnitte. In sie ist der Litzendraht mit aufgesteckter Aderendhülse einzulegen. Durch das anschließende Zusammendrücken wird eine solide Verbindung geschaffen. Je nach Ausführung der Kerbzange ist dieser Vorgang gegebenenfalls mehrmals zu wiederholen. Wobei die Position des Drahts in der Zange geringfügig für zusätzliche Kerbbereiche zu verändern ist.

Vorgangsweise

1. Zunächst ist der Litzendraht auf einer Länge von rund 10 mm abzuisolieren.

Der Draht ist auf rund 10 mm Länge abzuisolieren

2. Um die Aderendhülse gut auf den abisolierten Litzendraht aufstecken zu können, sollte dieser mit den Fingern ein wenig verzwirbelt werden.

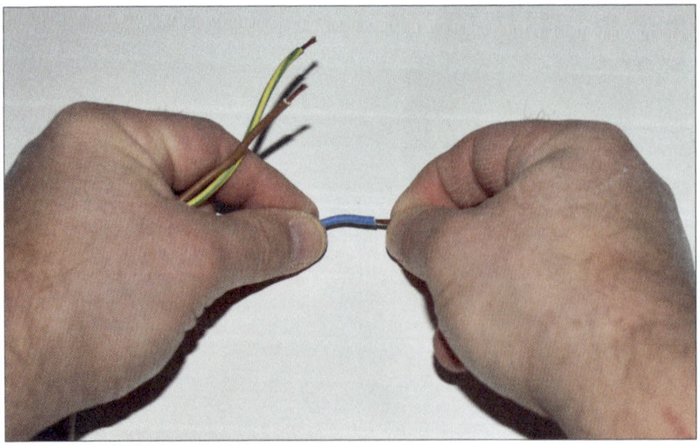

Um auf den Draht leicht die Aderendhülse aufstecken zu können, ist er mit den Fingern zu verzwirbeln

3. Es ist die für den Drahtquerschnitt geeignete Aderendhülsengröße zu verwenden. Dabei gilt es auch, auf den Farbcode zu achten. Neben Hülsen nach dem aktuellen Farbcode DIN 46228-4 sind häufig noch immer solche nach dem deutschen Farbcode B anzutreffen.
4. Die Aderendhülse ist so auf den Draht zu stecken, dass seine Isolierung bis in die hintere Kunststoffhülse reicht. Seine blanken Litzen sollen aus dem vorderen Ende der Hülse ein minimales Stück herausragen.

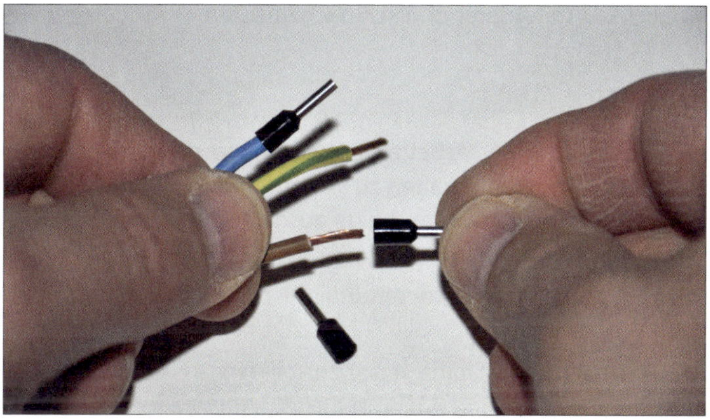

Die Aderendhülse ist so auf den blanken Draht zu stecken, dass seine Litzen an der Spitze gerade noch sichtbar sind

5. Der blanke Teil der Aderendhülse ist mit der Kerbzange fest zusammenzudrücken. Gegebenenfalls ist der Vorgang mehrmals an verschiedenen Stellen der Hülse zu wiederholen.

Zuletzt ist die Aderendhülse mit einer Kerbzange fest zusammenzudrücken

Verlötete Litzendrähte

Dass Litzendrähte in Klemmen auf Dauer keinen festen Halt bieten, ist schon lange bekannt. Um ihnen mehr Halt zu geben, wurden sie bis in die 1980er-Jahre gern verzinnt, indem man die abisolierten Enden mit einem Lötkolben erwärmte und Lot zugab. Für den Moment hat diese Maßnahme zwar eine Verbesserung beim Einklemmen bewirkt. Da Lot aber ein weiches Material ist, wurde damit das ursprüngliche Problem beim Anschließen von Litzendrähten nur zeitlich etwas nach hinten geschoben. Findet man heute verzinnte Drähte, sind sie nach Möglichkeit mit Aderendhülsen nachzurüsten.

Wie Aderendhülsen nachrüsten?

1. Der Arbeitsbereich ist vor Beginn der Arbeiten entsprechend den fünf Sicherheitsregeln abzuschalten, gegen Wiedereinschalten zu sichern und auf Spannungsfreiheit zu prüfen. Bei Verlängerungskabeln reicht es, beide ausgesteckten Enden vor sich zu haben.
2. Die Klemme mit einem Litzendraht ohne Aderendhülse ist zu lösen und der Draht herauszunehmen.
3. Die alte Litze ist abzuzwicken und der Draht neu abzuisolieren.
4. Am frisch abisolierten Drahtstück ist eine Aderendhülse aufzukerben.
5. Der nun mit einer Aderendhülse versehenen Draht ist wieder einzuklemmen.

29. Richtig anschließen

29.1 Drähte korrekt anschließen

Blanke elektrische Leiter bringen eine Reihe von Gefahren mit sich. Die Bandbreite reicht von satten Kurzschlüssen über Brände bis hin zum Verlust des Lebens bei Berührung. Um dies zu verhindern, dürfen Drähte nur so weit abisoliert werden, dass ihre abisolierten Spitzen zur Gänze in den Klemmen verschwinden, an denen sie angeschlossen sind. Klemmen erfordern eine Abisolierlänge von 8–11 mm^2 Länge. Bei zu kurz abisoliertem Drahtstück besteht die Gefahr, es nicht sicher anklemmen zu können. Etwa, indem gerade einmal seine Spitze die Klemmstelle erreicht und aus dieser herausrutschen kann. Damit sind künftige Fehlfunktionen vorprogrammiert.

Was ist zu tun?

1. Erweist sich das abisolierte Drahtstück als zu lang, ist der Draht wieder abzuklemmen. Zuvor ist die blanke Überlänge abzuschätzen.
2. Das blanke Drahtstück ist entsprechend der festgestellten Überlänge zu kürzen.

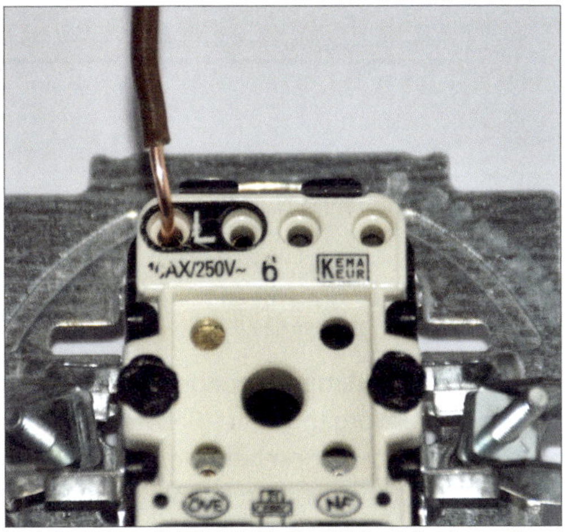

Dieser Draht wurde zu lang abisoliert. Es besteht die Gefahr eines Stromschlags sowie eines Kurzschlusses bis hin zur Entstehung eines Brandes

3. Vor dem erneuten Anschließen ist zu prüfen, ob sich der Draht nun so weit in die Klemme stecken lässt, dass kein blanker Leiter mehr sichtbar ist. Ist dies der Fall, kann der Draht angeklemmt werden.

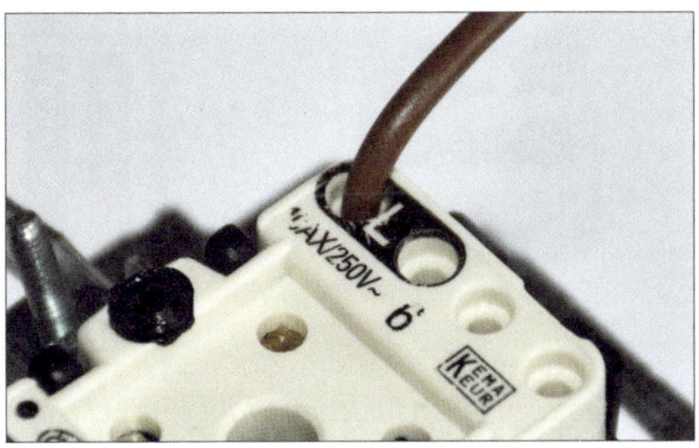

So ist der Draht korrekt angeschlossen

29.2 Klemmen

Zum Verbinden von Drähten, etwa in Verteilerdosen, braucht es Klemmen. Hier bieten sich mehrere Varianten an. Den Klassiker, die Schraubklemmen, findet man vor allem in älteren Hausinstallationen. Sie sind aber auch heute noch allgemein üblich. Auch deshalb, weil sie das Zusammenklemmen von mehr Drähten erlauben, als mitunter in Steckklemmen Platz finden würden.

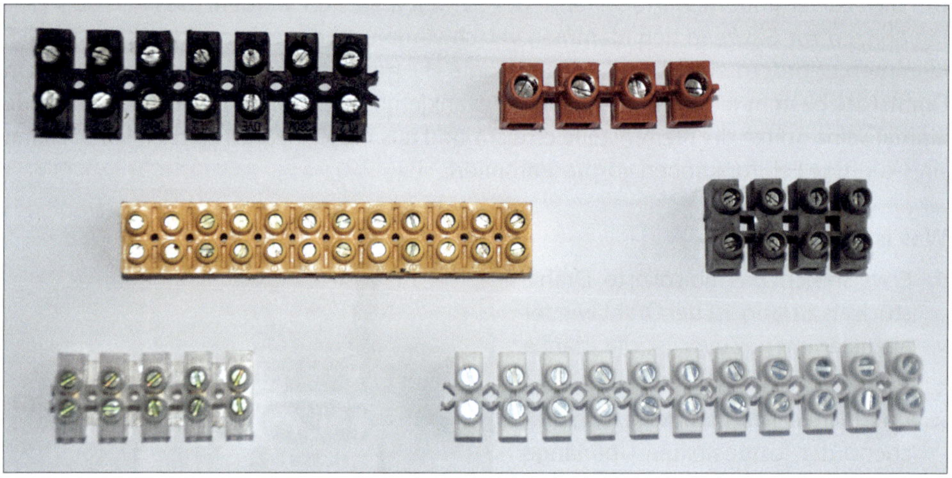

Schraubklemmen gibt es in allen erdenklichen Größen. Sie sind noch heute üblich

Steckklemmen erlauben grundsätzlich schnelleres Arbeiten, da man sich den zeitaufwendigen Schraubvorgang spart. Bei Steckklemmen ist für jeden zu verbindenden Draht ein separater Schlitz vorgesehen. Womit eine Klemme bereits vorgibt, wie viele Drähte mit ihr zusammengeführt werden können. Es gibt sie mit zwei bis acht Eingängen. Am häufigsten sind Modelle mit drei und fünf Eingängen. Viele Steckklemmen sind für Querschnitte von 1,5 mm^2 und 2,5 mm^2 ausgelegt.

Steckklemmen sehen für jeden Draht einen eigenen Kanal vor. Sie sorgen für zuverlässigere und sicherere Verbindungen

Die etwas größere Bauweise von Steckklemmen, insbesondere solcher mit mehr als drei Eingängen, bringt auch Nachteile mit sich. In dicht belegten Verteilerdosen kann der Platz mit ihnen extrem eng werden. Hier können Schraubklemmen etwas helfen, das Platzproblem zumindest ein wenig zu minimieren. Abgesehen davon bieten sich Schraubklemmen auch für kleinere und größere Drahtquerschnitte an.

Schraubklemme richtig setzen

1. Der Arbeitsbereich ist vor Beginn der Arbeiten entsprechend den fünf Sicherheitsregeln abzuschalten, gegen Wiedereinschalten zu sichern und auf Spannungsfreiheit zu prüfen.
2. Die Drähte sind so kurz abzuisolieren, dass ihre blanken Teile in der Klemme Platz finden. Kein blanker Leiter darf aus der Klemme herausragen. Bei zweireihigen Schraubklemmen ist die Isolierung der Drähte so weit zu entfernen, dass ihr blanker Leiter bis etwa zur Mitte reicht und mit einer Schraube fixiert werden kann.

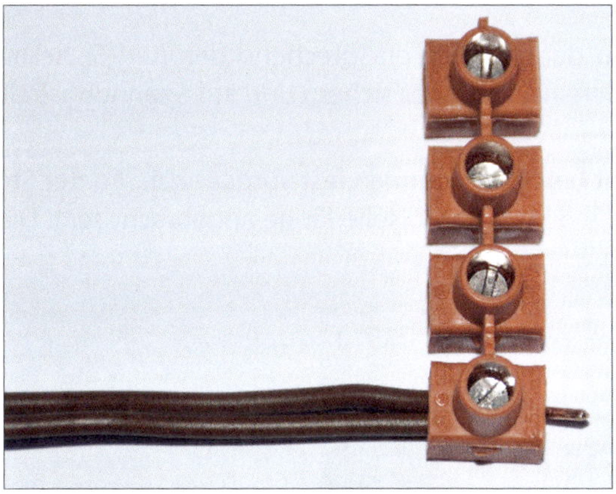

Über die Klemme hinausragende blanke Drahtstücke können Kurzschlüsse und Stromschläge hervorrufen. Sie sind zu vermeiden

3. Weiter ist zu prüfen, ob alle blanken Leiterteile weit genug in die Klemme hineinragen.
4. Beim Festschrauben ist darauf zu achten, dass die Leiter ihre Position behalten und nicht herausrutschen.

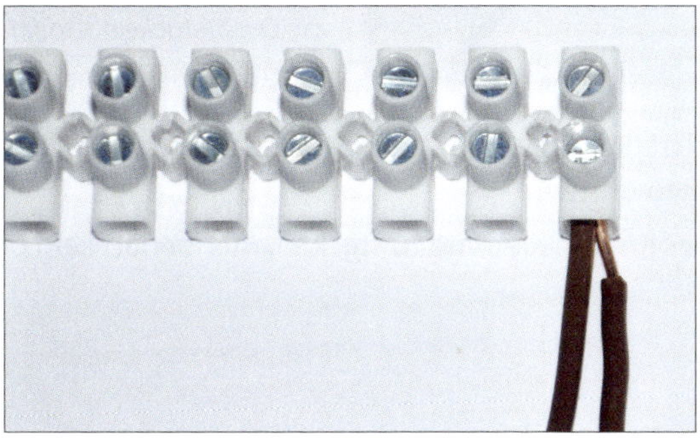

Es ist darauf zu achten, dass einzelne Drähte beim Zusammenschrauben nicht wieder aus der Klemme rutschen

5. Zuletzt ist der gute Halt aller zusammengeschraubten Drähte einzeln zu kontrollieren. Dazu wird die Klemme mit einer Hand gehalten, während mit der anderen jeder Draht einzeln nach hinten gezogen wird.

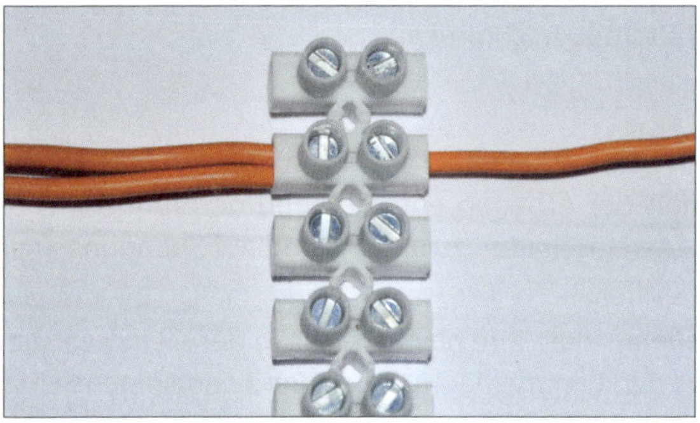

Der abisolierte Teil der Drähte darf weder vorn noch hinten aus der Klemme herausragen

Drähte mit Steckklemmen verbinden

1. Der Arbeitsbereich ist vor Beginn der Arbeiten entsprechend den fünf Sicherheitsregeln abzuschalten, gegen Wiedereinschalten zu sichern und auf Spannungsfreiheit zu prüfen.
2. Die Abisolierlänge von Drähten ist bei Steckklemmen fest vorgegeben. An der Steckklemme kann ein Hinweis über die benötigte Abisolierlänge angebracht sein. Dieser vorgegebene Wert ist einzuhalten.

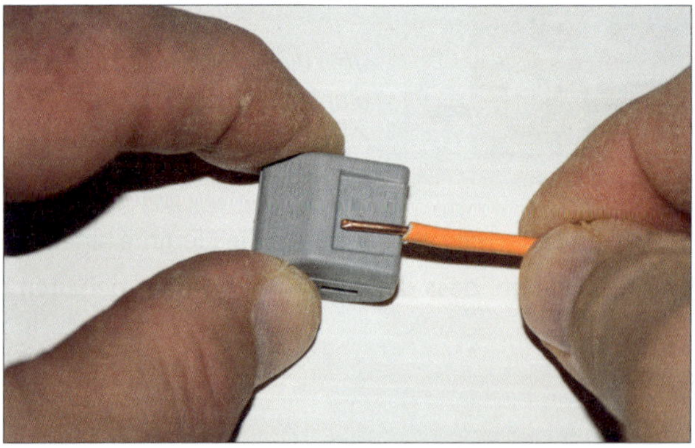

Eine Markierung an der Klemme gibt an, wie weit die Drahtstücke abisoliert sein müssen

3. Bei Steckklemmen mit Fixierhebel ist dieser zuerst zu öffnen. Es braucht vergleichsweise viel Kraft, um die Klemme ganz zu öffnen.
4. Der Draht ist in die Bohrung der geöffneten Klemme zu stecken. Aus ihr darf kein blankes Drahtstück herausragen.

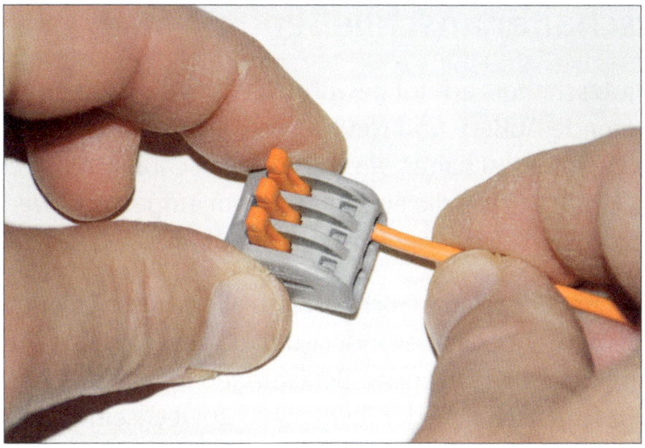

Nachdem die Hebel vollständig geöffnet sind, lassen sich die Drähte in die Klemme stecken

5. Nachdem der Draht in Position gebracht wurde, ist der Klemmhebel wieder in die Schließposition zu bringen.

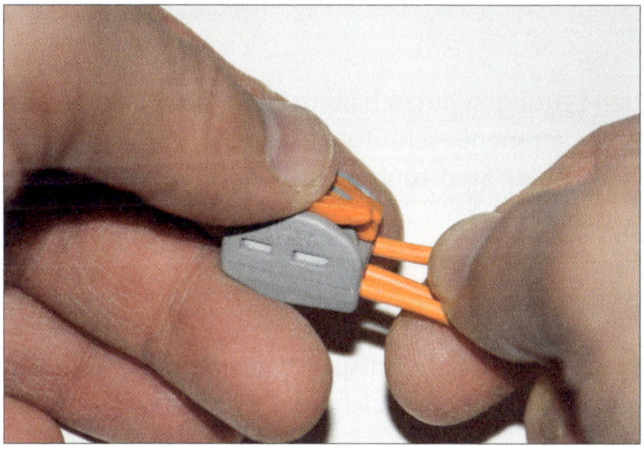

Nachdem die Drähte bis zum Anschlag in die Bohrungen gesteckt wurden, sind die Hebel wieder nach vorn zu drücken

6. Zuletzt ist der eingeklemmte Draht auf festen Halt zu prüfen.

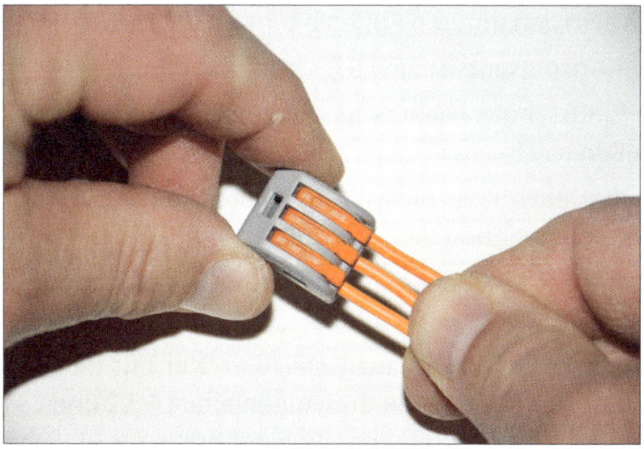

Zuletzt ist der sichere Halt der in die Klemme gesteckten Drähte zu prüfen

29.3 Leitungsschutzschalter anschließen

Die Anspeisung eines Leitungsschutzschalters erfolgt gewöhnlich über die unteren Klemmen. An sie sind der vom FI kommende Außen- und Neutralleiter anzuschließen. Häufig kommt zur Anspeisung der Leitungsschutzschalter ein im Verteilerschrank montiertes Schienensystem mit Laschen zum Einsatz, in die die einzelnen LS nur aufgesteckt werden müssen. Danach sind die Klemmen an den LS nur noch festzuschrauben.

Den Anschluss der Leitungsschutzschalter darf man nicht für sich allein gesehen betrachten, sondern in ihrer Gesamtheit. Dabei geht es insbesondere um die gleichmäßige Aufteilung der einzelnen Stromkreise und der zu erwartenden Belastungen für alle drei Außenleiter. Deshalb werden die Leitungsschutzschalter der Reihe nach abwechselnd den drei Außenleitern L1, L2 und L3 zugeordnet. Bei dreipoligen Leitungsschutzschaltern erübrigt sich diese Vorgehensweise, da sie ohnehin von allen drei Außenleitern angespeist werden. Der Abgang von den LS zu den einzelnen Stromkreisen erfolgt über die oberen Anschlüsse.

Beschriftungen

Die Klemmenbezeichnungen an den Leitungsschutzschaltern variieren je nach Hersteller. Einpolige Modelle kommen oft ohne Klemmenbeschriftungen oder sind zum Beispiel mit 1 und 2 markiert. Bei zweipoligen Modellen sind zum Teil nur die Neutralleiterklemmen beschriftet.

Anschließen eines Leitungsschutzschalters

1. Der Arbeitsbereich ist vor Beginn der Arbeiten entsprechend den fünf Sicherheitsregeln abzuschalten, gegen Wiedereinschalten zu sichern und auf Spannungsfreiheit zu prüfen.
2. Sofern im Verteilerschrank eine Installationsschiene zur Anspeisung von Leitungsschutzschaltern verbaut ist, ist der einzubauende LS auf einen freien Kontakt von L1, L2 oder L3 so aufzusetzen, dass er in den unteren Außenleiter-Kontakt des LS einrastet.
3. Die Klemme für die Außenleiter-Anspeisung ist am LS festzuschrauben.
4. Am oberen Anschluss des Leitungsschutzschalters ist der zum Stromkreis führende braune Außenleiter anzuschließen.
5. Sofern der Leitungsschutzschalter auch über einen Neutralleiter-Kontakt verfügt, ist die Neutralleiter-Zuführung am unteren Ende des LS anzuschrauben.
6. Am oberen Neutralleiter-Ausgang des LS ist der blaue zum Stromkreis führende Neutralleiterdraht anzuschließen.
7. Dreiphasige LS sind nach dem gleichen Prinzip anzuschließen. Nur mit dem Unterschied, dass an der Unterseite die Zuführungen der drei Außenleiter L1, L2 und L3 und an der Oberseite die drei Außenleiter des Stromkreises, konkret Braun für L1, Schwarz für L2 und Grau für L3, anzuschließen sind.

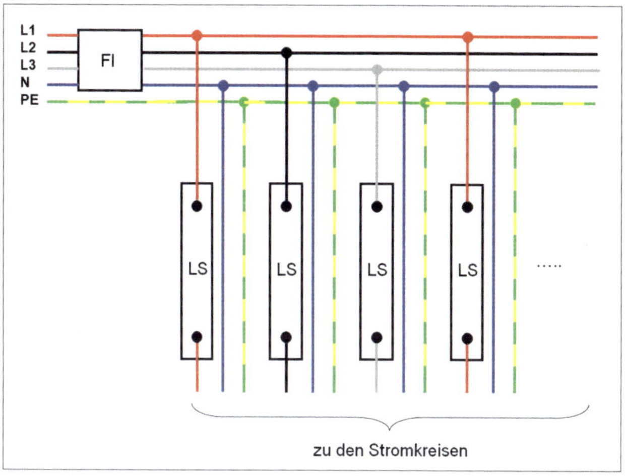

Anschlussschema für einphasige LS ohne Neutralleiter

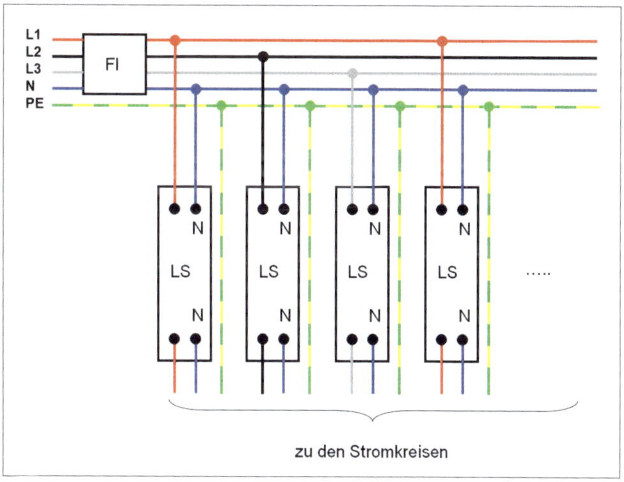

Anschlussschema für einphasige LS mit Neutralleiter

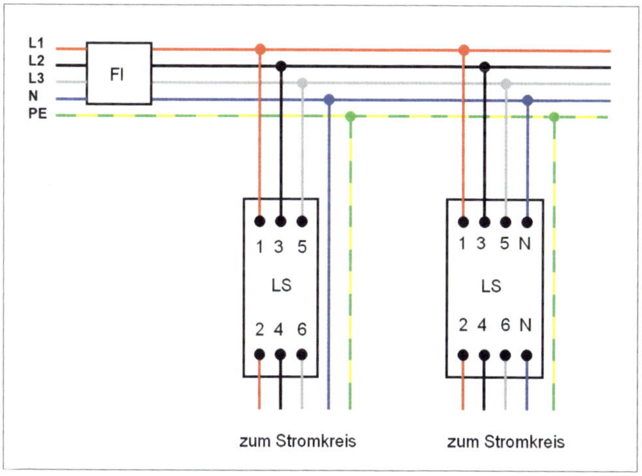

Anschlussschema für dreiphasige LS ohne und mit Neutralleiter

29.4 FI/LS anschließen

Ein FI/LS ist eine Kombination aus Fehlerstrom- und Leitungsschutzschalter. Er sorgt in einzelnen Stromkreisen für erhöhten Schutz und kann deshalb dort zum Einsatz kommen, wo ein erhöhtes Sicherheitsbedürfnis besteht, etwa im Bad.

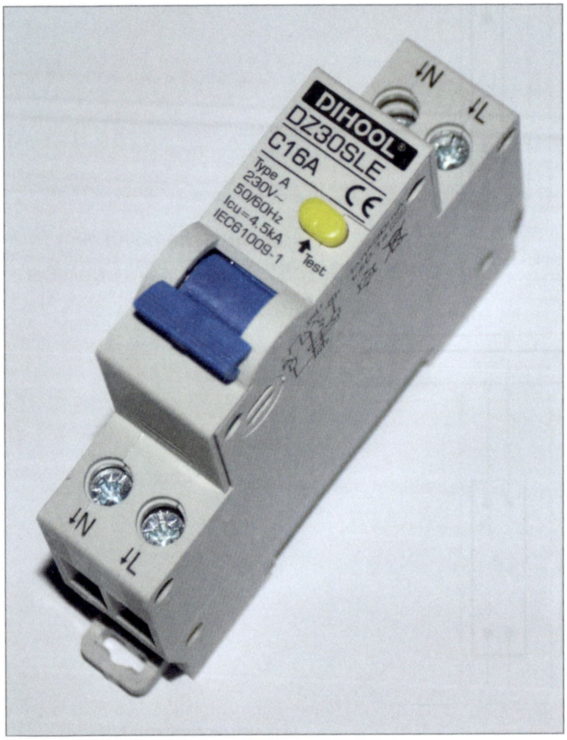

Der FI/LS ist eine Kombination aus Fehlerstrom- und Leitungsschutzschalter

Der FI/LS ersetzt den herkömmlichen Leitungsschutzschalter, dessen Funktion er zur Gänze übernimmt. In seiner äußeren Form erinnert der FI/LS an einen Leitungsschutzschalter mit Neutralleiter-Anschluss. Dementsprechend ist der FI/LS im Verteilerschrank genauso zu verdrahten wie der LS mit Neutralleiter-Anschluss.

Wie bereits von den Leitungsschutzschaltern bekannt, findet man auch bei den FI/LS keine einheitliche Klemmenbezeichnung. Zum Teil sind nur die Neutralleiterklemmen beschriftet, man findet entsprechende Informationen auf der Seite aufgedruckt oder nur auf der Verpackung.

Anschließen eines FI/LS

1. Der Arbeitsbereich ist vor Beginn der Arbeiten entsprechend den fünf Sicherheitsregeln abzuschalten, gegen Wiedereinschalten zu sichern und auf Spannungsfreiheit zu prüfen.

2. Sofern im Verteilerschrank eine Installationsschiene zur Anspeisung von Leitungsschutzschaltern verbaut ist, ist der einzubauende FI/LS auf einen freien Kontakt von L1, L2 oder L3 so aufzusetzen, dass er in den unteren links befindlichen Außenleiter-Kontakt des FI/LS einrastet.
3. Die Klemme für die Außenleiter-Anspeisung ist am FI/LS festzuschrauben.
4. An der mit N gekennzeichneten Klemme des FI/LS ist die Neutralleiter-Zuführung anzuschrauben.
5. Am linken oberen Anschluss des FI/LS ist der zum Stromkreis führende braune Außenleiter anzuschließen.
6. Am rechten oberen Neutralleiter-Ausgang des FI/LS ist der blaue zum Stromkreis führende Neutralleiterdraht anzuschließen.

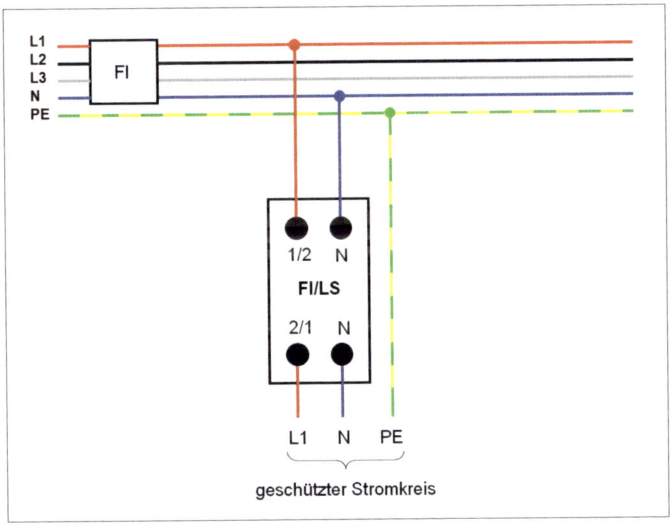

Anschlussschema eines FI/LS

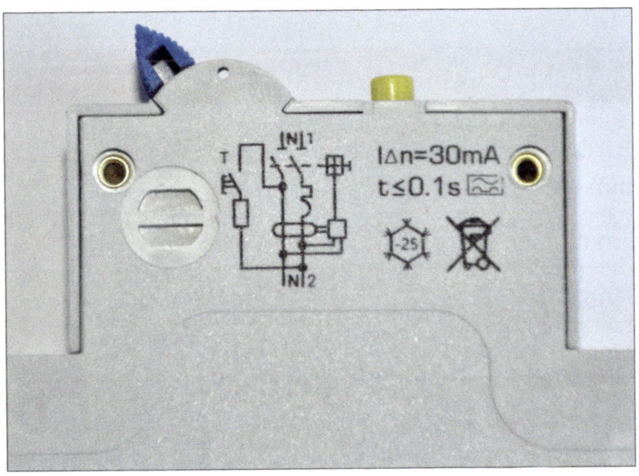

Der Aufdruck an der Seite dieses FI/LS zeigt das Funktionsschema

30. Stemmen und Installieren

Die Unterputz-Elektroinstallation ist allgemeiner Standard im Wohnbereich. Früher mussten die benötigten Schlitze schweißtreibend per Hand gestemmt werden. Mit einer Mauerfräse lässt sich diese Aufgabe heute leichter und schneller bewerkstelligen. Damit wird zudem eine konstante Tiefe und Breite erreicht.

30.1 Wie tief fräsen oder stemmen?

Schlitze in der Wand sind grundsätzlich mit Vorsicht zu betrachten, da sie eine Schwächung der Stabilität mit sich bringen. Als oberstes Gebot gilt, dass Wandschlitze die Stabilität eines Mauerwerks nicht beeinträchtigen dürfen. Deshalb sind bei der Tiefe von Wandschlitzen Grenzwerte einzuhalten, die in der DIN EN 1996-1-1/NA vorgegeben sind. Sollen die festgesetzten Grenzwerte überschritten werden, ist ein individuell erstellter Nachweis entsprechend der DIN EN 1996-1-1 zu erbringen.

30.2 Horizontale und schräge Schnitte

Horizontale Schnitte erfordern besondere Vorsicht, da sie über ihre gesamte Länge sozusagen eine Sollbruchstelle für die Wand darstellen. Um ein Mindestmaß an Stabilität zu gewährleisten, sind horizontale Schnitte abhängig von der Wandstärke nur bis zu bestimmten Maximaltiefen zulässig. Die folgende Tabelle geht von einer nachträglichen Herstellung horizontaler oder schräger Schlitze aus. Unter »nachträglich« wird hier verstanden, dass zuerst das Mauerwerk an sich errichtet wurde und die Schlitzungen erst im Anschluss durchgeführt werden.

Für horizontale und schräge Schlitze gilt:

Wanddicke	Tiefe bis 1,25 m Länge	unbegrenzte Länge
115 bis 149 mm	–	–
150 bis 174 mm	0 mm (a)	–
175 bis 239 mm	25 mm	0 mm (a)
240 bis 299 mm	25 mm	15 mm (a)
ab 300 mm	30 mm	20 mm (a)

(a) Sofern Werkzeuge Verwendung finden, die eine exakte Schnitttiefe gewährleisten, wie etwa eine Mauerfräse, kann die Maximaltiefe um bis zu 10 mm erhöht werden. Weiter erlauben solche Werkzeuge, dass an Wänden ab einer Dicke von 240 mm auch gegenüberliegende Schlitze mit einer Maximaltiefe von 10 mm gesetzt werden dürfen.

30.3 Vertikale Schnitte

Vertikale Schlitze stellen für Wände eine ungleich geringere Schwächung ihrer Standfestigkeit dar. Demnach ergeben sich hier andere Werte bezüglich der zulässigen Schnittbreite und -tiefe. Bei vertikalen Schnitten zu berücksichtigen ist ein Mindestabstand zu Wandöffnungen und zwischen zwei vertikalen Schnitten. Als Mindestabstand gelten hier 240 mm.

Für vertikale Schlitze gilt:

Wanddicke	maximale Tiefe	maximale Breite
115 bis 149 mm	10 mm	100 mm
150 bis 174 mm	20 mm	100 mm
175 bis 199 mm	30 mm	100 mm
200 bis 239 mm	30 mm	125 mm
240 bis 299 mm	30 mm	150 mm
300 bis 364 mm	30 mm	200 mm
ab 365 mm	30 mm	200 mm

Womit eingipsen?
Installationsdosen und -schläuche wollen eingegipst werden. Dazu gibt es einen speziellen Bau- und Elektrikergips. Dabei handelt es sich um einen Montagegips, der ausgesprochen schnell aushärtet. Gewöhnlich bindet er bereits nach wenigen Minuten, sodass man einzugipsende Dosen und Rohre nicht lange mit der Hand festzuhalten braucht.

31. Installationsschläuche

Für den Installationsschlauch sind viele Namen gebräuchlich. Flexschlauch, FX-Schlauch, Kabelschutzschlauch, Leerrohr und Wellrohr sind die bekanntesten. Darunter versteht man ein flexibles Kunststoffrohr, in das im Rahmen der Elektroinstallation Drähte eingezogen werden. Installationsschläuche gibt es mit verschiedenen Durchmessern. Installationsschläuche gewährleisten nicht nur eine geordnete Verlegung und bieten die Chance auf Erweiterung, sie dienen auch dem Schutz der Leitungen. Zum Beispiel in der Kommunikationstechnik kann es binnen kurzer Zeit erforderlich sein, Kabel wegen gestiegener Anforderungen austauschen zu müssen.

In der Hausinstallation werden Installationsrohre in der Regel unter Putz, kurz UP, verlegt. Die zulässigen Installationszonen sind in der DIN 18015-3 geregelt. Sie erlaubt ausschließlich eine senkrechte und waagerechte Verlegung in bestimmten Bereichen der Wand.

Die Schläuche sind mit ihren Enden durch die ebenfalls unter Putz eingebauten Installationsdosen zu stecken. Während Installationsdosen vollständig mit Gipsmörtel im Mauerwerk fixiert werden, geschieht dies bei den Installationsrohren nur punktuell. Die vollständige Abdeckung erfolgt am Ende mit dem Wandverputz.

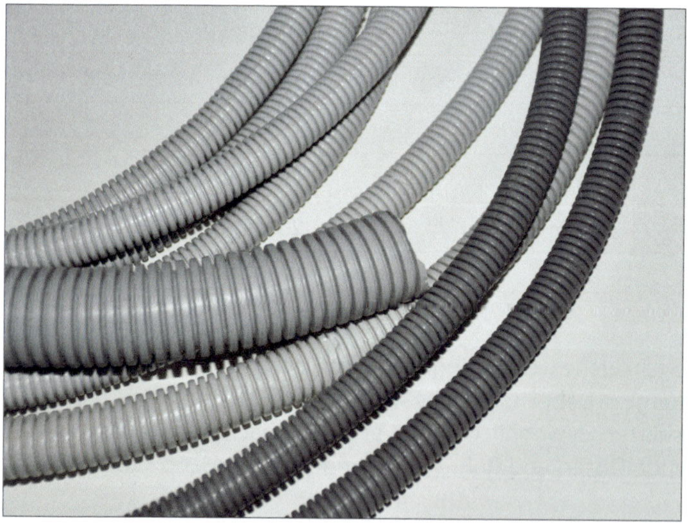

Die Installation mit FX-Rohren bietet im Gegensatz zum direkten Eingipsen der Kabel etliche Vorteile

31.1 Installationsrohre vorgeschrieben?

In Deutschland müssen alle Leitungen für Empfangs- und Verteilanlagen auswechselbar verlegt werden. Dies betrifft Antennen- und Telefonleitungen, aber auch Netzwerkkabel. Auswechselbar heißt nicht zwangsläufig, dass diese Leitungen in Installationsschläuchen verlegt werden müssen. Alternativ bieten sich dafür auch Kanäle und Schächte an.

Absolut vorgeschrieben ist die Leerverrohrung für die Installation von Schwachstrom-Verteilungen.

31.2 Biegeradius

Flexible Installationsschläuche lassen sich biegen und so auch in einem Stück um Ecken verlegen. Ein wichtiges Detail ist hier der Biegeradius. Er darf nicht beliebig klein ausgeführt werden, sondern sollte mindestens dem Vierfachen des Rohr-Außendurchmessers entsprechen. Bei einem Schlauch mit 20 mm Außendurchmesser wäre das zum Beispiel ein Radius von 80 mm.

Dieser Mindestradius gewährleistet, dass der Schlauch mechanisch nicht überbeansprucht wird. Bei einem zu engen Radius würde der Schlauch an seiner Außenseite stark auf Zug belastet werden. Im Laufe der Zeit könnte der Schlauch aufreißen und es könnte Schmutz ins Innere gelangen. Womit der Schlauch verstopfen und etwa das Einziehen zusätzlicher Leitungen unmöglich machen würde.

Außerdem erleichtert ein möglichst großer Biegeradius das spätere Einziehen der elektrischen Leitungen. Ist er zu eng bemessen, finden die Drähte nicht den Weg um die Ecke. Allein aus diesem Grund empfiehlt sich eine großzügige Bemessung des Biegeradius.

Empfohlener Mindestbiegeradius für Installationsrohre

Rohr-Außendurchmesser	Mindestbiegeradius
16 mm	60 mm
20 mm	80 mm
25 mm	100 mm
32 mm	130 mm
40 mm	170 mm
50 mm	220 mm
63 mm	250 mm

32. Elektroinstallation ohne Kabelschutzrohr

Die einfachste Art, elektrische Leitungen in einer Hausinstallation zu verlegen, ist die Variante ohne FX-Schlauch. Voraussetzung dafür ist die Verwendung von Kabeln des Typs NYM. In Deutschland ist die Verlegung der Kabel ohne Installationsrohr noch legitim und weitverbreitet. Doch wie empfehlenswert ist diese Installationsmethode wirklich?

32.1 Die scheinbaren Vorteile

Kommt keine Leerverrohrung zum Einsatz, brauchen die Schlitze in den Wänden nicht so groß auszufallen, was Zeit sparen hilft. Zudem entfällt die Installation der Leerverrohrung, was ebenfalls Kosten und Zeit spart. Die Einsparung an Materialkosten hält sich allerdings in Grenzen.

32.2 Die Nachteile

Die Verlegung ohne Verrohrung erfordert eine bis ins letzte Detail reichende Planung, weil nachträgliche Ergänzungen oder Änderungen nicht mehr möglich sind. Bei der Variante mit Leerverrohrung hat man indes die Gelegenheit, nachträglich zusätzliche Drähte einzuziehen und so die Elektroinstallation zu modernisieren, zu erweitern oder an geänderte Ansprüche anzupassen.

Als katastrophal kann sich die Installation ohne Leerverrohrung im Fehlerfall erweisen. Im Fall eines schadhaft gewordenen Kabels muss dieses aus der Wand heraus gestemmt werden. Was mit hohen Kosten, extremer Schmutzentwicklung und mit sichtbaren Spuren auch nach Abschluss der zeitaufwendigen Arbeiten verbunden ist. Im Gegensatz dazu braucht ein schadhafter Draht bei einer Installation mit Rohren nur gegen einen anderen ausgetauscht zu werden. Was nicht nur schnell, sondern auch ohne große Schmutzentwicklung und ohne sichtbare Narben geht.

Zuletzt spricht auch der Faktor Sicherheit gegen das direkte Eingipsen von NYM-Kabeln. Diese kommen zwar mit doppelter Isolierung, geben den in ihnen enthaltenen Leitern aber kaum Chancen, Wärme abzuführen, sodass sie auch anfälliger für Folgeschäden durch Überlast sind.

Dem Sicherheitsaspekt ist zudem auch die eingeschränkte Farbauswahl bei den Adern der Kabel zuzurechnen. Innerhalb einer Elektroinstallation üben Drähte verschiedene Funktionen aus. Zur Steigerung der Übersichtlichkeit sollten diese in dafür vorgesehenen Farben ausgeführt werden. Als Einzelleiter sind Drähte in den benötigten Farben sehr wohl erhältlich. Nicht jedoch in Kabeln. So ist es oft nicht möglich, bei der direkten Kabelverlegung auf die benötigten Farbkombinationen Rücksicht zu nehmen. Worunter genau genommen auch die korrekte Ausführung der Elektroinstallation leidet.

32.3 Vor- und Nachteile der Installationsarten im Überblick

	ohne Kabelschutzrohr	mit Kabelschutzrohr
Erweiterbar	3	1
Sicherheit	2	1
Materialkosten	2	2
Herstellungskosten	1	3
Kosten im Fehlerfall	3	1

Bewertung:
1 – sehr gut
2 – durchschnittlich
3 – sehr schlecht

33. Unterputz-Installation

33.1 Unterputzdose setzen

Unterputzdosen nehmen in der Elektroinstallation Lichtschalter und Steckdosen auf. Ferner dienen sie als Abzweigdosen nahe der Zimmerdecke, etwa um Abgänge zu Schaltgeräten oder der Beleuchtung zu realisieren. Unterputzdosen dürfen nur in den Bereichen eingebaut werden, die für die Elektroinstallation vorgesehen sind.

Wie wird die Unterputzdose richtig gesetzt?

1. Zunächst ist die Position der Unterputzdose an der Wand zu markieren. Dabei ist auf vorgeschriebene Abstände und Installationszonen zu achten.
2. Idealerweise wird zum Setzen der Aussparung für die Unterputzdose ein Bohrhammer mit Dosenbohrer genutzt. Der Durchmesser der Aussparung sollte etwas größer und tiefer als die Dose selbst sein.
3. Außerdem werden Schlitze für die zur Unterputzdose führenden Leitungen benötigt. Sie werden zum Beispiel mit einer Mauernutfräse hergestellt.
4. Vor dem Eingipsen der Unterputzdose sind die Aussparungen, durch die Kabel oder Rohre geführt werden sollen, auszubrechen.
5. Damit der Gips gut haftet, empfiehlt es sich, das die Aussparung umgebende Mauerwerk etwas mit Wasser zu befeuchten.
6. Gips oder Mörtel trocknet schnell aus. Deshalb nur so viel anrühren, wie man zum Eingipsen der Dose benötigt.
7. Anschließend ist Elektrikergips oder Mörtel aufzutragen und die Dose in das Loch zu drücken. Dabei ist darauf zu achten, dass die Bereiche der Aussparungen frei bleiben, damit später die noch zu verlegenden Leitungen oder Rohre in die Dose gesteckt werden können.
8. Die Installationsdose ist so auszurichten, dass sie mit der Wandoberfläche bündig abschließt. Dies kann etwa mithilfe einer Wasserwaage erfolgen. Soll die Wand später noch verputzt werden, sollte die Dose ein klein wenig aus der Wand herausragen.

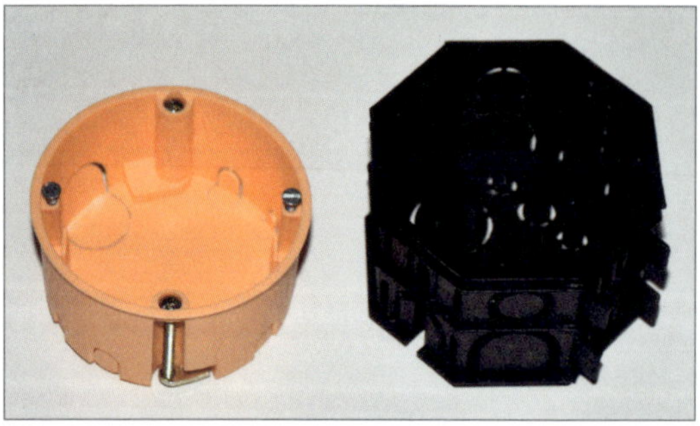

Hohlwand- und Unterputzdose

33.2 Unterputz-Leerverrohrung

Nachdem die Installationsdosen gesetzt wurden, gilt es, die Leerverrohrung in die Wände in die bereits vorbereiteten Schlitze zu bringen. Am bequemsten lässt sich die Leerverrohrung mithilfe biegsamer Schläuche realisieren.

Installationsschläuche verlegen

1. Gewöhnlich verlaufen Installationsschläuche zwischen zwei Installationsdosen. Als Erstes ist ein Ende des Schlauchs durch die dafür ausgebrochene Öffnung einer Installationsdose zu stecken. Dabei ist auf eine Überlänge von rund 4 cm zu achten.
2. Damit der Installationsschlauch nicht aus dem Schlitz fällt, empfiehlt es sich, ihn mit einigen Nägeln zu fixieren. Sie sind im Bereich des Schlitzes mit wenigen Schlägen schräg ins Mauerwerk einzuschlagen, sodass sie den Schlauch halten, der bei dieser Maßnahme unberührt bleibt.
3. Anschließend ist der Schlauch mit dem anderen Ende durch die vorbereitete Öffnung an der zweiten Installationsdose zu stecken. Auch hier ist wieder eine Überlänge von etwa 4 cm vorzusehen.
4. Im nächsten Arbeitsschritt ist der Schlitz mit Elektrikergips oder Versetzmörtel zu verschließen. Dabei sind auch die zuvor gesetzten Fixiernägel wieder zu entfernen.

Unterputz-Elektroinstallation mit bereits eingegipsten Installationsdosen und -schläuchen

33.3 Hohlwanddose setzen

Für die Montage von Installationsdosen in Hohlwänden werden sogenannte Hohlwanddosen benötigt. Sie sind mit zwei Krallen ausgestattet, mit denen sie sich in der Hohlwand fixieren lassen.

Wie wird die Hohlwanddose gesetzt?

1. Der Einbauort ist an der Hohlwand zu markieren.
2. Die benötigte Bohrung wird mit einer auf einer Bohrmaschine eingespannten Bohrkrone hergestellt. Ihr Außendurchmesser soll 68 mm betragen. Die Bohrkrone sollte über einen etwas überstehenden Rand verfügen, mit dem die Bohrung am Rand etwas abgefräst wird. Nur so lässt sich die Hohlwanddose bündig mit der Wand abschließen.
3. Nachdem die Bohrung hergestellt wurde, sind die für die Dose vorgesehenen Installationsschläuche aus der Hohlwand herauszufischen.
4. Hohlwanddosen besitzen bereits vorgestanzte Einkerbungen. Sie erleichtern das Ausbrechen der für die Durchführung des Installationsschlauchs benötigten Öffnungen.
5. Das Installationsrohr ist in die Hohlraumdose mit etwas Überlänge zu stecken. Anschließend ist sie bereit für den Einbau.
6. Hohlwanddosen sind mit zwei Haltekrallen ausgestattet. Die Dose ist so in die Bohrung zu stecken, dass die beiden Krallen senkrecht zueinander liegen. Dies sollte mit einer Wasserwaage kontrolliert werden, da der korrekte Sitz der Dose Voraussetzung dafür ist, dass der einzubauende Schalter oder die Steckdose waagerecht ausgerichtet ist.
7. Die Dose ist durch Festschrauben der beiden Krallen in der Hohlwand zu fixieren.

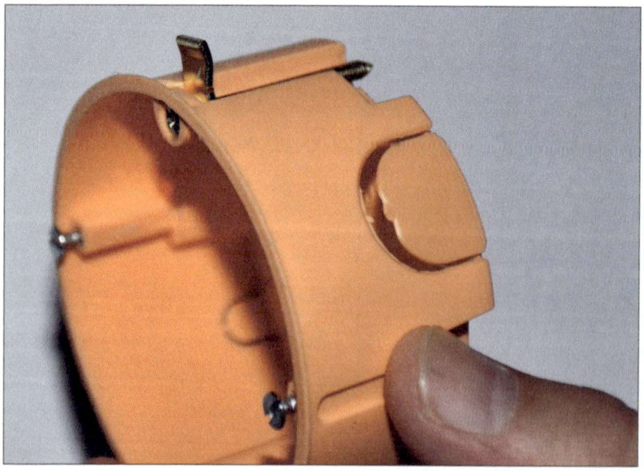

Hohlwanddose mit bereits zugedrehter seitlicher Kralle. Damit wird sie in der Hohlwand fixiert

34. Aufputz- und Feuchtraum-Installation

Die Begriffe Aufputz- und Feuchtraum-Installation sorgen gern für Verwechslungen. Schließlich werden beide auf Putz montiert. Der Unterschied liegt in den Installationsorten und den Anforderungen an die zu verbauenden Komponenten. So können zwar Feuchtraum-Komponenten auch für die Aufputz-Installation genutzt werden, umgekehrt eignen sich Aufputzteile nicht für die Montage in Feuchträumen.

34.1 Merkmale der Aufputz-Installation

Die Aufputz-Installation ist für den Wohnbereich vorgesehen. Mit ihr können etwa nachträgliche Erweiterungen vorgenommen werden, ohne stemmen zu müssen. Das kann ein zusätzlicher Lichtschalter oder eine Steckdose sein. Abgesehen davon ist die Aufputz-Installation häufig in Häusern aus Massivholz anzutreffen. Moderne Aufputz-Komponenten sorgen zudem für ein gefälliges Aussehen der Installation. Ein weiteres Merkmal der Aufputz-Installation ist, dass sie nicht so massiv ausgeführt ist wie jene für Feuchträume. So fehlen etwa die Schutzabdeckungen bei Steckdosen.

34.2 Merkmale der Feuchtraum-Installation

Genauso wie die Aufputz-Installation in Wohnräumen erfolgt auch die Feuchtraum-Installation auf Putz. Allerdings kommen hier stabilere Komponenten zum Einsatz. Sie bieten einen erhöhten mechanischen Schutz und unterbinden das Eindringen von Feuchtigkeit.

Feuchtraum-Steckdosen sind mit einer Schutzklappe versehen

Egal, ob Schalter, Steck- und Verteilerdosen sowie Beleuchtungskomponenten, sie alle erfüllen mindestens die Schutzklasse IP 44. Dies entspricht dem Schutz vor dem Eindringen von mindestens 1 mm großen Festkörpern und vor Spritzwasser. Dazu gehört auch, dass Feuchtraum-Steckdosen grundsätzlich mit einer Schutzklappe versehen sind. Zudem sind Kabel über Gummitüllen ins Innere von Verteilerdosen usw. zu führen, damit keine Feuchtigkeit eindringen kann.

34.3 Installationsrohre

Anders als Installationsschläuche sind Installationsrohre nicht biegbar, sondern aus starrem, stabilem Kunststoff gefertigt. Sie werden in einer Länge von 3 m angeboten und sind auch als Elektrorohre, Elektrokabelrohre oder Stangenrohre bekannt. An einer Seite vergrößert sich der Durchmesser der Rohre etwas, da sie mit integrierter Muffe kommen und so das Zusammenstecken mehrerer Rohre ohne separate Muffen möglich ist. Abgesehen davon sind für Installationsrohre auch Muffen erhältlich, die es erlauben, kürzere Installationsrohrreste ebenfalls sinnvoll für die Installation nutzen zu können.

Meist sind Installationsrohre für den Einsatz innen und außen geeignet und sie sind flammwidrig. Für besonders harte Einsätze, vor allem in der Industrie, werden auch Metallrohre für die Elektroinstallation eingesetzt. Sie sorgen für besonders hohen Schutz der in ihnen eingezogenen Kabel.

Merkmale

Installationsrohre gibt es mit Außendurchmessern von 16–63 mm. Üblicherweise werden sie mit der Durchmesserzahl und meist mit einem M, also etwa M20, gekennzeichnet. Das M weist darauf hin, dass es sich um eine metrische Größe handelt. Hochwertige Installationsrohre erfüllen die Norm DIN EN 61386. Sie sind mit einem vier- bis fünfstelligen Code versehen, der über ihre speziellen Eigenschaften informiert.

Montage

Installationsrohre sind für die Aufputz- und Feuchtraum-Installation vorgesehen. Sie begegnet uns unter anderem im Keller. Installationsrohre werden mit einer Säge auf die benötigte Länge zurechtgeschnitten. Sie werden entweder mit ihren Endstücken oder separaten Muffen zusammengesteckt. Durch Installationsrohre sind Kabel zu ziehen. Für einzelne Drähte bieten sie nicht den ausreichenden mechanischen Schutz.

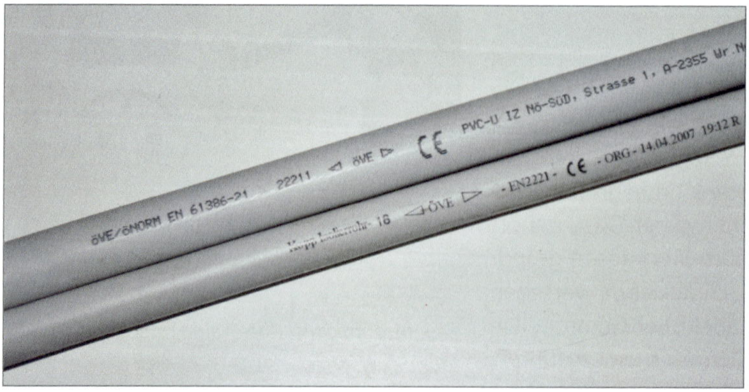

Auswahl an Installationsrohren

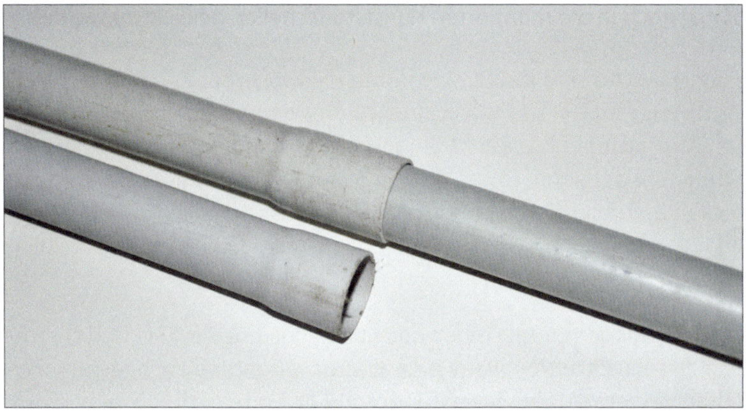

Installationsrohre können mit der an einer Seite integrierten Muffe bequem zusammengesteckt werden

34.4 Installationsrohre verlegen

Genauso wie bei der Unterputz-Installation gelten auch für die Aufputz- und Feuchtraum-Variante die bekannten Installationszonen. Dementsprechend ist auch hier die waagerechte und senkrechte Installation der Komponenten einzuhalten. Bei der Positionierung, etwa von Steckdosen im Bereich der Werkbank, bestehen Ausnahmen. Sie können auch in der Wandmitte vorgesehen werden.

Die Montage der Installationsrohre erfolgt mit Schellen, die passend zu den verschiedenen Rohrdurchmessern angeboten werden. Sie sind im Abstand von rund 30–40 cm zueinander an der Wand oder Decke zu montieren. Da die Aufputz-Installation dauerhaft sichtbar bleibt, spielt bei ihr nicht nur der technische Aspekt eine Rolle, sondern auch der optische. Etwa wenn es darum geht, Installationsrohre auch wirklich waagerecht oder senkrecht zu montieren.

Wie werden Installationsrohre richtig verlegt?

1. Der beabsichtigte Verlauf der Installationsrohre ist mit einer Wasserwaage leicht vorzuzeichnen. Dabei gilt es auf den waagerechten und senkrechten Verlauf zu achten.
2. Zwischen Installationsrohren, Steckdosen, Schaltern und Verteilerdosen ist ein geringer Abstand von etwa 5 cm vorzusehen. Damit sind die Rohre um rund 10 cm kürzer abzuschneiden, wie etwa die Abstände zwischen Dosen und Schaltern. Auch an Ecken ist der Abstand von 5 cm einzuhalten. Hier verlaufen die Kabel frei.
3. Zum Befestigen der Rohre dienen Installationsschellen, die im Abstand von 30–40 cm zu montieren sind. Die äußersten Schellen sollten rund 5 cm vor den Rohrenden platziert werden. Die Schellen sind mit Dübeln an der Wand oder der Decke zu befestigen.

4. Das Rohr braucht nur noch in die montierten Kunststoffschellen geklickt zu werden.

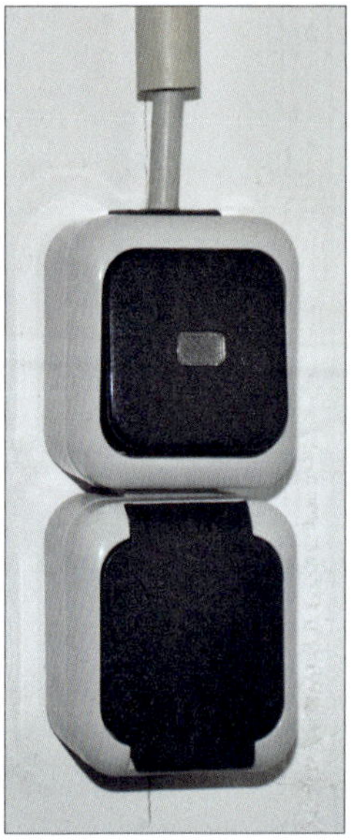

Bei der Aufputz- und Feuchtraum-Installation gelten die gleichen Installationszonen wie bei der Unterputz-Installation

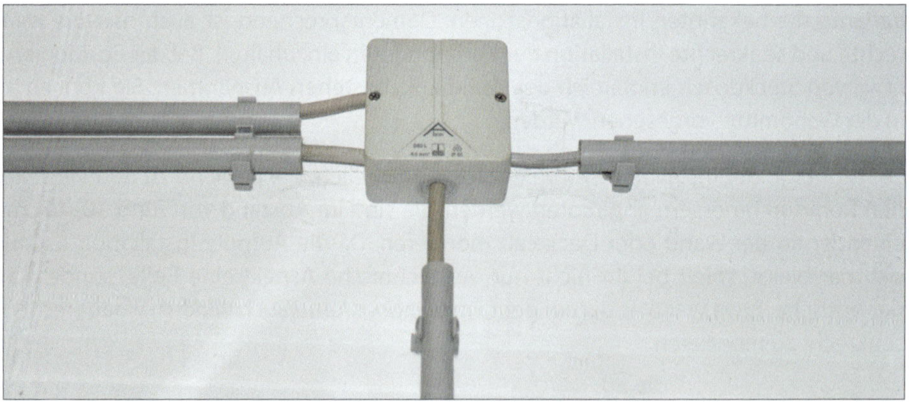

Zwischen den Rohrenden und hier der Verteilerdose ist ein Abstand von etwa 5 cm vorzusehen

34.5 Feuchtraum-Installationsdosen montieren

Feuchtraum-Komponenten wie Schalter und Steckdosen bestehen aus einem zweiteiligen Gehäuse und dem Einsatz, also dem Schaltelement oder der Steckdose an sich. Eine Gummitülle sorgt für die dichte Durchführung des Kabels ins Innere. Bei Feuchtraum-Verteilerdosen sind je nach Modell die einzelnen Kabeleinlässe mit nach Bedarf aufzuschneidenden Gummitüllen versehen oder die benötigten Kabeleingänge sind erst an der Dose auszubrechen. Die Abdichtung erfolgt dann mittels Kabelverschraubungen.

Wie Feuchtraumdose montieren?

1. Am beabsichtigten Montageort ist die Feuchtraumdose waagerecht auszurichten. Weiter sind die benötigten Bohrlöcher anzuzeichnen.
2. Zum Anschrauben der Feuchtraumdose braucht es Bohrungen, deren Durchmesser auf die einzusteckenden Dübel abgestimmt sein muss. Die Dübelgröße richtet sich wiederum nach den zu verwendenden Schrauben. Zum Teil sind Schrauben und Dübel bereits im Lieferumfang der Dosen enthalten.
3. Vor der Montage der Feuchtraumdose sind die benötigten Kabeleingänge zu öffnen. Das kann entweder mit einem größeren Schraubendreher oder einem Schneidewerkzeug erfolgen.
4. Erst danach ist die Dose an der Wand festzuschrauben.

Sinngemäß erfolgt die Montage von Feuchtraum-Schaltern, -Steckdosen und -Beleuchtungen auf exakt gleiche Weise.

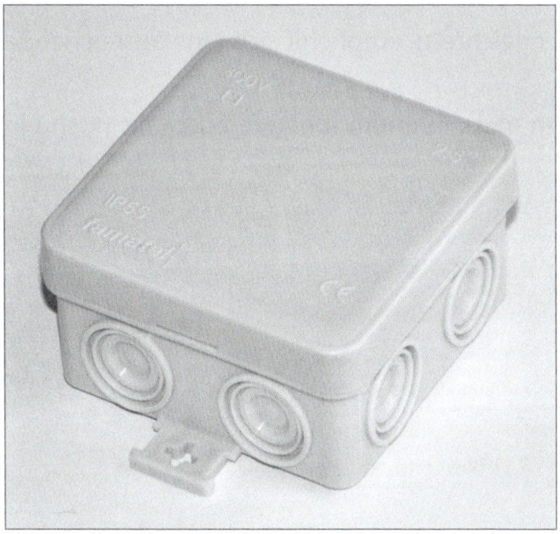

Feuchtraum-Installationsdose

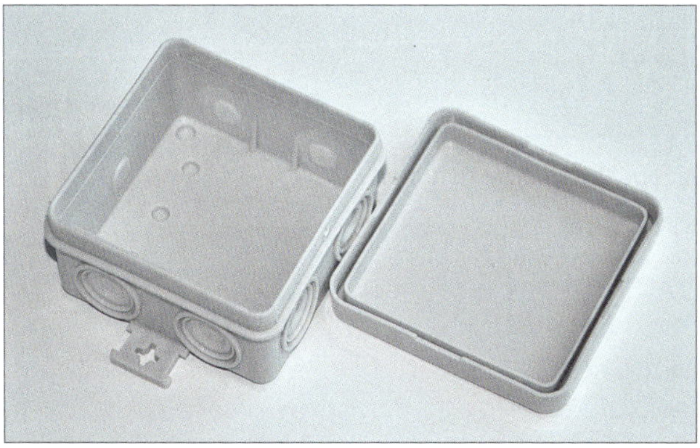

Die benötigten Kabeldurchlässe sind bei dieser Dose erst herzustellen

34.6 Kabel in die Feuchtraumdose einführen

Kabel sind so in eine Feuchtraumdose einzuführen, dass keine Spalten entstehen und durch die Öffnung weder Schmutz noch Feuchtigkeit eindringen können. Die Ausführung der Kabeldurchführungen variiert je nach Hersteller. Daraus ergeben sich geringfügig voneinander abweichende Vorgehensweisen bei der Einführung von Kabeln.

Vorgehensweise

1. Aufschraubbare Kabelverschraubungen haben ziemlich kleine Öffnungen. Dank ihres weichen, dehnbaren Materials können durch sie auch Kabel mit größerem Durchmesser hindurchgesteckt werden.
2. Nachdem für die benötigten Öffnungen gesorgt wurde, sind die Kabelverschraubungen an der Feuchtraumdose wieder anzubringen.
3. Ein Kabel lässt sich am leichtesten durch die geschaffene Öffnung schieben, solange es noch nicht abgemantelt ist.
4. Um später das Abmanteln der Kabel zu erleichtern, empfiehlt sich eine ausreichende Überlänge.
5. Kabel müssen so weit in die Dose ragen, dass in ihrem Inneren jedenfalls noch ein Zentimeter des Mantels vorhanden ist.

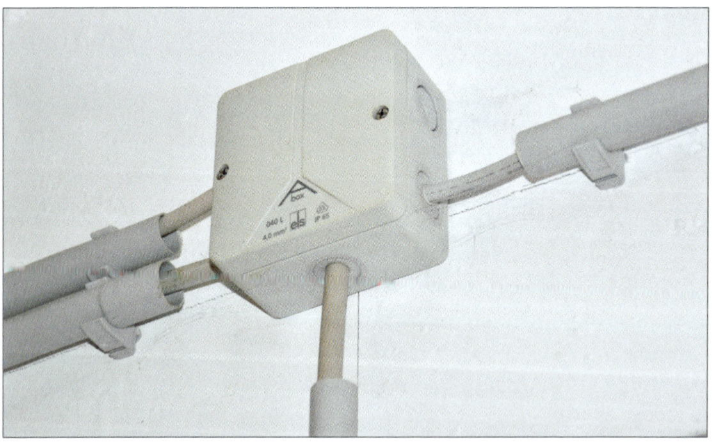

Die Kabel sind absolut dicht in die Feuchtraumdose zu führen

35. Leitungen einziehen

Drähte oder Kabel lassen sich oft nicht so einfach durch Installationsrohre einschieben. Vor allem nicht durch längere Rohre mit mindestens einem Bogen. Hier hilft ein Einzugsband weiter. Dieses wertvolle Werkzeug kennt man auch als Einziehband, Einzugsspirale, Einzugsfeder und Kabeleinziehhilfe. Diese Einzugshilfen gibt es in verschiedenen Ausführungen und Längen.

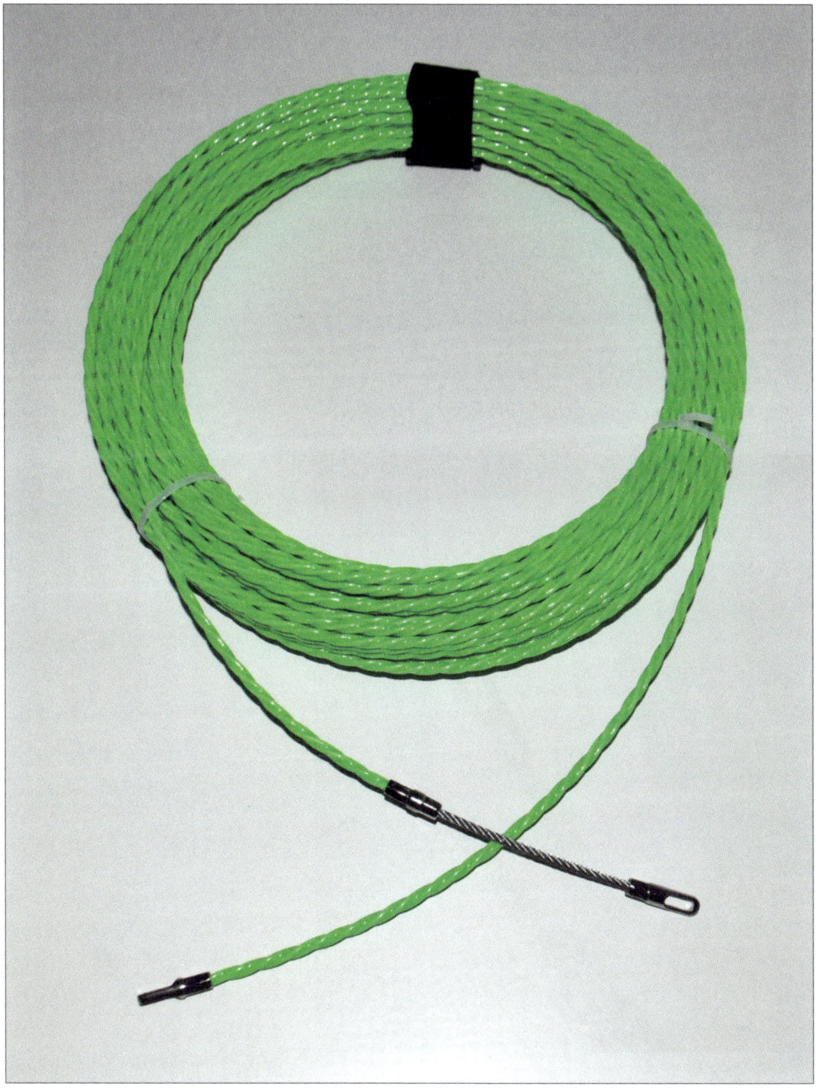

Kabeleinziehhilfe

35.1 Draht am Einzugsband befestigen

1. Je nach Größe der Öse des Einzugsbands sind die einzuziehenden Drähte etwa auf einer Länge von 10–15 cm abzuisolieren.
2. Die Drähte bis zur Mitte des abisolierten Teils durch die Öse fädeln und um 180 Grad nach hinten biegen.
3. Die zurückgebogenen Drahtstücke ein- bis zweimal um sich selbst wickeln.
4. Eventuell mit einer Spitzzange die entstandenen Ösen etwas zusammenbiegen. Zudem sollten die zurückgebogenen Drahtenden nicht zu sehr zur Seite stehen, da sie sonst für zusätzliche Breite sorgen, die das Einziehen erschweren kann.

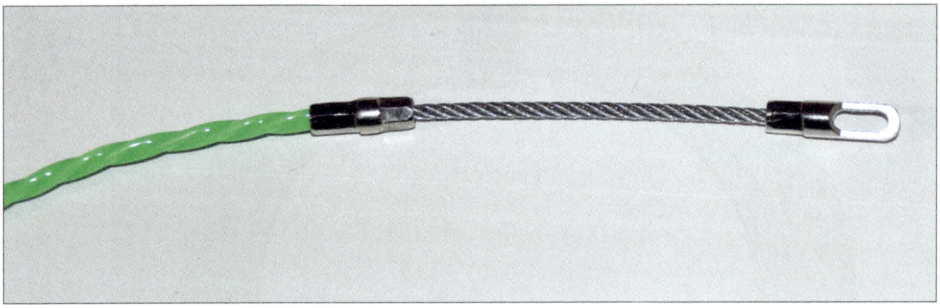

Mit der Führungsfeder ist die Einzugshilfe ins Rohr zu stecken

Das Kabel ist an der Öse am hinteren Ende der Einzugshilfe zu befestigen

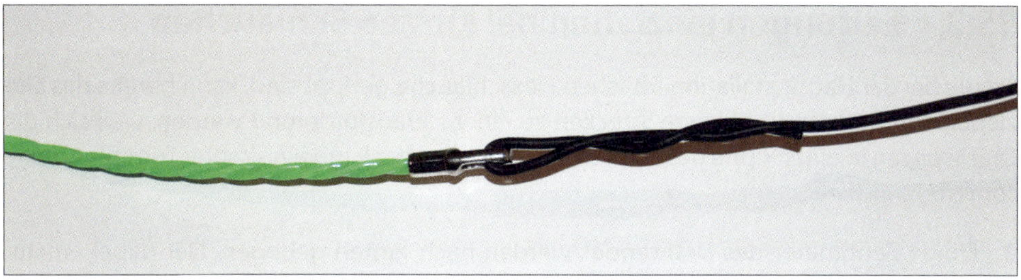

Gewöhnlich reicht es, den Draht durch die Öse zu schieben und einige Male um sich zu wickeln. Er muss nicht zwingend abisoliert sein

Tipp

Zum Teil umwickeln Elektriker den Bereich der um die Öse eingewickelten Kabel zusätzlich mit Isolierband, um einen zusätzlichen Schutz, aber auch mehr Festigkeit zu erreichen.

35.2 Leitungen richtig einziehen

1. Bei längeren Rohrstücken empfiehlt sich der Einsatz eines Einzugsbands. Damit lassen sich Leitungen auch über Bögen leichter einziehen.
2. Befinden sich bereits mehrere Drähte in der Verrohrung, hilft es, das einzuziehende Kabel gut zu schmieren. In Baumärkten findet man für solche Zwecke spezielle Elektroschmiermittel. Alternativ bietet sich auch etwas Silikonspray an.
3. Das einzuziehende Kabel oder der Draht sind nicht nur zu Beginn, sondern möglichst auf der ganzen einzuziehenden Länge gut zu schmieren. Das Schmieren gewinnt umso mehr an Bedeutung, je voller das Rohr bereits ist. Je besser geschmiert wird, umso leichter lässt sich ein Draht noch in vermeintlich volle Verrohrungen einziehen.

Alte Seife tut es auch

Altgediente Elektriker nehmen zum Schmieren der einzuziehenden Kabel auch alte Seife. Sie wird angefeuchtet und über das Kabel gezogen. Damit werden jedenfalls vergleichbar gute Resultate erreicht wie mit speziellen Schmiermitteln. Die weitere Vorgehensweise entspricht der eben beschriebenen.

35.3 Leitungen einziehen bei kurzen Schläuchen

Da die bei der Hausinstallation üblichen Flexschläuche gerippt sind, kann bereits das Einziehen von Drähten über kurze Strecken zu einer Herausforderung werden, weil sich die Drahtspitzen in einer Rippe des Schlauchs verhaken. Hier kann ein simpler Trick für Abhilfe sorgen.

1. Einige Zentimeter des Drahtendes werden nach hinten gebogen. Der dabei entstehende Drahtbogen sollte nicht zu klein ausfallen und einen Durchmesser von rund 6 mm bis maximal 10 mm aufweisen.
2. Wird der Draht durch das Flexrohr geschoben, kann er sich wegen der Rundung an keiner Kante mehr verhaken, sondern gleitet weiter. So lässt sich der Draht leicht bis zu seinem Ziel schieben.

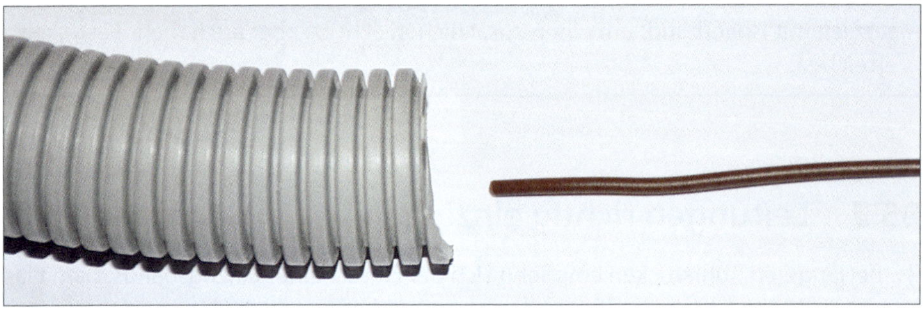

Beabsichtigt man einen Draht mit seiner Spitze durch ein Flexrohr zu schieben, kann er sich an den Rippen verhaken

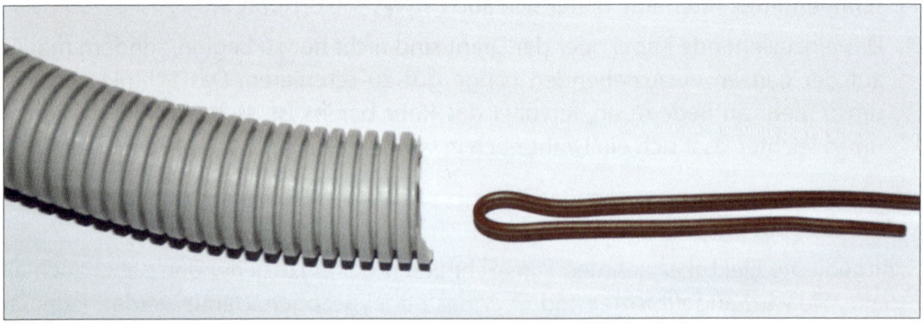

Ist die Spitze umgebogen, lässt sich der Draht leicht durch den Schlauch schieben

36. Leitungen anschließen

36.1 Schutzleiter PE korrekt anschließen

Der grüngelbe Schutzleiter PE, umgangssprachlich auch gern als Erde bezeichnet, ist insofern der wichtigste Draht einer jeden Elektroinstallation, als er im Fehlerfall an der Anlage, bei der ein berührbares Teil unter Spannung gesetzt wird, vor Unfällen schützt und das Leben bewahren hilft.

Um die Funktion des Schutzleiters möglichst lange zu erhalten, wird der Schutzleiter von vielen Elektroinstallateuren rund 2–3 cm länger ausgeführt. Wird zum Beispiel eine Steckdose ausgerissen, bleibt der Schutzleiter bis zuletzt angeschlossen. Damit bleibt die Schutzfunktion auch dann noch gewährleistet, falls sich stromführende Drähte aus der Klemme gelöst haben sollten.

Schutzleiter richtig anschließen

1. Der Arbeitsbereich ist vor Beginn der Arbeiten entsprechend den fünf Sicherheitsregeln abzuschalten, gegen Wiedereinschalten zu sichern und auf Spannungsfreiheit zu prüfen.
2. Nachdem das Kabel abgemantelt wurde, sind alle Drähte mit Ausnahme des grüngelben Schutzleiters PE um zwei bis drei Zentimeter zu kürzen.
3. Vor dem Anschließen sind die Litzendrähte mit Aderendhülsen zu versehen. Danach können sie angeschlossen werden.

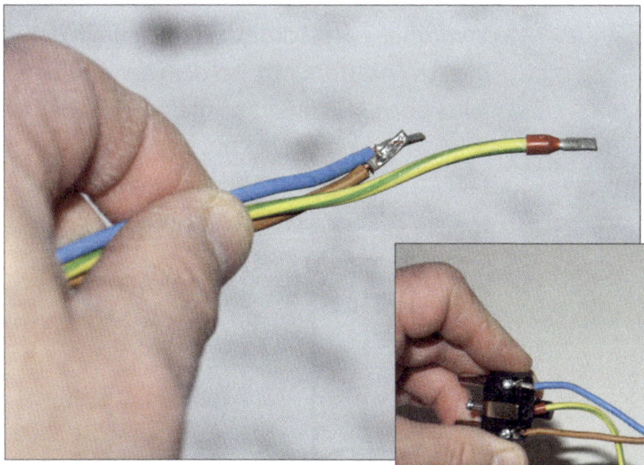

Zur erhöhten Sicherheit sollte der Schutzleiter rund 2–3 cm länger als die anderen Drähte sein

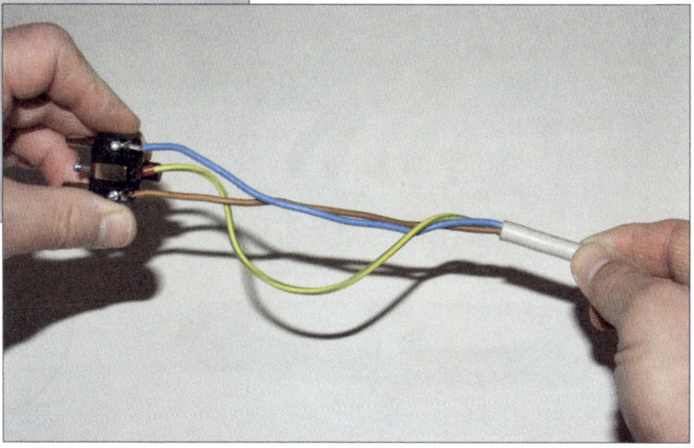

Wird am Kabel gerissen, bleibt der Schutzleiter noch angeschlossen, während sich die anderen Drähte bereits lösen könnten

36.2 Anschließen einer Standardsteckdose

Die korrekte Bezeichnung der allgemein üblichen 230-Volt-Wechselstrom-Steckdose ist Schutzkontakt-Steckdose oder verkürzt Schuko-Steckdose. Sie besitzt drei Anschlüsse, von denen der mittlere für den grüngelben Schutzleiter PE vorgesehen ist. Die beiden seitlichen Kontakte sind für den braunen Außen- und den blauen Neutralleiter vorgesehen. Bei den üblichen Standardsteckdosen ist nicht vorgegeben, wo welcher der beiden Drähte anzuschließen ist. Gewöhnlich wird der Außenleiter so angeschlossen, dass er in der eingebauten Steckdose links liegt. Dementsprechend wird der Neutralleiter rechts angeschlossen.

Steckdose korrekt anschließen

1. Der Arbeitsbereich ist vor Beginn der Arbeiten entsprechend den fünf Sicherheitsregeln abzuschalten, gegen Wiedereinschalten zu sichern und auf Spannungsfreiheit zu prüfen.
2. Der von der Spannungsquelle kommende grüngelbe Schutzleiter PE ist an der mittig angeordneten Schutzleiterklemme der Steckdose anzuschließen.
3. Der von der Spannungsquelle kommende blaue Neutralleiter N ist so anzuklemmen, dass er an der anschließend in der Wand eingebauten Steckdose idealerweise rechts liegt.
4. Der von der Spannungsquelle kommende braune Außenleiter L ist so anzuklemmen, dass er an der anschließend in der Wand eingebauten Steckdose idealerweise links liegt.
5. Zuletzt ist der Steckdoseneinsatz in der Unterputzdose zu fixieren und anzuschrauben sowie die Schutzabdeckung zu befestigen.

Verdrahtete Steckdose, hier noch nach dem älteren Farbstandard, bei dem der Außenleiter noch in Schwarz ausgeführt wurde

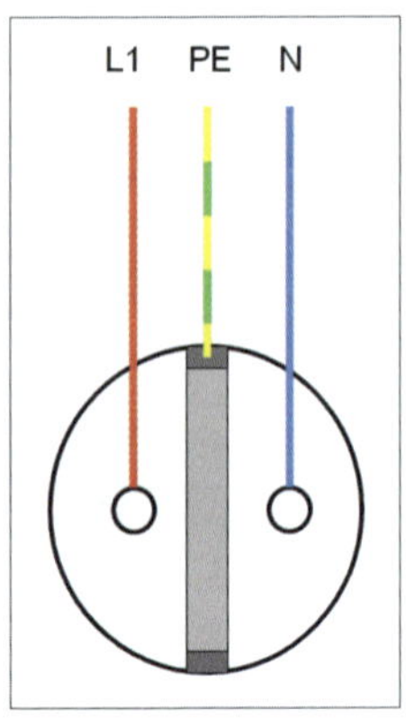

Verdrahtungsschema einer Steckdose

36.3 Anschließen einer Sondersteckdose

In diesem Zusammenhang werden als Sondersteckdosen solche verstanden, die auch mit einer USB- oder USB-C-Ladebuchse zum direkten Anschluss zum Beispiel eines Smartphones ausgestattet sind. Auch solche Steckdosen kommen mit drei Anschlüssen. Der Unterschied zu den normalen Steckdosen besteht darin, dass bei Sondersteckdosen nicht nur der Anschluss des grüngelben Schutzleiters, sondern auch des braunen Außen- und blauen Neutralleiters fest vorgegeben ist. Hier ist die Einhaltung der Klemmenbelegungen mit L, N und PE für die Funktion der in der Steckdose verbauten Elektronik wichtig.

Da die Einbaulage solcher Steckdosen zum Beispiel anhand von Beschriftungen, die ja nicht kopfüber stehen sollten, vorgegeben sein kann, ergibt sich daraus auch die Lage von Außen- und Neutralleiter. Für die Funktion der 230-Volt-Steckdose ist es schließlich egal, welcher Draht links oder rechts zu liegen kommt. Anzuschließen sind solche Sondersteckdosen genauso wie herkömmliche 230-Volt-Steckdosen.

Neben Standardsteckdosen werden auch solche mit USB-Lademöglichkeiten angeboten

Bei solchen Sondersteckdosen sind die Anschlüsse des Außen- und Neutralleiters vorgegeben

36.4 Anschließen einer Doppelsteckdose

Doppel- und Mehrfachsteckdosen sind in Haushalten weitverbreitet. Sie setzen sich aus mindestens zwei voneinander unabhängigen Steckdosen zusammen und sind auch getrennt voneinander anzuschließen. Angespeist werden sie dennoch nur von einer gemeinsamen Zuleitung aus dem braunen Außenleiter L, dem blauen Neutralleiter N und dem grüngelben Schutzleiter PE. Sie sind an einer Steckdose anzuschließen. Zur zweiten sind drei Brücken zu legen, womit beide Steckdosen parallel zueinander geschaltet sind.

Doppel- oder Mehrfachsteckdose anschließen

1. Der Arbeitsbereich ist vor Beginn der Arbeiten entsprechend den fünf Sicherheitsregeln abzuschalten, gegen Wiedereinschalten zu sichern und auf Spannungsfreiheit zu prüfen.
2. Zum parallelen Anschließen der zweiten Steckdose sind drei rund 10–11 cm lange Drahtstücke in den Farben Grüngelb, Blau und Braun vorzubereiten. Sie müssen denselben Querschnitt haben wie die Zuleitung zur ersten Steckdose. Handelt es sich um eine Dreifachsteckdose, sind je zwei solcher Drahtstücke pro Farbe vonnöten.
3. Die drei bzw. sechs Drahtstücke sind an beiden Enden auf einer Länge von rund 8–10 mm abzuisolieren.
4. Der von der Spannungsquelle kommende grüngelbe Schutzleiter PE ist an der mittig angeordneten Schutzleiterklemme der ersten Steckdose anzuschließen.
5. Weiter ist an der Schutzleiterklemme der ersten Steckdose das vorbereitete (erste) grüngelbe Drahtstück gemeinsam mit dem von der Spannungsquelle kommenden Schutzleiter PE mit anzuschließen.
6. Das zweite Ende des grüngelben Drahtstücks ist an der Schutzleiterklemme der zweiten Steckdose anzuschließen. Handelt es sich um eine Dreifachsteckdose, ist hier auch das zweite vorbereitete grüngelbe Drahtstück mit einzuklemmen. Dieses ist dann mit der Schutzleiterklemme der dritten Steckdose zu verbinden.
7. Der von der Spannungsquelle kommende blaue Neutralleiter N ist so an der ersten Steckdose anzuklemmen, dass er an der anschließend in der Wand eingebauten Steckdose idealerweise rechts liegt.
8. Weiter ist an der Neutralleiterklemme der ersten Steckdose das vorbereitete (erste) blaue Drahtstück gemeinsam mit dem von der Spannungsquelle kommenden Neutralleiter N mit anzuschließen.
9. Das zweite Ende des blauen Drahtstücks ist an der Neutralleiterklemme der zweiten Steckdose anzuschließen. Handelt es sich um eine Dreifachsteckdose, ist hier auch das zweite vorbereitete blaue Drahtstück mit einzuklemmen. Dieses ist dann mit der Neutralleiterklemme der dritten Steckdose zu verbinden.
10. Der von der Spannungsquelle kommende braune Außenleiter L ist so an der ersten Steckdose anzuklemmen, dass er an der anschließend in der Wand eingebauten Steckdose idealerweise links liegt.

11. Weiter ist an der Außenleiterklemme der ersten Steckdose das vorbereitete (erste) braune Drahtstück gemeinsam mit dem von der Spannungsquelle kommenden Außenleiter L mit anzuschließen.
12. Das zweite Ende des braunen Drahtstücks ist an der Außenleiterklemme der zweiten Steckdose anzuschließen. Handelt es sich um eine Dreifachsteckdose, ist hier auch das zweite vorbereitete braune Drahtstück mit einzuklemmen. Dieses ist dann mit der Außenleiterklemme der dritten Steckdose zu verbinden.
13. Zuletzt sind die Steckdoseneinsätze in der Unterputzdose zu fixieren und anzuschrauben sowie die Schutzabdeckungen zu befestigen.

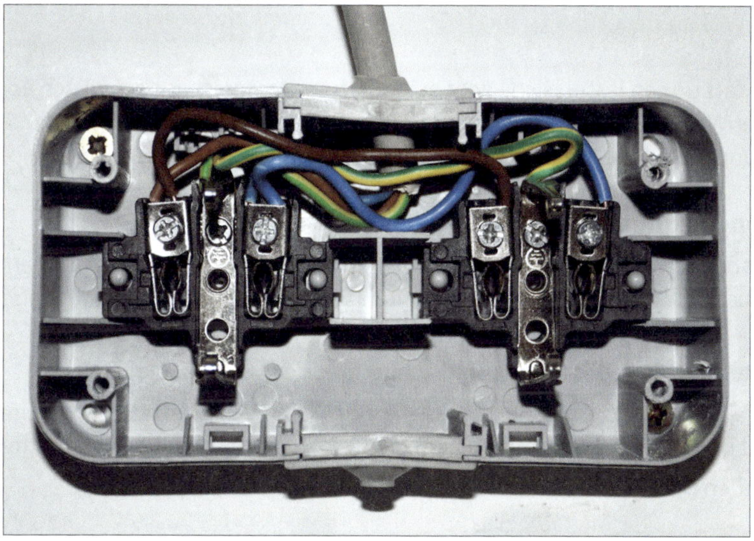

Verdrahtete Aufputz-Doppelsteckdose

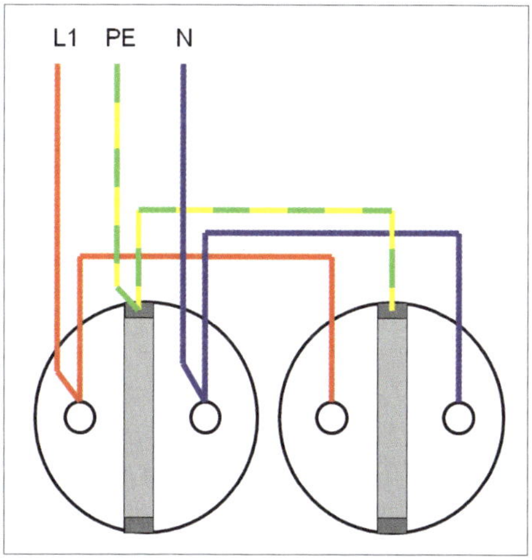

Verdrahtungsschema einer Doppelsteckdose

36.5 Kinderschutzsteckdose

Die beiden Öffnungen der Steckdosen üben auf Kleinkinder eine magische Wirkung aus und verleiten sie immer wieder dazu, Stäbe und dergleichen hineinzustecken. Was mit absoluter Lebensgefahr verbunden ist.

Zum Teil werden Steckdosen bereits mit einem Berührungsschutz angeboten. Genau genommen ist dieser in der Steckdosenabdeckung verbaut. Er besteht aus gegenseitig verriegelten Klappen im Bereich der beiden Öffnungen zu den Kontakten des Außen- und Neutralleiters. Einzelne Stifte lassen sich nicht in die Steckdose einführen. Nur wenn auf beiden Seiten ein gleichmäßiger Druck ausgeübt wird, wie beim Anstecken eines Steckers, wird die Sperre aufgehoben.

Steckdosenabdeckungen lassen sich leicht austauschen. Besser ist es aber, gleich von Beginn an bei der Wahl des Schalterprogramms, also dem Design für Schalter- und Steckdosenabdeckungen, auf die entsprechende Schutzvorrichtung zu achten.

Steckdosenabdeckung austauschen

1. Der Arbeitsbereich ist vor Beginn der Arbeiten entsprechend den fünf Sicherheitsregeln abzuschalten, gegen Wiedereinschalten zu sichern und auf Spannungsfreiheit zu prüfen.
2. Die alten Steckdosenabdeckungen sind abzuschrauben und abzunehmen.
3. Die neuen Kinderschutz-Steckdosenabdeckungen sind einzusetzen. Diese Einsätze müssen mit dem Rahmen zusammenpassen, der im Bedarfsfall mit auszutauschen ist.
4. Zuletzt werden die Kinderschutz-Steckdosenabdeckungen festgeschraubt.

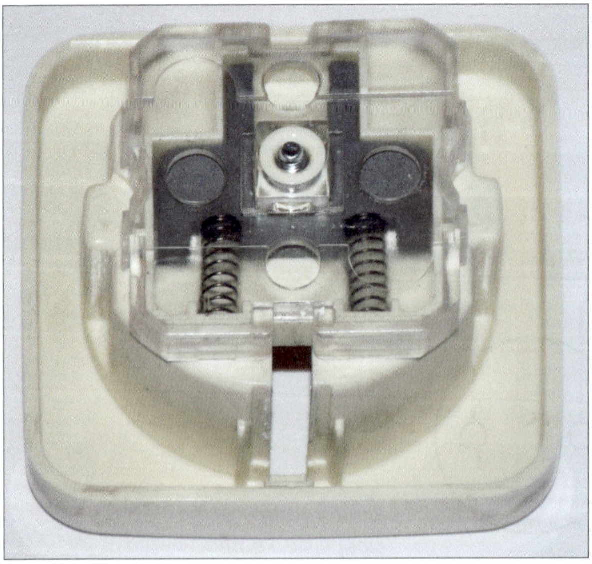

Kinderschutz-Steckdoseneinsätze besitzen eine Verriegelung, die das Hineinstecken einzelner Gegenstände verhindert

36.6 Richtiger Einbau von Schaltern und Steckdosen

Zur korrekten Ausführung einer Elektroinstallation zählt nicht nur, dass alle Komponenten den aktuellen Vorschriften entsprechend ausgeführt werden und so ein Maximum an Sicherheit für Sachgüter und Leben gewährleistet ist. Ein wichtiger Bestandteil dieses Gesamtpakets ist auch, dass Schalter und Steckdosen so verbaut werden, dass sie über Jahrzehnte hinweg anstandslos funktionieren und gefahrlos bedient werden können. Um diesen Anforderungen gerecht zu werden, müssen die Komponenten, insbesondere Schalter und Steckdosen, in den Unterputzdosen korrekt verbaut werden.

Die meisten Schalter und Steckdoseneinsätze sind mit zwei seitlichen Krallen versehen, die über zwei von der Front zugängliche Schrauben bewegt und nach außen gedrückt werden. Damit krallen sie sich an der Gehäuse-Innenseite der Unterputzdose fest. Zudem sind Schalter und Steckdoseneinsätze mit ihrem Metallrahmen mit weiteren zwei Schrauben an der Installationsdose zu befestigen. Damit wird etwa gewährleistet, dass diese Geräte bündig mit der Wand abschließen.

Richtig montieren

1. Der Arbeitsbereich ist vor Beginn der Arbeiten entsprechend den fünf Sicherheitsregeln abzuschalten, gegen Wiedereinschalten zu sichern und auf Spannungsfreiheit zu prüfen.
2. Nachdem alle Drähte am Gerät angeschlossen wurden, sind sie vor dem Einbau des Schalters oder der Steckdose in die Unterputzdose auf festen Halt zu überprüfen. Das erfolgt durch vorsichtiges Ziehen am Draht.
3. Im Zuge des Einbaus des Gerätes in die Dose sind zuerst die Drähte etwa durch Drehen in Schlaufen so in der Unterputzdose zu verstauen, dass sie an deren hinteren Ende zu liegen kommen.

Nachdem die Drahtüberlängen hinter der einzubauenden Steckdose verstaut wurden, ist sie einzubauen

4. Vor dem Einbau des Gerätes ist zu kontrollieren, ob die seitlichen Haltekrallen an der Seite des Schalters oder der Steckdose anliegen. Nur so lässt sich das Gerät leicht in die Installationsdose schieben. Währenddessen ist darauf zu achten, dass keine Drähte eingeklemmt werden.
5. Nach dem waagerechten Ausrichten des Gerätes ist es durch Zuschrauben der beiden seitlichen Krallen in der Installationsdose zu fixieren.

Die Steckdose wird mit den beiden seitlichen Krallen in der Installationsdose fixiert

6. Weiter sind die Geräte mit zwei zusätzlichen Schrauben an der Installationsdose anzuschrauben. Einige Geräte bieten nur diese Option.
7. Zuletzt ist die Abdeckung am Gerät, also Rahmen und zum Beispiel die Schalterwippe, anzubringen.

37. Was darf in die Leerverrohrung?

Eine jede Elektroinstallation wird mit dem Gedanken errichtet, sie über Generationen hinweg zu betreiben. Damit geht einher, dass der Aufbau der Anlage auch von Elektrikern in der Zukunft durchschaut werden kann, etwa, um Erweiterungen durchzuführen. Ein normgerechter Aufbau schafft die Grundlage dafür. Dazu zählt auch, welche Leitungen in einer Leerverrohrung eingezogen werden dürfen.

37.1 Spannungsebene und Stromart

Die wichtigste Grundregel lautet, dass in eine Leerverrohrung nur Kabel und Drähte derselben Spannungsebene und Stromart dürfen. Gewöhnlich sprechen wir hier von 230 Volt Wechselspannung. In eine Verrohrung und infolgedessen auch in eine Verteilerdose dürfen ausschließlich Leitungen, die dieses Kriterium erfüllen. Dementsprechend gilt, dass in ein Rohr, durch das bereits Leitungen der 230-Volt-Hausinstallation laufen, weder Antennen-, Netzwerk- noch Telefonkabel eingezogen werden dürfen. Weiter haben in einem solchen Rohr keine Gleichspannungsleitungen oder solche für Niederspannung etwas verloren.

37.2 Was sind die Gründe?

Vor allem soll mit dieser Trennung der Verwechslungsgefahr vorgebeugt werden. Schließlich ist es einem Kabel oft nur äußerst schwer anzusehen, welchem Zweck es dient. Würde etwa ein Antennen- mit einem Stromkabel verwechselt werden, hätte das fatale Folgen, würde man es zum Beispiel durchzwicken wollen.

Nicht minder zu vernachlässigen ist die Gefahr, dass eine gefährlich hohe Spannung auf nicht der 230-Volt-Installation zugehörige Leitungen übertragen wird. Dies kann etwa der Fall sein, nachdem die Isolierung von Leitungen aufgrund von Überhitzung Schaden genommen hat.

37.3 Separate Verrohrungen vorsehen

Für die unterschiedlichen Anwendungen sind zwingend separate Verrohrungen vorzusehen. Also für Telefon- und LAN-Leitungen sowie für Antennenkabel und – nicht zu vergessen – für andere Stromsysteme, etwa für die mit Kleinspannung im Bad betriebene Beleuchtung.

All das klingt zwar nach einem hohen Mehraufwand, tatsächlich hält sich dieser aber in Grenzen. Abgesehen davon ergibt sich die Trennung oft schon allein durch die örtlichen Gegebenheiten. So werden allein die Übergabepunkte für die Telefonleitung oder den Kabelanschluss woanders sein als die übliche Strominstallation.

37.4 Bedarf ermitteln

Bei der Planung einer Elektroinstallation muss man sich nicht nur darüber Gedanken machen, wo man Beleuchtungsauslässe, Lichtschalter und Steckdosen braucht, sondern auch, wo man Antennenanschlüsse und solche für das LAN-Heimnetzwerk und das Festnetztelefon braucht. Außerdem gilt es zum Beispiel an Alarm- und Überwachungsanlagen zu denken. Erst nachdem diese Wünsche definiert wurden, kann man darangehen, die Leerverrohrung für die einzelnen Anwendungen zu planen.

37.5 Mysterium Installationsdose

Installationsdosen, umgangssprachlich auch gern als Abzweigdosen bezeichnet, sind mit Vorsicht zu genießen. Man findet sie knapp unter der Zimmerdecke. In ihnen haben ausschließlich autorisierte Fachkräfte etwas zu suchen. Schließlich bergen Installationsdosen ein hohes Gefahrenpotential.

Abgesehen davon bietet sich für den Laien oft ein chaotischer Anblick. Kein Wunder. Schließlich kommen in solchen Dosen die zu Steckdosen, Beleuchtungen und Schaltern führenden Leitungen zusammen. Weiter können korrespondierende Leitungen, etwa von einer Wechselschaltung, durch eine Dose geführt werden. Meist sind einzelne Drähte jedoch mit Klemmen zusammengeschlossen.

Mehrere Stromkreise

Man muss sich darüber im Klaren sein, dass in einer Installationsdose mehrere Stromkreise zusammentreffen können. Wenn etwa in dem Raum, in dem man sich befindet, dafür gesorgt wurde, dass Licht und Steckdosen stromlos sind, heißt das nicht, dass das auch für eine Installationsdose zutreffen muss. Durch sie können auch Leitungen zu benachbarten Stromkreisen geführt werden. Womit hier höchste Vorsicht geboten ist. In diesem Zusammenhang sei noch einmal auf die alte Elektriker-Weisheit hingewiesen, die besagt, dass alle abgeschalteten Stromkreise stets als unter Spannung stehend zu betrachten sind. Entsprechend vorsichtig ist auch zu hantieren. Auf diese Weise kann man unliebsamen Überraschungen begegnen. Diese können nicht nur in zusätzlichen Stromkreisen, sondern auch in Verwechslungen begründet sein.

An der Installationsdose arbeiten

Nach der Fertigstellung einer Elektroinstallation wird man gewöhnlich kaum mehr einen Blick in das Innere einer Installationsdose werfen müssen. Im Fall von Erweiterungen oder eines vermeintlichen Fehlers kann dies aber sehr wohl vonnöten sein.

1. Der Arbeitsbereich ist vor Beginn der Arbeiten entsprechend den fünf Sicherheitsregeln abzuschalten, gegen Wiedereinschalten zu sichern und auf Spannungsfreiheit zu prüfen. Im speziellen Fall von Installationsdosen ist zusätzlich zu berücksichtigen, dass durch sie auch benachbarte Stromkreise geführt werden können. Die sind ebenfalls entsprechend den fünf Sicherheitsregeln zu behandeln.
2. Um auf Nummer sicher zu gehen, ja keinen Stromkreis zu vergessen, empfiehlt es sich, gleich den Haupt-FI einer Wohnungs- oder Hausinstallation auszuschalten. Somit lässt sich auf einen Schlag die gesamte Anlage stromlos machen. Auch hier ist entsprechend den fünf Sicherheitsregeln vorzugehen.
3. In der Installationsdose sind alle stromführenden Leiter gegen den blauen Neutralleiter auf Spannungsfreiheit zu prüfen.
4. Nun gilt es, sich einen Überblick über das Innenleben einer Installationsdose zu verschaffen. Beim Hantieren mit den Drähten ist behutsam vorzugehen. Schraubklemmen könnten sich im Laufe der Zeit gelockert haben, und so besteht die Gefahr, dass einzelne Drähte aus ihnen herausrutschen.
5. Um sich einen Überblick über die Funktion der einzelnen Drähte zu verschaffen, hilft es zu verfolgen, von wo sie herkommen. Anhand der Lage der in der Dose endenden Rohre lässt sich in der Regel feststellen, ob diese zu einer Lampe abgehen und von welcher Seite die Anspeisung erfolgt. Nach unten gehende Rohre deuten auf Lichtschalter und Steckdosen hin.

In einer Installationsdose können mehrere Stromkreise zusammentreffen

38. Der Verteilerschrank

Der Verteilerschrank ist die große Stromzentrale eines Haushalts bzw. einer Wohnung. Zu ihm führt die vom Hausanschlusskasten kommende Stromzuleitung aus dem öffentlichen Elektrizitäts-Verteilnetz. Im Verteilerschrank sind die Hauptsicherung, der Stromzähler, die FI-Schalter, Sicherungsautomaten, Stromstoßschalter und diverse Steuergeräte wie Treppenhausautomaten untergebracht.

Im Verteilerschrank erfolgt die Aufteilung der Stromanspeisung auf die einzelnen Stromkreise im Haushalt. Jeder ist zumindest mit einem Leitungsschutzschalter, gemeinhin auch als Sicherungsautomat bezeichnet, abgesichert. Sensible Bereiche sind zusätzlich mit einem FI-Schutzschalter oder einem FI/LS ausgestattet.

Gewöhnlich ist der Verteilerschrank in einer Wand eingebaut. Man spricht auch von Unterputz-Montage. Entsprechend ist auch die Hausinstallation unter Putz ausgeführt. Die Aufputz-Variante spielt zumindest im deutschen Sprachraum nur eine untergeordnete Rolle.

Der Verteilerschrank zählt zu den gefährlichsten Orten einer Elektroinstallation. Nirgendwo sonst gibt es mehr Möglichkeiten, mit Strom leitenden Teilen in Berührung zu kommen. Abgesehen davon, dass er es ohnehin nicht darf, hat der Hobby-Handwerker zum Wohle seines eigenen Lebens hier absolut nichts zu suchen. Arbeiten im Verteilerschrank sind ausnahmslos vom autorisierten Elektroinstallateur vorzunehmen.

Im Verteilerschrank hat ausschließlich der autorisierte Elektroinstallateur etwas verloren

38.1 Übersicht im Verteilerschrank

Fällt der Strom aus, führt der erste Weg zum Verteilerschrank. In ihm finden sich eine Reihe von Leitungsschutzschaltern, für jeden Stromkreis einer, sowie einige Fehlerstrom-Schutzschalter. Um nach einer Auslösung etwaigen Fehlern auf die Spur zu kommen, ist es wichtig, im Verteilerschrank für Übersichtlichkeit zu sorgen. Dazu zählt in erster Linie das Wissen, welche Stromkreise mit welchen Leitungsschutzschaltern abgesichert sind.

Wie Übersicht schaffen?

1. Auf alle Leitungsschutzschalter ist der Reihe nach eine fortlaufende Zahl aufzukleben.
2. Sofern noch nicht bekannt ist, welcher LS welchen Stromkreis schaltet, ist dies im Detail zu ermitteln. Dazu ist der erste LS auszuschalten und in der Folge zu kontrollieren, wo nun überall der Strom fehlt. Dazu sind Beleuchtungen und Steckdosen zu kontrollieren. Die Ergebnisse sind zu notieren.
3. Auf diese Weise sind der Reihe nach alle weiteren Leitungsschutzschalter einzeln zu kontrollieren.
4. Nachdem bekannt ist, welcher LS welche Stromkreise schaltet, ist dies auf einem Blatt Papier zusammenzufassen. Etwa mit 1 = Küche, 2 = E-Herd, 3 = Wohnzimmer usw.
5. Dieses Blatt kleben Sie an die Innenseite der Tür des Verteilerschranks. So wissen auch Außenstehende, welcher LS im Bedarfsfall zu schalten ist, oder man sieht sofort, in welchem Bereich der Wohnung es zu einer Auslösung gekommen ist.
6. Die gleiche Vorgehensweise ist auch bei allen Subverteilern vorzunehmen.

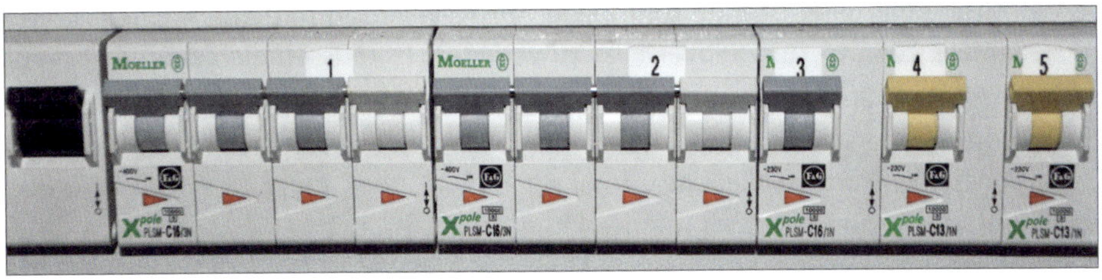

Zur leichteren Identifizierung sind alle Leitungsschutzschalter mit einer Nummer zu versehen

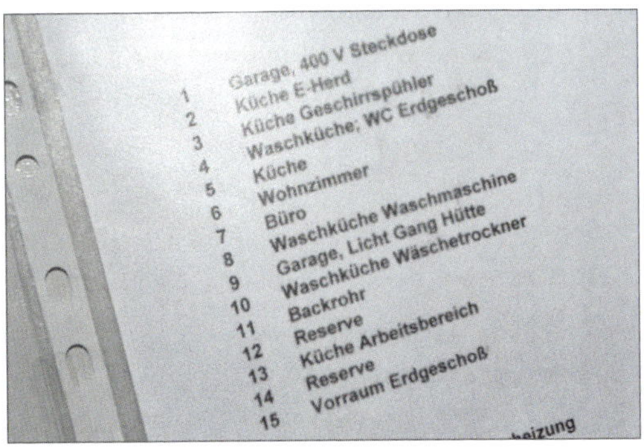

Die von den einzelnen LS geschalteten Stromkreise sind auf einem Blatt Papier zusammenzufassen und in den Verteilerschrank zu kleben

38.2 Subverteiler

Neben dem Hauptverteiler kommen insbesondere in mehrgeschossigen Wohnungen oder Häusern Subverteiler zum Einsatz. Sie helfen, eine bessere Übersicht zu bewahren, indem sie Stromkreise nach Stockwerken getrennt zusammenfassen.

Subverteiler sind dem Hauptverteiler nachgeschaltet. In ihnen findet sich deshalb keine Hauptsicherung und meist auch kein Stromzähler. Deshalb sind sie durchweg kleiner als der Hauptverteiler. Im Subverteiler findet sich jedenfalls ein FI-Fehlerstrom-Schutzschalter, mit dem die von ihm abgehenden Stromkreise gesondert geschützt sind. Darüber hinaus sind im Subverteiler Leitungsschutzschalter für alle im Stockwerk vorhandenen Stromkreise eingebaut und Zusatzgeräte wie Treppenhausautomaten, die für das Stockwerk, in dem er verbaut ist, relevant sind. Neben weiteren Stockwerken kann auch beispielsweise die Gartenhütte mit einem Subverteiler ausgestattet sein, sofern in ihr mehrere Stromkreise verlegt sind.

Wie Subverteiler anschließen?

Das Gefahrenpotential beim Anschließen eines Subverteilers ist absolut mit dem beim Hauptverteiler zu vergleichen. Deshalb sei hier eindringlich darauf hingewiesen, dass diese Arbeiten ausschließlich von autorisiertem Fachpersonal durchgeführt werden dürfen.

1. Der Arbeitsbereich ist vor Beginn der Arbeiten entsprechend den fünf Sicherheitsregeln abzuschalten, gegen Wiedereinschalten zu sichern und auf Spannungsfreiheit zu prüfen.
2. Vom Hauptverteiler ist eine fünfpolige Anspeiseleitung mit einem Querschnitt von jedenfalls 10 mm^2 zum Subverteiler zu verlegen. Es müssen die Leiter L1 (braun), L2 (schwarz), L3 (grau), N (blau) und PE (grüngelb) enthalten sein.
3. Der grüngelbe Schutzleiter PE ist im Haupt- und im Subverteiler an der Potentialausgleichsschiene anzuschließen.
4. Die drei zum Subverteiler führenden Außenleiter sind im Hauptverteiler unmittelbar nach dem Stromzähler anzuschließen.
5. Die drei Außen- und der Neutralleiter sind im Subverteiler an den Eingangsklemmen des Haupt-FI anzuschließen. Er übernimmt den Schutz aller vom Subverteiler abgehenden Stromkreise.

Subverteiler werden gewöhnlich in zusätzlichen Stockwerken genutzt

39. Kunden-Stromzähler

Strom- oder auch Energiezähler dienen nicht nur für die Abrechnung der im Haushalt verbrauchten elektrischen Energie. Zusätzliche Stromzähler im Besitz der Kunden dienen etwa dazu, den Energieverbrauch von bestimmten Verbrauchern zu kontrollieren, etwa, um den Stromverbrauch der Wärmepumpe oder der Wallbox zu überwachen. So gewinnt man mit Kunden-Stromzählern den Überblick, wie viel Energie für große Verbraucher aufgewendet wird.

In der Vergangenheit war der Einbau eines Kundenzählers eine aufwendige Angelegenheit, weil dazu vom EVU ausgeschiedene Stromzähler verwendet wurden. Sie waren nicht nur groß und sperrig, sondern auch schwer zu bekommen. Ein solcher Kundenzähler war nicht verplombt und konnte an beliebiger Stelle der Hausinstallation eingebaut werden. Allerdings brauchte es im Verteilerschrank ein freies Einbaufeld für den zusätzlichen Stromzähler.

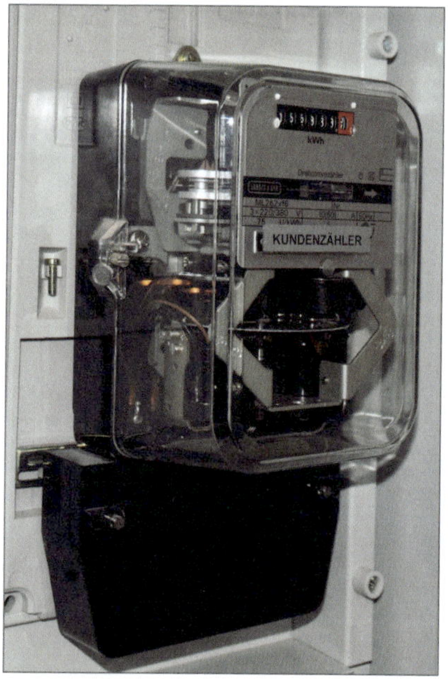

Früher wurden von den EVUs ausgemusterte mechanische Stromzähler als Kundenzähler genutzt

Mechanische Stromzähler wurden inzwischen von digitalen Smartmetern ersetzt

39.1 Digitale Kunden-Stromzähler

Inzwischen haben die großen, schweren, mechanischen Stromzähler ausgedient. Stattdessen werden seit einiger Zeit kompakte Energiezähler für die Hutschienenmontage angeboten. Sie kommen in der gleichen Baugröße wie Leitungsschutzschalter, Treppenhausautomaten und dergleichen. Demzufolge können sie auch mit ihnen gemeinsam auf der Hutschiene verbaut werden.

Stromzähler werden ein- und dreiphasig angeboten und können so jeden beliebigen Stromkreis im Haushalt überwachen. Je nach Modell bieten diese Geräte unterschiedliche Funktionen. Sie zeigen nicht nur die Summe der bisher verbrauchten Leistung in kWh an, sondern geben auch Auskunft über die aktuell anliegende Spannung, den Stromverbrauch und welche Leistung jetzt gerade im überwachten Stromkreis verbraucht wird. Kunden-Stromzähler finden auch bei Photovoltaik-Anlagen Verwendung. Sie dokumentieren etwa, wie viel erzeugte elektrische Energie ins öffentliche Stromnetz eingespeist wird. Je nach Anwendung werden ein- oder dreipolige digitale Stromzähler benötigt. Da sie im weiteren Sinn Bestandteil des zu überwachenden Stromkreises sind, sind sie nach dem zugehörigen Leitungsschutzschalter einzubauen.

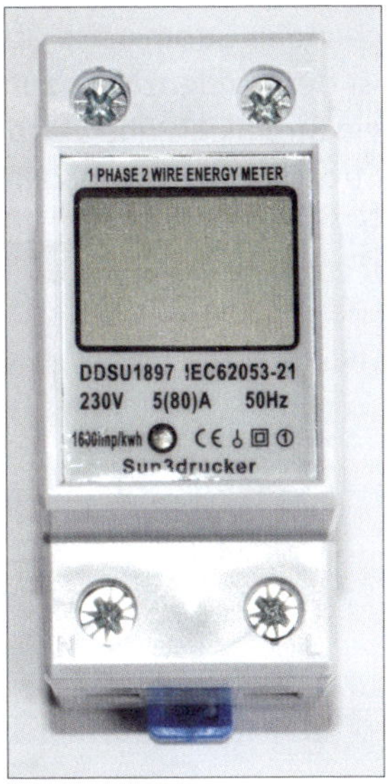

Einphasiger digitaler Kunden-Stromzähler für den Einbau auf einer Hutschiene

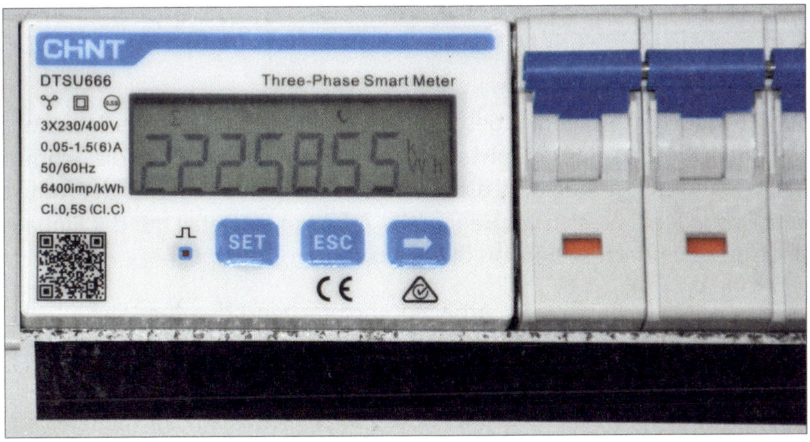

Dreipolige Kunden-Stromzähler kommen zum Beispiel zur Überwachung der Stromerzeugung einer PV-Anlage zum Einsatz

39.2 Kunden-Stromzähler anschließen

Die Funktionsweise eines Kunden-Stromzählers ist im Prinzip die gleiche wie beim Stromzähler des EVU. Entsprechend folgt er auch dem gleichen Anschlussschema. Der Unterschied besteht lediglich darin, dass der Stromzähler des EVU den gesamten Energiebedarf der Wohnung ermittelt, während der Kundenzähler in der Regel nur einen einzigen Stromkreis oder eine definierte Anzahl von Stromkreisen, etwa von einem Stockwerk, überwacht. Wo der Kundenzähler einzubauen ist, hängt von der Anzahl der zu überwachenden Stromkreise ab. Soll der Energiebedarf mehrerer Stromkreise erfasst werden, ist der Kundenzähler zum Beispiel nach dem FI eines Subverteilers einzubauen. Soll nur ein Stromkreis überwacht werden, ist der Zähler nach dem Leitungsschutzschalter dieses Stromkreises einzubauen.

Anschlusskasten eines analogen Stromzählers

Die folgende Schritt-für-Schritt-Anleitung beschreibt den Einbau eines dreiphasigen Kunden-Stromzählers. Beim Einbau eines einphasigen Modells entfallen folglich die Schritte für L2 und L3. Zu beachten ist ferner, dass die Klemmenbezeichnungen je nach Produkt variieren können. Deshalb gilt es, sich vor Beginn der Arbeiten im Detail mit der Einbauanleitung so lange auseinanderzusetzen, bis diese verstanden wurde.

1. Der Arbeitsbereich ist vor Beginn der Arbeiten entsprechend den fünf Sicherheitsregeln abzuschalten, gegen Wiedereinschalten zu sichern und auf Spannungsfreiheit zu prüfen.
2. Der vom dreipoligen Leitungsschutzschalter des zu überwachenden Stromkreises abgehende braune Außenleiter L1 ist an der L1-Eingangsklemme des Stromzählers anzuschließen. Zum Teil kann diese Klemme mit **1** gekennzeichnet sein.
3. Der vom dreipoligen Leitungsschutzschalter des zu überwachenden Stromkreises abgehende schwarze Außenleiter L2 ist an der L2-Eingangsklemme des Stromzählers anzuschließen. Zum Teil kann diese Klemme mit **4** gekennzeichnet sein.

4. Der vom dreipoligen Leitungsschutzschalter des zu überwachenden Stromkreises abgehende graue Außenleiter L3 ist an der L3-Eingangsklemme des Stromzählers anzuschließen. Zum Teil kann diese Klemme mit **7** gekennzeichnet sein.
5. Der vom Fehlerstrom-Schutzschalter oder in seltenen Fällen vom vierpoligen Leitungsschutzschalter des zu überwachenden Stromkreises abgehende blaue Neutralleiter N ist an der N-Eingangsklemme des Stromzählers anzuschließen. Zum Teil kann diese Klemme mit **10** gekennzeichnet sein.
6. An der L1-Ausgangsklemme des Stromzählers ist der braune, zum zu überwachenden Stromkreis führende Außenleiter L1 anzuschließen. Zum Teil kann diese Klemme mit **3** gekennzeichnet sein.
7. An der L2-Ausgangsklemme des Stromzählers ist der schwarze, zum zu überwachenden Stromkreis führende Außenleiter L2 anzuschließen. Zum Teil kann diese Klemme mit **6** gekennzeichnet sein.
8. An der L3-Ausgangsklemme des Stromzählers ist der graue, zum zu überwachenden Stromkreis führende Außenleiter L3 anzuschließen. Zum Teil kann diese Klemme mit **9** gekennzeichnet sein.
9. An der N-Ausgangsklemme des Stromzählers ist der blaue zum zu überwachenden Stromkreis führende Neutralleiter N anzuschließen. Zum Teil kann diese Klemme mit **12** gekennzeichnet sein.
10. Zuletzt sind, so vorgesehen, die Schutzabdeckungen an den Anschlussklemmen des Stromzählers anzubringen.

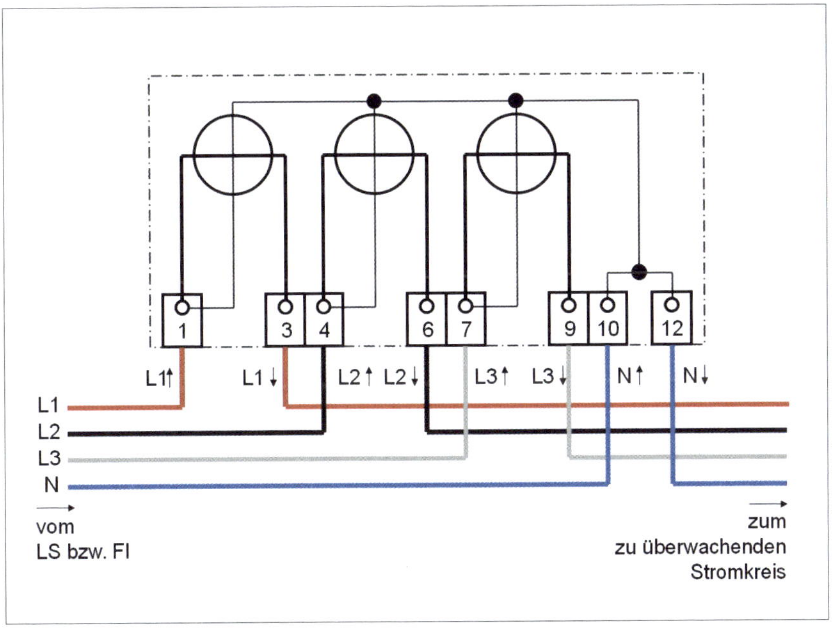

Anschlussschema eines Drehstromzählers

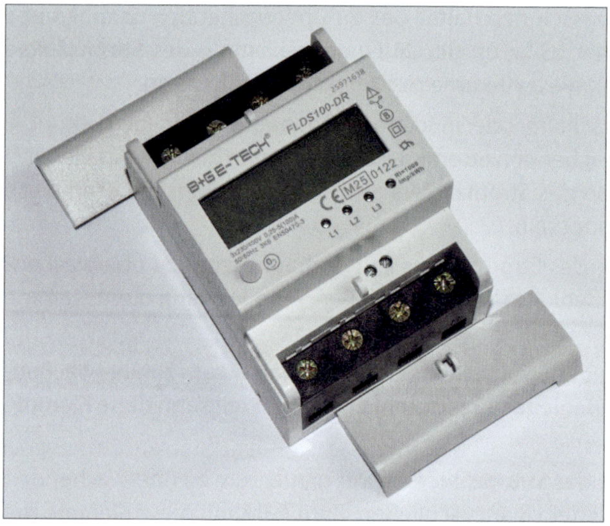

Drehstrom-Stromzähler für die Montage auf der Hutschiene

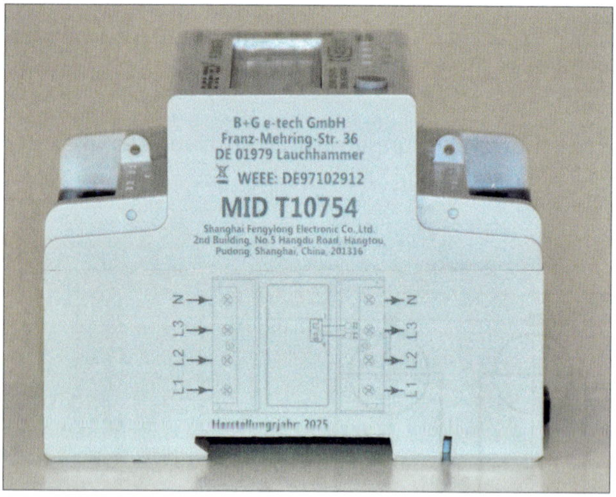

Bei diesem Drehstrom-Stromzähler ist das Anschlussschema seitlich aufgedruckt

39.3 Digitaler Stromzähler oder Smartmeter?

In ihrer Funktion unterscheiden sich beide kaum voneinander. Sowohl der digitale Stromzähler als auch das Smartmeter ermitteln den Stromverbrauch und erlauben es, verschiedene Parameter auf dem Display abzurufen.

Zusätzlich verfügt das Smartmeter über ein Kommunikationsmodul, über das es Daten senden und empfangen kann. Auf diese Weise wird etwa der Zählerstand an das EVU übertragen. Ein manuelles Ablesen des Zählerstands wie beim alten analogen und beim einfachen digitalen Stromzähler entfällt hier.

Sowohl der digitale Stromzähler als auch das Smartmeter ermitteln nicht nur die Summe der verbrauchten Energie, sondern protokollieren auch den Verbrauch in verschiedenen Zeitintervallen. Mit ihnen lässt sich zum Beispiel ermitteln, wie viel Strom am Vortag oder während eines Monats oder eines Jahres verbraucht wurde.

39.4 Stichwort Datenschutz

Da digitale Stromzähler über kein Kommunikationsmodul verfügen, können sie auch keine kundenspezifischen Daten weitergeben. Schließlich lassen sich anhand der zu bestimmten Zeiten verbrauchten Leistung auch Verhaltensprofile herauslesen. Digitale Stromzähler gewährleisten ein Höchstmaß an Datensicherheit. Smartmeter müssen im Gegensatz dazu in Deutschland vom Bundesamt für Sicherheit in der Informationstechnik BSI zertifiziert sein. Damit verbunden ist die Erfüllung von Sicherheitsstandards, um ausreichenden Schutz vor Cyberkriminalität zu bieten. Dazu gehört unter anderem, dass die Daten verschlüsselt übertragen werden. Vergleichbar ist die Situation in Österreich. Hier können die Verbraucher auch zwischen verschiedenen Auslesevarianten wie täglicher oder monatlicher Übermittlung auswählen. Grundsätzlich gilt, dass die ermittelten Daten nur für genau definierte Zwecke, etwa die Abrechnung des Stromverbrauchs, genutzt werden dürfen.

39.5 Selbst Leistungsaufnahmen ermitteln

Mit simplen Energiekostenmessgeräten für die Steckdose lässt sich bequem die Leistungsaufnahme aller erdenklichen Verbraucher ermitteln. Sie verraten uns, wie viel an elektrischer Energie Geräte verbrauchen – vom Smartphone-Netzteil bis hin zu Heizlüftern. Neben der momentanen Leistungsaufnahme verraten die Energiekostenmesser auch die momentane Stromaufnahme und die Netzspannung. Je nach Modell speichern sie auch die geringste und höchste Leistungsaufnahme während des Beobachtungszeitraums. Selbstverständlich zeigen sie auch die Summe an verbrauchter Energie in Kilowattstunden (kWh) an. Wird zudem der Kilowattstundenpreis einprogrammiert, lassen sich die angefallenen Stromkosten direkt ablesen.

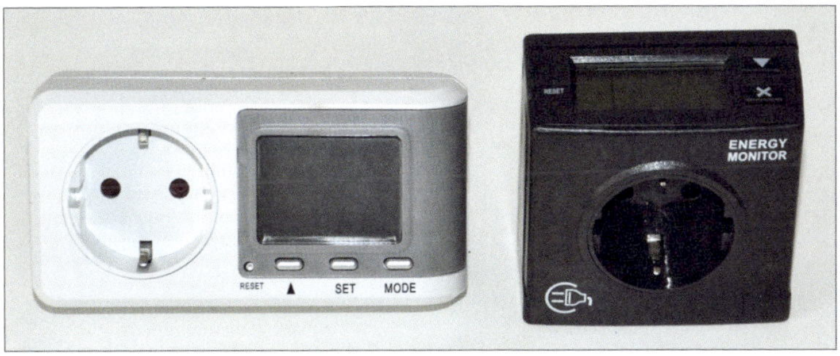

Auswahl an Energiekostenmessgeräten

Spannend an solchen Energiekostenmessgeräten ist, dass sich mit ihnen auch Verbraucher ausmachen lassen, die die Stromrechnung in die Höhe treiben. Dabei handelt es sich meist um unterschätzte Kleingeräte oder solche im Stand-by-Modus. Ihre Leistungsaufnahme liegt, öfter als gedacht, im Bereich von 3–5 Watt. Über das Jahr gerechnet ergibt sich allein daraus ein Jahresstromverbrauch an die 44 kWh.

Jedenfalls helfen Energiekostenmessgeräte, ein Gefühl dafür zu bekommen, was verschiedene Geräte verbrauchen und wie viel das kostet. Auf diese Weise kann man etwa feststellen, dass es sich durchaus rechnet, wenn ein ungenutztes Ladegerät oder Netzteil ausgesteckt wird. Man wird auch einiges an Einsparpotentialen entdecken.

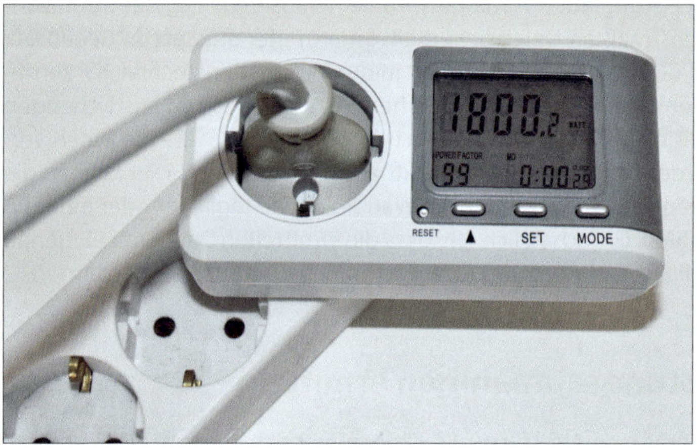

Mit einem Energiekostenmessgerät lässt sich die Leistungsaufnahme aller erdenklichen Verbraucher ermitteln

40. Überspannungsableiter

Überspannungsableiter helfen, gefährliche Spannungsspitzen aus dem Stromnetz schnellstmöglich gegen Erde abzuleiten. Hilfreich sind Überspannungsableiter insbesondere im Zusammenhang mit indirekten Blitzschlägen. Dabei schlägt ein Blitz nicht direkt ins Haus ein, sondern durchaus in mehreren Kilometern Entfernung in eine Stromleitung. Über sie gelangt diese ausgesprochen kurze, aber auch extrem hohe Spannung über die Stromleitung bis in unsere Wohnungen.

FI und Sicherungsautomaten können bei solchen Ereignissen sehr wohl auslösen. Allerdings ist ihre Reaktionszeit dafür um einiges zu lang, sie lösen erst aus, nachdem die gefährliche Überspannung längst wieder abgeklungen ist. Zu diesem Zeitpunkt können alle nur erdenklichen Geräte bereits Schaden genommen haben. Vor allem Elektronikbauteile vertragen derartige Überspannungen nicht. Womit Fernseher, Receiver, Radio, PC, Netzwerktechnik und vieles mehr von einem Augenblick auf den nächsten nicht mehr funktionieren. Dabei muss man nicht einmal mitbekommen haben, dass in der näheren Umgebung gerade ein Gewitter niedergegangen ist. Dieser Gefahr sollen Überspannungsableiter entgegenwirken.

40.1 Überspannungsableiter einbauen

Überspannungsableiter lassen sich auch nachrüsten. Der Einbau von Überspannungsableitern darf ausschließlich durch ausgebildete, autorisierte Fachkräfte erfolgen. Überspannungsableitern liegt eine detaillierte Montageanleitung bei. Für jeden der drei Außenleiter L1 bis L3 ist ein separater Überspannungsableiter vorzusehen. Sie sind im Verteilerschrank unmittelbar nach der Hauptsicherung einzubauen und mit dem gleichen Drahtquerschnitt zu verkabeln, der auch zum FI-Schutzschalter führt. Gewöhnlich wird dies ein Querschnitt von 10 mm^2 sein.

1. Der Arbeitsbereich ist vor Beginn der Arbeiten entsprechend den fünf Sicherheitsregeln abzuschalten, gegen Wiedereinschalten zu sichern und auf Spannungsfreiheit zu prüfen. Im speziellen Fall ist die Anlage entsprechend den fünf Sicherheitsregeln mittels der Hauptsicherungen allpolig abzuschalten und gegen Wiedereinschalten zu sichern.
2. Der Einbau der Überspannungsableiter hat entsprechend der Einbauanleitung zu erfolgen.
3. Die Überspannungsableiter sind an einer freien Stelle des Verteilerschranks auf einer Hutschiene zu montieren. Idealerweise sollte dies neben dem Haupt-FI erfolgen.
4. Von den Hauptklemmen der Stromversorgung sind Verbindungsleitungen zu den Eingangsklemmen der Überspannungsableiter zu verlegen. Gewöhnlich ist dafür Draht der Type H07 V-K mit 10 mm^2 Querschnitt in den Farben Braun für L1, Schwarz für L2 und Grau für L3 zu verwenden.

5. Je nach Modellvariante ist auch eine Neutralleiterverbindung mit blauem Draht zu schaffen.
6. Von den Erdungsklemmen der Überspannungsableiter ist eine grüngelbe Leitung des gleichen Querschnitts zur Hauptpotentialausgleichsschiene zu verlegen.
7. Zuletzt sind sämtliche Abdeckungen im Verteilerschrank wieder zu montieren. Erst danach darf die Anlage wieder unter Spannung gesetzt werden.

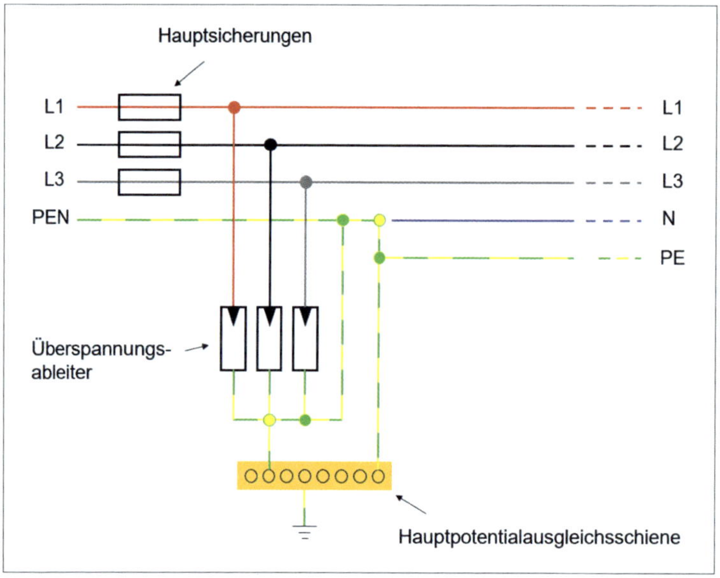

Anschlussvariante für den Einbau eines dreipoligen Überspannungsableiters

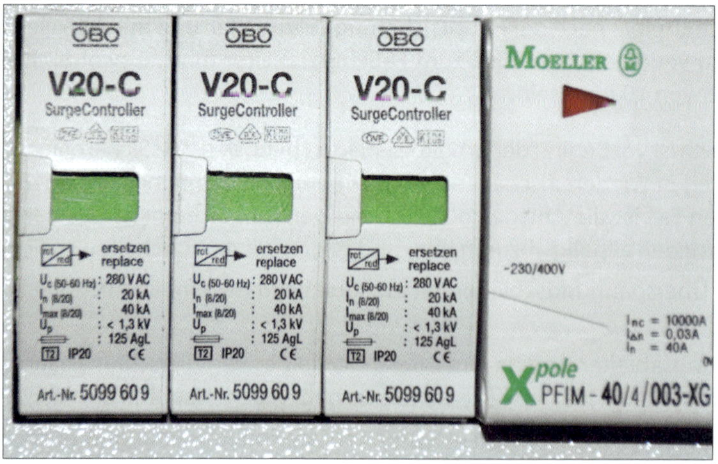

Nachträglich eingebaute Überspannungsableiter

41. Elektroinstallationen im Bad

41.1 Badezimmer-Schutzbereiche

Badezimmer oder allgemein Räume mit einer Dusche oder Badewanne erfordern besondere Schutzmaßnahmen. Schließlich bringt Wasser in solchen Räumen besondere Gefahren mit sich, die recht schnell mit dem Leben bezahlt werden können.

Um ein Maximum an Sicherheit gewährleisten zu können, sind für solche Räume vier Schutzbereiche definiert worden, die im Detail regeln, welche Arten von Elektroinstallationen in ihnen zulässig sind. Diese Schutzbereiche sind in der DIN VDE 0100-701 festgelegt.

Der Schutzbereich 0 schließt das Innere der Bade- und Duschwanne mit ein. Der daran anschließende Schutzbereich 1 reicht bis mindestens 2,25 m über die Oberkante des fertigen Fußbodens oder bis zum höchsten fest installierten Wasserauslass. Der Schutzbereich 2 schließt an den Schutzbereich 1 an und reicht in der Waagerechten bis zu einer Entfernung von 60 cm und einer Höhe von 2,25 m. Der Schutzbereich 3 schließt an den der Zone 2 an und reicht in der Waagerechten 2,4 m weit und 2,25 m in die Höhe. Was in welcher Schutzzone zulässig ist, wird nachfolgend im Detail erläutert.

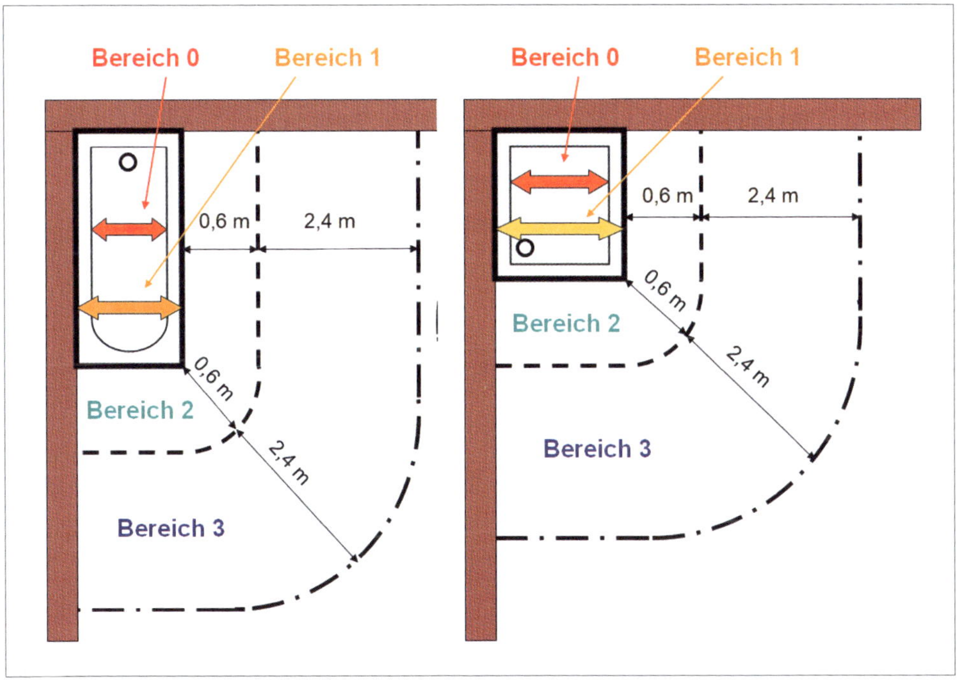

Schutzbereiche im Badezimmer

Schutzbereich 0

Der Schutzbereich 0 erstreckt sich über den Innenbereich der Badewanne und den der Dusche. Konkret überall dort, wo man unmittelbaren Kontakt mit Wasser hat. In diesem Bereich dürfen ausnahmslos Leuchten installiert werden, die die Schutzklasse IP X7 erfüllen, sie weisen einen ausreichenden Schutz auf, der selbst das Eintauchen in Wasser mit einschließt. Weiter dürfen im Schutzbereich 0 ausschließlich fest installierte Geräte mit einer Schutzkleinspannung von weniger als 12 Volt betrieben werden. Außerdem sind batteriebetriebene Geräte zulässig, deren Maximalspannung ebenfalls unter 12 Volt liegt.

Strikt verboten sind in der Schutzzone 0 Schalter und Steckdosen aller Art. Eine Ausnahme bilden lediglich Leuchten mit integriertem Schalter, die ebenfalls mindestens die Schutzklasse IP X7 erfüllen müssen.

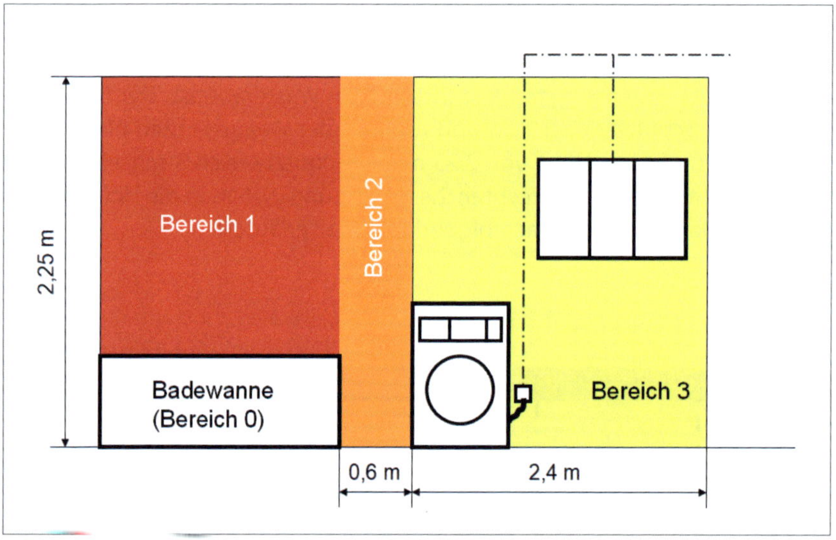

Die Grafik zeigt die vier Schutzbereiche im Badezimmer rund um die Badewanne

Lebensgefahr!

Mit der Schutzklasse 0 wird dem Umstand Rechnung getragen, dass Strom und Wasser eine todbringende Kombination sind. Sich etwa in der Badewanne die Haare zu föhnen, ist in höchstem Maß leichtsinnig und fahrlässig. Rutscht der Fön ins Wasser, ist der Tod garantiert. Gleiches gilt für alle anderen elektrischen Geräte, die man mit Verlängerungskabel bis zur Badewanne bringt. Ein derartiges Handeln ist an Dummheit nicht zu überbieten!

Schutzbereich 1

Der Schutzbereich 1 erstreckt sich bis zu einer Höhe von 2,25 m über die Flächen über der Bade- und Duschwanne und auf dem Fußboden im Umkreis von 60 cm vom jeweiligen Beckenrand. In diesem Bereich installierte Leuchten müssen mindestens der Schutzklasse IP X5 entsprechen, also gegen Strahlwasser geschützt sein. Weiter sind im Schutzbereich 1 ohne Ausnahme fest installierte Geräte zulässig, etwa der Warmwasserboiler oder eine Belüftung. Die elektrische Anspeisung dieser Geräte muss senkrecht von oben erfolgen.

Schalter und Steckdosen sind auch in der Schutzzone 1 ausnahmslos untersagt. In der Schutzzone 1 dürfen aber Leuchten mit eingebautem Schalter installiert werden, die ebenfalls der Schutzklasse IP X5 entsprechen. Lampen mit eingebauten Steckdosen sind in der Schutzzone 1 verboten. Die Anspeisung der Beleuchtung darf ausnahmslos von oben erfolgen.

Die Schutzbereiche 0 und 1 bilden im Badezimmer die Bereiche der höchsten Gefahr. Und zwar aus dem Grund, dass man in ihnen dem Wasser am nächsten ist. In beiden Zonen sollte auf den Einsatz von Elektrogeräten verzichtet werden.

Schutzbereich 2

Der Schutzbereich 2 ist auch als Sprühbereich bekannt. Er reicht am Boden von der Badewanne und Dusche bis zu einer Entfernung von 60 cm und an den Wänden bis in 2,25 m Höhe. Was nur allzu oft vergessen wird, ist, dass auch der Bereich rund um das Waschbecken zum Schutzbereich 2 gehört. Er erstreckt sich vom Boden weg bis 60 cm über das Waschbecken sowie je 60 cm zu beiden Seiten.

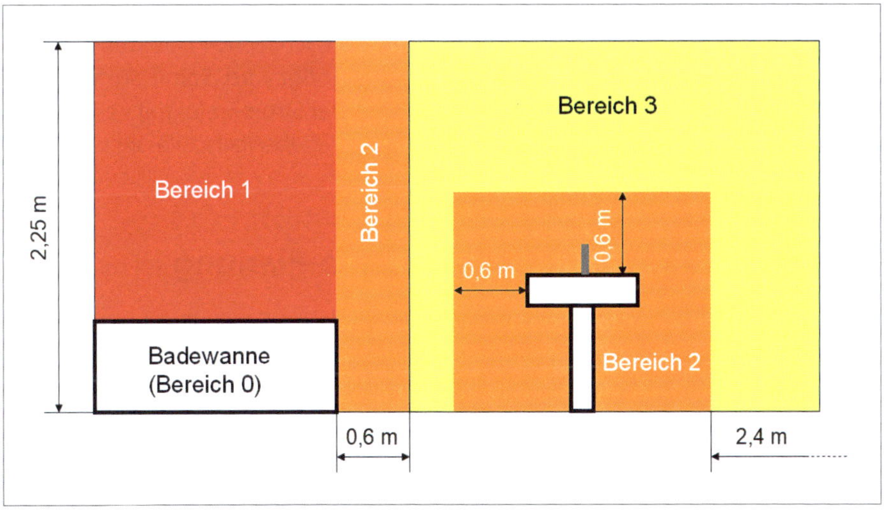

Auch um das Waschbecken herrscht Schutzbereich 2

Innerhalb des Schutzbereichs 2 montierte Leuchten, auch solche mit Schalter, müssen die Schutzklasse IP X4 erfüllen. Damit sind sie spritzwassergeschützt.

Im Schutzbereich 2 darf auch die Waschmaschine aufgestellt werden. Sie muss aber fest angeschlossen sein, also per Kabel fest mit der Hausinstallation verbunden sein. Was auch heißt, dass Steckdosen und Schalter aller Art in der Schutzzone 2 ein absolutes No-Go sind! Dies trifft auch auf in Leuchten verbaute Steckdosen zu. Immerhin sind im Schutzbereich 2 Elektroinstallationen zur an der Decke befindlichen Beleuchtung zulässig.

Auch der Schutzbereich 2 kennzeichnet noch eine Zone mit ausgesprochen hohem Gefahrenpotential. Schließlich ist es aus der Badewanne oder Dusche immer noch leicht, mit der Hand die Schutzzone 2 zu erreichen. Was nicht weniger bedeutet, als dass auch im Schutzbereich 2 Elektrogeräte absolut nichts verloren haben. Schließlich bedeutet auch in diesem Bereich der Kontakt mit Strom das garantierte eigene Todesurteil.

Schutzbereich 3

An die Schutzzone 2 schließt der Schutzbereich 3 an. Er hat in der Waagerechten eine Tiefe von 2,4 m und reicht ebenfalls bis in 2,25 m Höhe. Wobei zu berücksichtigen ist, dass rund um das Waschbecken die höhere Schutzzone 2 gilt. Womit die Schutzzone 3 nur nach entsprechendem Abstand von Badewanne, Dusche und Waschbecken wirksam wird.

Anders als in den Schutzbereichen 0 bis 2 sind in der Schutzzone 3 Schalter und Steckdosen gestattet. Allerdings nur, wenn sie über einen eigenen FI- und Leitungsschutzschalter abgesichert sind. Was auch bedeutet, dass für das Bad zwingend ein eigener Stromkreis vorzusehen ist. Zudem muss jede im Schutzbereich 3 installierte Steckdose über einen Trenntransformator verfügen.

Zu berücksichtigen ist außerdem, dass im Badezimmer ausschließlich Elektroinstallation zulässig ist, die ausschließlich für den Bad-Stromkreis benötigt wird. Somit dürfen durch die Elektroinstallationsrohre im Bad keine Leitungen anderer Stromkreise mit verlegt sein. Selbiges gilt auch für Abzweigdosen, die im Schutzbereich 3 ebenfalls zulässig sind.

41.2 Bad erfordert gründliche Elektro-Planung

Die im Bad benötigte Elektroinstallation wird gern unterschätzt. Schließlich braucht es für Geräte der Körperhygiene auch Strom, also Steckdosen. Man denke nur an den Fön oder an Ladestationen für die elektrische Zahnbürste und den Rasierer. Auch ein Zusatzheizkörper kann während der Übergangszeit gefragt sein. Zudem will oft auch die Waschmaschine untergebracht werden. Die in DIN VDE 0100-701 definierten Schutzbereiche schränken den Platz, wo die Waschmaschine aufgestellt und Steckdosen eingebaut werden dürfen, stark ein. Zudem sind die für einen Whirlpool oder eine Dampfdusche benötigten separat zu verlegenden Leitungen zu berücksichtigen.

41.3 Beleuchtung im Badezimmer und WC

Für optimalen Komfort sind im Badezimmer zwei Arten von Beleuchtung vorzusehen. Zum einen ist dies die Allgemeinbeleuchtung, die gewöhnlich an der Zimmerdecke installiert ist. Eine zweite separate Beleuchtung ist im Bereich des Waschbeckens, konkret über dem Spiegel, vorzusehen.

Generell gilt es auch für die Beleuchtung, die vier Schutzklassen zu berücksichtigen. Sie schränken die Möglichkeit der Beleuchtungsinstallation ein. Zudem gilt es auf die in den Schutzzonen vorgeschriebenen Schutzklassen zu achten.

Die allgemeine und die Spiegelbeleuchtung können in 230 Volt oder in Kleinspannung ausgeführt werden. Wobei auch die Badbeleuchtung Bestandteil des mit einem eigenen FI geschützten Bad-Stromkreises sein muss.

Gewöhnlich wird der Schalter für die Allgemeinbeleuchtung außerhalb des Bads direkt neben der Tür montiert. So verhindert man eine unzulässige und gefährliche E-Installation im Bad.

Alternative Funkschalter

Eine komfortable und zulässige Alternative zur herkömmlichen Elektroinstallation ist jene mit Funkschaltern. Diese werden, je nach Ausführung, entweder mit Batterie betrieben oder kommen sogar ganz ohne sie aus. Damit haben sie auch keine leitende Verbindung zur Elektroinstallation. Da von solchen Funkschaltern keine Gefahr ausgeht, können sie auch in den Schutzzonen an die Wand geklebt werden. Wobei auch hier zu beachten ist, dass sie möglichst keinerlei Wasser ausgesetzt werden sollten, da dies ihre Funktion beeinträchtigen kann.

Beleuchtung im WC

In kleinen WCs genügt in der Regel eine einzige Beleuchtung. Sie kann als Decken- oder Wandleuchte ausgeführt sein. Befindet sich im WC ein Waschbecken, haben wir es auch hier mit der Schutzzone 2 zu tun. Womit auch hier gilt, dass Schalter und Leuchten auf jeden Fall die Schutzklasse IP X4 erfüllen müssen. Gewöhnlich ist auch der Schalter für die WC-Beleuchtung außerhalb, also bei der Eingangstür zu finden. Nachdem man sich im WC nur kurz aufhält, bietet sich hier auch ein Bewegungsmelder an, der zum Beispiel in sicherer Höhe über der Tür angebracht sein kann und das Licht bei Betreten des Raums automatisch einschaltet. Nach Ablauf der vorprogrammierten Einschaltdauer wird das Licht ebenso selbsttätig wieder ausgeschaltet.

41.4 Anschließen des Whirlpools

Whirlpools werden je nach Modell mit 230 Volt Wechsel- oder 400 Volt Drehstrom betrieben. Einige Pools lassen die Wahl, mit welcher Spannung sie betrieben werden. Wobei ein drehstromtauglicher Pool nur mit 230 Volt nicht seine volle Leistung entfalten kann. Was auch den Spaß- oder Erholungsfaktor einschränkt.

Um sicherzustellen, dass alle für das Bad einzuhaltenden Sicherheitsauflagen korrekt eingehalten werden, empfiehlt sich, den Anschluss eines Whirlpools von einer autorisierten Fachkraft vornehmen zu lassen.

Wie den Whirlpool anschließen?

1. Der Arbeitsbereich ist vor Beginn der Arbeiten entsprechend den fünf Sicherheitsregeln abzuschalten, gegen Wiedereinschalten zu sichern und auf Spannungsfreiheit zu prüfen.
2. Für den Whirlpool ist ein eigener Stromkreis vorzusehen, der im Verteilerschrank mit einem separaten 30-mA-FI-Schutzschalter abzusichern ist.
3. Dem für den Whirlpool benötigten FI ist ein Leitungsschutzschalter mit 16 Ampere Nennstrom nachzuschalten.
4. Vom Verteilerschrank ist zum Whirlpool ein fünfpoliges Kabel mit einem Querschnitt von 4 mm^2 zu verlegen. Die exakten Details dazu sollten der Montageanleitung des Whirlpools zu entnehmen sein.
5. Das Kabel ist so in den Anschlusskasten des Whirlpools einzuführen, dass die Anforderungen hinsichtlich Abdichtung und Zugentlastung gewährleistet sind.
6. Die fünf Adern des Kabels sind entsprechend der Montageanleitung am Whirlpool anzuschließen. Dies schließt die Außenleiter L1 (braun), L2 (schwarz) und L3 (grau) sowie den blauen Neutralleiter N und den grüngelben Schutzleiter PE mit ein.
7. Der Anschlusskasten des Whirlpools ist nach den Vorgaben der Montageanleitung dicht zu verschließen.

42. E-Herd und Kochfeld anschließen

Der E-Herd bzw. das Kochfeld zählen zu den größten elektrischen Verbrauchern in einem Haushalt. Dabei ist es unerheblich, ob man unter einem E-Herd ein Stand- oder Einbaugerät versteht, das Kochplatten und Backrohr in einem Gehäuse vereint, oder ob es sich um getrennte Einheiten handelt, bei denen das Kochfeld und das Backrohr auch örtlich voneinander getrennt sein können.

Beim Kochfeld, dem größten Verbraucher, ist es egal, welche Technologie zum Einsatz kommt. Deshalb wird hier allgemein von E-Herd die Rede sein, da zum Beispiel das Anschließen von klassischen E-Herden mit Kochplatten und solchen mit Ceran- oder Induktionsfeld identisch durchzuführen ist.

Gewöhnlich werden E-Herde an 400 Volt Drehstrom angeschlossen. Dabei ist ein eigener Stromkreis vorzusehen, der mit einem drei- oder vierpoligen Leitungsschutzschalter abzusichern ist. Der Mindestdrahtquerschnitt für den Anschluss des E-Herds liegt bei 2,5 mm^2. Bei größerer Distanz zwischen dem Verteilerschrank und dem Herd sind 4 mm^2 Drahtquerschnitt vorzusehen. Der E-Herd bzw. das Kochfeld werden aber nicht direkt angeschlossen. Dies erfolgt über eine spezielle Herdanschlussdose.

Stichwort Einbaugeräte

Speziell Ceran- und Induktionseinbauherde kommen als getrennte Einheiten, bei denen das Backrohr und das Kochfeld nicht in einem gemeinsamen Gehäuse sind. Obwohl sie unabhängig voneinander einzubauen sind, erfordern sie doch eine räumliche Nähe zueinander. Schließlich verfügen beide nur über einen gemeinsamen Anschluss zum Stromnetz, der über das Backrohr bewerkstelligt wird. Was auch heißt, dass das Kochfeld am Backrohr anzuschließen ist. Die dafür benötigten Kabel und Stecker sind bereits vormontiert, sodass man sie nur noch zusammenzustecken braucht.

42.1 Herdanschlussdose

Die Herdanschlussdose ist für die 400-Volt-Drehstrom-Anspeisung vorgesehen. Vereinfacht ausgedrückt, besteht sie aus fünf im Kreis zueinander angeordneten Doppelklemmen. Wobei je eine Doppelklemme für einen der fünf Drähte vorgesehen ist. Je nach Modell können diese Klemmen in den Leiterfarben ausgeführt sein. Also Braun für L1, Schwarz für L2 und Grau für L3 sowie Blau für den Neutralleiter N und Grüngelb für den Schutzleiter PE. Diese farbliche Kennzeichnung beugt Verwechslungen beim Anschluss des E-Herds vor.

An jeder dieser fünf Doppelklemmen ist je ein vom Verteilerschrank und vom Herd kommender Draht anzuschließen. Wobei selbstverständlich auf die entsprechende Zuordnung zu achten ist.

Dieselbe Herdanschlussdose kommt auch zum Einsatz, wenn nur ein 230-Volt-Wechselstrom-Herd angeschlossen werden soll. In diesem Fall bleiben an der Herdanschlussdose die Klemmen für zwei Außenleiter frei.

Wie Herdanschlussdose anschließen?

1. Der Arbeitsbereich ist vor Beginn der Arbeiten entsprechend den fünf Sicherheitsregeln abzuschalten, gegen Wiedereinschalten zu sichern und auf Spannungsfreiheit zu prüfen.
2. Die fünf für den Anschluss des E-Herds benötigten Drähte sind auf einer Länge von rund 8–10 mm abzuisolieren.
3. Nun ist die Herdanschlussdose in der Installationsdose waagerecht ausgerichtet einzubauen und zum Beispiel mit den seitlichen Krallen zu fixieren.
4. Der grüngelbe Schutzleiter PE ist an einer der beiden Schutzleiterklemmen der Herdanschlussdose anzuschrauben.
5. Der blaue Neutralleiter N ist an einer der beiden Neutralleiterklemmen der Herdanschlussdose anzuschrauben. Der Übersichtlichkeit halber sollen alle fünf vom Verteilerschrank kommenden Drähte an derselben Seite der Klemmenpaare der Herdanschlussdose befestigt werden.
6. Der braune Außenleiter L1 ist an einer der beiden für L1 bestimmten Klemmen anzuschrauben.
7. Der schwarze Außenleiter L2 ist an einer der beiden für L2 bestimmten Klemmen anzuschrauben.
8. Der graue Außenleiter L3 ist an einer der beiden für L3 bestimmten Klemmen anzuschrauben.

An der Herdanschlussdose befindet sich für alle fünf anzuschließenden Adern je eine Doppelklemme

42.2 Herdanschlussleitung anschließen

An der Herdanschlussdose ist eine fünfpolige Herdanschlussleitung zu verlegen. Sie wird bereits fertig vorkonfektioniert im Fachhandel in verschiedenen Längen ab 1,5 m angeboten und besteht in der Regel aus einem Kabel vom Typ H05VV-F 5 G 2,5. Seine flexiblen Adern sind bereits mit Aderendhülsen versehen. Diese Herdanschlusskabel sind flexibel ausgeführt und somit leicht biegbar. Zudem bietet ihre Ausführung einen ausreichenden Schutz, um sie bequem und sicher hinter dem Herd verstauen zu können. Entscheidend ist, ein ausreichend langes Herdanschlusskabel vorzusehen. Seine Länge wird einerseits von der exakten Lage der Herdanschlussdose und dem Umstand bestimmt, dass der Herd im aus der Küchenzeile ausgebauten Zustand sicher anzuschließen ist, ohne dass die Leitung spannt. Die Länge von 1,5 m gilt hier als absolutes Mindestmaß.

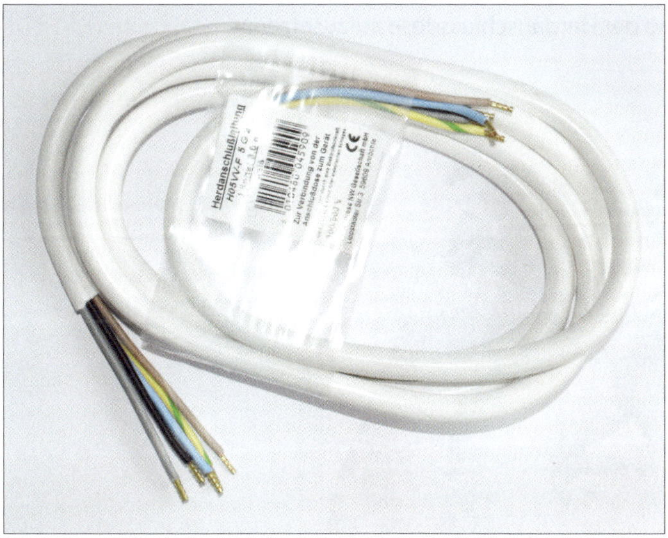

Der Fachhandel bietet bereits fertig vorkonfektionierte Herdanschlusskabel an

Wie Herdanschlussleitung korrekt anschließen?

1. Der Arbeitsbereich ist vor Beginn der Arbeiten entsprechend den fünf Sicherheitsregeln abzuschalten, gegen Wiedereinschalten zu sichern und auf Spannungsfreiheit zu prüfen.
2. An der Herdanschlussdose befindet sich eine Zugentlastung, durch die die Herdanschlussleitung zu fädeln ist. Dazu ist die Zugentlastung ausreichend weit zu lockern.
3. Das Kabel kann dann fixiert werden, wenn der Kabelmantel etwas über die Zugentlastung hinaus ins Innere der Herdanschlussdose reicht.
4. Der grüngelbe Schutzleiter PE der Herdanschlussleitung ist an der noch freien PE-Schutzleiterklemme der Herdanschlussdose anzuschließen. Damit müssen in der PE-Doppelklemme nun zwei grüngelbe Drähte angeklemmt sein.

5. Der blaue Neutralleiter N der Herdanschlussleitung ist an der noch freien N-Neutralleiterklemme der Herdanschlussdose anzuschließen. Damit müssen in der N-Doppelklemme nun zwei blaue Drähte angeklemmt sein.
6. Der braune Außenleiter L1 der Herdanschlussleitung ist an der noch freien L1-Außenleiterklemme der Herdanschlussdose zu befestigen. Damit müssen in der L1-Doppelklemme nun zwei braune Drähte angeklemmt sein.
7. Der schwarze Außenleiter L2 der Herdanschlussleitung ist an der noch freien L2-Außenleiterklemme der Herdanschlussdose anzuschließen. Damit müssen in der L2-Doppelklemme nun zwei schwarze Drähte angeklemmt sein.
8. Der graue Außenleiter L3 der Herdanschlussleitung ist an der noch freien L3-Außenleiterklemme der Herdanschlussdose zu befestigen. Damit müssen in der L3-Doppelklemme nun zwei graue Drähte angeklemmt sein.
9. Zuletzt ist die Abdeckung der Herdanschlussdose aufzusetzen.

Die Herdanschlussleitung ist an der Herdanschlussdose anzuklemmen

42.3 Anschließen des Einbauherds

E-Herde werden für den internationalen Markt gebaut und eignen sich für unterschiedliche Anschlussvarianten. Die resultieren aus den nationalen Eigenheiten der Stromversorgung in den einzelnen Ländern. Den E-Herden können deshalb bis zu vier unterschiedliche Anschlussanleitungen beiliegen. Ihre maximale Leistung können für 400 Volt ausgelegte E-Herde nur abgeben, wenn sie auch wirklich an Drehstrom angeschlossen werden. Nur der erlaubt, dass etwa alle vier Kochplatten gleichzeitig eingeschaltet sein können. An 230 Volt können mitunter nur zwei Kochplatten gleichzeitig betrieben werden, und man muss auf eine Schnellkochfunktion verzichten.

Wie ist der E-Herd anzuschließen?

Nachdem E-Herde für unterschiedliche Stromsysteme gebaut sind, gilt es beim Anschließen ganz besonders darauf zu achten, den Anschluss für deutsche Verhältnisse passend auszuführen. Unter den Anschlussvorschlägen des Herstellers ist jener auszuwählen, der alle drei Außenleiter berücksichtigt. Das entsprechende Anschlussbeispiel kann auch mit 380–400 Volt gekennzeichnet sein. Das Anschlussschema informiert weiter über die Klemmenbezeichnungen. Diese können je nach Hersteller variieren. Es versteht sich von selbst, dass an allen am Herd anzuschließenden Adern der Herdanschlussleitung Aderendhülsen angebracht sein müssen.

1. Der Arbeitsbereich ist vor Beginn der Arbeiten entsprechend den fünf Sicherheitsregeln abzuschalten, gegen Wiedereinschalten zu sichern und auf Spannungsfreiheit zu prüfen.
2. Im Auslieferungszustand können ab Werk im Anschlusskasten Brücken zwischen verschiedenen Klemmen eingebaut sein. Sie sind mit dem anzuwendenden Anschlussschema zu vergleichen. Nicht darin angeführte Brücken sind zu entfernen.
3. Der grüngelbe Schutzleiter PE der Herdanschlussleitung ist an der Schutzleiterklemme des Herds anzuschließen. Deren Bezeichnung ist der Anschlussanleitung des Herstellers zu entnehmen.
4. Der blaue Neutralleiter N der Herdanschlussleitung ist an der Neutralleiterklemme des Herds anzuschließen. Deren Bezeichnung ist der Anschlussanleitung des Herstellers zu entnehmen.
5. Der braune Außenleiter L1 der Herdanschlussleitung ist an der L1-Außenleiterklemme des Herds anzuschließen. Deren Bezeichnung ist der Anschlussanleitung des Herstellers zu entnehmen.
6. Der schwarze Außenleiter L2 der Herdanschlussleitung ist an der L2-Außenleiterklemme des Herds anzuschließen. Deren Bezeichnung ist der Anschlussanleitung des Herstellers zu entnehmen.
7. Der graue Außenleiter L3 der Herdanschlussleitung ist an der L3-Außenleiterklemme des Herds anzuschließen. Deren Bezeichnung ist der Anschlussanleitung des Herstellers zu entnehmen.
8. Anschließend ist zu überprüfen, ob alle Drähte an der richtigen Klemme angeschraubt wurden und ob wirklich nur jene Brücken im Klemmfeld verbaut sind, die auch wirklich benötigt werden.
9. Alle fünf Drähte sind auf festen Halt in den Klemmen zu kontrollieren.
10. Zudem ist das Herdanschlusskabel an der Zugentlastung des Anschlusskastens am E-Herd festzuschrauben.
11. Zuletzt ist der Klemmenkasten des E-Herds zu schließen.

42.4 Herdanschlussdose für 230 Volt

Ältere Hausinstallationen sind mitunter nur mit einer Wechselstrom-Installation ausgestattet. Dementsprechend konnten auch die E-Herde nur mit einem Außenleiter an 230 Volt angeschlossen werden. Bei älteren Hausinstallationen ist der Außenleiter L1 noch in Schwarz anstatt des heute üblichen Braun ausgeführt. Womit die verwendeten Farben beim Anschluss des Herds Schwarz für den Außenleiter L, Blau für den Neutralleiter N und Grüngelb für den Schutzleiter PE sind. Für den Anschluss eines E-Herds an 230 Volt kommt ebenfalls die 400-Volt-Herdanschlussdose zum Einsatz. Nur mit dem Unterschied, dass bei ihr nur einer statt drei Außenleiter anzuschließen sind.

Herdanschlussdose für 230 Volt anschließen

1. Der Arbeitsbereich ist vor Beginn der Arbeiten entsprechend den fünf Sicherheitsregeln abzuschalten, gegen Wiedereinschalten zu sichern und auf Spannungsfreiheit zu prüfen.
2. Die drei für den Anschluss des E-Herds benötigten Drähte sind auf einer Länge von rund 8–10 mm abzuisolieren.
3. Nun ist die Herdanschlussdose in der Installationsdose waagerecht ausgerichtet einzubauen und zum Beispiel mit den seitlichen Krallen zu fixieren.
4. Der grüngelbe Schutzleiter PE ist an einer der beiden Schutzleiterklemmen der Herdanschlussdose anzuschrauben.
5. Der blaue Neutralleiter N ist an einer der beiden Neutralleiterklemmen der Herdanschlussdose zu befestigen. Der Übersichtlichkeit halber sollten alle vom Verteilerschrank kommenden Drähte an derselben Seite der Klemmenpaare der Herdanschlussdose befestigt werden.
6. Der braune Außenleiter L1 ist an einer der beiden für L1 bestimmten Klemmen anzuschrauben.

Soll ein E-Herd nur mit 230 Volt versorgt werden, sind an der Herdanschlussdose nur drei Drähte anzuschließen

Achtung bei sehr alten Hausinstallationen!

In sehr alten Hausinstallationen kommt teilweise noch das sogenannte PEN-System zum Einsatz. Es besitzt überhaupt nur zwei Leiter. Der schwarze Draht übernimmt die Funktion des Außenleiters, der grüngelbe die des Neutral- und Schutzleiters.

Herdanschlussleitung für 230-Volt-Herd anschließen

Auch wenn nur ein für 230 Volt Wechselspannung geeigneter E-Herd angeschlossen werden soll, empfiehlt es sich, eine fünfpolige Herdanschlussleitung zu verwenden. An sie kommt man nicht nur ungleich leichter im Fachhandel heran, sondern sie kostet gewöhnlich auch nicht mehr als die dreipolige Variante. Gewöhnlich kommen hier Kabel vom Typ H05VV-F 5 G 2,5 zum Einsatz, die bereits mit Aderendhülsen versehen sind. Bei der speziellen Anwendung wird nur ein Außenleiter benötigt. Die beiden anderen bleiben ohne Funktion und werden auch nicht angeschlossen. Um Kurzschlüsse zu vermeiden, sind ihre blanken Enden zu isolieren.

Herdanschlussleitung korrekt anschließen

1. Der Arbeitsbereich ist vor Beginn der Arbeiten entsprechend den fünf Sicherheitsregeln abzuschalten, gegen Wiedereinschalten zu sichern und auf Spannungsfreiheit zu prüfen.
2. An der Herdanschlussdose findet sich eine Zugentlastung, durch die die Herdanschlussleitung zu fädeln ist. Dazu ist die Zugentlastung ausreichend weit zu lockern.
3. Das Kabel kann dann fixiert werden, wenn der Kabelmantel etwas über die Zugentlastung hinaus ins Innere der Herdanschlussdose reicht.
4. Der grüngelbe Schutzleiter PE der Herdanschlussleitung ist an der noch freien PE-Schutzleiterklemme der Herdanschlussdose anzuschließen. Damit müssen in der PE-Doppelklemme nun zwei grüngelbe Drähte angeklemmt sein.
5. Der blaue Neutralleiter N der Herdanschlussleitung ist an der noch freien N-Neutralleiterklemme der Herdanschlussdose anzuschließen. Damit müssen in der N-Doppelklemme nun zwei blaue Drähte angeklemmt sein.
6. Der braune Außenleiter L1 der Herdanschlussleitung ist an der noch freien L1-Außenleiterklemme der Herdanschlussdose anzuschließen. Damit müssen in der L1-Doppelklemme nun zwei braune Drähte angeklemmt sein.
7. Die blanken Adern der beiden nicht benötigten Außenleiter L2 (schwarz) und L3 (grau) sind mit zu isolieren, zum Beispiel mit etwas Isolierband, und – ohne sie anzuschließen – in das Innere der Dose zu stecken.

8. Zuletzt ist die Abdeckung der Herdanschlussdose aufzusetzen.

Anschluss der Herdanschlussleitung für einen 230-Volt-Herd

42.5 Anschließen eines Einbauherds an 230 Volt

Da Elektroherde inzwischen für einen internationalen Markt produziert werden, besitzen sie auch mehrere Anschlussmöglichkeiten, um an die jeweiligen nationalen Gegebenheiten angepasst werden zu können. Abgesehen davon rückt die Anschlussart auch in den Fokus, wenn ein Herd in einem Gebäude mit alter Elektroinstallation zu tauschen ist. Insbesondere, wenn es an der Drehstrom-Anschlussmöglichkeit mangelt. Kann ein E-Herd nur an 230 V betrieben werden, geht dies auch mit Betriebseinschränkungen einher. Etwa, was die Anzahl der gleichzeitig in Betrieb zu nehmenden Kochplatten anbelangt.

Wie korrekt an 230 Volt anschließen?

Zunächst gilt zu klären, wie der E-Herd an 230 Volt anzuschließen ist. Hier geben entweder die Gebrauchsanleitung oder ein Aufkleber auf der Geräterückseite Auskunft.

1. Der Arbeitsbereich ist vor Beginn der Arbeiten entsprechend den fünf Sicherheitsregeln abzuschalten, gegen Wiedereinschalten zu sichern und auf Spannungsfreiheit zu prüfen.
2. Im Auslieferungszustand können ab Werk im Anschlusskasten Brücken zwischen verschiedenen Klemmen eingebaut sein. Sie sind mit dem anzuwendenden Anschlussschema zu vergleichen. Nicht darin angeführte Brücken sind zu entfernen.

3. Je nach den Vorgaben des Herstellers können die Anschlüsse für L1 bis L3 mit Brücken zu verbinden sein. Sie werden künftig von einem gemeinsamen Außenleiter angespeist.
4. Der grüngelbe Schutzleiter PE der Herdanschlussleitung ist an der Schutzleiterklemme des Herds anzuschließen. Ihre Bezeichnung ist der Anschlussanleitung des Herstellers zu entnehmen.
5. Der blaue Neutralleiter N der Herdanschlussleitung ist an der Neutralleiterklemme des Herds anzuschließen. Ihre Bezeichnung ist der Anschlussanleitung des Herstellers zu entnehmen.
6. Der braune Außenleiter L1 der Herdanschlussleitung ist an der L1-Außenleiterklemme des Herds zu befestigen. Ihre Bezeichnung ist der Anschlussanleitung des Herstellers zu entnehmen.
7. Anschließend ist zu überprüfen, ob alle Drähte an der richtigen Klemme angeschraubt wurden und ob wirklich nur jene Brücken im Klemmfeld verbaut sind, die auch wirklich benötigt werden.
8. Alle drei Drähte sind auf festen Halt in den Klemmen zu kontrollieren.
9. Weiter ist das Herdanschlusskabel an der Zugentlastung des Anschlusskastens am E-Herd festzuschrauben.
10. Zuletzt ist der Klemmenkasten des E-Herds zu schließen.

42.6 Separaten Backofen anschließen

Im Vergleich zum Kochfeld benötigt ein Backofen vergleichsweise wenig Energie und braucht daher nicht zwingend einen 400-Volt-Anschluss. Allgemeiner Standard sind bei Backrohren 230 Volt. Modelle mit 400-Volt-Anschlüssen werden nur noch in geringem Ausmaß angeboten. Sie bieten im Vergleich zu den einphasigen Varianten keine nennenswerten Vorteile. Am ehesten kann genannt werden, dass 400-Volt-Modelle etwas schneller aufheizen als ihre 230-Volt-Kollegen.

Die Anschlussleistung eines modernen 230-Volt-Backofens lässt sich problemlos mit einer dreiadrigen Anspeisung bewerkstelligen. Allerdings ist für ihn ein eigener Stromkreis vorzusehen, der mit einem Mindestquerschnitt von 2,5 mm^2 auszuführen ist. Abzusichern ist der Backrohr-Stromkreis mit einem 16-Ampere-Leitungsschutzschalter.

Gewöhnlich sind auch Backöfen direkt anzuschließen, womit sie ebenfalls eine Herdanschlussdose erfordern. Gewöhnlich ist die Anschlussleitung bereits an den Backöfen vormontiert. Somit braucht man für das Backrohr keine eigene Herdanschlussleitung.

Wie wird das Backrohr angeschlossen?

1. Der Arbeitsbereich ist vor Beginn der Arbeiten entsprechend den fünf Sicherheitsregeln abzuschalten, gegen Wiedereinschalten zu sichern und auf Spannungsfreiheit zu prüfen.
2. Das vom Backrohr kommende Kabel ist an der Zugentlastung der Herdanschlussdose zu befestigen. Der Kabelmantel der Anschlussleitung muss ein kleines Stück über die Zugentlastung hinaus zur Mitte der Anschlussdose zeigen.
3. Der grüngelbe Schutzleiter PE der Backofen-Anschlussleitung ist an der noch freien PE-Schutzleiterklemme der Herdanschlussdose anzuschließen. Damit müssen in der PE-Doppelklemme nun zwei grüngelbe Drähte angeklemmt sein.
4. Der blaue Neutralleiter N der Backofen-Anschlussleitung ist an der noch freien N-Neutralleiterklemme der Herdanschlussdose anzuschließen. Damit müssen in der N-Doppelklemme nun zwei blaue Drähte angeklemmt sein.
5. Der braune Außenleiter L1 der Backofen-Anschlussleitung ist an der noch freien L1-Außenleiterklemme der Herdanschlussdose anzuschließen. Damit müssen in der L1-Doppelklemme nun zwei braune Drähte angeklemmt sein.
6. Es ist zu kontrollieren, ob alle Leitungen an den richtigen Klemmen angeschlossen worden sind.
7. Alle drei Drähte sind auf sicheren Halt in den Klemmen zu prüfen.
8. Abschließend ist die Abdeckung der Herdanschlussdose zu befestigen.

Splitterbox

Werden das Kochfeld und das Backrohr in räumlicher Nähe montiert, bietet sich als alternative Anschlussvariante eine Splitterbox an. Sie lässt sich – vereinfacht ausgedrückt – mit einer Aufputz-Installationsdose vergleichen, von der eine fünfpolige Leitung zur Herdanschlussdose führt.

Zwei weitere Kabel sind vorgesehen, ein der Splitterbox abgehendes fünfpoliges Kabel dient zum Anschluss des Kochfelds, ein weiteres dreipoliges ist für das Backrohr eingeplant. Damit werden beide über einen gemeinsamen Stromkreis versorgt.

43. Steckdosen austauschen

Eine Steckdose kann harten mechanischen Belastungen ausgesetzt sein. Insbesondere, wenn ein angeschlossenes Kabel nicht ordnungsgemäß ausgesteckt wird. Etwa, wenn aus der Ferne an ihm gezogen wird, bis der Stecker aus der Steckdose flutscht. Ein weiterer gar nicht so selten anzutreffender Fehler ergibt sich, wenn das Staubsauger-Kabel so stark gespannt wird, dass man darüber stolpern kann. Durch die so entstehende plötzliche starke Zugbelastung kann der Steckdoseneinsatz schon mal aus der Dose gerissen werden. Weiter können Abdeckungen zu Bruch gehen.

In dieser Situation darf die herausgerissene Steckdose keinesfalls berührt werden. Denn es besteht höchste Lebensgefahr, da nun stromführende Teile unmittelbar berührt werden können. Um Schlimmeres zu vermeiden, ist zumindest der Leitungsschutzschalter des betroffenen Stromkreises auszuschalten und gegen Wiedereinschalten zu sichern. Bei Unsicherheit empfiehlt es sich, gleich den Haupt-Fehlerstrom-Schutzschalter auszuschalten und so die gesamte Wohnung stromlos zu machen. Anschließend ist Hilfe in Form einer autorisierten Fachkraft herbeizuholen.

43.1 230-Volt-Steckdose austauschen

1. Der Arbeitsbereich ist vor Beginn der Arbeiten entsprechend den fünf Sicherheitsregeln abzuschalten, gegen Wiedereinschalten zu sichern und auf Spannungsfreiheit zu prüfen.
2. Als Erstes ist die Steckdosenabdeckung vom Steckdoseneinsatz zu entfernen.
3. Sofern der Steckdoseneinsatz noch teilweise in der Installationsdose steckt, sind die seitlichen Krallen zu lösen, damit sich die Steckdose leicht herausnehmen lässt.
4. Die Anschlussdrähte sind von der alten Steckdose zu lösen. Idealerweise macht man das einzeln, um sie dann gleich an der neuen Steckdose an der richtigen Stelle anzuklemmen.
5. Vor dem Einklemmen der Drähte in die neue Steckdose ist deren Zustand zu überprüfen. Auch sie können im Zuge des Ausreißens Schaden genommen haben.
6. Wird ein Mangel an einem oder mehreren Drähten festgestellt, ist zu prüfen, ob er sich durch Kürzen beseitigen lässt. Falls nicht, ist der Draht zu erneuern. In der Regel sollte sich der Aufwand in Grenzen halten, da nur ein Drahtstück bis zur nächsten Verteilerdose zu tauschen ist.
7. Sind die drei Drähte soweit in Ordnung, können sie an der neuen Steckdose angeschlossen werden.

8. Der grüngelbe Schutzleiter PE ist am mittleren Schutzleiterkontakt des neuen Steckdoseneinsatzes anzuklemmen. Gewöhnlich ist er mit einem Erdungssymbol kenntlich gemacht.
9. Der blaue Neutralleiter N ist an einer der beiden seitlichen Stromklemmen des Steckdoseneinsatzes anzuschließen. Gewöhnlich nimmt man dazu die rechte Klemme.
10. Der braune Außenleiter L ist an der zweiten der seitlichen Stromklemmen des Steckdoseneinsatzes anzuschließen. Gewöhnlich nimmt man dazu die linke Klemme. Achtung! Stammt die Elektroinstallation aus der Zeit vor 2006, ist der Außenleiter L noch in Schwarz ausgeführt.
11. Der Steckdoseneinsatz ist behutsam in die Installationsdose zu stecken. Dabei ist darauf zu achten, dass die Drähte genug Platz im hinteren Ende der Dose finden.
12. Der Steckdoseneinsatz ist in der Installationsdose zu fixieren. Dazu sind die seitlichen Krallen festzuschrauben.
13. Danach ist der Steckdosenaufsatz, also die Abdeckung, zu montieren.
14. Der Stromkreis ist wieder unter Spannung zu setzen und die Steckdose auf ordnungsgemäße Funktion zu prüfen.

Austauschen einer defekten gegen eine neue 230-Volt-Steckdose

43.2 400-Volt-Steckdose austauschen

400-Volt-Steckdosen werden meist in Bereichen gebraucht, in denen gearbeitet wird. Oft ist damit auch ein rauer Umgang mit den Steckdosen verbunden. Folglich können Drehstrom-Steckdosen auch ab und an Schaden nehmen. Da von ihnen ein sehr hohes Gefahrenpotential ausgeht, sind beschädigte 400-Volt-Steckdosen umgehend zu tauschen. Dies darf ausschließlich durch geschultes und autorisiertes Fachpersonal erfolgen.

Beim Tausch einer 400-Volt-Steckdose ist nicht nur wegen der vorhandenen Unfallgefahr höchste Aufmerksamkeit geboten, sondern auch beim Anschluss der fünf Adern. Dabei darf die Reihenfolge der drei Außenleiter keinesfalls vertauscht werden, da dies Fehlfunktionen der daran zu betreibenden Geräte nach sich ziehen würde. Insbesondere Drehstrommotoren laufen bei falsch angeschlossener 400-Volt-Steckdose in die falsche Richtung. Damit verbunden ergeben sich neue Unfallgefahren.

Je nach Alter der Elektroinstallation kann man in der Drehstrom-Steckdose noch andere als die heute üblichen Leiterfarben vorfinden. So können die an L1 bis L3 angeschlossenen Drähte die Farben Schwarz/Braun/Schwarz oder auch Schwarz/Braun/Braun aufweisen. Wichtig ist, dass die Reihenfolge der drei an den Außenleitern angeschlossenen Drähte nicht vertauscht wird. Hier empfiehlt sich, die Adern unverwechselbar mit Isolierband und einer Beschriftung zu markieren. Gegebenenfalls helfen auch Handyfotos oder Skizzen weiter.

1. Der betroffene Stromkreis ist entsprechend den fünf Sicherheitsregeln allpolig abzuschalten, gegen Wiedereinschalten zu sichern und allpolig auf Spannungsfreiheit zu kontrollieren.
2. Die Abdeckung der Drehstrom-Steckdose ist zu entfernen.
3. Je nach Alter der Drehstrom-Steckdose und der Installation vor Ort kann man mit anderen Leiterfarben als heute konfrontiert sein. Es ist zu notieren, welche Drähte wo an der alten Steckdose angeschlossen sind. Auch ein Handyfoto kann weiterhelfen. Empfehlenswert ist zudem, bei bestehender Verwechslungsgefahr die Leiter mit Isolierband und einer Beschriftung zu markieren.
4. Erst im Anschluss sind die Drähte an der alten Steckdose abzuklemmen.
5. Die alte, defekte 400-Volt-Steckdose ist zu demontieren und an ihrer Stelle eine neue zu befestigen.
6. Das Anschlusskabel ist durch die Kabeleinführung und Zugentlastung der neuen Steckdose zu führen.
7. Die fünf Drähte sind entsprechend den vorangegangenen Notizen oder Kennzeichnungen an den Kontakten der neuen Steckdose anzuschließen. Dabei ist besonders auf die Einhaltung der Reihenfolge L1, L2 und L3 sowie N und PE zu achten. Idealerweise beginnt man mit dem Anschluss des grüngelben Schutzleiters PE, gefolgt vom blauen Neutralleiter N und den drei Außenleitern.

8. Anschließend ist der feste Halt der fünf angeschlossenen Drähte zu kontrollieren und ob sie an den richtigen Klemmen angeschlossen wurden.
9. Die 400-Volt-Steckdose ist zuzuschrauben.
10. Der Stromkreis ist wieder unter Spannung zu setzen.
11. Zuletzt ist eine umfassende Funktionskontrolle dringend zu empfehlen. Zunächst ist mit einem Drehfeldmesser festzustellen, ob an der Steckdose ein Rechtsdrehfeld (siehe Kapitel 45) gegeben ist. Weiter sind sechs Spannungsmessungen vorzunehmen. Zwischen L1 und N, L2 und N sowie L3 und N müssen je 230 Volt gemessen werden, zwischen L1 und L2, L1 und L3 sowie L2 und L3 je 400 Volt.

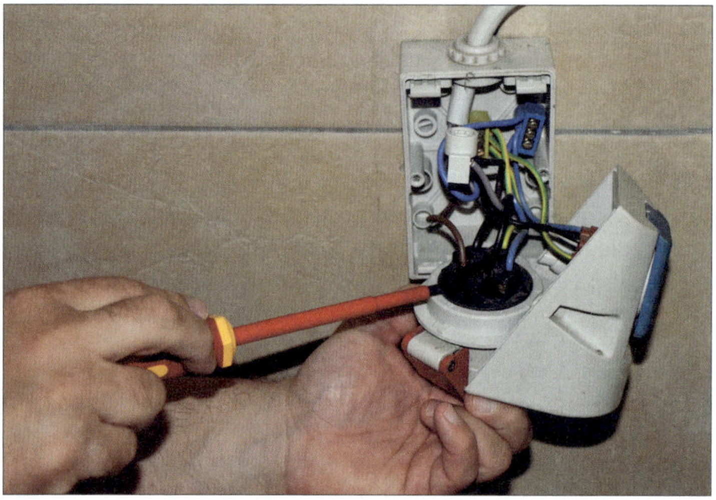

Anschließen einer 400-Volt-Steckdose

44. Steckdosen kontrollieren

Steckdosen stellen das Bindeglied zwischen der Elektroinstallation und den meisten Geräten im Haushalt dar. Damit entscheiden sie mit, wie sicher sich die Geräte nutzen lassen. Dabei kommt es auf den korrekten Anschluss der drei Drähte an jeder Steckdose an. Insbesondere, was den Schutzleiter anbelangt.

Heute lässt sich mit geringem Aufwand selbst kontrollieren, ob die Steckdosen korrekt angeschlossen wurden. Dazu bietet der Fachhandel preiswerte Steckdosentester an, die es selbst dem Laien ermöglichen, zuverlässige Analysen zu erstellen. Wird ein Mangel erkannt, ist dieser aber von einer autorisierten Fachkraft zu beheben.

Wichtig sind solche Tests nicht nur nach der Fertigstellung einer Neuinstallation, sondern vor allem auch, wenn man einen Altbau oder eine Wohnung darin bezieht. Gerade in vor und unmittelbar nach dem Zweiten Weltkrieg errichteten Häusern kann man da seine blauen Wunder erleben.

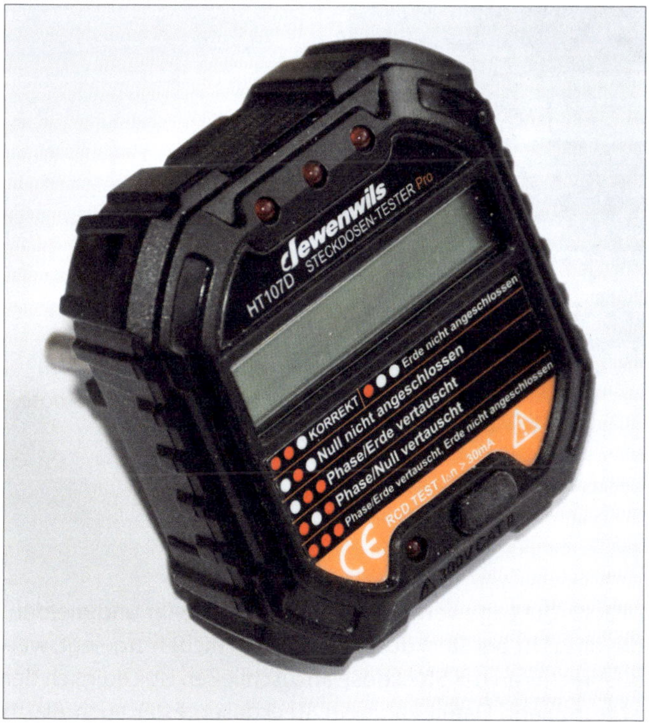

Steckdosentester helfen, die ordnungsgemäße Funktion von Steckdosen zu kontrollieren

44.1 Steckdosentester im Detail

Sie sind kleine, direkt in die Steckdose einzusteckende Geräte, die mit einem Display und zusätzlichen LEDs ausgestattet sein können. Sie zeigen die Netzspannung zwischen Außen- und Neutralleiter sowie, ob Spannung zwischen dem Neutral- und Schutzleiter anliegt. Sie sollte idealerweise bei 0 Volt liegen. Ist die Steckdose korrekt angeschlossen, leuchtet das Display grün. Wird ein Fehler erkannt, präsentiert es sich rot.

Einfachere Steckdosenprüfgeräte kommen zumindest mit drei LEDs, die auch bei komfortableren Modellen zu finden sind, die zusätzlich noch über ein Display verfügen. Je nachdem, welche LED-Kombinationen aufleuchten, informieren sie etwa darüber, ob der Außen- oder Neutralleiter mit dem Schutzleiter vertauscht wurde oder ob der Schutzleiter gar nicht angeschlossen wurde.

Hier attestiert der Steckdosentester, dass an dieser Steckdose alles in Ordnung ist

44.2 Richtig testen

Steckdosentester kontrollieren auch die Lage von Außen- und Neutralleiter und melden, wenn diese vertauscht sind. Allerdings ist bei Steckdosen für L und N nicht festgelegt, welcher der beiden Drähte links oder rechts an der Steckdose anzuschließen ist. Lediglich der Anschluss des Schutzleiters ist festgelegt. Damit kann ein Steckdosentester auch Alarm schlagen, obwohl die Steckdose eigentlich korrekt angeschlossen ist.

Ob tatsächlich ein Fehler vorliegt, lässt sich ermitteln, indem der Steckdosentester in die Steckdose noch einmal um 180 Grad gedreht, also auf dem Kopf stehend, gesteckt wird. Nun sollten die Anzeigen attestieren, dass doch alles in bester Ordnung ist. Das gleiche »Problem« begegnet uns übrigens auch bei Steckdosenleisten und Verlängerungskabeln.

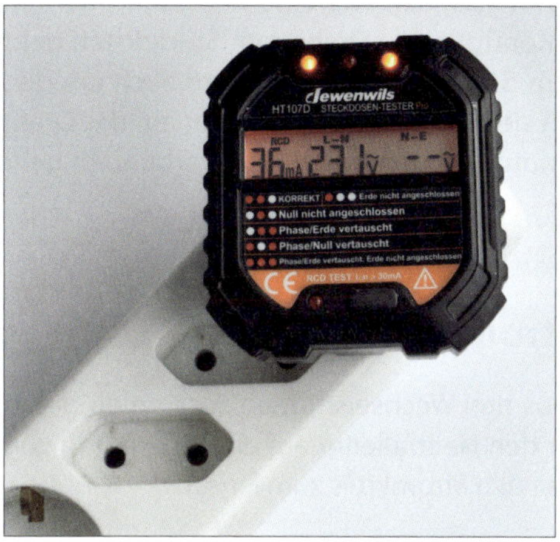

Liegt hier ein Fehler vor? Nein! Es kommt darauf an, in welche Richtung der Tester, hier an einer Steckdosenleiste, angesteckt wurde

Nachdem der Tester um 180 Grad gedreht wurde (im Bild wurde die Leiste ebenfalls gedreht), ist ersichtlich, dass doch alles in Ordnung ist

44.3 Auch auf guten Halt kontrollieren

Wenn Steckdosen mit einem Steckdosentester auf ordnungsgemäßen Anschluss kontrolliert werden, bietet es sich an, auch gleich ihren guten und sicheren Halt in der Installationsdose zu überprüfen. Auch er kann mitunter mangelhaft sein und dazu führen, dass sich die angeschlossene Steckdose ohne besonderen Aufwand herausziehen lässt. Was wieder zur Folge hat, dass elektrisch leitende Teile direkt berührt werden können und somit absolute Lebensgefahr besteht. Wird eine lockere Steckdose festgestellt, ist dieser Mangel ebenfalls ausschließlich von einer autorisierten Fachkraft zu beheben.

45. Drehstrom-Steckdosen kontrollieren

Drehstrom-Steckdosen findet man in Wohnungen gewöhnlich nicht. Sie sind bestenfalls in Eigenheimen anzutreffen, wo auch größere Maschinen wie eine Kreissäge oder ein Holzspalter betrieben werden wollen. Bei der Kontrolle von Drehstrom-Steckdosen geht es nicht nur um den Sicherheitsaspekt rund um den Schutzleiter, sondern auch um den korrekten Anschluss der drei Außenleiter. Denn sie wirken sich unmittelbar auf das Drehfeld aus und bestimmen so etwa, ob sich ein Motor richtig dreht. Damit verbunden geht es auch um die Vermeidung von Unfällen.

45.1 Was ist eigentlich Drehstrom?

Genau genommen setzt sich der Drehstrom aus drei Wechselströmen zusammen. Jeder der drei Außenleiter L1 bis L3 bringt es gegen den Neutralleiter auf eine Spannung von 230 Volt. Sie kommen in der Hausinstallation je nach Stromkreis zum Einsatz.

Für energiehungrige Verbraucher wie den E-Herd oder Drehstrommotoren braucht es den sogenannten Drehstrom. Er setzt sich aus allen drei Wechselströmen zusammen. Wobei die Spannung zwischen den Außenleitern, also etwa L1 und L2, je 400 Volt beträgt. Die drei Phasen sind zueinander um je 120 Grad versetzt. Dies hat seine Ursache in der Stromerzeugung. Sie erfolgt mit Generatoren, die sich drehen. Vereinfacht betrachtet, besitzt ein Generator drei Wicklungen, die gleichmäßig auf den Kreisumfang aufgeteilt sind, also im Abstand von je 120 Grad zueinander. Durch die Drehung des Rotors wird in den drei Spulen abwechselnd der Reihe nach eine Spannung induziert. Das so entstehende, sich drehende Feld versetzt am Ende auch Motoren in Drehung.

Das Rechtsdrehfeld ist international genormt. Damit wird gewährleistet, dass sich ein Motor stets in dieselbe Richtung dreht. Eine wichtige Voraussetzung, um etwa Maschinen betreiben zu können. Voraussetzung ist aber, dass das Rechtsdrehfeld auch bei der Hausinstallation beibehalten wird. Die Praxis zeigt, dass oft genug in der Hausinstallation die vorgegebene Reihenfolge der drei Außenleiter vertauscht wurde. Dies kann bereits am FI, dem Leitungsschutzschalter, in der 400-Volt-Steckdose oder im Klemmkasten des Motors erfolgt sein. Auch 400-Volt-Verlängerungskabel erweisen sich oft als potentielle Fehlerquelle.

Warum ist das Drehfeld so wichtig?

Die Einhaltung der Drehrichtung ist unverzichtbar. Dabei geht es nicht nur um die einwandfreie Funktion vieler rotierender Maschinen, sondern auch um die Sicherheit. Eine in die falsche Richtung laufende Kreissäge würde nicht nur das Schneiden an sich unmöglich machen, sondern gleichzeitig auch das Unfallrisiko steigern. Falsch laufende Pumpen würden kein Wasser abpumpen und so weiter.

Wie stellt man die Drehrichtung fest?

1. Soll die Laufrichtung eines Drehstrommotors geprüft werden, ist zunächst sein Leerlauf sicherzustellen. Der Motor darf keine Arbeit verrichten, sondern muss im Leerlauf hochfahren können.
2. Der Motor ist kurz ein- und dann wieder auszuschalten. Während er im Zuge des Auslaufens langsamer wird, lässt sich seine Drehrichtung gut ermitteln.

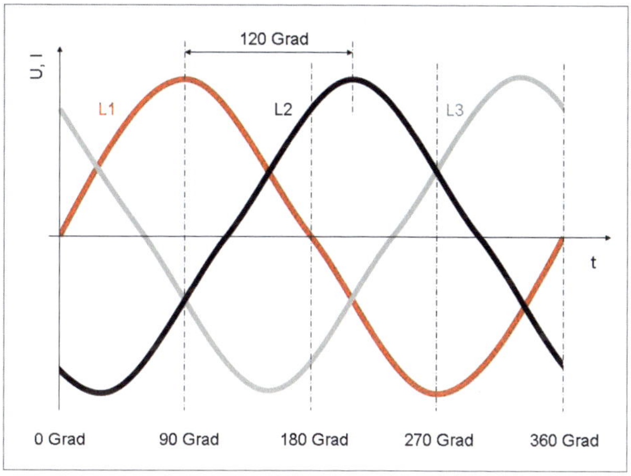

Beim 400-Volt-Drehstrom beträgt der Phasenabstand zwischen den drei Phasen je 120 Grad

45.2 Der Drehfeldmesser

Das Drehfeld eines Drehstromkreises lässt sich mit einem sogenannten Drehfeldmesser ermitteln. Er kommt mit drei Messstrippen, je eine für die Phase L1, L2 und L3. Sie sind mit üblichen Messspitzen ausgeführt, so wie man sie auch von den Messleitungen von Multimetern kennt. Im Lieferumfang können auch Klemmen enthalten sein, mit denen die Messleitungen zum Beispiel an blanken Leitern befestigt werden können. Um Verwechslungen vorzubeugen, ist jede Strippe mit einer anderen Farbe ausgeführt.

Drehfeldmesser besitzen kein Display, sondern nur fünf Glimmlampen. Davon sind drei den drei Außenleitern L1 bis L3 zugeordnet. Sie leuchten, wenn die drei Außenleiter Strom führen. Fehlt ein Außenleiter, bleibt diese Lampe dunkel. Damit lässt sich nicht nur der korrekte Anschluss der 400-Volt-Steckdose überprüfen, sondern auch, ob am Hausanschluss alle drei Außenleiter vorhanden sind. Je eine weitere Lampe signalisiert, ob der Drehstromkreis korrekt oder verkehrt herum angeschlossen wurde.

Im Übrigen dient der Drehfeldmesser nicht nur dazu, die Drehrichtung an einer 400-Volt-Steckdose zu kontrollieren, sondern auch am FI. Wird hier die falsche Drehrichtung angezeigt, können zwei Außenleiter auch schon am FI vertauscht worden sein.

45.3 Das Farbproblem

Innerhalb der EU sind seit 2003 die Außenleiterfarben für L1 bis L3 mit Braun, Schwarz und Grau genormt. Dabei handelt es sich allerdings um keinen weltweiten Standard. Da Drehfeldmesser meist in Fernost gefertigt werden, können bei ihnen auch ganz andere Farben für die drei Außenleiter Verwendung finden. Etwa Gelb, Grün und Rot, was dem chinesischen Standard für L1, L2 und L3 entspricht. Zum Teil kommen Drehfeldmesser auch mit den Farben Schwarz für L1, Rot für L2 und Gelb für L3. Dabei handelt es sich um eine veraltete Norm, die in unseren Breiten nur bis Mitte der 1960er-Jahre Verwendung fand.

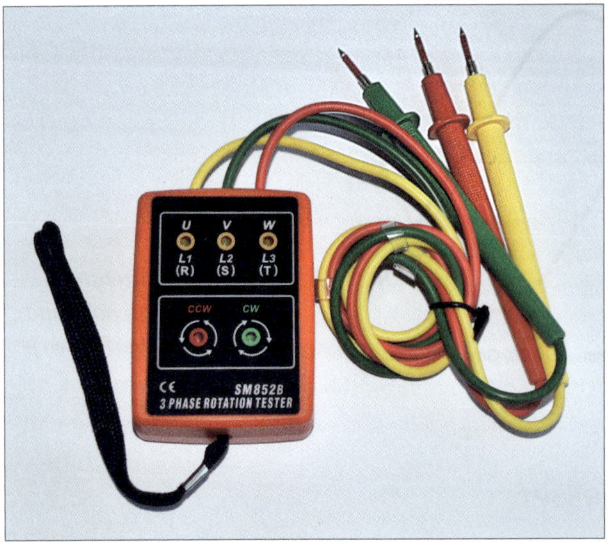

Drehfeldmesser besitzen statt eines Displays fünf Glimmlampen, die über das Ergebnis der Messung informieren

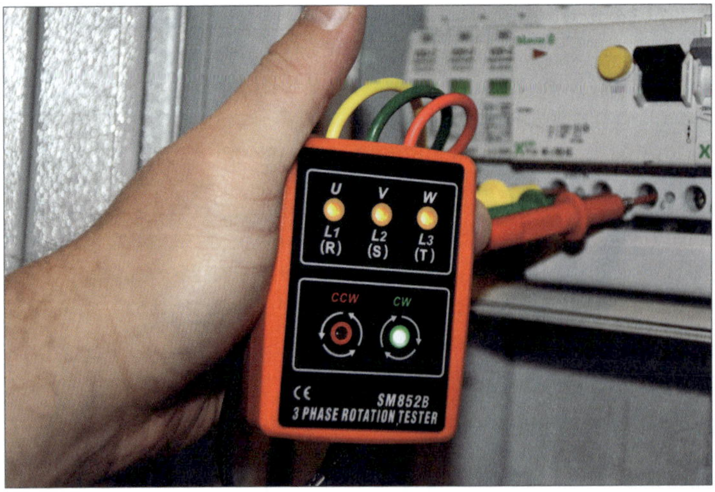

Kontrolle des Drehfelds an einem FI. Hier attestiert das Messgerät, dass alles in Ordnung ist

46. Drehstrom-Drehrichtung ermitteln und korrigieren

Die Kontrolle der Drehrichtung an einer 400-Volt-Steckdose erweist sich als überaus anspruchsvolle Tätigkeit mit hohem Gefahrenpotential. Deshalb sollte es ausschließlich geschultem, autorisiertem Personal überlassen werden.

Die große Herausforderung liegt im Handling. Zunächst ist die Schutzabdeckung der Steckdose hochzuhalten. Weiter sind die drei Messleitungen so in die Kontakte von L1, L2 und L3 zu stecken, dass sie auch wirklich Kontakt haben. Wegen des geringeren Durchmessers der Prüfspitzen finden sie nicht so leicht Kontakt wie ein Drehstromstecker an sich. Sobald die erste der drei Messleitungen Kontakt hat, stehen auch die Spitzen der beiden anderen Messleitungen unter Spannung. Sie dürfen somit keinesfalls mehr berührt werden und dürfen sich auch gegenseitig nicht mehr berühren, da dies einen satten Kurzschluss mit sich bringen würde. Die kleinste Unachtsamkeit kann bereits fatale Folgen nach sich ziehen. Als besonders anspruchsvoll erweist es sich zudem, die beiden weiteren Prüfspitzen in die Bohrungen für L2 und L3 stecken zu können. Es versteht sich von selbst, dass bei der Messung auch die Zuordnung der Messleitungen zu den drei Außenleitern der Drehstrom-Steckdose einzuhalten ist.

46.1 Wie gehen Sie sicher vor?

Idealerweise ist die Drehrichtungsmessung zu zweit vorzunehmen. Vor Beginn der Messung ist der betreffende Stromkreis von einer der beiden Personen auszuschalten. Beide Personen halten, zum Beispiel über Telefon und eingeschalteten Lautsprecher, Verbindung zueinander. Dies gibt der messenden Person die Gelegenheit, die drei Prüfspitzen gefahrlos in der 400-Volt-Steckdose in Position zu bringen. Anschließend ist die zweite Person am Verteilerschrank zu ersuchen, den Stromkreis für die Dauer der Messung kurz einzuschalten. So lassen sich das Vorhandensein der drei Phasen und die Drehrichtung ermitteln. Bevor die Messleitungen wieder aus der Steckdose geführt werden, ist der Stromkreis von der zweiten Person noch einmal auszuschalten. Erst nachdem die messende Person das Okay gegeben hat, darf der Stromkreis wieder aktiviert werden.

1. Die Messung des Drehfelds zählt zu den Funktionskontrollen, die nur unter Spannung erfolgen können. Dementsprechend ist mit großer Vorsicht vorzugehen.
2. Vor der Messung muss man sich mit dem Drehfeldmesser vertraut gemacht haben. Insbesondere, welche Farben den drei Messleitungen L1 bis L3 zugeordnet sind. Im Zweifelsfall kann an den Messleitungen ein unmissverständlicher Hinweis angebracht werden. Dies können farblich passende Markierungen mit Isolierband oder etwa Beschriftungen sein.

3. Sofern für die Messung eine zweite Person zur Verfügung steht, ist der Stromkreis zunächst abzuschalten und an der Steckdose auf Spannungsfreiheit zu prüfen. Selbst nachdem die Spannungsfreiheit festgestellt wurde, ist die 400-Volt-Steckdose als unter Spannung stehend zu betrachten.
4. Die Prüfspitze für L1 ist in den L1-Kontakt der 400-Volt-Steckdose zu führen. Dabei ist auf gute Griffsicherheit zu achten. Wird die Messung allein unter Spannung vorgenommen, stehen nun auch die beiden anderen Messleitungen unter Spannung.
5. Die Prüfspitze für L2 ist in den L2-Kontakt der 400-Volt-Steckdose zu führen. Achten Sie ebenfalls auf gute Griffsicherheit.
6. Die Prüfspitze für L3 ist in den L3-Kontakt der 400-Volt-Steckdose zu führen. Achten Sie ebenfalls auf gute Griffsicherheit.
7. Nun ist zu kontrollieren, ob auch wirklich alle drei Messleitungen mit den ihnen zugedachten Kontakten der 400-Volt-Steckdose verbunden sind.
8. Sofern eine zweite Person zur Verfügung steht, schaltet diese den Stromkreis für die Dauer der Messung ein.
9. Leuchtet am Drehfeldmesser die Glimmlampe für den Rechtslauf auf, ist die Steckdose korrekt angeschlossen. Attestiert das Messgerät Linkslauf, ist die Steckdose falsch angeschlossen.
10. Sofern eine zweite Person zur Seite steht, schaltet diese nach Beendigung der Messung den Stromkreis wieder ab. Erst danach sind die drei Prüfspitzen aus der Steckdose zu entfernen. Ist man auf sich allein gestellt und arbeitet unter Spannung, gilt es dabei besonders behutsam vorzugehen. Am besten werden alle drei Prüfspitzen gleichzeitig schnell aus der Steckdose gezogen.

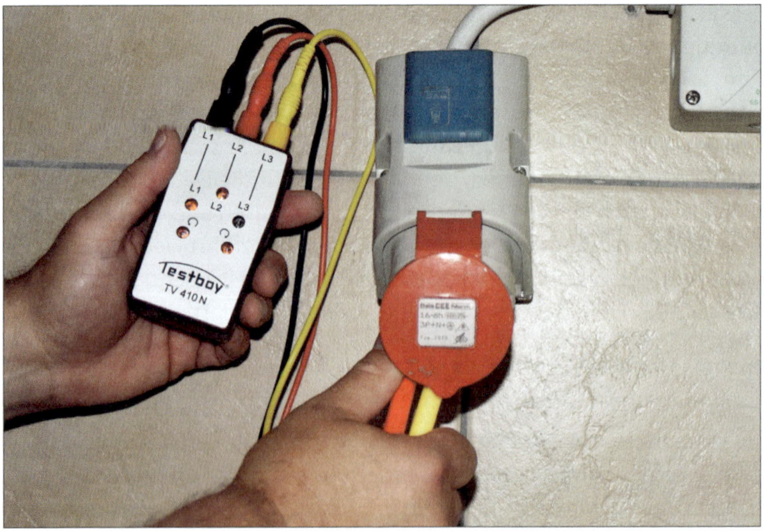

Bei dieser Kontrolle wurde ein fehlender Außenleiter L3 ermittelt

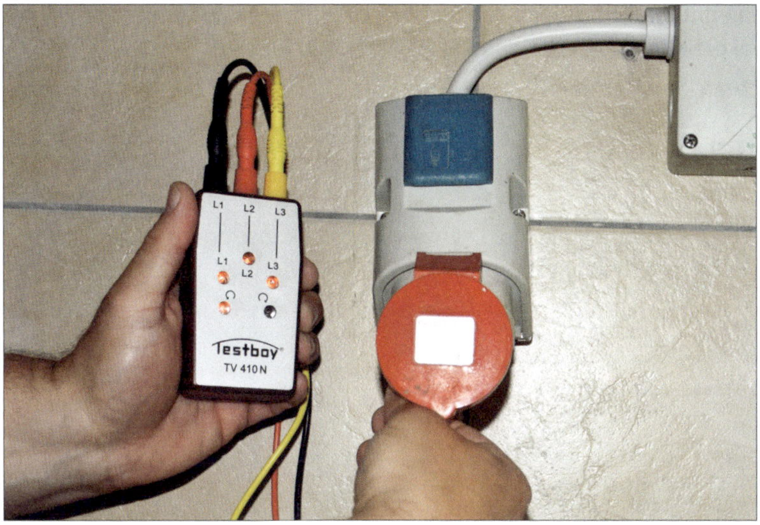

Diese 400-Volt-Steckdose wurde fasch angeschlossen. Hier attestiert der Drehfeldmesser Linkslauf

46.2 Drehrichtung korrigieren

Wurde eine falsche Drehrichtung an der 400-Volt-Steckdose festgestellt, ist dieser Mangel zu beheben. Zunächst gilt es, die Anschlüsse an der 400-Volt-Steckdose zu kontrollieren. Dazu ist sie im spannungslosen Zustand zu öffnen und zu prüfen, ob beim Anschließen der drei Außenleiter zwei Adern vertauscht wurden. Diese sind in der Folge mit den korrekten Klemmen zu verbinden.

Ist die Steckdose vermeintlich korrekt angeschlossen, ist die Verwechslung von zwei Adern bereits zuvor geschehen. Zum Beispiel am den Stromkreis absichernden Leitungsschutzschalter. Womit dort die vertauschten Adern nachzubessern sind. Lässt sich der Fehler nicht nachvollziehen, sind an der betroffenen Steckdose einfach zwei Außenleiter zu vertauschen. Diese Tätigkeit ist jedenfalls ausschließlich von dafür autorisierten Personen auszuführen.

Wie ist die Drehrichtung umzukehren?

1. Der betroffene Stromkreis ist entsprechend den fünf Sicherheitsregeln allpolig abzuschalten, gegen Wiedereinschalten zu sichern und allpolig auf Spannungsfreiheit zu kontrollieren.
2. Die 400-Volt-Steckdose ist aufzuschrauben und in ihr zu kontrollieren, ob sich anhand der Leiterfarben zwei vertauschte Adern erkennen lassen. Bei älteren Verdrahtungen, bei denen für die drei Außenleiter noch zwei schwarze Drähte verwendet wurden, ist die Wahrscheinlichkeit groß, dass diese vertauscht wurden.

3. Ist kein Fehler erkennbar, sind einfach die Drähte zweier Phasen auszutauschen. Dazu sind zum Beispiel die Klemmen der Kontakte L1 und L2 zu lockern.
4. Der ursprünglich an der Klemme L1 angeschraubte Draht ist an der Klemme L2 zu befestigen.
5. Weiter ist der ursprünglich mit der Klemme L2 verbundene Draht an der Klemme L1 anzuschließen.
6. Nachdem kontrolliert wurde, ob alle fünf Drähte in der Steckdose noch fest angeschlossen sind, ist das Gehäuse wieder ordnungsgemäß zu schließen.
7. Abschließend ist die Drehrichtung nach Wiedereinschalten des Stromkreises noch einmal zu kontrollieren.

Die Drehrichtung an der 400-Volt-Steckdose ist durch Auskreuzen zweier Außenleiter zu korrigieren

47. Drehstromschaltungen

47.1 Dreipolige Ausschaltung

Die dreipolige Ausschaltung wird ausschließlich für Drehstrom-Verbraucher benötigt. Vom Prinzip her entspricht sie der einpoligen Ausschaltung beim Wechselstrom. Nur mit dem Unterschied, dass beim Drehstrom alle drei Phasen gleichzeitig geschaltet werden müssen. Die dreipolige Ausschaltung dient entweder dazu, einzelne Maschinen in Betrieb zu nehmen, oder als übergeordneter Hauptschalter, mit dem ganze Arbeitsbereiche unter Spannung gesetzt werden. Dies können 400-Volt-Steckdosen und mehrere Maschinen sein, die jede für sich mit gesonderten Schaltern in Betrieb zu nehmen sind.

47.2 Dreipoliger Ausschalter

Den dreipoligen Ausschalter findet man ausschließlich im Bereich des Drehstroms. Er dient zum Schalten von Drehstromgeräten und findet im Haushalt üblicherweise keine Verwendung. Stattdessen ist er zum Beispiel zum Schalten von Drehstrommotoren anzutreffen. Er ist als Knebel- oder Druckschalter ausgeführt.

Beim Anschließen eines dreipoligen Ausschalters gilt es besonders darauf zu achten, die Reihenfolge der drei Außenleiter L1 bis L3 einzuhalten. Dies ist Voraussetzung, damit ein Motor nicht in die falsche Richtung anläuft, was Schäden und Unfälle zur Folge haben könnte.

Die Klemmenbeschriftungen können bei dreipoligen Ausschaltern variieren. Etwa, indem ihre Eingänge mit 1 für L1, 3 für L2 und 5 für L3 oder 1/L1, 3/L2 und 5/L3 beschriftet sind. Dementsprechend sind ihre Ausgänge mit 2 für L1, 4 für L2 und 6 für L3 oder 2/L1, 4/L2 und 6/L3 gekennzeichnet.

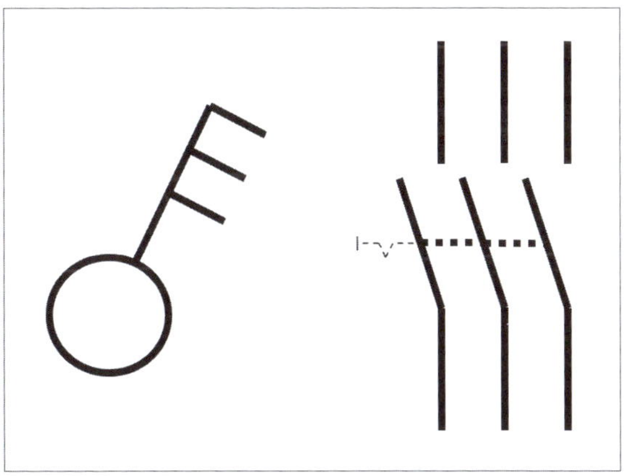

Symbol eines dreipoligen Ausschalters, links: Elektroinstallationsplan, rechts: Stromlaufplan

Eine dreipolige Ausschaltung aufbauen

1. Der Arbeitsbereich ist vor Beginn der Arbeiten entsprechend den fünf Sicherheitsregeln abzuschalten, gegen Wiedereinschalten zu sichern und auf Spannungsfreiheit zu prüfen.
2. Der grüngelbe Schutzleiter PE ist direkt vom Verteilerschrank zum Drehstrom-Verbraucher zu verlegen und an dessen Schutzleiterklemme anzuschließen.
3. Der braune Außenleiter L1 ist vom Verteilerschrank zum dreipoligen Schalter zu verlegen und an dessen L1-Eingangsklemme anzuschließen. Sie kann mit **1** oder **1/L1** beschriftet sein.
4. Der schwarze Außenleiter L2 ist vom Verteilerschrank zum dreipoligen Schalter zu verlegen und an dessen L2-Eingangsklemme anzuschließen. Sie kann mit **3** oder **3/L2** beschriftet sein.
5. Der graue Außenleiter L3 ist vom Verteilerschrank zum dreipoligen Schalter zu verlegen und an dessen L3-Eingangsklemme anzuschließen. Sie kann mit **5** oder **5/L3** beschriftet sein.
6. Vom Außenleiter-Ausgang L1 des dreipoligen Schalters, mögliche Bezeichnungen **2** oder **2/L1**, ist ein brauner Draht zum Drehstrom-Verbraucher zu verlegen. Er ist etwa an einem Drehstrommotor an der Klemme U1 anzuschließen.
7. Vom Außenleiter-Ausgang L2 des dreipoligen Schalters, mögliche Bezeichnungen **4** oder **4/L2**, ist ein schwarzer Draht zum Drehstrom-Verbraucher zu verlegen. Er ist etwa an einem Drehstrommotor an der Klemme V1 anzuschließen.
8. Vom Außenleiter-Ausgang L3 des dreipoligen Schalters, mögliche Bezeichnungen **6** oder **6/L3**, ist ein grauer Draht zum Drehstrom-Verbraucher zu verlegen. Er ist etwa an einem Drehstrommotor an der Klemme W1 anzuschließen.

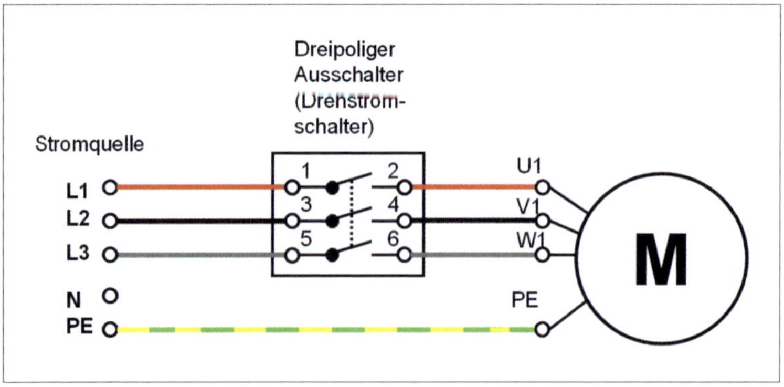

Schaltplan einer dreipoligen Ausschaltung mit Motor

47.3 Drehstrommotor anschließen

Klemmenbezeichnungen eines Drehstrommotors

Der Drehstrommotor besitzt drei Wicklungen. Sozusagen je eine pro Außenleiter. Sie sind zueinander im Abstand von je 120 Grad angeordnet. Die Bezeichnungen der drei Anschlüsse der ersten Wicklung lauten U1 und U2, jene der zweiten Wicklung V1 und V2 und die der dritten W1 und W2.

Ob das Klemmbrett eines Drehstrommotors drei oder sechs Klemmen aufweist, kommt darauf an, wie er betrieben werden kann. Für den Anschluss an das Drehstromnetz kommen in jedem Fall nur die Klemmen mit der nachgestellten **1** infrage. Demzufolge sind L1 an U1, L2 an V1 und L3 an W1 anzuschließen. Die drei weiteren Klemmen mit der nachgestellten **2** dienen nur der internen Beschaltung des Motors. Dabei bieten sich zwei Möglichkeiten an, die Stern- und die Dreieckschaltung.

Anschlussbezeichnungen eines Drehstrommotors

Außenleiter	Klemmen-Anschlussbezeichnung am Motor
L1	U1
L2	V1
L3	W1
PE	PE

47.4 Sternschaltung

Bei der Sternschaltung werden die Enden der drei Spulen, also U2, V2 und W2, zusammengeschaltet. Was bedeutet, dass der Strom zwischen zwei Außenleitern jeweils durch zwei Spulen fließt. Demzufolge fällt auch die Spannung von 400 Volt an beiden Spulen ab. Dies hat zur Folge, dass die Leistungsaufnahme des Drehstrommotors im Vergleich zur Dreieckschaltung nur ein Drittel beträgt.

Gewöhnlich lassen Drehstrommotoren den Betrieb mit Stern- und Dreieckschaltung zu. Die Betriebsart wird durch im Motoranschlusskasten zu setzende Brücken vorgegeben.

Wie Drehstrommotor in Stern schalten?

1. Der Arbeitsbereich ist vor Beginn der Arbeiten entsprechend den fünf Sicherheitsregeln abzuschalten, gegen Wiedereinschalten zu sichern und auf Spannungsfreiheit zu prüfen. Abgesehen davon ist davon auszugehen, dass der Motor noch nicht mit dem Drehstromnetz verbunden ist, wenn an ihm die Sternschaltung eingerichtet wird.
2. Im Motoranschlusskasten finden sich drei Blechstreifen mit Bohrungen, mit denen je zwei Kontakte miteinander verbunden werden können. Sie sind so auf die 2er-Klemmen zu stecken, dass sie W2, U2 und V2 miteinander verbinden. Dazu würden nur zwei Blechstreifen benötigt. Um den dritten nicht zu verlieren, sind auf zwei Klemmen zwei Blechstreifen übereinander zu stecken.

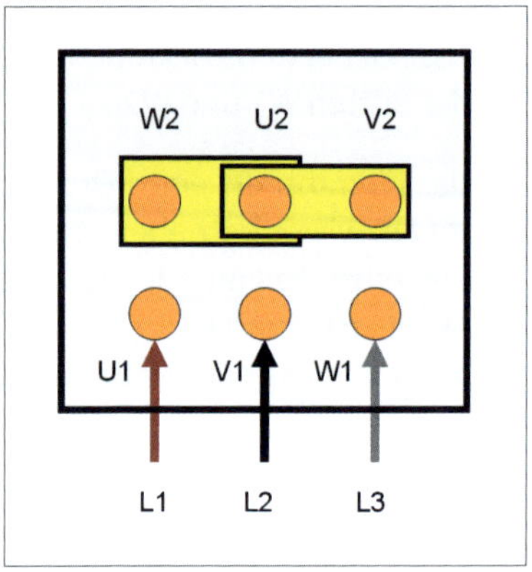

Anschlussschema einer Sternschaltung im Motoranschlusskasten

3. Die Blechstreifen sind mit den Beilagscheiben und Muttern des Klemmbretts zu fixieren.

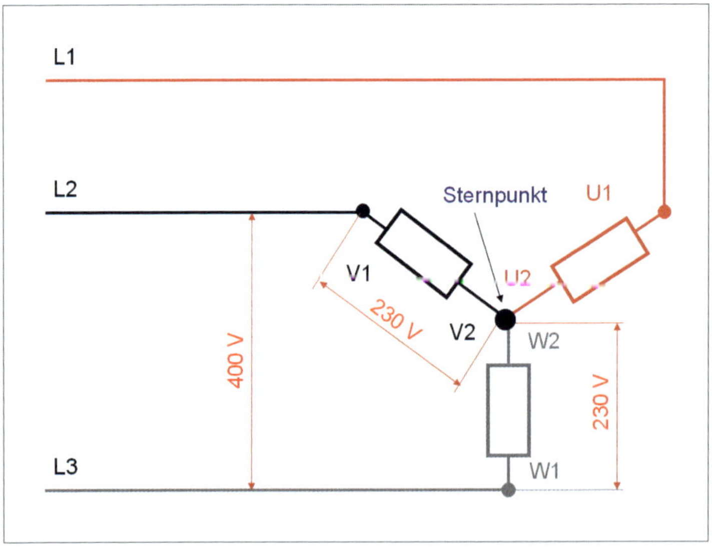

Schaltprinzip und Spannungsverteilung einer Sternschaltung

47.5 Dreieckschaltung

Anders als bei der Sternschaltung liegt bei der Dreieckschaltung jede der drei Motorwicklungen an der vollen Spannung. Damit steigt seine Leistungsaufnahme auch auf das Dreifache. Damit verbunden ist aber nicht nur ein höherer Stromverbrauch, sondern auch eine höhere Leistung. Nur in der Dreieckschaltung kann der Motor das volle Spektrum an Kraft abgeben, zu der er in der Lage ist. Damit ist er mit der Dreieckschaltung auch in der Lage, schwerste Arbeiten zu verrichten.

Drehstrommotor in Dreieck schalten

1. Der Arbeitsbereich ist vor Beginn der Arbeiten entsprechend den fünf Sicherheitsregeln abzuschalten, gegen Wiedereinschalten zu sichern und auf Spannungsfreiheit zu prüfen. Abgesehen davon ist davon auszugehen, dass der Motor noch nicht mit dem Drehstromnetz verbunden ist, wenn an ihm die Dreieckschaltung eingerichtet wird.
2. Im Motoranschlusskasten finden sich drei Blechstreifen mit Bohrungen, mit denen je zwei Kontakte miteinander verbunden werden können. Mit dem ersten Blechstreifen sind die Kontakte U1 und W2, mit dem zweiten V1 und U2, mit dem dritten W1 und V2 miteinander zu verbinden.
3. Die Blechstreifen sind mit den Beilagscheiben und Muttern des Klemmbretts zu fixieren.

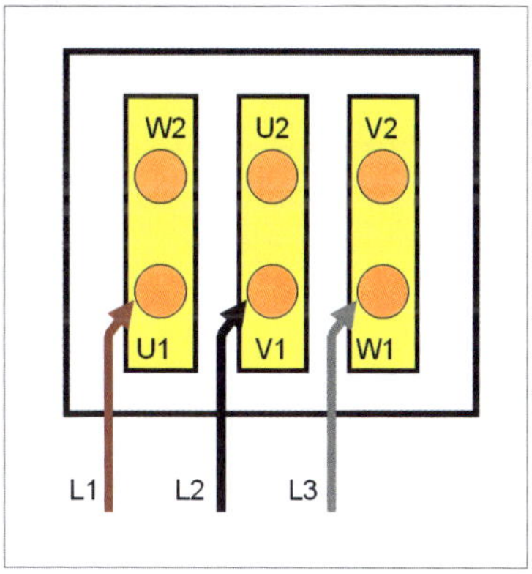

Anschlussschema einer Dreieckschaltung im Motoranschlusskasten

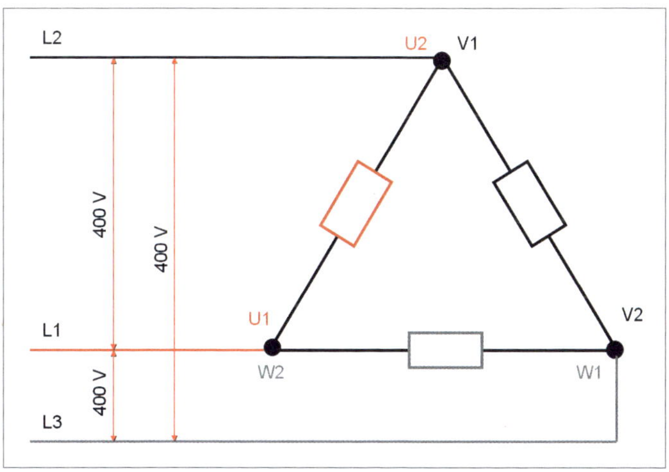

Schaltprinzip und Spannungsverteilung einer Dreieckschaltung

Wie ist der Drehstrommotor anzuschließen?

Das Anschließen eines Drehstrommotors erfolgt unabhängig davon, ob er in Stern- oder Dreieckschaltung betrieben wird, auf die gleiche Weise.

1. Der Arbeitsbereich ist vor Beginn der Arbeiten entsprechend den fünf Sicherheitsregeln abzuschalten, gegen Wiedereinschalten zu sichern und auf Spannungsfreiheit zu prüfen.
2. Der grüngelbe Schutzleiter ist an der Schutzleiterklemme des Motoranschlusskastens anzuschließen.
3. Der braune Außenleiter L1 ist mit der Klemme U1 des Motoranschlusskastens zu verbinden.
4. Der schwarze Außenleiter L2 ist mit der Klemme V1 des Motoranschlusskastens zu verbinden.
5. Der graue Außenleiter L3 ist mit der Motoranschlussklemme W1 zu verbinden.

Achtung!
Der Drehstrommotor benötigt keinen Neutralleiter, weshalb auch keine Neutralleiterklemme zu finden ist.

47.6 Stern-Dreieck-Anlaufschaltung

Die Stromaufnahme im Moment des Einschaltens entspricht bei jedem Gerät einem Vielfachen des Nennstroms und kann unter besonderen Voraussetzungen eine Herausforderung für den Leitungsschutzschalter darstellen.

Insbesondere bei Drehstrom-Verbrauchern ist hier von sehr hohen Stromstärken auszugehen, die den Leitungsschutzschalter zum Auslösen bringen können. Die Wahrscheinlichkeit wäre groß, würde man einen Drehstrommotor mit Dreieckschaltung hochlaufen lassen.

Deshalb greift man zu einem kleinen Trick, indem man den Motor zunächst mit Sternschaltung anlaufen lässt. Mit ihr beträgt die Leistungsaufnahme schließlich nur ein Drittel im Vergleich zur Betriebsart Dreieck. Damit einher gehen eine insgesamt geringere Stromaufnahme und so auch ein geringerer Anlaufstrom.

Sobald der Motor in Sternschaltung seine Leerlaufdrehzahl erreicht hat, kann auf Dreieck umgeschaltet werden. Da sich der Motor während des Umschaltvorgangs aufgrund der Massenträgheit weiter in Drehung befindet, lässt sich der Einschaltstromstoß während des beginnenden Dreiecklaufs merklich auf ein gefahrloses Niveau reduzieren. Womit der Leitungsschutzschalter auch nicht auslöst.

Doppelnutzen?

Der Stern-Dreieck-Schalter unterstützt nicht nur beim Anlaufen des Motors. Mit ihm lässt sich auch die Leistung an die auszuführende Tätigkeit anpassen. Werden mit einer Kreissäge etwa nur kleine Teile geschnitten, kann die Sternleistung bereits mehr als ausreichend sein. Was am Ende auch Strom sparen hilft.

Stern-Dreieck-Schalter

Der Stern-Dreieck-Schalter besitzt drei Schalterstellungen. Konkret *Aus*, *Stern* und *Dreieck*. In dieser Reihenfolge wird auch eingeschaltet. Während des Ausschaltvorgangs wird somit von *Dreieck* zuerst auf *Stern* und dann erst auf *Aus* geschaltet. Während des Schaltvorgangs sollte man dem Motor jedenfalls ausreichend Zeit geben, sich an die jeweils neue Betriebssituation zu gewöhnen. Was bedeutet, dass man weder von *Aus*, *Stern* auf *Dreieck* noch von *Dreieck* zu *Aus* in einem Zug schalten sollte.

Der Stern-Dreieck-Schalter besitzt neun Anschlüsse, die mit Zahlen markiert sind. Ihre Bedeutung ist der beiliegenden Montageanleitung zu entnehmen.

Stern-Dreieck-Schalter anschließen

1. Vor Beginn der Arbeiten gilt es, die Anschlussbelegung des Stern-Dreieck-Schalters in der beiliegenden Anleitung zu studieren.
2. Der Arbeitsbereich ist vor Beginn der Arbeiten entsprechend den fünf Sicherheitsregeln abzuschalten, gegen Wiedereinschalten zu sichern und auf Spannungsfreiheit zu prüfen.
3. Der grüngelbe Schutzleiter PE ist an der Schutzleiterklemme des Motoranschlusskastens anzuklemmen.
4. Die drei vom Verteilerschrank kommenden Außenleiter L1 (braun), L2 (schwarz) und L3 (grau) sind an den Außenleiter-Eingängen des Schalters anzuschließen.
5. Von den sechs Ausgängen des Stern-Dreieck-Schalters sind die ersten drei mit den 1er-Klemmen des Motors zu verbinden, also L1 (braun) an U1, L2 (schwarz) an V1 und L3 (grau) an W1. Die Klemmenbezeichnungen am Schalter sind der Anschlussanleitung zu entnehmen.

6. Die verbliebenen drei Ausgänge des Stern-Dreieck-Schalters sind entsprechend der Anleitung mit den 2er-Klemmen des Motors zu verbinden. Also L1 (braun) an W2, L2 (schwarz) an U2 und L3 (grau) an V2.

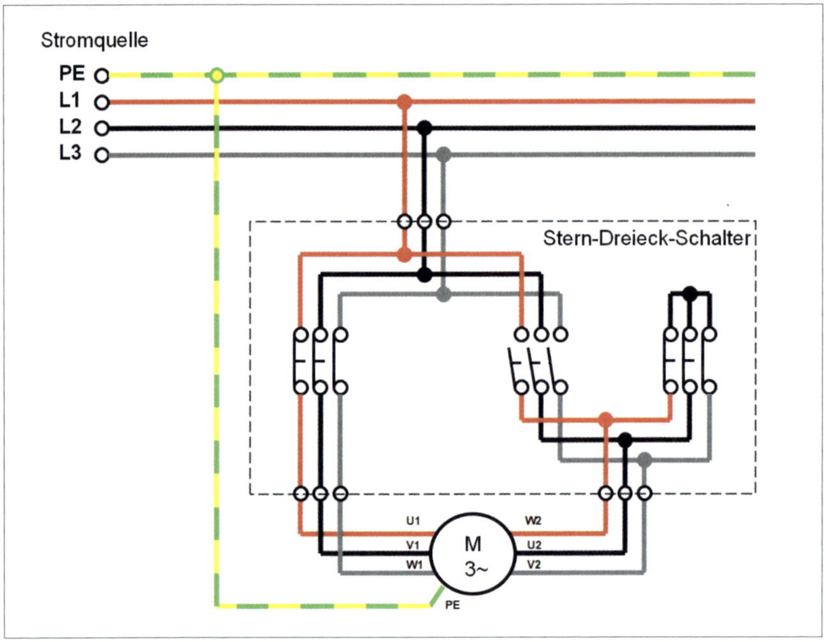

Anschlussprinzip eines Stern-Dreieck-Schalters

47.7 Links-Rechtslauf-Schaltung

Bei Drehstrommotoren kann der abwechselnde Links- oder Rechtslauf gefordert sein. Etwa, um mit ihnen einen Aufzug anzutreiben. Zur Änderung der Drehrichtung kommen spezielle Links-Rechtslauf-Schalter zum Einsatz. Sie verfügen über drei Schalterstellungen, von denen die mittlere die Aus-Position ist.

Dementsprechend lautet die Schaltfolge Linkslauf-Aus-Rechtslauf. Der Schalter besitzt sechs Anschlüsse. Sie können mit Zahlen oder direkten Klemmenbezeichnungen versehen sein. Hier gibt die Anschlussanleitung des Schalters Auskunft.

Links-Rechtslauf-Schalter anschließen

1. Vor Beginn der Arbeiten gilt es, sich mit den Klemmenbezeichnungen des Links-Rechtslauf-Schalters auseinanderzusetzen. So erschließt sich, welcher Draht mit welcher Klemme zu verbinden ist.
2. Der Arbeitsbereich ist vor Beginn der Arbeiten entsprechend den fünf Sicherheitsregeln abzuschalten, gegen Wiedereinschalten zu sichern und auf Spannungsfreiheit zu prüfen.
3. Der grüngelbe Schutzleiter PE ist an der Schutzleiterklemme des Motoranschlusskastens anzuschließen.
4. Die drei vom Verteilerschrank kommenden Außenleiter L1 (braun), L2 (schwarz) und L3 (grau) sind an den zugehörigen Außenleiter-Eingängen des Schalters anzuschließen.
5. Von den drei Ausgängen des Links-Rechtslauf-Schalters ist die Verbindung zu den 1er-Klemmen des Motors herzustellen. Also L1 an U1 (braun), L2 an V1 (schwarz) und L3 an W1 (grau).

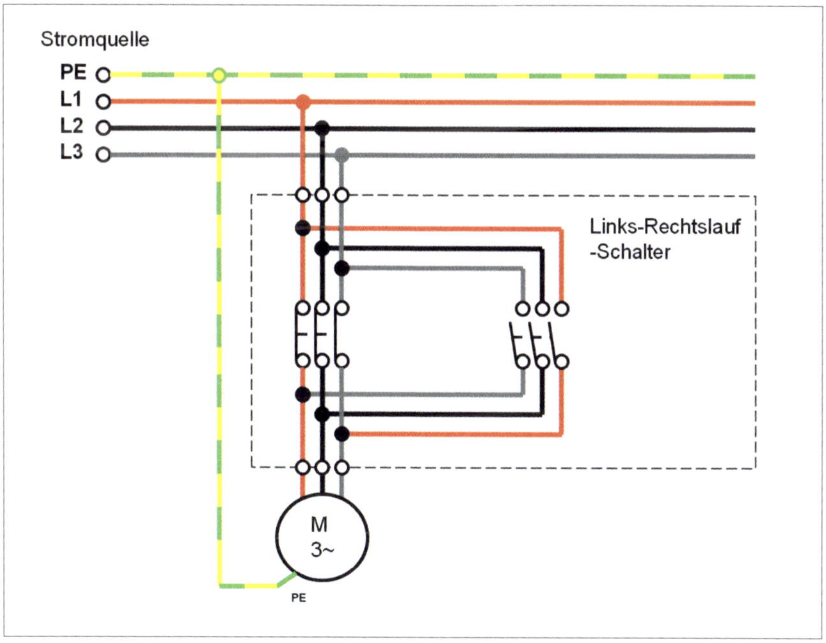

Anschlussschema einer Links-Rechtslauf-Schaltung

48. Außenbeleuchtung

Außen- und Gartenbeleuchtungen erfordern spezielle Sicherheitsvorkehrungen. Schließlich ist man im Freien mit Feuchtigkeit, Nässe, aber auch einer erhöhten mechanischen Beanspruchung konfrontiert. Insbesondere für Gartenbeleuchtungen bieten sich drei grundlegende Varianten an.

48.1 Niedervolt-Gartenbeleuchtung

Wie bereits der Name verrät, arbeitet die Niedervolt-Gartenbeleuchtung mit ungefährlicher Kleinspannung, konkret mit 12 oder 24 Volt. Damit sind Elektrounfälle und Gefahren durch eingedrungenes Wasser auszuschließen. Von Vorteil ist ferner, dass bei der Installation einer Niedervolt-Gartenbeleuchtung keine besonderen Sicherheitskriterien zu beachten sind. Bei ihr sind Lampen und UV-beständige Anschlussleitungen mit wasserdichten Steckern versehen. Zwischen dem Netzteil und der entferntesten Lampe darf die Leitungslänge bis zu rund 50 m betragen. Um eine lange Lebensdauer der Niedervolt-Gartenleuchten zu gewährleisten, sollten diese zumindest in der Schutzklasse IP 67 ausgeführt sein, was bedeutet, dass sie strahlwassergeschützt sind. Schließlich sollen die Lampen auch Starkregen und dem Wasserstrahl des Gartenschlauchs standhalten können.

Niedervolt-Gartenbeleuchtungen kommen gewöhnlich bereits fertig vorkonfektioniert mit Stecker-Netzteil. Damit erfordern sie auch keine Elektroinstallation, um sie überhaupt in Betrieb nehmen zu können. Womit es für die Verlegung einer Niedervolt-Gartenbeleuchtung auch keine autorisierte Fachkraft braucht. Sie ist nur dann gefragt, wenn auch eine Steckdose im Freien zu verlegen ist, über die die Niedervolt-Gartenbeleuchtung betrieben wird. Niedervolt-Gartenbeleuchtungen werden einerseits als Kompletsets angeboten. Andererseits besteht die Option, durch den Erwerb von Einzelkomponenten auch eine individuelle Beleuchtung im Garten aufzubauen.

Leitungsverlegung

Die Leitungen zu Niedervolt-Gartenleuchten erfordern keine bestimmte Verlegungsart. Selbst die Kabel einfach im Freien liegen zu lassen, wäre zwar zulässig, aber wenig praktikabel. Zum einen würde man so potentielle Stolperfallen im Garten erzeugen, zum anderen würde es das Rasenmähen ungleich erschweren. Empfehlenswert ist es deshalb, das Kabel zumindest einige Zentimeter unter die Erde zu bringen. Dazu genügt es, mit dem Spaten eine kleine Furche in die Erde zu stechen, in die das Kabel hineingedrückt wird.

Individuelle Niedervolt-Gartenbeleuchtung aufbauen

Eine individuell zusammengestellte Niedervolt-Gartenbeleuchtung ist als ernsthafte Alternative zu 230-Volt-Anlagen zu betrachten, da sich der Installationsaufwand auf ein absolutes Minimum reduziert. Damit verbunden sind auch die Kosten. Sonderfunktionen wie Bewegungsmelder oder Zeitsteuerung lassen sich mit 12- oder 24-Volt-Beleuchtungsanlagen genauso realisieren.

1. Bei einer individuellen Niedervolt-Gartenbeleuchtung sind die Einzelkomponenten nach Bedarf zu erwerben. Besonders wichtig ist es, die Gesamtleistungsaufnahme aller zu betreibenden Lampen zu ermitteln.
2. Um Überlastung zu vermeiden und Langlebigkeit des Trafos zu gewährleisten, sollte dieser jedenfalls für eine etwas höhere als die benötigte Leistung ausgelegt sein.
3. Die Niedervolt-Lampen sind an den gewünschten Stellen zu platzieren. Dabei gilt es Rücksicht auf die benötigten Längen der Verbindungskabel zu nehmen, da diese bereits vorkonfektioniert angeboten werden.
4. Die Verbindungsleitungen können zwar auf der Erde verlegt werden, aber es empfiehlt sich, sie einige Zentimeter in das Erdreich zu drücken, um potentielle Stolperfallen zu vermeiden und um sie vor dem Rasenmäher in Sicherheit zu bringen.
5. Soll das Netzteil der Niedervolt-Beleuchtung an einer Steckdose im Freien betrieben werden, ist es in einer ausreichend großen Feuchtraumdose unterzubringen.

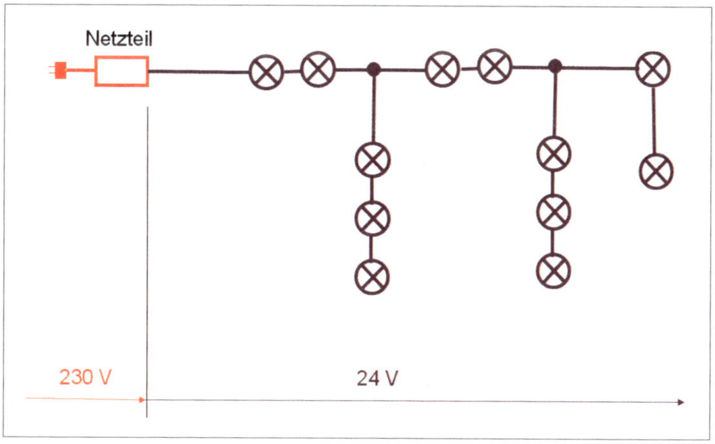

Eine Niedervolt-Gartenbeleuchtung lässt sich ohne großen Installationsaufwand realisieren

48.2 Solar-Gartenbeleuchtung

Solar-Gartenlampen versprechen noch mehr Flexibilität, wenn es darum geht, den Garten oder einen Weg nachts zu beleuchten. Schließlich braucht es dafür weder Kabel noch einen Trafo oder gar eine Steckdose, über die die Beleuchtung mit Strom zu versorgen wäre. Solarlampen versprechen vollkommene Unabhängigkeit. Sie kommen mit einem integrierten Akku und einer kleinen Photovoltaik-Zelle, die während des Tages für den erforderlichen Ladestrom sorgt.

Was sich in der Theorie hervorragend anhört, hat in der Praxis jedoch seine Tücken. Wegen ihrer geringen Größe produzieren die in Gartenleuchten verbauten Solarzellen nur ausgesprochen wenig Strom, was sehr lange Ladezeiten nach sich zieht. Idealerweise sollten sich die Leuchten im Garten an Orten befinden, an denen möglichst ganztägig Sonneneinstrahlung gewährleistet ist. Sie wird man nur südlich des Hauses finden. Schatten sollte möglichst vermieden werden. Womit man an der Nordseite eines Gebäudes ausgesprochen schlechte Karten in der Hand hat.

Außerdem sind die Tageslängen zu berücksichtigen. Insbesondere während des Winters sorgen kurze Tage, tiefer Sonnenstand und oft genug auch noch schlechtes Wetter dafür, dass die PV-Zelle kaum in der Lage ist, den Akku nachzuladen. Falls überhaupt, wird die solare Gartenleuchte im Winter nur kurz für Licht sorgen.

Solarlampen mit Bewegungsmelder

Für eine Entschärfung des Problems können Solarlampen mit Bewegungsmelder sorgen. Sie brennen nicht die ganze Nacht, sondern nur, wenn Licht gebraucht wird. Dementsprechend ist auch ihr Energieverbrauch während der Nachtstunden deutlich geringer. Somit steigt die Chance, den Akku auch bei unzureichender Sonneneinstrahlung am Tag voll zu bekommen.

48.3 230-Volt-Gartenbeleuchtung

Eine Gartenbeleuchtung mit 230 Volt setzt eine gründliche Planung voraus, da sie mit einem nicht zu unterschätzenden Installationsaufwand verbunden ist. Zunächst muss die Elektroinstallation in einer Tiefe von rund 70 cm erfolgen und setzt eine bis ins Detail festgelegte Art voraus, wie die Kabel im Erdreich einzubetten sind. Dazu gehört unter anderem das Eingraben eines Schutzbands, das bei Grabungsarbeiten rechtzeitig vor dem Stromkabel warnt. Weiter müssen Lampen fest verankert sein, sodass sie ein eigenes Fundament benötigen. Zudem sind für die Verlegung im Freien spezielle Erdkabel vom Typ NYY oder NYCWY gefordert. Jene, die gewöhnlich in der Hausinstallation Verwendung finden, sind nicht zulässig.

230-V-Gartenbeleuchtung realisieren

1. Der Arbeitsbereich ist vor Beginn der Arbeiten entsprechend den fünf Sicherheitsregeln abzuschalten, gegen Wiedereinschalten zu sichern und auf Spannungsfreiheit zu prüfen.
2. Als Erstes ist eine detaillierte Planung erforderlich, bei der genau festgelegt wird, wo die Leuchten platziert werden sollen. Damit werden dann auch die Wege der zu grabenden Schächte bestimmt.

3. Die 230-Volt-Kabel sind in einer Tiefe von 60–80 cm zu verlegen. Der dafür erforderliche Schacht ist zu den einzelnen vorgesehenen Lampen zu graben.
4. Um Kabel zu einem späteren Zeitpunkt auswechseln zu können, ohne sie auf voller Länge ausgraben zu müssen, empfiehlt es sich, einen für den Außenbereich geeigneten Installationsschlauch zu verlegen.
5. Im Bereich der Lampenauslässe oder für eine Steckdosensäule sind die Verrohrungen bis über die Fundamentkante hinaus zu führen.
6. Ob Schlauch oder nicht, in beiden Fällen ist ein PVC-isoliertes Erdkabel vom Typ NYY oder NYCWY zu verwenden.
7. Der Schlauch oder direkt das Kabel sind im gegrabenen Schacht in einem Sandbett von etwa 10 cm Höhe zu verlegen. Über das verlegte Rohr oder Kabel sind weitere 10 cm Sand vorzusehen.
8. Auf die Sandabdeckung sind auf der gesamten Länge Kabelhauben zu legen.
9. Auf die Kabelabdeckung ist über die gesamte Länge ein Warnband auszurollen. Erst darüber darf der Schacht mit Erde aufgefüllt werden.
10. Der 230-V-Gartenbeleuchtungs-Stromkreis ist mit einem eigenen Fehlerstrom- und Leitungsschutzschalter abzusichern.
11. Werden im Garten zu den 230-V-Lampen auch Steckdosen montiert, sind für die Beleuchtung und die Steckdosen jeweils eigene Leitungsschutzschalter zu empfehlen.
12. Der Anschluss der Lampen und Steckdosen erfolgt auf die gleiche Weise, wie bereits an anderer Stelle beschrieben. Zusätzlich gilt es, auf eine der Umgebung angepasste Ausführung zu achten.

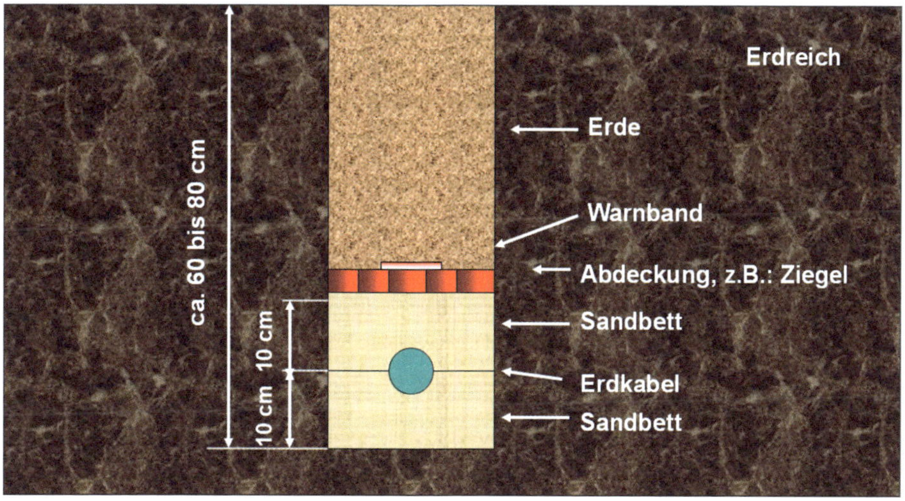

Die Ausführung des für die 230-Volt-Verkabelung zu grabenden Schachts ist genau festgelegt

Sockel- und Standleuchten

Sockel- und Standleuchten unterscheiden sich in ihrer Höhe. Sockelleuchten sind etwa 30–50 cm hoch und finden für die blendfreie Beleuchtung von Wegen Verwendung. Standleuchten sind höher als Sockelleuchten und erlauben so etwas größere Abstände zwischen den einzelnen Lampen. Beide Beleuchtungen erfordern eine 230-Volt-Anspeisung mit Erdkabel sowie einen Sockel zur sicheren Montage.

Bei den Sockellampen gibt es Modelle mit eigenem Bewegungsmelder und Dämmerungsschalter. Werden mehrere solcher Lampen verbaut, empfiehlt es sich aber, sie über einen gemeinsamen Bewegungsmelder und Dämmerungsschalter zu steuern. So ist gewährleistet, dass alle Leuchten gleichzeitig an- und ausgehen, was am Ende auch der Orientierung dienlich ist.

Sockel- und Standleuchte richtig anschließen

1. Der Arbeitsbereich ist vor Beginn der Arbeiten entsprechend den fünf Sicherheitsregeln abzuschalten, gegen Wiedereinschalten zu sichern und auf Spannungsfreiheit zu prüfen.
2. Vor der Montage der Sockel- oder Standleuchte ist das Erdkabel mit etwas Überlänge in den Lampenfuß bis zum eingebauten Klemmkasten zu fädeln. Dort ist es mit der Zugentlastung zu befestigen. So kann das Kabel bei der Montage der Leuchte nicht mehr nach unten rutschen.
3. Im Bereich des Klemmkastens ist besonders auf Dichtheit zu achten und die vorgesehenen Dichtungen sind entsprechend der Montageanleitung anzubringen.
4. Das Erdkabel ist abzumanteln und seine Drähte auf die geforderte Länge zu kürzen. Der Schutzleiter sollte etwas länger als die anderen Drähte sein.
5. Die Drähte sind auf einer Länge von rund 8–10 mm abzuisolieren.
6. Der grüngelbe Schutzleiter PE ist an der Schutzleiterklemme der Lampe zu befestigen.
7. Des Weiteren ist der blaue Neutralleiter N an der Neutralleiterklemme der Lampe anzuschrauben.
8. Der braune Außenleiter L ist an der Außenleiterklemme der Lampe anzuschließen.
9. Zuletzt sind der Anschlusskasten und die Abdeckung der Lampe zu schließen. Dabei sind die vorgesehenen Dichtungen entsprechend der Montageanleitung anzubringen.

49. Einbruchschutz – Beleuchtung

Licht wirkt auf ungebetene Gäste abschreckend. Um Einbrecher abzuschrecken, kann gezielte Außenbeleuchtung installiert werden. Sie ist rund ums Gebäude vorzusehen, wobei besonderes Augenmerk auf Türen und schwer einsehbare Ecken zu lenken ist. Auch Wiesenflächen und Hecken sollten berücksichtigt werden. Dabei leisten Scheinwerfer mit großem Öffnungswinkel wertvolle Dienste. Die Beleuchtung muss nicht ständig an sein, sondern kann über Bewegungsmelder geschaltet werden. Dank der heute üblichen LED-Leuchtmittel sind lange Lebensdauer und geringe Energiekosten garantiert.

Außenbeleuchtung erfüllt nicht nur Sicherheitsaspekte, sondern kann helfen, das eigene Anwesen wirkungsvoll in Szene zu setzen, indem mit speziellen Scheinwerfern Lichteffekte erzeugt werden. Mittels Dämmerungsschalter lässt sich die Beleuchtung der Jahreszeit entsprechend dann ein- und ausschalten, wenn sie wirklich gebraucht wird.

Für optimalen Schutz sind alle Bewegungsmelder parallel zu schalten. So wird die Beleuchtungsanlage aktiviert, sobald ein Melder anspricht. Die Außenbeleuchtung sollte nicht nur über Bewegungsmelder gesteuert, sondern auch manuell geschaltet werden können. So bleibt das Licht auch an, wenn man etwa im Sommer eine Party im Freien feiert.

49.1 Welche Bewegungsmelder?

Außenleuchten mit integriertem Bewegungsmelder werden in großer Zahl angeboten. Sofern nur einzelne Leuchten benötigt werden, machen sie durchaus Sinn. Geht es aber darum, eine Gruppe von Lampen gleichzeitig schalten zu wollen, bietet es sich an, sie über einen oder mehrere Bewegungsmelder zu schalten. Auf diese Weise wird eine großflächigere Ausleuchtung erreicht, die hilft, die Gesamtsituation besser einschätzen zu können. So wird zum Beispiel nicht nur der potentielle Einbrecher erfasst, der sich dem Haus am nächsten befindet, sondern auch der Kumpan, der sich noch im Hintergrund aufhält.

Bewegungsmelder kommen mit mehreren Einstellungsmöglichkeiten. Mit ihnen lässt sich zunächst der Dämmerungsgrad bestimmen, ab wann sie reagieren sollen. Je nach Voreinstellung reagieren sie bereits bei Tageslicht, ab der Dämmerung oder erst bei Dunkelheit. Ferner lässt sich ihre Einschaltdauer im Bereich von wenigen Sekunden bis zu mehreren Stunden festlegen. Hilfreich ist zudem die Wahl der Empfindlichkeit. Mit ihr wird festgelegt, ob nur auf Menschen oder auch auf kleinere Lebewesen, etwa Katzen, reagiert werden soll.

49.2 Bewegungsmelder platzieren

Die richtige Platzierung der Bewegungsmelder entscheidet über die Wirksamkeit einer Einbruchschutz-Außenbeleuchtung. Bei der Planung spielen vor allem zwei Faktoren eine entscheidende Rolle: der Öffnungswinkel und die Reichweite, bis zu der Bewegungen registriert werden.

Der Öffnungswinkel üblicher Bewegungsmelder liegt bei rund 120–180 Grad. Ihre Reichweite, bis zu der sie Bewegungen wahrnehmen können, wird mit 6–12 m angegeben. Wobei diese Werte in der Praxis kaum erreicht werden. Hinzu kommt, dass Bewegungsmelder etwas Zeit brauchen, um zu reagieren.

Hochwertige Bewegungsmelder sind mit mehreren Sensoren ausgestattet und erfassen bis zu 360 Grad. Einige Modelle versprechen zudem eine Reichweite von bis zu 20 m. Auch diese Werte sind mit Vorsicht zu genießen. Am Ende sagen sie uns nur, dass solche Modelle einen größeren Bereich abdecken als die übliche Standardware.

Überlegungen zur Platzierung und Einstellung der Bewegungsmelder

1. Bewegungsmelder sind so zu platzieren, dass sie das gesamte Grundstück erfassen.
2. Tote Winkel sind zu vermeiden.
3. Bewegungsmelder sind nicht zu empfindlich einzustellen, damit sie nicht auf jedes kleine Tier reagieren.
4. Die Einschaltdauer der Bewegungsmelder sollte großzügig bemessen sein. Einige Minuten sind hier von Vorteil.

Bewegungsmelder-Schaltung aufbauen

1. Der Arbeitsbereich ist vor Beginn der Arbeiten entsprechend den fünf Sicherheitsregeln abzuschalten, gegen Wiedereinschalten zu sichern und auf Spannungsfreiheit zu prüfen.
2. Der vom Verteilerschrank kommende grüngelbe Schutzleiter PE ist zu allen Lampenfassungen der Außenbeleuchtung zu verlegen und an deren Schutzleiterklemmen anzuschließen.
3. Der vom Verteilerschrank kommende blaue Neutralleiter N ist zu allen Lampenfassungen der Außenbeleuchtung zu verlegen und an deren Neutralleiterklemmen anzuschließen.
4. Der vom Verteilerschrank kommende blaue Neutralleiter N ist zu den Bewegungsmeldern zu verlegen und an deren Neutralleiterklemmen anzuschließen.

5. Der vom Verteilerschrank kommende braune Außenleiter L ist zum Ausschalter zu verlegen und an dessen Zuleitungsklemme L anzuschließen.
6. Zur Parallelschaltung des Ausschalters und der Bewegungsmelder ist von der Zuleitungsklemme L des Ausschalters ein brauner Außenleiter L zum ersten und in Folge zu den weiteren Bewegungsmeldern zu verlegen und an deren Außenleiterklemme L anzuschließen.
7. Zur Parallelschaltung des Ausschalters und der Bewegungsmelder ist von der Ausgangsklemme des Ausschalters ein schwarzer Verbindungsdraht zum ersten und in Folge zu den weiteren Bewegungsmeldern zu verlegen und an deren Lampenausgangsklemmen anzuschließen.
8. Weiter ist von einer der Lampenausgangsklemmen der Bewegungsmelder oder des Ausschalters ein schwarzer Verbindungsdraht zu den Beleuchtungen zu verlegen und an deren Außenleiterklemmen L anzuschließen.

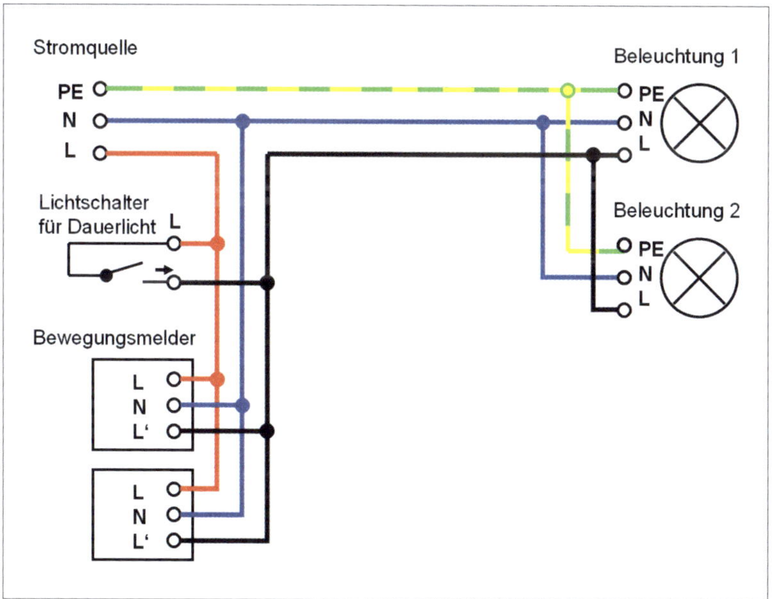

Bewegungsmelder-Schaltung mit zusätzlichem Dauerlicht-Schalter

50. Einbruchschutz – Überwachungskameras

Eine sich einschaltende Beleuchtung kann eine abschreckende Wirkung auf ungebetene Besucher haben, da sie wegen der Beleuchtung für die Nachbarschaft gut sichtbar werden. So kann Licht helfen, potentielle Einbrecher zu verscheuchen. Der Abschreckungseffekt durch Beleuchtung geht jedoch bei abgelegenen Gebäuden oder schwer einsehbaren Ecken verloren. Da kann Licht den Bösewichten bei der Verrichtung ihrer Tätigkeit sogar behilflich sein. Hier können Kameras für zusätzliches Abschreckungspotential sorgen oder zumindest helfen, Täter zu identifizieren. Entscheidend dabei ist, dass solche Kamerasysteme nicht nur Livebilder übertragen, sondern erkannte Bewegungen auch aufzeichnen.

50.1 Überwachungskamera-Systeme

Video-Überwachungssysteme gibt es bereits seit vielen Jahrzehnten. Ihnen gemeinsam war bis vor wenigen Jahren aber, dass sie ausgesprochen teuer sowie umständlich in der Installation und Handhabung waren. Zudem hielt sich ihr praktischer Nutzen wegen der nicht überragenden Bildqualität in Grenzen. In den letzten Jahren haben Überwachungskamera-Systeme aber einen gewaltigen Entwicklungsschub hingelegt. Der zeigt sich anhand von drei Schlagwörtern: kleiner, besser, preiswerter. Damit haben sie ein Niveau erreicht, um auch bei Privatgebäuden finanzierbar und sinnvoll eingesetzt werden zu können. Im Wesentlichen bieten sich zwei Arten von Überwachungskamera-Systemen an: solche, die drahtgebunden sind, und solche, die drahtlos funktionieren.

Drahtgebundene Überwachungsanlagen

Drahtgebundene Kamerasysteme bestehen gewöhnlich aus einem Rekorder und mehreren Kameras, die per LAN-Kabel an ihn angeschlossen werden. Über sie erfolgt nicht nur die Bildübertragung, sondern auch die Stromversorgung der Kameras. Damit ist ihr Betrieb an kein zeitliches Limit gebunden. Werden solche Systeme mit dem Heimnetzwerk verbunden, kann man auch von außerhalb auf die heimische Videoüberwachung zugreifen.

Bei den Aufzeichnungsgeräten handelt es sich um Festplattenrekorder. Sie nehmen fortwährend auf. Da sie die ältesten Aufnahmen automatisch überschreiben, ist die dauerhafte Aufzeichnung gewährleistet. Für wie lange auf alte Mitschnitte zugegriffen werden kann, hängt vom Volumen des Speichermediums, von der Anzahl der angeschlossenen Kameras und von deren Bildqualität ab. Bei vier angeschlossenen 4K-Kameras darf man von einer Aufnahmezeit von etwas mehr als einer Woche bei einer Speicherkapazität von 2 TB ausgehen.

Überwachungskamera mit LAN-Anschluss

Drahtlose Kamerasysteme

Je nach Ausführung erfordern WLAN-basierte Kamerasysteme zumindest eine lokale Stromversorgung oder sie arbeiten mit eingebautem Akku. Ferner können sie unabhängig voneinander arbeiten und nur über eine Smartphone-App erreichbar sein, oder sie verfügen über eine Basisstation, auf der Bewegungen aufgezeichnet werden. Die Signalisierung und Wiedergabe erfolgt ebenfalls über eine App. Akkubetriebene Kameras versprechen eine Laufzeit von rund sechs Monaten mit einem voll aufgeladenen Akku. Die Praxis zeigt jedoch, dass die tatsächlich erreichbaren Betriebszeiten von der Zahl der erkannten Bewegungen abhängen. Registriert eine Kamera sehr viele Bewegungen und wird somit oft aus dem Ruhemodus geweckt, kann sich die tatsächliche Akkulaufzeit auf einen bis weniger als zwei Monate verringern. Deshalb ist es wichtig, dass solche Kameras an Orten installiert werden, die für den Betreiber leicht zugänglich sind. Schließlich müssen sie zum Nachladen abgenommen werden.

Per App dreh- und schwenkbare WLAN-Überwachungskamera

Akkubetriebene WLAN-Überwachungskamera

50.2 Bewegungsmelder und Beleuchtung

Auch Überwachungskameras kommen mit einem Bewegungsmelder und eigener Beleuchtung. Dabei handelt es sich allerdings um unsichtbare Infrarot-Beleuchtung, die von der Kamera nur aktiviert wird, wenn eine Bewegung erkannt wird. Sie führt auch dazu, dass die Kamera zeitlich begrenzt auf Aufnahme schaltet. Gewöhnlich werden um die 20 Sekunden aufgezeichnet. Infrarotlicht ist zwar für das menschliche Auge unsichtbar, genügt aber für gute Schwarz-Weiß-Aufnahmen.

Die Reichweite der Bewegungsmelder ist mit denen von Lampen vergleichbar und liegt bei etwa 10 m. Auch die Infrarot-Lichtreichweite bewegt sich im Bereich bis zu 10 m. Damit kommen Überwachungskameras auch gut ohne externe Außenbeleuchtung klar. Sie kann aber unterstützend wirken, indem auch Bilder in Farbe möglich sein können. Zudem ergibt sich in Summe eine bessere Ausleuchtung.

Überwachungskameras: was man nicht darf

Überwachungskameras dürfen ausschließlich das eigene Grundstück erfassen. Die Nachbargrundstücke dürfen nicht – auch nicht teilweise – eingesehen werden. Außerdem darf der öffentliche Raum nicht erfasst werden. Demnach ist der Blick auf die Straße nicht zulässig. Was im Detail erlaubt ist, ist in nationalen Bestimmungen geregelt.

Wo Überwachungskameras montieren?

1. Überwachungskameras sind ausreichend hoch zu montieren, sodass sie nicht ohne Weiteres von Fremden manipuliert oder gar abgenommen werden können.
2. Zumindest bei akkubetriebenen Kameras ist auf einen bedingt leichten Zugang zu achten, um sie bei Bedarf zum Nachladen abnehmen zu können.
3. Kameras sind so anzubringen, dass sie alle Zugangswege zum Gebäude erfassen. So hat man die Gewähr, dass Personen mindestens von einer Kamera erfasst werden, wenn sie das Grundstück betreten.
4. Vor allem schwer einsehbare und abgeschattete Ecken sind mit Kameras zu überwachen.
5. Bei der Wahl des Montageorts gilt es, die Reichweite des in die Kamera integrierten Bewegungsmelders mit zu berücksichtigen. Sie stellt die Grenze des Einsatzgebiets der Kameras dar.
6. Bei WLAN-Kameras ist an den vorgesehenen Montageorten ein ausreichend starkes WLAN-Signal sicherzustellen. Ohne das geht gar nichts.

51. Reparaturen

51.1 Schuko-Stecker und Kupplung montieren

Schuko-Stecker ist die geläufige Abkürzung für Schutzkontakt-Stecker. Ihn findet man an Elektrogeräten der Schutzklasse 1. Sie umfasst alle Geräte mit Metallgehäuse. Dazu zählen unter anderem Kühlschränke, Standrechner und viele Haushaltsgeräte. Wie bereits der Name vermuten lässt, sind diese Geräte über ein dreiadriges Kabel mit dem Stromnetz zu verbinden. Der grüngelbe Schutzleiter PE ist mit dem Gerätegehäuse verbunden und schützt vor Stromschlägen. Diese könnten ihre Ursache in einem Gerätefehler haben, bei dem ein stromführender Leiter in Kontakt mit dem Gehäuse kommt.

Schuko-Stecker findet man an Anschlussleitungen und an dreipoligen Verlängerungskabeln, dreipolige Kupplungen findet man nur an Verlängerungskabeln. Schuko-Stecker und Kupplung kommen mit identischem Anschlussschema, weshalb es hier nur an einem von beiden vorgestellt wird.

Stichwort Sicherheit

An elektrischen Anlagen ist vor der Aufnahme von Arbeiten der Arbeitsbereich entsprechend den fünf Sicherheitsregeln abzuschalten und auf Spannungsfreiheit zu prüfen. Diese grundsätzliche Regel ist immer einzuhalten. Bei Arbeiten an einem Schuko-Stecker relativieren sich diese Schutzvorkehrungen, da im speziellen Fall keine Verbindung zum Stromnetz besteht. Wobei es sich von selbst versteht, dass der Schuko-Stecker nicht eingesteckt sein darf. Weder an einer Steckdose noch an einem Verlängerungskabel.

Bei Arbeiten an der Kupplung eines Verlängerungskabels darf dieses keinesfalls eingesteckt sein. Das Absichern gegen ein Wiedereinschalten wird hier ausgeführt, indem das Steckerende des Kabels ebenfalls zur Arbeitsstelle gelegt wird und unter Beobachtung bleibt.

Wie Schuko-Stecker oder Kupplung montieren?

1. Der Arbeitsbereich ist vor Beginn der Arbeiten entsprechend den fünf Sicherheitsregeln abzuschalten, gegen Wiedereinschalten zu sichern und auf Spannungsfreiheit zu prüfen.
2. Der Schuko-Stecker ist aufzuschrauben und anschließend das Kabel durch den Durchlass am hinteren Teil des Gehäuses zu stecken.
3. Das Kabel ist auf einer Länge von rund 8 cm abzumanteln. Der braune Außen- und der blaue Neutralleiter sind um rund 2 cm zu kürzen.

4. Die drei Adern sind auf einer Länge von rund 8 mm abzuisolieren und auf die Aderendhülsen zu kerben.
5. Der grüngelbe Schutzleiter PE ist am mittleren Schutzleiterkontakt anzuschrauben. Dabei muss der blanke Teil der Aderendhülse vollständig in der Klemme verschwinden. Das gilt in Folge auch für den Außen- und Neutralleiter.
6. Der braune Außenleiter L und der blaue Neutralleiter N sind an den beiden seitlichen Kontakten des Steckers bzw. der Kupplung anzuschließen.
7. Danach ist zu kontrollieren, ob alle Drähte an den richtigen Klemmen angeschlossen wurden und ob sie festen Halt haben.
8. Nun ist das Kabel mit der Zugentlastung so am Stecker zu befestigen, dass der Kabelmantel zur Gänze von der Zugentlastung erfasst wird.
9. Im Zuge des Zusammenbaus des Steckers oder der Kupplung ist darauf zu achten, dass die drei Leiter im hinteren Teil des Gehäuses gut Platz finden.
10. Schuko-Stecker oder Kupplung zusammenschrauben.

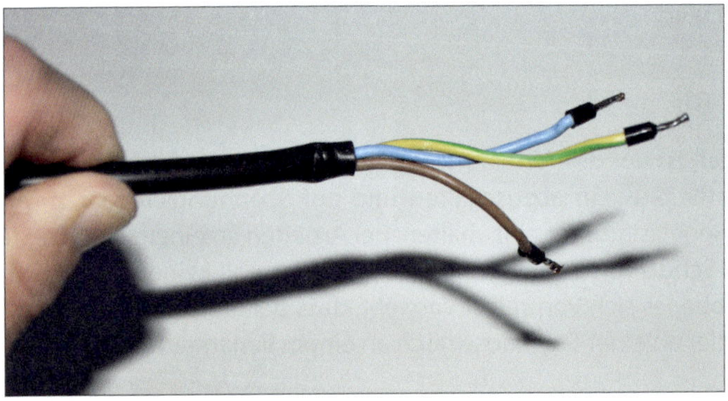

Der grüngelbe Schutzleiter ist etwas länger zu belassen als der braune Außen- und blaue Neutralleiter.

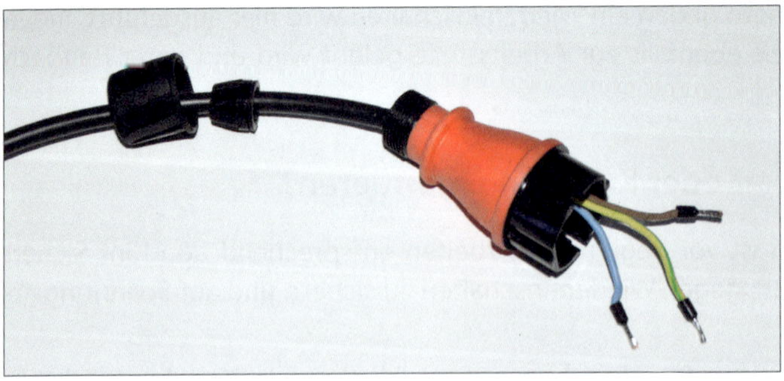

Die Verschraubung und Kappe sind auf das Kabel zu schieben.

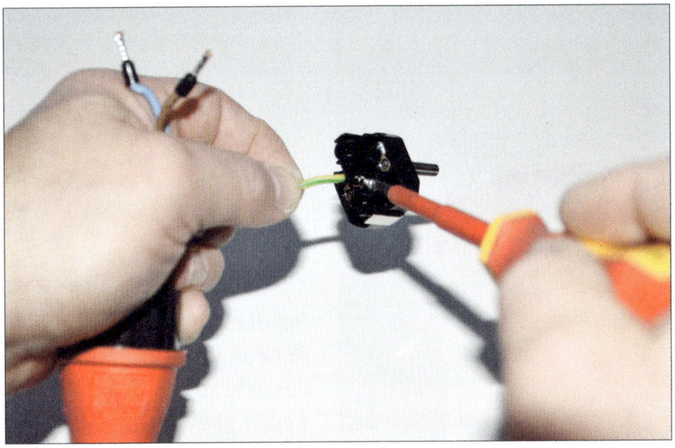

Die drei Drähte sind an den für sie vorgesehenen Klemmen anzuschrauben.

Nachdem die Drähte etwas zurückgebogen wurden, lässt sich die hintere Abdeckung leicht in Position bringen.

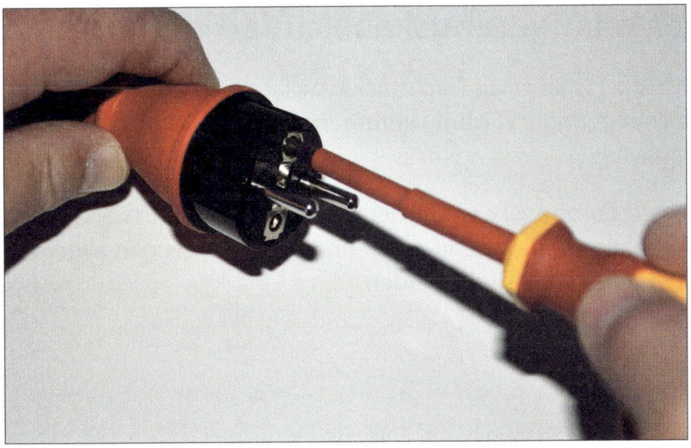

Der Stecker ist zuzuschrauben.

Bei diesem Stecker wird die Zugentlastung durch Festschrauben der hinteren Kappe aktiviert.

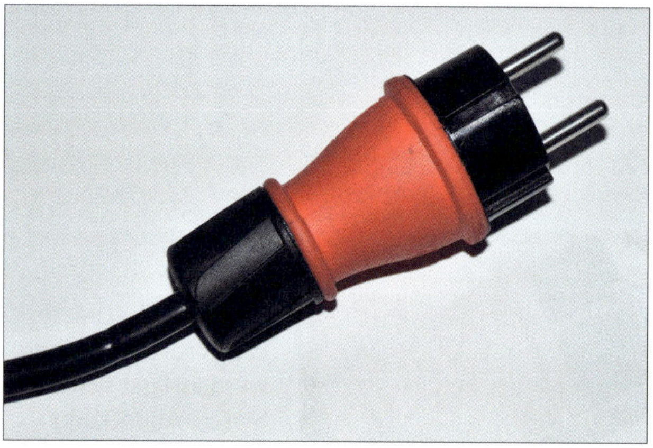

Fertig angeschlossener Schuko-Stecker.

51.2 Eurostecker-Verlängerungskabel anfertigen

Der Euro- oder auch Europastecker ist auch als Flachstecker bekannt. Er ist für den Betrieb von schutzisolierten Geräten mit geringer Leistung vorgesehen und besitzt nur zwei Kontakte. Ein Schutzleiteranschluss fehlt.

Flachstecker können fast in ganz Europa verwendet werden. Eurostecker sind bei Geräten der Unterhaltungselektronik sowie Kleinküchengeräten und Kleinwerkzeugen allgegenwärtig. Sie können auch leicht selbst hergestellt werden.

Schritt für Schritt

1. Der Arbeitsbereich ist vor Beginn der Arbeiten entsprechend den fünf Sicherheitsregeln abzuschalten, gegen Wiedereinschalten zu sichern und auf Spannungsfreiheit zu prüfen. Bei Arbeiten an Verlängerungskabeln bedeutet das, dass der Stecker nicht eingesteckt sein darf und sich beide Kabelenden am Arbeitsbereich befinden.

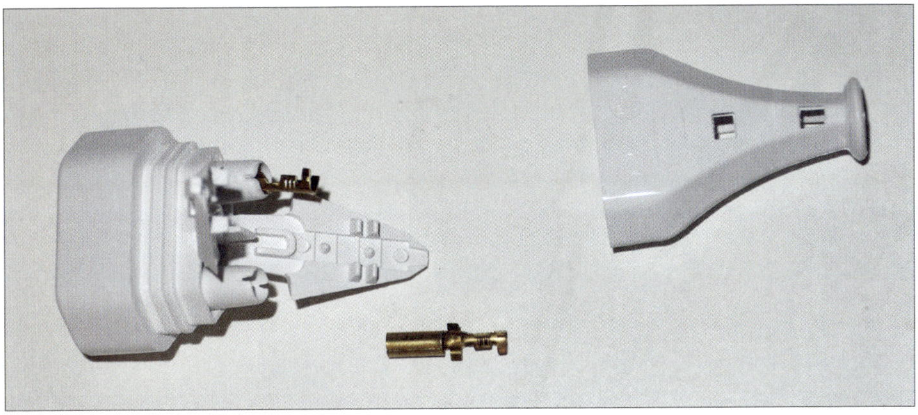

Zum Teil funktionieren Flachstecker allein auf Druck und benötigen keinen Schraubendreher

2. Als Erstes ist das Stecker- oder Kupplungsgehäuse auf das Kabel zu schieben.
3. Das Flachbandkabel ist auf einer Länge von rund 4 cm abzuisolieren.
4. Die beiden Drähte sind auf einer Länge von rund 6–8 mm abzuisolieren.

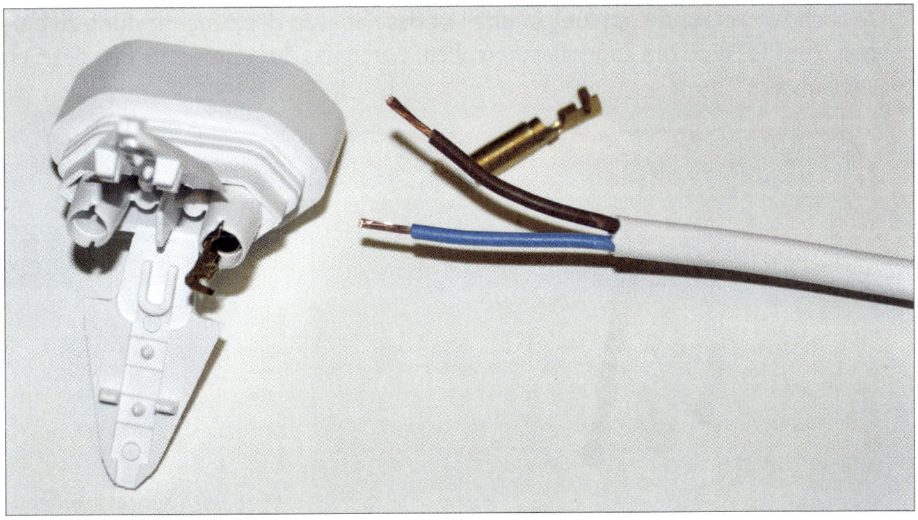

Das zweiadrige Kabel ist abzumanteln und abzuisolieren

5. Je nach Stecker- und Kupplungsmodell sind auf die blanken Drahtenden Aderendhülsen oder die Kontaktelemente von Stecker oder Kupplung aufzukerben.

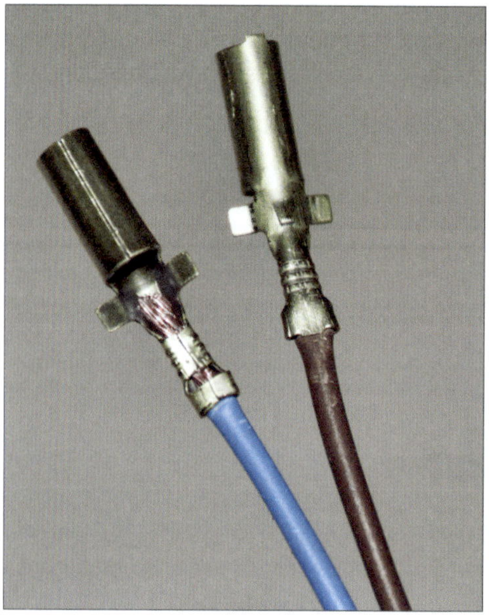

Die Kontaktelemente sind auf die beiden abisolierten Drähte zu kerben

6. Je nach Stecker- und Kupplungsmodell sind der Außen- und Neutralleiter am Stecker oder der Kupplung an den Kontaktklemmen anzuschrauben oder die Kontaktelemente in diese zu stecken.
7. Je nach Stecker- und Kupplungsmodell ist das Kabel an der Zugentlastung zu befestigen. Zum Teil wird die Zugentlastung allein durch das Zusammenstecken des Gehäuses aktiviert.

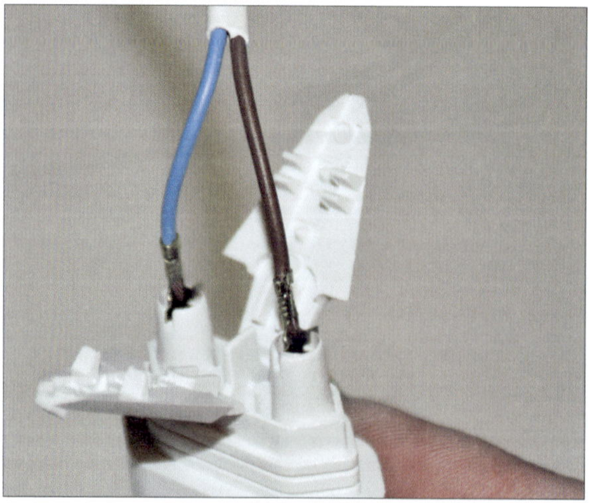

Die beiden Kontaktelemente sind in die dafür vorgesehenen Bohrungen des Gehäuses zu schieben

8. Vor dem Schließen des Gehäuses sind die Drähte in Position zu bringen.
9. Abschließend ist das Gehäusehinterteil nach vorn zu schieben, bis es einrastet.

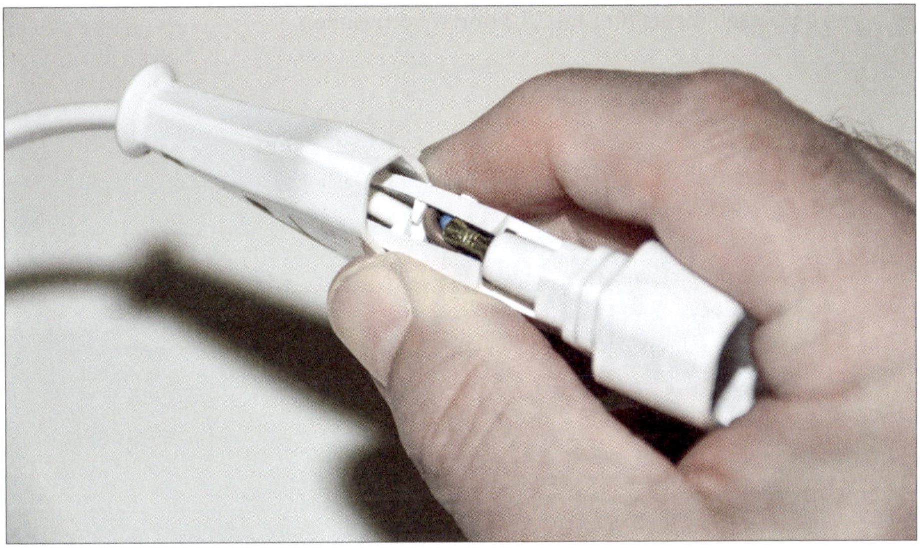

Abschließend ist das hintere Gehäuseteil aufzuschieben, bis es einrastet

51.3 400-Volt-Verlängerungskabel anfertigen

400-Volt-Verlängerungskabel können für verschiedene mobile Verbraucher mit hohem Leistungsbedarf benötigt werden. Zu ihnen zählen Schweißgeräte, Motorsägen oder etwa Holzspalter.

Der Leistungsbedarf solcher Geräte kann erheblich variieren. Somit kann es auch keine allgemeingültige Regel geben, welcher Drahtquerschnitt für ein Drehstrom-Verlängerungskabel vorzusehen ist. Als Mindestquerschnitt für eine 400-Volt-Verlängerung mit 16-A-Stecker und -Kupplung gelten 2,5 mm^2. Die besondere Herausforderung beim Anfertigen eines 400-Volt-Verlängerungskabels liegt darin, beim Anschluss des Kabels an den Stecker und die Kupplung jeweils die drei Außenleiter drehfeldkorrekt anzuschließen.

400-Volt-Kupplung richtig anschließen

1. Der Arbeitsbereich ist vor Beginn der Arbeiten entsprechend den fünf Sicherheitsregeln abzuschalten, gegen Wiedereinschalten zu sichern und auf Spannungsfreiheit zu prüfen. Bei Arbeiten an Verlängerungskabeln bedeutet das, dass der Stecker nicht eingesteckt sein darf und sich beide Kabelenden am Arbeitsbereich befinden.

2. Vor Beginn der Arbeiten gilt es, sich mit dem Aufbau der Kupplung und den Klemmenbezeichnungen vertraut zu machen. Legt man das Anschlussfeld der Kupplung mit dem Schutzleiteranschluss PE zuoberst hin, sind darunter die weiteren Klemmen von links nach rechts für L1, L2, L3 und N vorgesehen.

Vor Beginn der Arbeiten muss man sich mit der Beschriftung der einzelnen Kontakte vertraut machen

3. Die hintere Abdeckung des Kupplungsgehäuses ist auf das Kabel zu schieben.
4. Das Kabel ist auf der benötigten Länge abzumanteln. Als grober Richtwert gelten 60 mm.
5. Weiter sind die fünf Leiter auf die benötigte Länge zu kurzen. Der grüngelbe Schutzleiter sollte etwas länger als die anderen Drähte sein. Alle Drähte sind auf einer Länge von rund 8 mm abzuisolieren und mit Aderendhülsen zu versehen.
6. Der grüngelbe Schutzleiter ist an der Schutzleiterklemme der Kupplung anzuschließen. Sie kann mit PE oder einem Erdungszeichen beschriftet sein.
7. Im Weiteren ist der braune Außenleiter L1 an der L1-Klemme anzuschrauben, der schwarze Außenleiter L2 ist an der L2-Klemme und der graue Außenleiter L3 an der L3-Klemme zu befestigen.
8. Der blaue Neutralleiter N ist an der Neutralleiterklemme anzuschrauben.
9. Abschließend ist zu überprüfen, ob jeder der fünf Drähte an der richtigen Klemme angeschlossen wurde und ob sie fest genug angeschraubt wurden.
10. Das Kupplungsgehäuse ist zu verschließen.

Zuletzt ist zu prüfen, ob alle Drähte an den richtigen Klemmen angeschlossen wurden

400-Volt-Stecker richtig anschließen

Der 400-Volt-Stecker ist exakt auf gleiche Weise am Kabel anzuschließen wie die 400-Volt-Kupplung. Eine kleine Herausforderung ist lediglich, die drei Außen- und den Neutralleiter richtig anzuschließen. Denn beim Stecker ist ihre Reihenfolge in entgegengesetzter Richtung. Liegt das Anschlussfeld des Steckers so vor uns, dass sich der Schutzleiteranschluss wieder oben befindet, ist die Reihenfolge der Klemmen von links nach rechts: blauer Neutralleiter N, grauer Außenleiter L3, schwarzer Außenleiter L2 und brauner Außenleiter L1.

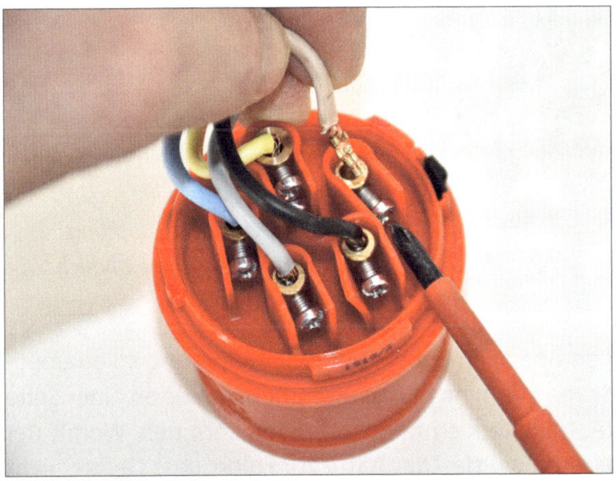

Die fünf Drähte sind entsprechend den Klemmenbeschriftungen anzuschließen

Korrekt zusammengebaute 400-Volt-Kupplung

Alles richtig gemacht?

Auf den ersten Blick sieht das Innere von Kupplung und Stecker gleich aus. Oben ist der Schutzleiteranschluss, darunter sind die Klemmen für die drei Außen- und den Neutralleiter etwa im Halbkreis angeordnet. Worin sie sich unterscheiden, sind die Bezeichnungen der vier im Halbkreis angeordneten Klemmen. Bei der Kupplung lautet die Reihenfolge L1-L2-L3-N und beim Stecker N-L3-L2-L1! Jeweils betrachtet, wenn sich der Schutzleiteranschluss oben befindet.

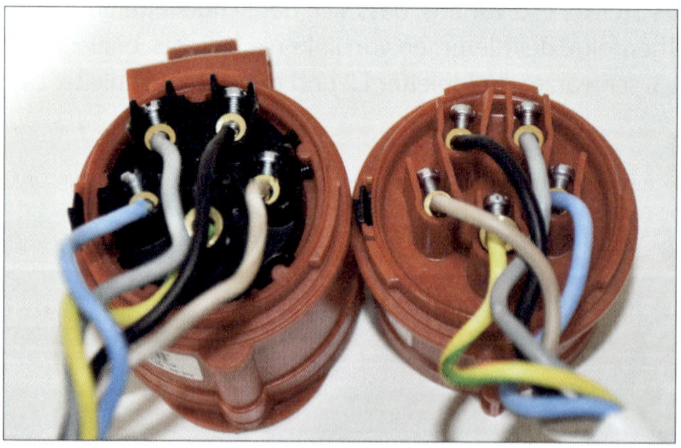

Die Klemmen der drei Außen- und des Neutralleiters sind an Stecker und Kupplung zueinander spiegelbildlich anzuschließen

Die Drähte von L1, L2, L3 und N sind demnach am Stecker und der Kupplung spiegelbildlich zueinander anzuklemmen. Würde man dem nicht nachkommen, würde an einer Seite der braune Außenleiter L1 an der Neutralleiterklemme N zu liegen kommen. Womit der Neutralleiter mit 400 Volt in Kontakt treten würde. Dies hätte zur Folge, dass Geräte nicht funktionieren oder sogar Schaden nehmen könnten.

Tipp zur Kontrolle

1. Eine schnelle und wirkungsvolle Kontrolle ergibt sich, indem man Stecker und Kupplung des 400-Volt-Verlängerungskabels zusammensteckt, während die hinteren Gehäuseabdeckungen noch nicht befestigt wurden. So hat man freie Sicht auf die an den Klemmen angeschlossenen Drähte.
2. Sind die fünf Drähte an Kupplung und Stecker korrekt angeschlossen, müssen sich an den gegenüberliegenden Klemmen jeweils dieselben Drahtfarben finden.
3. Wurde keine Abweichung festgestellt, können die Gehäuse von Kupplung und Stecker geschlossen werden.

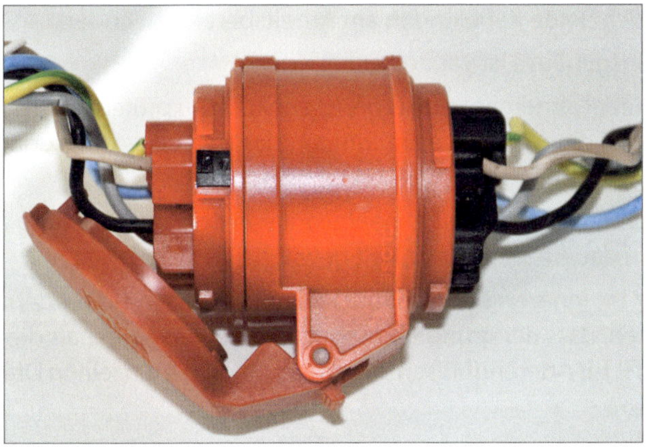

Werden Stecker und Kupplung zusammengesteckt, müssen sich die einzelnen Drahtfarben gegenüberliegen

Leiterfarben zur Erinnerung

PE = Grüngelb
N = Blau
L1 = Braun
L2 = Schwarz
L3 = Grau

Nicht zu lang abmanteln

Beim Anfertigen von Verlängerungskabeln geht es nicht nur darum, sie korrekt anzuschließen, sondern auch darum, dass die dafür benötigten Kabel nicht zu weit abgemantelt werden.

Bei zu lang abgemantelten Kabeln läuft man Gefahr, dass der Mantel aus der Zugentlastung rutscht und diese funktionslos wird. Lösen sich die Adern, weil am Kabel zu stark angerissen wurde, können so schnell und leicht stromführende blanke Leiterspitzen ins Freie gelangen und berührt werden. Wobei dann höchste Lebensgefahr besteht!

Außerdem geht so der zusätzliche mechanische Schutz des Mantels verloren. Er bildet eine zusätzliche Isolierung. Ohne diesen Schutz können die Isolierungen der einzelnen Drähte aufscheuern, sodass der blanke Leiter sicht- und berührbar wird. Was ebenfalls mit Lebensgefahr verbunden ist. Sind die Drähte eines 230- oder 400-Volt-Kabels über das Stecker- oder Kupplungsende hinweg zu sehen, liegt ein Mangel vor, den es zu beheben gilt.

Wie den Mangel beheben?

1. Der Arbeitsbereich ist vor Beginn der Arbeiten entsprechend den fünf Sicherheitsregeln abzuschalten, gegen Wiedereinschalten zu sichern und auf Spannungsfreiheit zu prüfen. Bei Arbeiten an Verlängerungskabeln bedeutet das, dass der Stecker nicht eingesteckt sein darf und sich beide Kabelenden am Arbeitsbereich befinden.
2. Das Stecker- oder Kupplungsgehäuse ist wieder zu öffnen.
3. Je nachdem, wie lang das Kabel abgemantelt wurde, ist zunächst zu prüfen, ob sich die Überlänge, etwa durch Legen einer Schlaufe, im Inneren des Gehäuses unterbringen lässt.
4. Gleichzeitig ist darauf zu achten, dass der Kabelmantel gut von der Zugentlastung umschlossen wird und dass ein dauerhafter, fester Halt gewährleistet werden kann.
5. Findet die Drahtüberlänge im Inneren des Gehäuses keinen Platz, sind die Adern zu kürzen. Dabei ist zu beachten, dass der grüngelbe Schutzleiter etwas länger als die anderen Adern bleibt. Weiter ist für Aderendhülsen zu sorgen, bevor die einzelnen Drähte wieder angeklemmt werden.

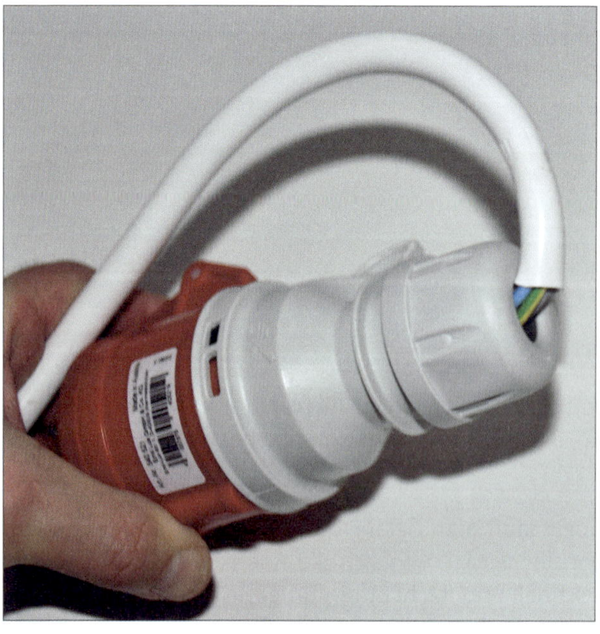

Bei zu lang abisoliertem Kabel können die Drähte ohne Mantel aus dem Stecker ragen. Was gefährlich und deshalb zu vermeiden ist

51.4 Welcher Schalter ist das?

Lichtschalter sind im Zuge der Hausinstallation gern mal übrig geblieben oder man hat einige auf Reserve gelegt, etwa, um für zumindest angedachte Erweiterungen gleich das dafür benötigte Material parat zu haben.

Doch um welche Art von Lichtschalter handelt es sich? Meist geht aus ihrer Beschriftung nichts hervor und wenn auch die Verpackung fehlt, könnte guter Rat teuer sein. Um welchen Typ es sich handelt, lässt sich aber leicht binnen weniger Minuten feststellen. Alles, was man dazu braucht, sind ein Multimeter, ein Blatt Papier und ein Stift.

Wie vorgehen?

1. Voraussetzung für die Ermittlung des Schaltertyps ist, dass dieser vollständig ausgebaut ist. Da er nicht angeschlossen ist, entfallen zumindest hier die fünf Sicherheitsregeln.
2. Zunächst einmal zeichnet man auf einem Blatt Papier die Anzahl der Kontakte des zu untersuchenden Schalters auf. Je nach Modell variiert die Anzahl zwischen zwei und vier. Für jede Schalterstellung wird eine separate Skizze benötigt.
3. Das Multimeter ist auf Widerstandsmessung einzustellen. Sie ist am Messgerät gewöhnlich mit dem Ohm-Zeichen Ω kenntlich gemacht. Weiter bieten Multimeter in der Regel auch eine Durchgangsprüfer-Funktion an, die bei einem Durchgang einen Pfeifton ausgibt. Sie ist zu aktivieren.
4. Vor der Messung ist die ordnungsgemäße Funktion des Multimeters zu kontrollieren. Dazu sind die Spitzen der beiden Messstrippen so zusammenzuhalten, dass ein leitender Kontakt entsteht. Im Display sollte nun 0,0 Ohm angezeigt werden, außerdem ertönt der Summer. Sobald man die beiden Messspitzen voneinander trennt, muss im Display OL bzw. ein unendlich großer Widerstand angezeigt werden. Außerdem verstummt der Summer.
5. Nun sind in der ersten Schalterstellung alle Kontakte gegeneinander zu messen. Also zum Beispiel zwischen 1 und 2, 1 und 3 sowie zwischen 2 und 3.
6. Wird bei einer Messung ein Durchgang, also 0,0 Ohm, festgestellt, ist diese Verbindung in der Skizze zwischen den betreffenden Kontakten einzutragen.
7. Alle Messungen sind mit der zweiten Schalterstellung zu wiederholen. Auch hier sind alle ermittelten Durchgänge, diesmal in der zweiten Skizze, einzuzeichnen.
8. Sofern weitere Schalterstellungen möglich sind, etwa bei einem Modell mit zwei Wippen, sind diese Messungen entsprechend oft zu wiederholen.

Auswertung

Anhand der ermittelten Durchgänge lässt sich erkennen, zwischen welchen Klemmen sich der oder die Schaltkontakte befinden. Wird zum Beispiel ein Kontakt bei beiden Schalterstellungen genutzt, wie beim Wechselschalter üblich, ist dies der Kontakt, an dem der Außenleiter L anzuschließen ist.

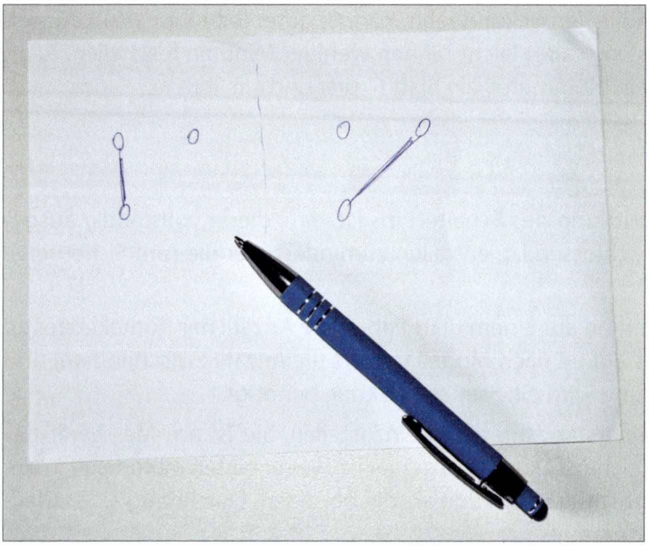

Anhand der Verbindungen der beiden Schalterstellungen konnte hier ein Wechselschalter identifiziert werden

51.5 Glasrohrsicherungen

Glasrohrsicherungen findet man nach wie vor an und in vielen Geräten, die mit 230 Volt betrieben werden. Sie schützen sie vor Überlast und sind im Bereich des Netzanschlusses eingebaut. Zum Teil sind sie von außen an der Geräterückseite über eine Schraube zugänglich, oder man muss das Gehäuse öffnen, um zu ihnen zu gelangen. Was freilich ausschließlich erfolgen darf, wenn das Gerät ausgesteckt ist und gegen Wiedereinstecken gesichert ist.

Glasrohrsicherungen können sich unter anderem in Geräten der Unterhaltungselektronik, aber auch bei Heizungen und Dimmern finden. Funktioniert die Heizung plötzlich nicht mehr oder lässt sich das Licht nicht mehr einschalten, ist die Wahrscheinlichkeit groß, dass die Glasrohrsicherung durchgeschmolzen ist.

Glasrohrsicherungen gibt es in mehreren Größen und für verschiedene Nennstromstärken. Meist kommen sie in der Größe mit 5 mm Durchmesser und 20 mm Länge zum Einsatz. Erwähnenswert ist ferner die Größe mit 6,3 mm Durchmesser und 32 mm Länge. Ihre Nennstromgrößen reichen von 0,05 bis rund 20 Ampere. Sicherungen gewährleisten nur dann Schutz, wenn ihre Nennstromstärke auf das zu schützende Gerät abgestimmt ist. Was auch voraussetzt, dass in ein Gerät keinesfalls eine größere Sicherung eingesetzt werden darf, als sich in ihm zuvor befunden hat. Die Stromstärke der Glasrohrsicherung ist an der Seite einer der beiden Kontakthülsen an den beiden Enden des Glaszylinders eingestanzt.

Glasrohrsicherung tauschen

1. Der Arbeitsbereich ist vor Beginn der Arbeiten entsprechend den fünf Sicherheitsregeln abzuschalten, gegen Wiedereinschalten zu sichern und auf Spannungsfreiheit zu prüfen. Konkret ist dazu bei Arbeiten am Dimmer der betreffende Lichtstromkreis abzuschalten. Bei Geräten genügt es, den Netzstecker zu ziehen und ihn gegen Wiedereinstecken zu sichern. Im Detail sind die fünf Sicherheitsregeln den vorzunehmenden Arbeiten entsprechend anzupassen.
2. Die Schraube, mit der die Sicherung im Gerät gesichert ist, ist zu lockern und mit der eingesteckten Glasrohrsicherung herauszuziehen. Je nach Gerät kann dies auch eine Lasche mit eingelegter Sicherung sein. Ist die Sicherung von außen nicht zugänglich, ist der Gehäusedeckel abzunehmen.
3. Die herausgenommene Glasrohrsicherung ist auf ihre Funktion zu prüfen. Meist genügt ein Sichttest, bei dem der durchgeschmolzene Draht im Glaskolben unübersehbar ist. Im Zweifelsfall empfiehlt sich eine Durchgangsprüfung mit dem Multimeter.
4. Der Wert der durchgebrannten Sicherung ist zu ermitteln. Meist ist er bei den Geräten aufgedruckt. Ansonsten muss man sich am eingestanzten Stromwert der durchgebrannten Sicherung orientieren. Wobei diese keinesfalls durch eine größere Sicherung ersetzt werden darf!
5. Die neue Glasrohrsicherung ist einzusetzen und das Gehäuse zu schließen.
6. Sind die Arbeiten abgeschlossen, ist das Gerät/der Stromkreis wieder unter Spannung zu setzen und auszuprobieren.

Wie kann man die Glasrohrsicherung testen?

1. Das Multimeter ist auf Widerstandsmessung einzustellen. Sie ist am Messgerät gewöhnlich mit dem Ohm-Zeichen Ω kenntlich gemacht. Außerdem bieten Multimeter in der Regel auch eine Durchgangsprüfer-Funktion an, die bei einem Durchgang einen Pfeifton ausgibt. Sie ist zu aktivieren.
2. Vor der Messung ist die ordnungsgemäße Funktion des Multimeters zu kontrollieren. Dazu sind die Spitzen der beiden Messstrippen so zusammenzuhalten, dass ein leitender Kontakt entsteht. Im Display sollte nun 0,0 Ohm angezeigt werden, außerdem ertönt der Summer. Sobald man die beiden Messspitzen voneinander trennt, muss im Display OL bzw. ein unendlich großer Widerstand angezeigt werden. Zudem verstummt der Summer.

3. Mit den beiden Messspitzen sind die beiden Kontakte der Glasrohrsicherung zu berühren.
4. Ist die Sicherung in Ordnung, zeigt das Instrument 0,0 oder nahezu 0,0 Ohm an. Ferner wird der Durchgang bei aktiviertem Durchgangsprüfer mit einem Dauerton akustisch angezeigt.
5. Bei einer defekten Glasrohrsicherung ist kein Ton zu hören und im Display wird, je nach Instrument, OL oder I angezeigt.
6. Nach der Messung ist die ordnungsgemäße Funktion des Instruments noch einmal zu prüfen. Dazu sind beide Messspitzen zusammenzuhalten, womit wieder 0,0 Ohm angezeigt werden müssen und der Dauerton zu hören ist.

Zur Funktionsprüfung einer Glasrohrsicherung ist das Multimeter auf Widerstandsmessung zu schalten. Rund um 0,0 Ohm bedeutet, dass die Sicherung in Ordnung ist

Mit I oder OL zeigt das Messgerät, dass die Sicherung defekt ist

Wenn die Sicherung in Ordnung ist

Eine durchgebrannte Glasrohrsicherung ist oft schuld, wenn ein Gerät nicht mehr funktioniert. Sie lässt sich in der Regel auch leicht tauschen, ohne dass dazu professionelle Hilfe vonnöten ist. Allerdings kann ein Gerät auch einen anderen Fehler aufweisen. Diesen erkennt man, wenn die Glasrohrsicherung eindeutig in Ordnung ist. In solchen Fällen hilft nur, einen autorisierten Fachmann zurate zu ziehen. Er repariert dann das Gerät oder tauscht zum Beispiel den defekten Dimmer aus.

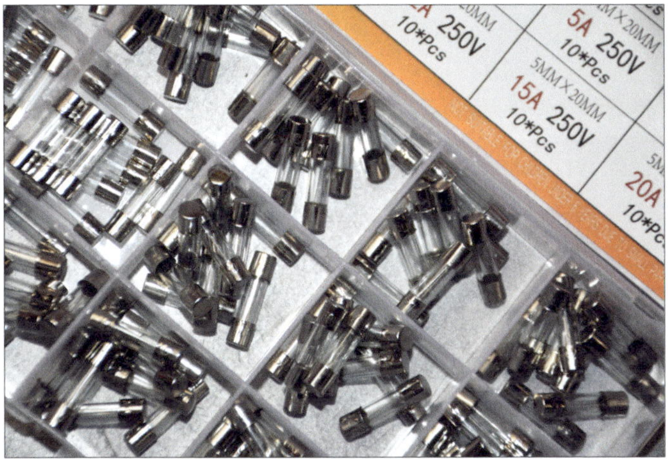

Glasrohrsicherungen gibt es in mehreren Größen und für unterschiedliche Nennstromstärken.

Bei diesem Gerät ist die Glasrohrsicherung unter dem Netzkabelanschluss eingebaut. Ihre Nennstromgröße ist angeführt.

Die Sicherung lässt sich leicht herausziehen und durch eine neue ersetzen.

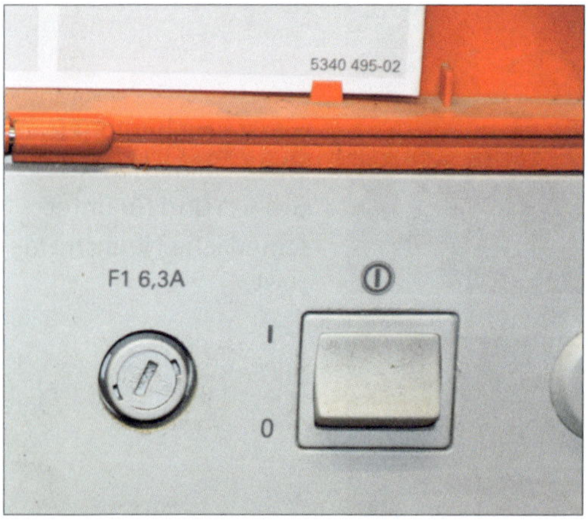

Hier ist die Glasrohrsicherung neben dem Hauptschalter des Gerätes eingebaut.

Auch hier lässt sich die Sicherung leicht entfernen und austauschen.

52. Kommunikation und Medien

52.1 Die Telefonsteckdose

Der Festnetzanschluss ist seit Jahren rückläufig und wird gern zugunsten des Mobiltelefons gekündigt. Doch der Festnetzanschluss beschränkt sich nicht auf die Telefonie an sich, sondern bietet sich auch als Variante für den Internetanschluss an. Telefonsteckdosen variieren von Land zu Land. In Deutschland ist die TAE-Telefonsteckdose üblich, in Österreich die TDO-Dose. Sie unterscheiden sich darin, dass die deutsche TAE-Dose pro Anschluss sechs Kontakte aufweist, während es bei der österreichischen TDO zehn sind.

52.2 Die TAE-Steckdose

Die deutsche TAE-Telefonsteckdose gibt es in zwei Varianten. Am weitesten verbreitet ist jene mit drei Anschlüssen. Die sind von links nach rechts mit N, F und N gekennzeichnet, die Dose ist deshalb auch als NFN-Dose bekannt. Die mittlere mit F gekennzeichnete Buchse dient zum Anschluss eines Telefons. An den beiden seitlichen N-Buchsen ist zum Beispiel ein Anrufbeantworter oder, so noch vorhanden, ein Faxgerät anzustecken. Die zweite Variante ist die TAE-F-Dose. An ihr lässt sich nur ein Telefon anschließen.

Festnetztelefone werden überwiegend mit der international weitverbreiteten RJ-11-Buchse ausgeliefert. Der Anschluss an der TAE-Dose erfolgt über ein Adapterkabel, das gewöhnlich im Lieferumfang enthalten ist. Die Belegung der Kontakte einer TAE-Dose ist in der DIN 41715 festgelegt.

Deutsche TAE-Telefonsteckdose

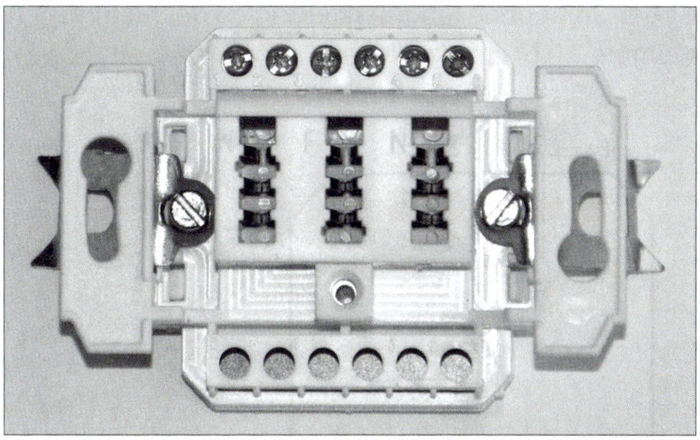

Die TAE-Telefonsteckdose besitzt sechs Anschlüsse

TAE-Telefonsteckdose anschließen

Der deutsche TAE-Anschluss besitzt sechs Kontakte, die Dose dementsprechend sechs Anschlüsse.

Anschlussbelegung:

1 u. 2	La/Lb	Anschlussklemmen für die ankommende Telefonleitung
3	W	Anschlussmöglichkeit für eine zusätzliche Klingel
4	E	Erdungsklemme, sie ermöglicht die Erdung einer Nebenstelle
5 u. 6	b2/a2	Weiterleitungsklemmen, sie dienen zum Anschluss einer weiteren TAE-Dose

1. Gewöhnlich kommt ein vieradriges Kabel zum Anschluss einer TAE-Telefonsteckdose zum Einsatz. Es ist als Erstes auf einer Länge von einigen Zentimetern abzumanteln.
2. Die die Adern umgebende Schirm- und Kunststofffolie und der blanke Beidraht sind abzuzwicken.
3. Die rote und schwarze Ader sind auf einer Länge von rund 5 mm abzuisolieren.
4. Die rote Ader ist an der mit 1 (La) gekennzeichneten Klemme der TAE-Dose anzuschließen.
5. Die schwarze Ader ist an der mit 2 (Lb) gekennzeichneten Klemme der TAE-Dose anzuschließen.

Zum Anschließen einer TAE-Telefonsteckdose kann anstatt eines Kabels mit farblich gekennzeichneten Adern auch eines mit ringcodierten Drähten verwendet werden. Bei ihnen ist der Draht ohne Ringmarkierung an der Klemme 1 (La) und jener mit einem Ring an der Klemme 2 (Lb) anzuschließen.

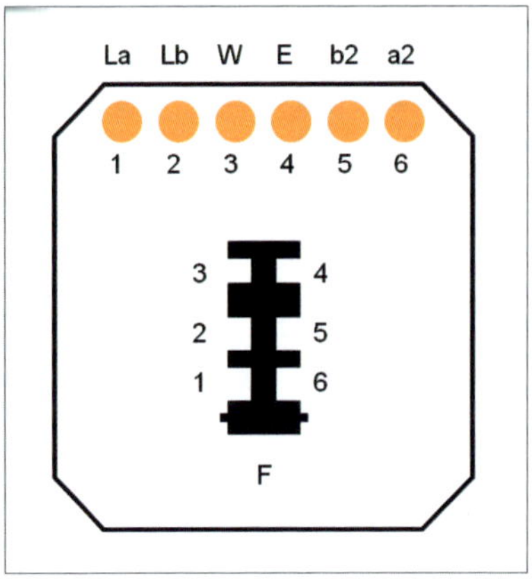

Anschlussbelegung einer deutschen TAE-Telefonsteckdose

Weitere TAE-Dosen anschließen

Sind in einem Haushalt eine oder weitere zusätzliche TAE-Dosen gefordert, sind diese an der jeweils vorderen Dose anzuschließen. Dazu sind die Klemmen 5 (b2) und 6 (a2) vorgesehen. Von diesen beiden Klemmen führen die Drähte zu den Anschlüssen 1 (La) und 2 (Lb) der zweiten TAE-Dose. Wird eine dritte benötigt, ist diese an den Klemmen 5 und 6 der zweiten Dose anzuschließen und so weiter. So ist zumindest die Vorgehensweise bei TAE-Dosen, die nur an der Oberseite sechs Klemmen besitzen.

Vorgehensweise bei einer Klemmreihe

1. Besitzt die bereits angeschlossene erste TAE-Dose nur eine Klemmreihe an der oberen Seite, ist der schwarze Draht an Klemme 5 (b2) anzuschrauben. Wird ein Kabel mit Ringcodierung genutzt, ist an Klemme 5 (b2) die Ader mit einem Ring anzuschrauben.
2. Die rote Ader ist an der ersten TAE-Dose an Klemme 6 (a2) anzuschließen. Bei einem Kabel mit Ringcodierung ist an Klemme 6 (a2) der ringlose Draht anzuschrauben.
3. Der von der ersten TAE-Dose kommende rote bzw. ringlose Draht ist an der Klemme 1 (La) der zweiten TAE-Dose anzuschließen.
4. Weiter ist der von der ersten TAE-Dose kommende schwarze bzw. der mit einem Ring versehene Draht an der Klemme 2 (Lb) der zweiten TAE-Dose anzuschließen.

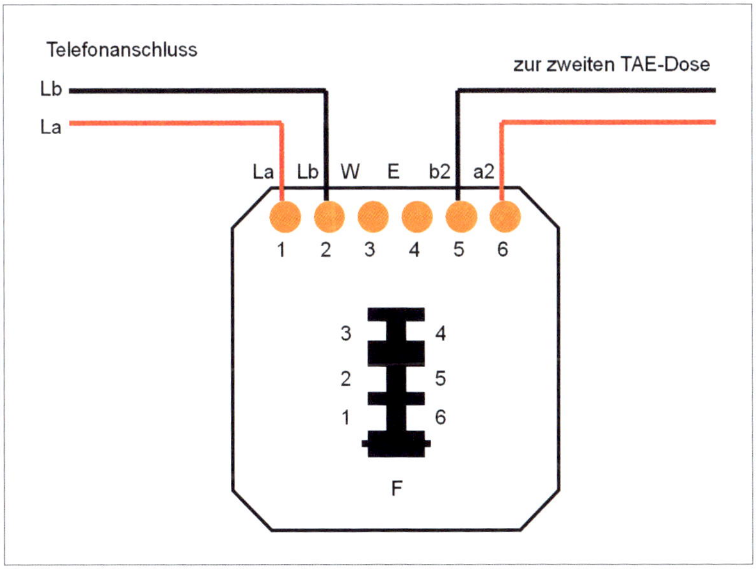

Das Schema zeigt, wie eine zweite TAE-Dose mit der ersten zu verbinden ist

Vorgehensweise bei zwei Klemmreihen

Ist die TAE-Dose mit einer oberen und unteren Klemmreihe versehen, erfolgt der Anschluss der beiden Telefon-Leitungsadern wie gewohnt an den Klemmen 1 (La) und 2 (Lb) an der oberen Klemmleiste. Die zur zweiten TAE-Dose abgehenden Adern sind nun aber an der unteren Klemmleiste anzuschließen. Und zwar ebenfalls an den Klemmen 1 und 2. Achtung! Die Reihenfolge der unteren Klemmleiste ist seitenverkehrt und lautet demnach 6 – 5 – 4 – 3 – 2 – 1.

1. Besitzt die bereits angeschlossene erste TAE-Dose an der Ober- und Unterseite je eine Klemmreihe, ist der schwarze Draht an der unteren Klemme 2 anzuschrauben. Sie ist die vorletzte Klemme rechts unten. Wird ein Kabel mit Ringcodierung genutzt, ist dafür die Ader mit einem Ring anzuschrauben.
2. Die rote Ader ist an der unteren Klemmreihe der ersten TAE-Dose an der Klemme 1 anzuschließen. Sie befindet sich am rechten unteren Rand. Bei einem Kabel mit Ringcodierung ist dafür der ringlose Draht anzuschrauben.
3. Der von der ersten TAE-Dose kommende rote bzw. ringlose Draht ist in der oberen Klemmreihe an 1 (La) der zweiten TAE-Dose anzuschließen.
4. Weiter ist der von der ersten TAE-Dose kommende schwarze bzw. der mit einem Ring versehene Draht in der oberen Klemmreihe an 2 (Lb) der zweiten TAE-Dose anzuschließen.

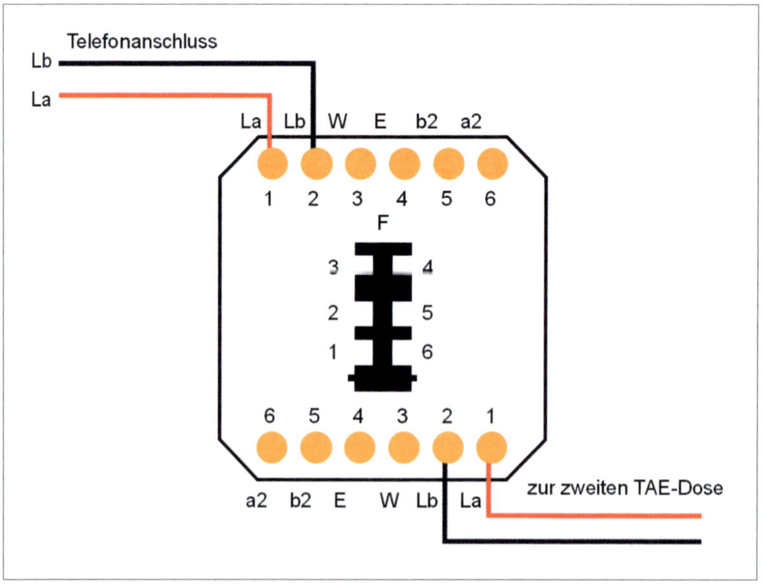

Bei TAE-Dosen mit zwei Klemmreihen sind die abgehenden Drähte zur zweiten TAE-Dose an den Klemmen 1 und 2 der unteren Klemmleiste anzuschrauben

52.3 Die österreichische TDO-Dose

TDO steht für Telefonsteckdose Österreich. Damit entspricht die TDO-Dose der in Österreich genutzten Norm für den Anschluss von Festnetztelefonen. Sie besitzt ebenfalls drei Anschlüsse und ähnelt der deutschen TAE-Dose.

Die Unterschiede liegen jedoch im Detail. So kommt die österreichische Variante mit je fünf Kontakten je Steckerseite. Außerdem weicht die Beschriftung der drei Anschlüsse ab. Sie sind mit einem Dreieck, einem Telefonhörer und einem Kreis markiert.

Was wo anschließen?

- Am linken, mit einem Dreieck gekennzeichneten Steckplatz ist ein aktives Gerät anzudocken, das von sich aus abheben und bei Bedarf einen Anruf an nachgeschaltete Geräte simulieren kann, etwa an ein Faxgerät.
- Der mittlere, mit einem Telefonhörer kenntlich gemachte Anschluss ist für das Telefon reserviert.
- An der rechten, mit einem Kreis markierten Buchse ist ein passives Zusatzgerät wie ein Anrufbeantworter anzuschließen.

Da alle Steckplätze gleich codiert sind, ist es grundsätzlich egal, an welche der drei Buchsen ein Telefon angesteckt wird.

Die österreichische TDO-Telefonsteckdose gibt es für Auf- und Unterputzmontage

TDO-Telefonsteckdose anschließen

Der österreichische TDO-Anschluss besitzt zwar zehn Kontakte, ähnelt im Aufbau aber der deutschen TAE-Dose. Die wesentlichen Unterschiede finden sich in der Lage und Beschriftung der Klemmen sowie der verwendeten Drahtfarben.

1. Üblicherweise wird ein vieradriges Kabel zum Anschluss einer TDO-Telefonsteckdose genutzt. Es ist als Erstes auf einer Länge von einigen Zentimetern abzumanteln.
2. Die die Adern umgebende Schirm- und Kunststofffolie und der blanke Beidraht sind abzuzwicken.
3. Die weiße und braune Ader sind auf einer Länge von rund 5 mm abzuisolieren.
4. Die weiße Ader ist an der mit **a** gekennzeichneten Klemme der TDO-Dose anzuschließen.
5. Die braune Ader ist an der mit **b** gekennzeichneten Klemme der TDO-Dose anzuschließen.

Anschlussbelegung:

1 u. 5	a, b	Telefon-Eingang. An diesen Klemmen sind die beiden vom Wählamt kommenden Drähte anzuschließen
10 u. 6	a1, b1	Verbindung zur nächsten Telefondose
2	E	Erdanschluss für Nebenstellenanlagen
3	W2	Anschluss für Zusatzglocke
8 u. 9	F2	Anschluss für externen Lautsprecher, Mithörgerät
4 u. 7		leer, ohne Verwendung

Leiterfarben:

1	a	Weiß
2	E	Grün
3	W2	Gelb
4	leer	Violett
5	b	Braun
6	b1	Rosa
7	leer	Schwarz
8	F2	Rot
9	F2	Blau
10	a1	Grau

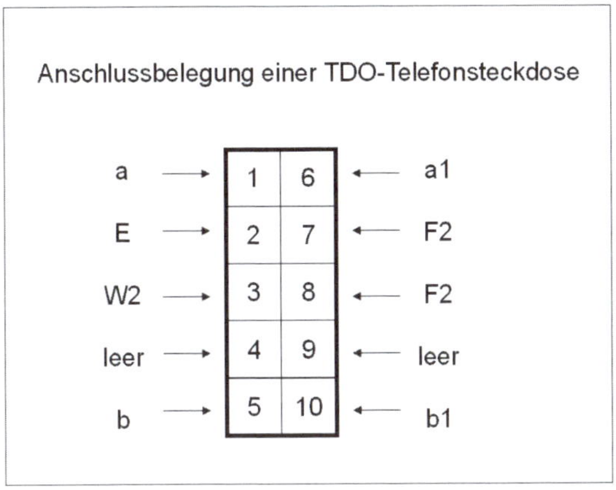

Pin-Belegung der österreichischen TDO-Telefonsteckdose

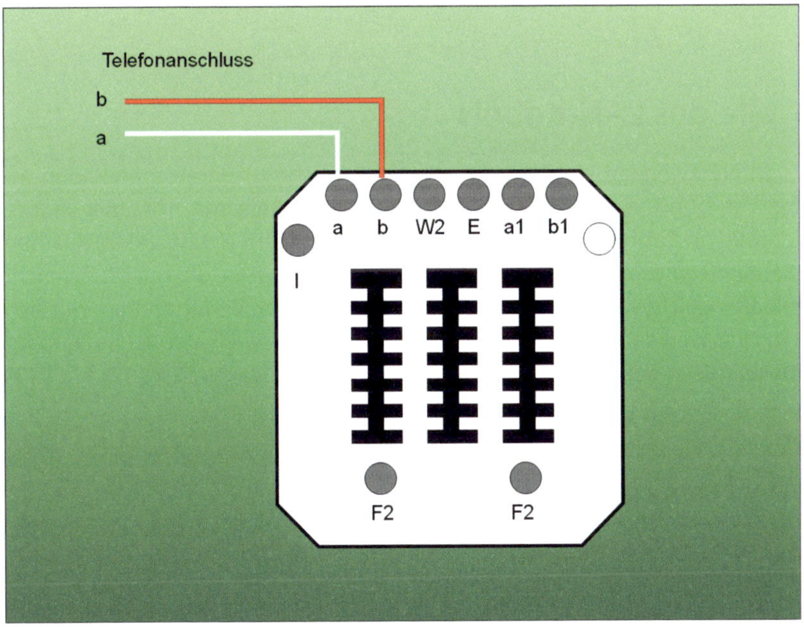

Verdrahtungsschema einer österreichischen TDO-Dose

53. Netzwerkkabel

Das Netzwerk- oder auch LAN-Kabel sorgt für den Kommunikationsaustausch von Geräten, die im weiteren Sinne der Datenverarbeitung zuzurechnen sind. Dazu zählen nicht nur Computer und Router, sondern auch Switches, Drucker, Smart-TVs, Internetradios, IP-Überwachungskameras und vieles mehr. LAN-Kabel dienen dazu, Geräte in einem Heimnetzwerk miteinander zu verbinden. So haben etwa mehrere PCs den Zugang zu einem Drucker, und über die Netzwerkleitung wird auch der Weg ins Internet realisiert.

Nun könnte man auf die Idee kommen, LAN-Kabel seien Schnee von gestern, da sich doch Heimnetzwerke ungleich komfortabler über WLAN, also über Funk, realisieren lassen. Mit WLAN erlangt man zwar maximale Bewegungsfreiheit. Zudem lassen sich nicht alle Geräte per LAN-Leitung an das Heimnetzwerk anbinden. Das prominenteste Beispiel dafür ist das Smartphone. Aber LAN-Kabel haben auch Vorteile, wie der folgende Abschnitt zeigt.

53.1 Vorteile des LAN-Kabels

Die Verlegung von Netzwerkkabeln ist zwar mit einem nicht zu unterschätzenden Installationsaufwand verbunden, dennoch bringen sie einige Vorteile mit sich. LAN-Leitungen sorgen für stabile und abhörsichere Verbindungen. Mit einem Netzwerkkabel lassen sich auch jene Bereiche einer Wohnung oder eines Hauses erreichen, die mit WLAN nicht oder nur mangelhaft erreicht werden, was instabile und langsame Verbindungen mit sich bringt. Mit einem Netzwerkkabel ist auch bei größeren Distanzen eine zuverlässige und schnelle Anbindung gewährleistet.

53.2 Aufbau des Netzwerkkabels

Von außen betrachtet ähnelt ein Netzwerkkabel einer Telefonleitung. Beide sind mit einer Kunststoffhülle versehen. In einem Netzwerkkabel finden sich vier Adernpaare. Sie sind farblich codiert. Jede Farbe ist einem bestimmten Kontakt zugeordnet. Im deutschen Sprachraum sind nicht nur Kabel nach dem europäischen Standard TIA-568A, sondern auch nach dem amerikanischen Standard TIA-568B anzutreffen. Beide Standards nutzen zwar die gleichen Farben, haben ihnen aber unterschiedliche Funktionen zugeordnet.

Die Pin-Belegung von Stecker und Kupplung ist gegensinnig. Sieht man auf den Stecker von vorne mit oben liegender Rastnase, befindet sich Pin 1 am linken und Pin 8 am rechten Rand. Dementsprechend liegt an der Kupplung Pin 8 links und Pin 1 rechts.

Europäischer Standard	TIA-568A
1	weiß mit grünem Strich
2	grün mit weißem Strich oder nur grün
3	weiß mit orangem Strich
4	blau mit weißem Strich oder nur blau
5	weiß mit blauem Strich
6	orange mit weißem Strich oder nur orange
7	weiß mit braunem Strich
8	braun mit weißem Strich oder nur braun

Netzwerkkabel-Pin-Belegung nach dem europäischen Standard TIA-568A

Amerikanischer Standard	TIA-568B
1	weiß mit orangem Strich
2	orange mit weißem Strich oder nur orange
3	weiß mit grünem Strich
4	blau mit weißem Strich oder nur blau
5	weiß mit blauem Strich
6	grün mit weißem Strich oder nur grün
7	weiß mit braunem Strich
8	braun mit weißem Strich oder nur braun

Netzwerkkabel-Pin-Belegung nach dem amerikanischen Standard TIA-568B

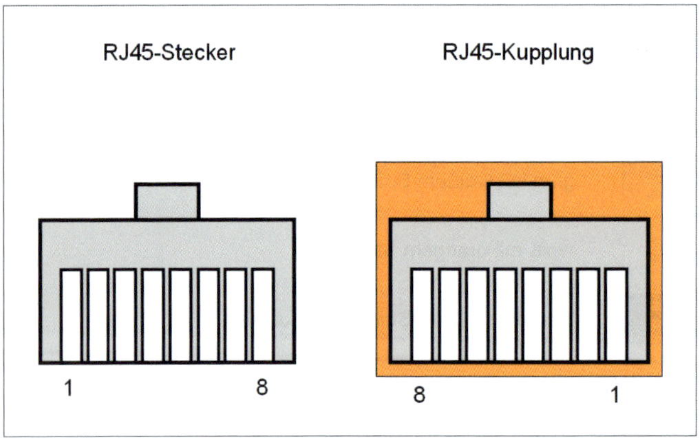

Die Pin-Belegungen eines Netzwerksteckers (links) und einer Netzwerkbuchse (rechts) sind spiegelbildlich angeordnet

53.3 Was sind CAT-Klassen?

Netzwerkkabel sind in sogenannte CAT-Klassen unterteilt. Sie kennzeichnen die Leistungsfähigkeit von Kupfer-Datenleitungen in Bezug auf Abschirmung, Frequenz und Bandbreite. Je höher die CAT-Klassen-Nummer eines Kabels, umso hochwertiger ist es. Damit verbunden sind unter anderem eine schnellere Datenübertragung und eine bessere Abschirmung.

CAT 5

CAT-5-Kabel sind nur noch in älteren Anlagen zu finden. Mit ihnen werden Signalraten bis zu 100 MHz erreicht. Sie sind für den Gigabit-Betrieb geeignet. Für viele Heimanwendungen reichen CAT-5-Kabel (noch) aus.

CAT 6

CAT-6-Kabel erlauben Betriebsfrequenzen von bis zu 250 MHz. Mit dem CAT 6a Standard sind sogar bis zu 500 MHz möglich. CAT-6-Leitungen eignen sich für 10-Gigabit-Ethernet.

CAT 7

CAT 7 empfiehlt sich als beste Wahl für Heimanwendungen. Der Standard bietet eine sehr gute Abschirmung und lässt Betriebsfrequenzen bis zu 600 MHz zu. Mit CAT 7a werden sogar bis zu 1.000 MHz erreicht. CAT-7-Kabel kommen mit vier separat abgeschirmten Adernpaaren sowie mit einer gemeinsamen Abschirmung.

CAT 8

CAT-8-Kabel kommen vor allem für professionelle Anwendungen zum Einsatz. Im privaten Sektor ist CAT 8 nicht üblich. Die Betriebsfrequenz von CAT 8 ist doppelt so hoch wie bei CAT 7. Wegen der unvermeidlichen Leitungsverluste ist CAT 8 allerdings nur für kurze

Kabel sinnvoll. Von CAT 8 gibt es zwei Unterkategorien: CAT 8.1 ist mit herkömmlichen Ethernet-Steckern kompatibel, CAT 8.2 nutzt Spezialstecker.

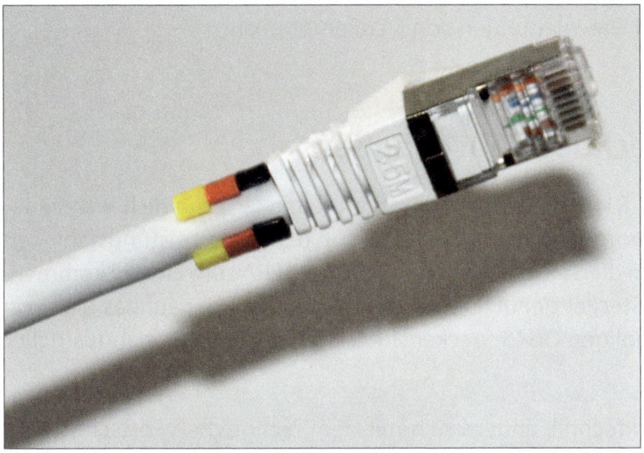

Der RJ45-Stecker kommt bei CAT 5 und 6, aber meist auch bei CAT 7 zur Anwendung

CAT-7-Kabel sind heute weitverbreitet

53.4 Netzwerkleitungen verlegen

Für Netzwerkkabel sollte in einer Neuinstallation eine eigene Leerverrohrung vorgesehen werden. Sie sorgt zunächst einmal für einen ausreichenden Schutz des Kabels an sich. Zudem ermöglicht es die Verrohrung, das Netzwerkkabel bei Bedarf leicht tauschen zu können.

Entscheidend ist ferner, dass Netzwerk- und Stromleitungen nicht in eine gemeinsame Verrohrung eingezogen werden dürfen. So wird Verwechslungen vorgebeugt. Zudem würden LAN- und Stromleitungen in einem gemeinsamen Rohr ein erhöhtes Sicherheitsrisiko nach sich ziehen. Weiter sorgt eine räumliche Trennung für eine zusätzliche Abschirmung. So können Störstrahlungen der Stromleitungen nicht so leicht Netzwerkkabel beeinträchtigen. Um diese Störungen auf ein Mindestmaß zu begrenzen, wird zudem ein Abstand zwischen Strom- und Datenleitungen von 5 cm empfohlen.

53.5 Netzwerk-Steckdose anschließen

Bei Netzwerkleitungen ist die RJ45-Steckernorm weitverbreitet. Ursprünglich war sie jedoch nur für CAT 5 und CAT 6 vorgesehen. Um bei CAT 7 von der vollen Leistungsfähigkeit profitieren zu können, müssten die Steckernormen GG45 oder TERA zum Einsatz kommen. Dennoch werden meist RJ45-Stecker genutzt. Mit ihnen wird CAT 7 aber auf das Maß von CAT 6a ausgebremst. Die 12-poligen GG45-Stecker sind selten und primär in industrieller Umgebung zu finden.

Die Standards in der Netzwerktechnik ändern sich mit dem technischen Fortschritt vergleichsweise schnell. Davon betroffen ist die Art der Kabel und der Steckverbindungen. Damit verbunden sind auch konstruktive Eigenheiten bei den einzelnen Standards. Das Prinzip, wie Netzwerkdosen anzuschließen sind, bleibt aber erhalten.

1. Bevor man ans Anschließen des Netzwerkkabels an der Netzwerk-Steckdose geht, muss man sich mit deren Pin-Belegungen im rückwärtigen Anschlussfeld vertraut machen. Am besten macht man sich eine Skizze mit den Klemmen und schreibt die aufzulegenden Drahtfarben dazu.
2. Netzwerkkabel sind an der Netzwerk-Steckdose aufzukerben. Dazu braucht es ein spezielles LSA-Auflegewerkzeug.
3. Als Erstes ist das Netzwerkkabel auf einer Länge von rund 6 cm abzumanteln. Dabei dürfen weder die Abschirmung noch die Isolierung der einzelnen Adern beschädigt werden.
4. Anschließend ist das Schirmgeflecht zusammenzuzwirbeln und um das vordere Ende des Kabelmantels zu wickeln.
5. In weiterer Folge ist das Kabel so an der Zugentlastung der Steckdose zu befestigen, dass auch das um den Mantel gewickelte Schirmgeflecht von dieser erfasst wird und so eine leitende Verbindung mit dem Metallgehäuse der Netzwerk-Steckdose gebildet wird.
6. Bei CAT-7-Kabeln sind die vier Adernpaare mit zusätzlichen Abschirmungen versehen. Sie sind so lang zu belassen, dass sie nah bis an die Kontakt-Pins reichen. Auch die Verdrillung der Adernpaare ist bis zur unmittelbaren Nähe der Pins zu belassen.
7. Beim Auflegen der einzelnen Adern empfiehlt es sich, dies Stück für Stück vorzunehmen, um so maximale Kontrolle zu haben, auch wirklich jeden Draht an der richtigen Stelle aufzulegen.

8. Der nicht zuvor abisolierte Draht ist über dem Kontakt zu platzieren und mit dem Auflegewerkzeug aufzukerben. Dazu ist es so auf den Kontaktsteg zu legen, dass sein kleines Messerchen nach außen zeigt.
9. Das Auflegewerkzeug ist nach unten zu drücken, bis man ein Klickgeräusch wahrnimmt. Es ist das Zeichen dafür, dass der Draht nun an der Steckdose fixiert ist. Im Zuge des Auflegens wird die Drahtisolierung an mehreren Stellen durchschnitten, wodurch eine leitende Verbindung hergestellt wird, ohne dass der Draht im Vorfeld abisoliert wurde.
10. Die weiteren Drähte sind auf gleiche Weise aufzulegen. Dabei gilt es stets darauf zu achten, die Drähte auf die richtigen Pins zu kerben.
11. Nach der abschließenden Kontrolle, was die Lage der Drähte und ihre Festigkeit anbelangt, ist die Netzwerk-Steckdose zuzuschrauben.

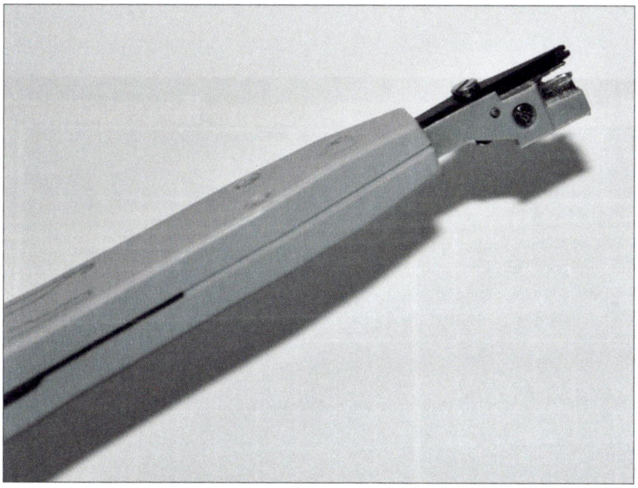

Zum Befestigen der einzelnen Adern an der Netzwerkdose wird ein LSA-Auflegewerkzeug benötigt

54. Balkonkraftwerk

Während der letzten Jahre sind Photovoltaik-Anlagen preiswert geworden. Besonders an Attraktivität gewonnen haben auch sogenannte Balkonkraftwerke. Sie bestehen in der Regel aus einem, zwei oder vier Modulen mit einer Maximalleistung von rund 400–450 Watt. Diese Module sind rund 2 x 1 m groß und wiegen etwa 20 kg. Mit speziellen Haken können sie auf das Balkongeländer gehängt werden. Alternativ gibt es auch Standfüße, mit denen sie sich im Garten aufstellen lassen.

Balkonkraftwerke sind bereits betriebsfertig und kommen mit einem auf sie abgestimmten Wechselrichter. Dieser gibt den Solarstrom mit einer Spannung von 230 Volt an einem Stromkabel mit Schuko-Stecker ab. Dieses Kabel braucht nur in eine Steckdose gesteckt zu werden und schon wird der selbst erzeugte Solarstrom in die Hausinstallation eingespeist.

Bei voller Sonneneinstrahlung wird mit einem Balkonkraftwerk das Maximum an elektrischer Energie erzeugt

Auf die Details kommt es an

Ob sich selbst ein kleines Balkonkraftwerk mit nur einem Modul rechnet, kommt darauf an, wie es betrieben wird. Idealerweise wird der selbst erzeugte Strom unmittelbar verbraucht. Denn anders als bei den großen PV-Anlagen auf dem Hausdach wird die Überschussenergie nicht automatisch von einem Stromversorgungsunternehmen finanziell abgegolten. Je nach den lokalen Gegebenheiten und dem EVU geht der nicht selbst verbrauchte Strom verloren. Das schadet freilich der Wirtschaftlichkeit eines Balkonkraftwerks.

54.1 Wie viel liefert ein Modul?

Bei einer Photovoltaik-Anlage muss man immer Kompromisse eingehen. Das trifft bei Balkonanlagen noch mehr zu als bei solchen, die auf dem Dach installiert werden. Schuld daran trägt die sich zwischen der Sommer- und Wintersonnenwende täglich ändernde Bahn der Sonne am Himmel. So erreicht der Sonnenhöchststand zur Wintersonnenwende in Deutschland nur einen Winkel von rund 13 Grad im Norden bis etwa 18 Grad im Süden. Demnach treffen die Sonnenstrahlen auf meist senkrecht montierte Paneele am Balkongeländer etwa im rechten Winkel auf. Was für die größtmögliche Stromausbeute sorgt.

Im Sommer erreicht der Sonnenhöchststand einen Winkel von 60–65 Grad. Somit treffen die Sonnenstrahlen ziemlich schräg auf das Photovoltaik-Modul auf, sodass man nicht aus dem Vollen schöpfen kann. Im Vergleich zu einer großen PV-Anlage auf dem Dach ist der Wirkungsgrad eines Balkonkraftwerks jedenfalls geringer als bei der Dachanlage. Das liegt an der Art der Montage, die im Vergleich zur Dachmontage mit mehreren Einschränkungen verbunden ist. Auf den Punkt gebracht, ist es bei Balkonkraftwerken eine absolute Ausnahme, wenn diese auch nur in die Nähe der maximal abgebbaren Energiemenge kommen.

Grundsätzlich hängt die Menge der erzeugten Energie stark von den örtlichen Gegebenheiten ab. Womit es unmöglich ist, eine allgemeingültige Aussage zu treffen. Als grober Richtwert für die Jahresproduktion mit einem 400-Watt-Balkonkraftwerk darf man mit rund 250–320 kWh selbst erzeugter Energie – auch bei längst nicht optimalen Voraussetzungen – rechnen.

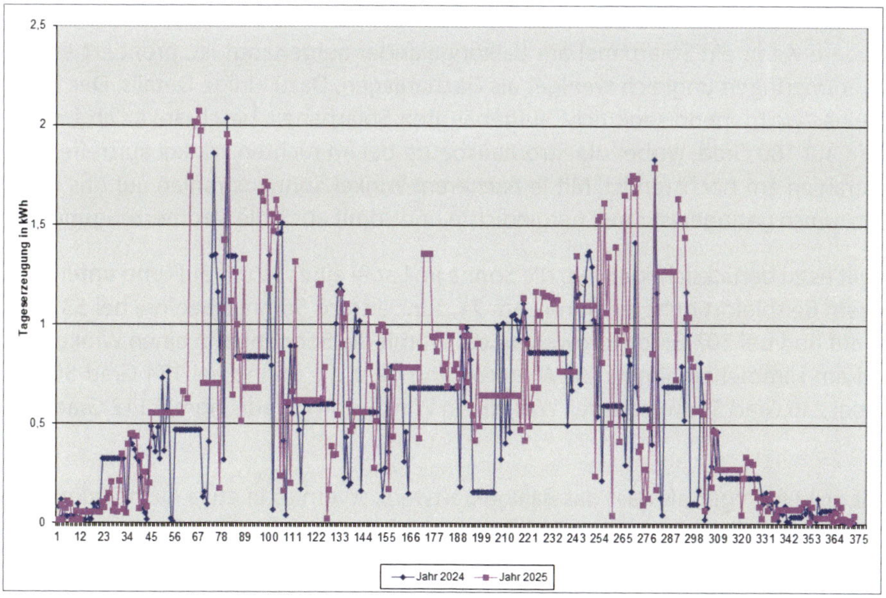

Diese Kurve zeigt die Tageserzeugung in kWh eines 400-Watt-Balkonkraftwerks über den Zeitraum von zwei Jahren

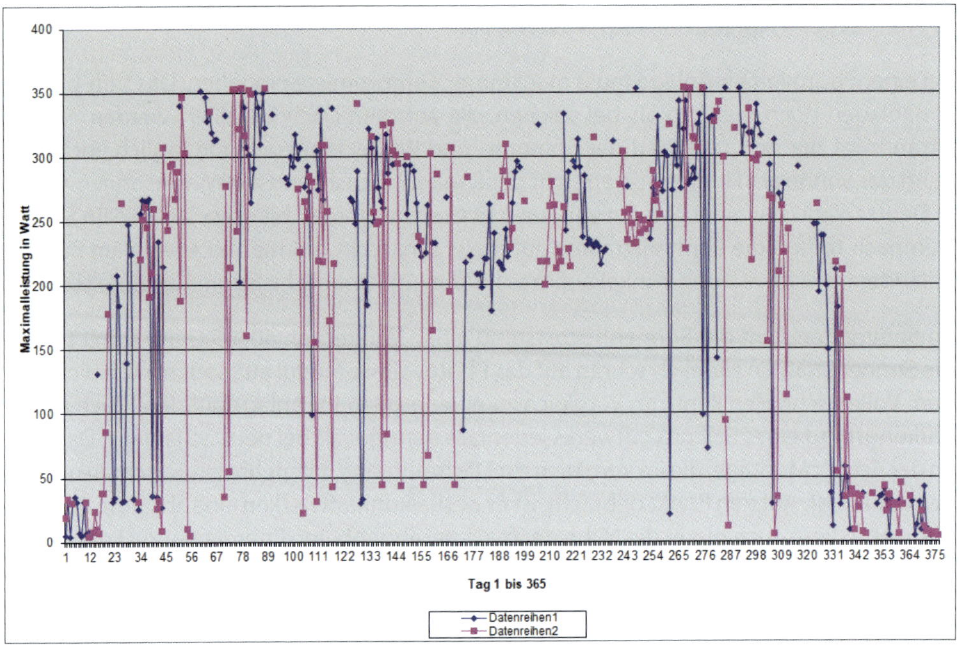

Diese Kurve zeigt die pro Tag erreichte Maximalleistung in Watt eines 400-Watt-Balkonkraftwerks über den Zeitraum von zwei Jahren

Kein Vorteil bei langen Sommertagen

Insbesondere wenn ein Solarpanel am Balkongeländer aufgehängt ist, profitiert es von langen Sommertagen ungleich weniger als Dachanlagen. Dazu einige Details. Der Sichtbereich eines weitgehend senkrecht aufgehängten Solarpanels beschränkt sich im Wesentlichen auf 180 Grad. Wobei die Stromausbeute bei im rechten Winkel auftreffenden Sonnenstrahlen am höchsten ist. Mit je flacherem Winkel Sonnenstrahlen auf das Panel auftreffen, umso geringer ist ihre Energiedichte und somit auch die Stromerzeugung.

Zudem gilt es zu berücksichtigen, wo die Sonne im Laufe eines Jahres auf- und untergeht. An unserem Beispielort geht die Sonne am 21. Juni, also zu Sommerbeginn, bei 53 Grad Nordost auf und bei 307 Grad Nordwest unter. Womit die Sonnenbahn einen Winkel von 254 Grad am Himmel einnimmt. Zu Winterbeginn geht die Sonne bei 124 Grad Südost auf und bei 236 Grad Südwest unter. Was einem Winkel von gerade einmal 112 Grad entspricht.

Das heißt nicht weniger, als dass das Balkonkraftwerk, sofern es in etwa nach Süden ausgerichtet ist, nur während des Winterhalbjahres den gesamten Lauf der Sonne einfangen kann. Während der langen Sommertage geht die Sonne bereits ein Stück hinter dem Panel auf und es dauert bis zu zwei Stunden, bis sie auf die Moduloberfläche zu scheinen beginnt.

Nachdem sich die Sonne innerhalb einer Stunde um 15 Grad weiterbewegt, kann sie folglich maximal zwölf Stunden auf das Balkonkraftwerk scheinen und so zur Energieerzeugung beitragen. Je weiter nördlich man sich befindet, umso mehr Sonnenstunden können nicht verarbeitet werden. Selbst im sommerlichen Nordskandinavien mit 24 Stunden Sonnenschein ließen sich nur maximal 12 Sonnenstunden zur Stromerzeugung nutzen.

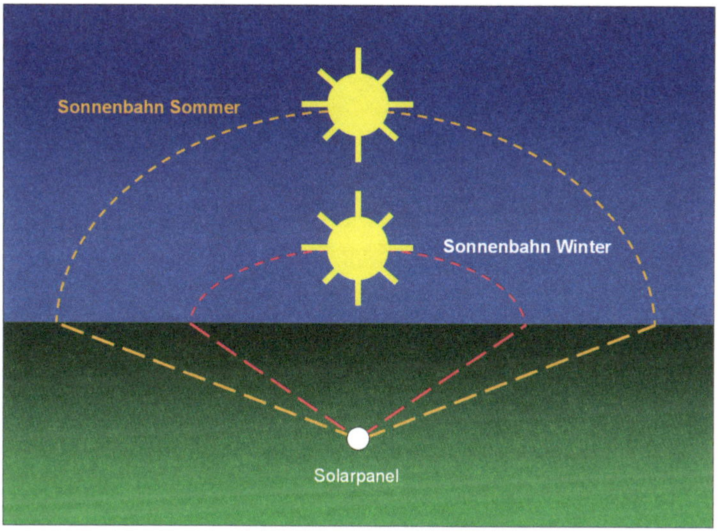

Der Winkelbereich und die Höhe der Sonnenbahn ändern sich beträchtlich. Womit die Montage einer Photovoltaik-Anlage stets ein Kompromiss ist

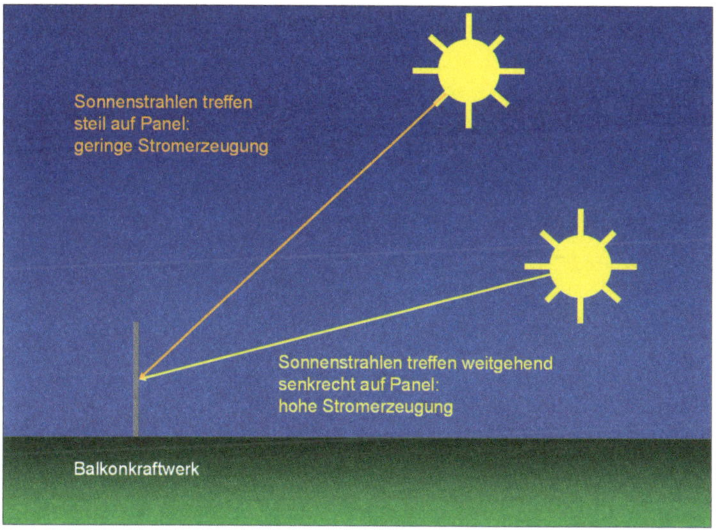

Senkrecht montierte Balkonkraftwerke sind nicht ideal für den Sonneneinstrahlwinkel, sodass ihre Maximalleistung kaum ausgeschöpft wird

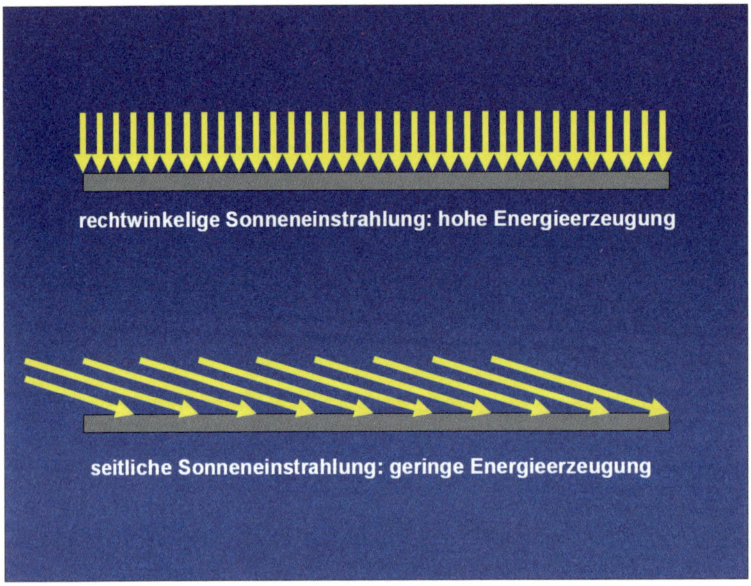

Die maximale Stromausbeute erreicht man, wenn die Sonnenstrahlen im rechten Winkel auf das Solarpanel treffen. Ansonsten verringert sich die Stromausbeute

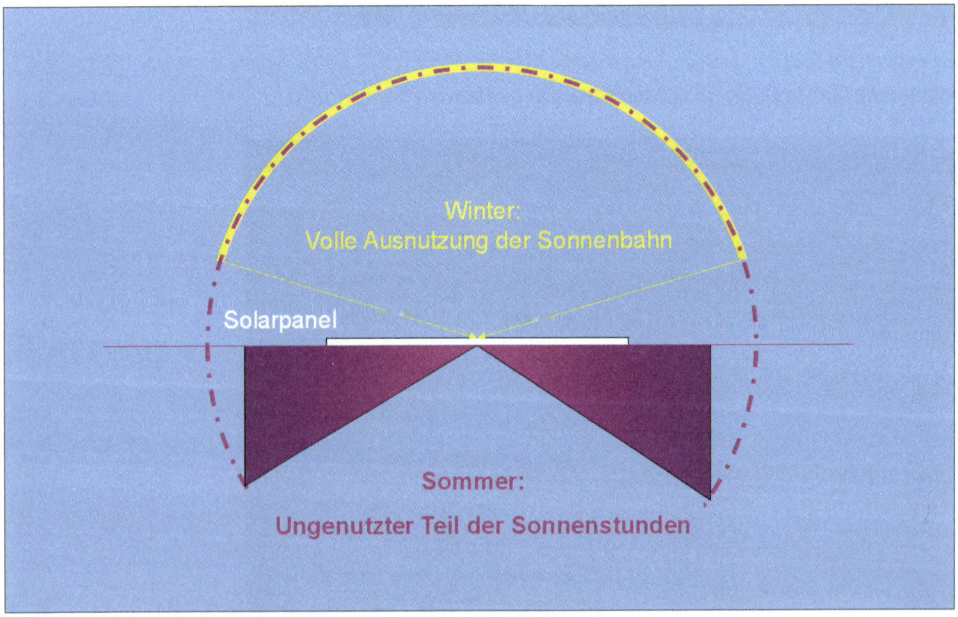

Die Grafik zeigt, dass senkrechte Module nur einen Sichtbereich von 180 Grad haben. Somit bleibt ein Teil der Sommer-Sonnenstunden ungenutzt

54.2 Wie groß soll eine PV-Anlage sein?

Jede PV-Anlage hilft, die Stromrechnung zu reduzieren. So gesehen rentieren sich auch kleine Anlagen mit nur einem Modul. Je mehr des Stromverbrauchs mit eigenem Solarstrom abgedeckt werden kann, umso besser. Allerdings sollte eine Anlage auch nicht überdimensioniert sein, da man für nicht selbst verbrauchten und ins öffentliche Stromnetz eingespeisten Solarstrom gewöhnlich nur eine ausgesprochen geringe Vergütung erhält. Somit ist der Nutzen überdimensionierter PV-Anlagen ausgesprochen begrenzt. Allerdings gilt es auch die Zukunft im Auge zu behalten, Stichwort E-Mobilität. Wer bereits ein E-Auto sein Eigen nennt, der wird kaum Probleme haben, den selbst erzeugten Solarstrom nicht auch zu verbrauchen.

Etwas genauer ist die Anlagengröße zu betrachten, wenn man eine Wärmepumpe betreibt. Sie braucht nämlich dann die meiste Energie, wenn die PV-Anlage am wenigsten erzeugen kann. Also im Winter mit seinen kurzen Tagen und den tiefen Sonnenständen. Um den winterlichen Energiebedarf weitgehend abdecken zu können, braucht es demnach entsprechend große PV-Anlagen. Die wiederum würden im Sommer, also zu der Zeit, wenn der wenigste Strom gebraucht wird, eine wahrlich große Menge an Überschussenergie erzeugen. Es gilt also, einen individuellen Kompromiss zu finden.

54.3 Balkonkraftwerk richtig einsetzen

Idealerweise ist der von einem Balkonkraftwerk erzeugte Strom sofort zu verbrauchen. Ansonsten geht er ungenutzt verloren. Je nach der Anzahl der im Haushalt üblicherweise laufenden Verbraucher sollte das keine große Kunst sein. Zumindest in der Theorie.

Denn hier tut sich ein nicht zu unterschätzender Stolperstein auf. Balkonkraftwerke unterscheiden sich nämlich von PV-Anlagen auf dem Dach durch ein entscheidendes Detail: Sie erzeugen nur einphasigen Wechselstrom. In unseren Breiten sind aber 400-Volt-Drehstromanschlüsse üblich. Diese setzen sich aus den drei Außenleitern, auch Phasen genannt, L1 bis L3 und dem Neutralleiter N zusammen. Zwischen einer Phase und dem Neutralleiter beträgt die Spannung 230 Volt, zwischen zwei Phasen 400 Volt.

Die Strominstallation in unseren Wohnungen ist auf mehrere Stromkreise aufgeteilt. Was man anhand der Sicherungsautomaten im Verteilerkasten sehen kann. Diese Stromkreise sind auf die drei Außenleiter verteilt, um so aus der Sicht des Hausanschlusses eine gleichmäßige Belastung aller dreier Phasen zu erreichen.

Da ein Balkonkraftwerk nur einphasigen Wechselstrom erzeugt, bestimmt am Ende die Steckdose, an der es angesteckt ist, in welche Phase der selbst erzeugte Solarstrom eingespeist wird. Nur Verbraucher, die von derselben Phase versorgt werden, kommen in den Genuss des eigenen Solarstroms.

An gut beschrifteten Verteilerkästen lässt sich nachvollziehen, welche Stromkreise L1, L2 und L3 zugeordnet sind. Demnach lässt sich auch erkennen, welche Verbraucher grundsätzlich vom eigenen Solarstrom profitieren.

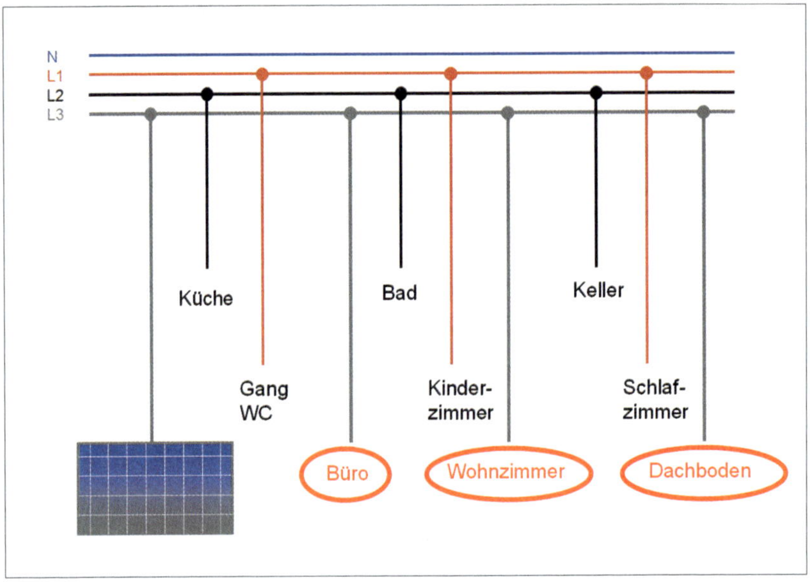

In diesem Beispiel wird der Solarstrom in L3 eingespeist, womit nur die Verbraucher im Büro und Wohnzimmer sowie auf dem Dachboden vom Solarstrom profitieren

Auf die Einspeisung kommt es an

Sinn ergibt ein Balkonkraftwerk nur, wenn man sichergehen kann, dass die selbst erzeugte Energie höchstwahrscheinlich verbraucht wird. Nur so hilft das eigene Balkonkraftwerk, die Stromrechnung zu entlasten. Zu berücksichtigen ist ferner, dass Solarstrom vor allem während des Tages produziert wird, also zu der Zeit, in der die Erwachsenen in der Arbeit und die Kinder in der Schule sind. Womit sie daheim keinen Strom verbrauchen. Aber es gibt durchaus Verbraucher im Haushalt, die rund um die Uhr in Betrieb sind. Die prominentesten Beispiele sind der Kühl- und Gefrierschrank. Auch zeitsteuerbare Geräte wie die Waschmaschine können so eingestellt werden, dass sie dann laufen, wenn Solarstrom erzeugt wird. Freilich kann insbesondere ein aus nur einem Modul bestehendes Balkonkraftwerk die benötigte Energie nur zum Teil zur Verfügung stellen.

All die genannten Verbraucher und andere, die ebenfalls dauerhaft laufen, haben aber garantiert nur etwas vom eigenen Solarstrom, wenn sie an derselben Phase wie das Balkonkraftwerk angeschlossen sind.

Stromkreise wechseln?

Ist die Aufteilung der Stromkreise im eigenen Haushalt derart ungünstig, dass das Balkonkraftwerk nur Stromkreise mit vernachlässigbarem Energieverbrauch bedient, gilt zu prüfen, ob sich energieintensive Stromkreise und jener, an dem das Balkonkraftwerk angeschlossen ist, auf einen gemeinsamen Außenleiter bringen lassen. Die Lösung des Problems ist im Verteilerschrank zu suchen und sollte ausschließlich von autorisierten Fachkräften in Angriff genommen werden. Schließlich herrscht im Inneren eines Verteilers ein noch viel größeres Risiko für einen Stromunfall als bei Arbeiten an der Hausinstallation außerhalb des Verteilers. Jedenfalls sollte man nie vergessen, dass fahrlässiges Handeln in allen Fällen bis zum Tod führen kann.

Jeder Stromkreis ist mit einem Sicherungsautoamten geschützt. Jeder ist für eine bestimmte maximale Stromstärke ausgelegt, die durch den zu schützenden Stromkreis fließen darf, ohne dass es zu einer Auslösung kommt. Die Elektroinstallation ist auf diese Stromstärken abgestimmt. Viele Stromkreise werden mit demselben Typ von Sicherungsautomaten abgesichert. Das heißt zum Beispiel, dass alle Stromkreise, die mit jeweils 16 Ampere abgesichert sind, getauscht werden könnten. Sofern bei der Verdrahtung des Verteilerschranks nicht zu sehr bei den Draht-Überlängen gegeizt wurde, kann es durchaus sein, dass man bei benachbarten Sicherungsautomaten deren Anschlüsse vertauscht. So kann etwa erreicht werden, dass anstatt des Dachbodenstromkreises jener, der in der Küche den Kühlschrank bedient, auf den Außenleiter gewechselt werden kann, an dem das Balkonkraftwerk angeschlossen ist. Gegebenenfalls lässt sich aber auch der »Balkonkraftwerk-Stromkreis« auf gleiche Weise auf eine andere Phase umlegen. Hier kommt es jeweils darauf an, wie viel Spielraum einem die gegebene Verkabelung im Verteilerschrank lässt. Die Fachkraft achtet bei solchen Arbeiten am Ende auch darauf, dass die getauschten Stromkreise weiter mit Automaten derselben Stromstärke wie zuvor abgesichert sind. Nur so können ernsthafte Schäden an der E-Installation, bis hin zu Bränden, vermieden werden.

Wie ist ein Stromkreis umzulegen?

1. Zunächst ist der Arbeitsbereich entsprechend den fünf Sicherheitsregeln spannungsfrei zu machen, gegen Wiedereinschalten zu sichern und auf Spannungsfreiheit zu prüfen.
2. Bereits vor Inangriffnahme der Arbeiten sollten Sie sich ein Bild darüber machen, welche Stromkreise – und somit Verbraucher – auf die einzelnen Außenleiter L1 bis L3 aufgeteilt sind.
3. Sind zwei Stromkreise lokalisiert, die sich austauschen lassen, ist zunächst (beim einpoligen) Sicherungsautomaten der braune zum Stromkreis führende Außenleiter abzuklemmen und zu kontrollieren, ob er lang genug ist, um an den anderen Sicherungsautomaten mit selber Nennstromstärke angeschlossen werden zu können.

4. Ist dies der Fall, ist auch an diesem zweiten Sicherungsautomaten der zum Stromkreis führende braune Außenleiter abzuklemmen und zu kontrollieren, ob er ebenso lang genug ist, um am ersten Sicherungsautomaten angeschlossen werden zu können.
5. Erfüllen die Anschlussdrähte beider Stromkreise diese Anforderung, kann der braune Außenleiter des ersten Sicherungsautomaten am zweiten angeschlossen werden.
6. Des Weiteren ist der ursprünglich am zweiten Sicherungsautomaten angeschlossene braune Außenleiter am ersten Sicherungsautomaten anzuschließen.
7. Danach sind die zum Erreichen der Sicherungsautomaten abgenommenen Schutzabdeckungen im Verteilerschrank wieder zu montieren.
8. Sofern vorhanden, ist nun die Beschriftung der Sicherungsautomaten an die neuen Verhältnisse anzupassen. Sollte im Verteilerschrank eine Liste hinterlegt sein, welche Sicherungsautomaten welche Stromkreise schalten, ist auch diese zu aktualisieren.

54.4 Balkonkraftwerk für Notfälle?

Bietet sich ein Balkonkraftwerk als Notfallreserve an, etwa um Stromausfälle zu überbrücken? Diese Frage ist mit einem klaren Nein zu beantworten. Es gibt nämlich nur Strom ab, wenn es an der angeschlossenen Steckdose die übliche 230-Volt-Netzspannung erkennt. Fehlt sie, etwa, weil man den Sicherungsautomaten abgeschaltet hat oder der Strom gerade ausgefallen ist, gibt es auch keinen eigenen Solarstrom.

Das gleiche Prinzip begegnet uns im Übrigen auch bei vielen größeren, auf dem Dach montierten PV-Anlagen. Auch sie arbeiten nur dann, wenn sie die übliche Spannung aus dem öffentlichen Stromnetz erkennen.

Sicherheitsaspekt

Die Ursache für diese Nichtproduktion bei Stromausfall ist mit der Sicherheit bei Arbeiten an elektrischen Anlagen begründet. Würden PV-Anlagen, egal wie groß sie sind, auch dann weiter Strom erzeugen, wenn im Verteilerschrank alle Sicherungsautomaten und der FI-Schutzschalter abgeschaltet wurden, würde zumindest der Stromkreis, in den das Balkonkraftwerk einspeist, weiter unter Spannung stehen. Womit auch die Gefahr des sich Elektrisierens bestehen würde. Dabei geht es nicht einmal nur um Arbeiten im eigenen Haushalt, sondern auch darum, wenn diese am öffentlichen Stromnetz in der Nähe vorgenommen werden. Selbst wenn dieses vom Energielieferanten, konkret dem Umspannwerk oder der Trafostation, getrennt wäre, würden alle im Leitungsstrang zu den Haushalten befindlichen PV-Anlagen weiter einspeisen. Womit durchaus bedenklich hohe Energiemengen sozusagen von hinten eingespeist werden würden.

Technischer Aspekt

Grundsätzlich erzeugt eine PV-Anlage mithilfe der Solarmodule zunächst Gleichstrom. Um von uns im Haushalt genutzt werden zu können, muss der erst in Wechselstrom umgewandelt werden. Diese Aufgabe übernimmt der Wechselrichter. Damit dieser aber weiß, wie er den Gleichstrom korrekt umwandeln soll, benötigt er eine Referenzgröße, die ihm von außen vorgegeben werden muss. Dabei handelt es sich um die Netzfrequenz, die 50 Hz beträgt. Mit ihrer Hilfe kann sich der Wechselrichter auf das öffentliche Stromnetz synchronisieren. Bei einem Stromausfall fehlt die 50-Hz-Referenz, sodass sich der Wechselrichter nicht in der Lage sieht, weiter Gleich- in Wechselstrom umzuwandeln, und deswegen abschaltet. Am Ende wird damit auch der vorgeschriebenen Abschaltfunktion nachgekommen. Sie ist auch als NA-Schutz, also Netz- und Anlagenschutz, bekannt und ist im Detail in der VDE-Norm VDE AR-N 4105 2018-11 festgelegt.

Balkonkraftwerke sind gewöhnlich nicht geeignet, netzunabhängig Strom bereitzustellen. Dafür braucht es spezielle Inselanlagen oder Notstromsysteme, die auch netzunabhängig funktionieren.

Würde ein Batteriespeicher helfen?

Balkonkraftwerke werden auch mit Batteriespeicher angeboten oder dieser kann nachgerüstet werden. Er speichert die gerade ungenutzte Energie und gibt sie ab, wenn sie gebraucht wird. Allerdings ändert sich auch hier nichts an der Situation, dass der Wechselrichter die Netzfrequenz als Bezugsgröße braucht. Fehlt diese, kann auch eine Anlage mit Batteriespeicher keine Energie bei einem Stromausfall abgeben.

Wie doch notstromfähig?

Dazu braucht es einige Komponenten. Um eine PV-Anlage, egal ob Balkonkraftwerk oder eine große Anlage auf dem Dach, notstromfähig zu machen, braucht es einige Komponenten. Zunächst ist das ein Batteriespeicher, in dem überschüssige, nicht gespeicherte Energie zwischengespeichert werden kann. Weiter braucht es einen speziellen inselbetriebstauglichen Wechselrichter und eine Vorrichtung, mit der die eigene PV-Anlage zuverlässig vom öffentlichen Stromversorgungsnetz getrennt werden kann. Sie ist in Form eines Umschalters im Verteilerschrank einzubauen und stellt sicher, dass die Hausinstallation jedenfalls vom öffentlichen Stromnetz getrennt ist. Dies bedeutet einen deutlichen Mehraufwand bei der Installation und wird sich insbesondere bei Balkonkraftwerken aus nur einem oder zwei Modulen nicht annähernd rechnen.

54.5 Wie gut klappt die netzunabhängige Stromversorgung?

Soll der eigene Haushalt ausschließlich mit selbst produziertem Solarstrom versorgt werden, wird man sehr schnell an Grenzen stoßen. Diese sind umso schneller erreicht, je kleiner die eigene PV-Anlage ist. Denn verbraucht werden kann nur das, was gerade erzeugt wird. Und da unterliegt man starken tages- und jahreszeitlichen Schwankungen. Zudem entscheidet das Wetter über die Menge des gerade erzeugten Solarstroms. Insbesondere bei dichter Bewölkung und Regen geht die Solarstrom-Erzeugung in den Keller.

Im Ernstfall muss man sich ganz genau überlegen, welche Verbraucher man jetzt dringend braucht und welche überhaupt betrieben werden können. Energieintensive Anwendungen, wie etwa Kochen, fällt bei kleineren Anlagen gleich mal weg. Das trifft auch auf die Mikrowelle zu. Auch für die Waschmaschine und insbesondere den Wäschetrockner wird der von einem kleinen Balkonkraftwerk erzeugte Strom nicht annähernd reichen. Es gilt einige Überlegungen anzustellen, wie man das Maximum aus der selbst erzeugten Energie herausholen kann.

Stromausfall: wie eigenen Strom am besten nutzen?

1. Welche Leistung kann die eigene, für den Inselbetrieb geeignete PV-Anlage in Echtzeit liefern? Als grober Richtwert kann man etwa von der Hälfte der Nennleistung der Anlage ausgehen. Also bei einer installierten Leistung von etwa 10 kWp rund 5 kW um die Mittagszeit.
2. Unnötige Verbraucher sind vom Netz zu trennen. Dazu zählen nicht benötigte Netz- und Ladegeräte, Geräte im Bereitschaftsmodus und etwa Radiowecker.
3. Bereits im Vorfeld sollte man eine Liste der wirklich wichtigen Verbraucher inklusive deren Leistungsaufnahme erstellt haben. An erster Stelle stehen Kühl- und Gefriergeräte. Sie sollten zumindest so lange in Betrieb gehalten werden, um etwa die stromlosen Nachtstunden zu überstehen, ohne dass die in ihnen gelagerten Nahrungsmittel Schaden nehmen.
4. An zweiter Stelle steht, alles an Akkus aufzuladen, die man brauchen kann. Dazu zählen die Akkus unserer Smartphones genauso wie die Akkus für Taschenlampen, sonstige LED-Lampen und das Radio.
5. Hilfreich ist zudem eine Power-Station. Also ein etwas größerer, tragbarer Akku mit eingebautem Wechselrichter. Mit ihm kann man zum Beispiel auch während der Nachtstunden den Garagenantrieb betätigen, um mit dem Auto überhaupt aus der Garage zu kommen.

54.6 Energieerzeugung und Batteriespeicher

Wie viel elektrische Energie erzeugt überhaupt die eigene PV-Anlage? Bei vielen modernen Anlagen geben Apps auf diese Frage die Antwort. Sie informieren nicht nur über die Momentanerzeugung, sondern zeigen in einer Historie auch die Tages-, Monats- und Jahreserzeugung an. Je nach Umfang der App kann neben der Stromerzeugung über den Tag auch der Energieverbrauch gegenübergestellt werden.

Bei kleinen und meist preiswerteren Balkonanlagen ist diese App-Auswertung nicht allgemein üblich. Hier bieten sich als Ersatz Energiekostenmessgeräte für die Steckdose an. Gewöhnlich zeigen sie die Leistungsaufnahme der an sie angeschlossenen Verbraucher an. Aber sie funktionieren auch in die entgegengesetzte Richtung, wenn Solarstrom in die Hausinstallation gepumpt wird. Daneben bieten diese Geräte unter anderem auch einen Summenzähler an, der die produzierte Energiemenge seit dem letzten Zurücksetzen anzeigt. Auch damit lässt sich zuverlässig und preiswert kontrollieren, wie viel Strom das Balkonkraftwerk erzeugt.

Hier wird die aktuelle Leistungsabgabe eines Balkonkraftwerks mit einem Energiekostenmessgerät ermittelt

Mit solchen Geräten lässt sich auch die Tageserzeugung abrufen

Batteriespeicher

Ein Batteriespeicher bietet sich dann an, wenn der gerade erzeugte Solarstrom nicht gebraucht wird. Vermehrt werden Batteriespeicher auch für Balkonanlagen angeboten. Ob sie Sinn ergeben, hängt jedoch von deren Größe ab. Der von Anlagen mit nur einem Modul produzierte Strom wird meist direkt verbraucht. So bleibt nur wenig übrig, was gespeichert werden könnte. Vor allem während des Winterhalbjahres wird man so kaum eigene Energie für den Abend bereithaben.

Anders sieht die Situation freilich bei Balkonanlagen mit mindestens zwei 400-Watt-Modulen aus. Bei ihnen sollten sich Batteriespeicher mit einer Kapazität von 2–3 kWh zumindest während des Sommerhalbjahres innerhalb eines Tages voll aufladen lassen, sofern während des Tages kaum Strom gebraucht wird. Mit größeren Anlagen auf dem Hausdach wird auch entsprechend mehr Strom erzeugt, der sich auch in größeren Batteriespeichern sammeln lässt. Ab einer Kapazität von etwa 5 kWh sollte man damit – auf Basis eines Zweipersonenhaushalts – den Großteil des abendlichen Stromverbrauchs mit eigener gespeicherter Solarenergie bestreiten können. Zumindest, solange keine leistungsstarken Verbraucher genutzt werden.

55. Antennentechnik

55.1 Sat-Antenne: Braucht man die noch?

Die Satellitenschüssel ist in Deutschland und Österreich nach wie vor der am häufigsten genutzte TV-Empfangsweg. Auch wenn TV über Streaming im Vergleich zu den klassischen Empfangswegen immer beliebter wird, spricht doch einiges für den Sat-Empfang. Auch wenn der Aufbau einer Sat-Anlage als arbeitsintensiv und teuer empfunden wird, rechnen sich die Ausgaben doch binnen kurzer Zeit. Schließlich arbeitet eine Satellitenanlage über Jahrzehnte zur vollen Zufriedenheit und erfordert keine monatlichen Abo-Gebühren. Im Vergleich dazu geht über Streaming-Plattformen gar nichts ohne den Einwurf kleinerer oder größerer Münzen. Wobei man bei Live-TV-Streaming-Plattformen auch für das bezahlt, was man per Satellit gratis bekommt. Stellt man die Ausgaben für die Sat-Schüssel den laufenden Streaming-Kosten gegenüber, hat sich die Schüssel in der Regel nach zwei Jahren oder bereits früher amortisiert.

Zu den Vorteilen einer Sat-Anlage zählt, dass mit ihr mehrere Teilnehmer kostengünstig versorgt werden können. Wobei bis zu acht Teilnehmer und mehr absolut keine Herausforderung darstellen. Hinzu kommt auch, dass in den TV-Geräten ohnehin seit vielen Jahren standardmäßig Sat-Empfangsteile integriert sind. Sofern man keinen besonderen Bedienkomfort und spezielle Empfangsmöglichkeiten wünscht, kann man sich sogar das Geld für den oder die Beistell-Receiver sparen. Zudem spricht für die eigene Sat-Schüssel, dass man mit ihr unverzüglich zu allen frei empfangbaren Programmen ab dem Zeitpunkt ihrer Aufschaltung Zugriff hat. Somit ist man nicht darauf angewiesen, dass bestimmte Programme vom Streaming-Anbieter überhaupt in sein Portfolio aufgenommen werden. Zuletzt funktioniert der Satellitenempfang vollkommen unabhängig von Breitbandanschlüssen und irgendwelchen Abo-Modellen. Und es spricht für den Satellitenempfang, dass mit ihm die Privatsphäre zu einhundert Prozent gewährleistet ist. Da es keinen Rückkanal gibt, kann niemand mit aufzeichnen, wann man für wie lange welche Inhalte geschaut hat. Dies wird über Streaming-Plattformen sehr wohl registriert. Zusätzlich gibt man auch Informationen über persönliche Vorlieben preis und gewährt sogar Einblicke in den eigenen Lebensrhythmus. Damit hilft der Satellitenempfang auch dabei, zumindest ein etwas weniger gläserner Mensch zu sein.

55.2 Satellitensignale verteilen

Die Art der Signalverteilung einer Satellitenanlage wird von der Anzahl der zu versorgenden Teilnehmer bestimmt. Bei der einfachsten Variante ist an der Antenne nur ein Fernseher, respektive Teilnehmer, angeschlossen. In diesem Fall ist lediglich eine Koaxialleitung von der Empfangseinheit der Schüssel, dem LNB, zum Empfangsgerät zu verlegen. Sollen mehrere Teilnehmer erreicht werden, bieten sich grundsätzlich zwei Varianten an.

Die klassische Sternverteilung

Lange Zeit hieß es, dass jeder Receiver einer Mehrteilnehmer-Sat-Anlage seine eigene Zuleitung benötigt. Sternverteilung heißt das im Fachjargon. Sie ist mit hohem Material- und Installationsaufwand und folglich auch mit entsprechend hohen Kosten verbunden. Insbesondere bei größeren Anlagen werden Antennenkabel in einer Größenordnung benötigt, die als astronomisch einzustufen ist. Allein in einem Ein- oder Zweifamilienhaus mit acht Anschlüssen hat man mit der Sternverteilung schnell mal an die 200 m Koaxialkabel verbraucht.

Die klassische Sternverteilung lässt sich mit einem Mehrteilnehmer-LNB aufbauen, der zwei, vier oder acht Anschlüsse besitzt. Von jeder Buchse ist eine separate Leitung zu den Teilnehmern vorzusehen. Ihre maximale Anzahl ist durch jene der Anschlüsse am LNB vorgegeben. Alternativ bietet sich eine Verteilanlage über einen herkömmlichen Multischalter an. Das ist eine zentrale Schalteinheit, an der der LNB mit vier Leitungen angeschlossen ist und von der zu jedem Teilnehmer ein separates Antennenkabel zu verlegen ist. Der Vorteil der Multischalter-Lösung ist die Erweiterbarkeit auf zusätzliche Teilnehmer.

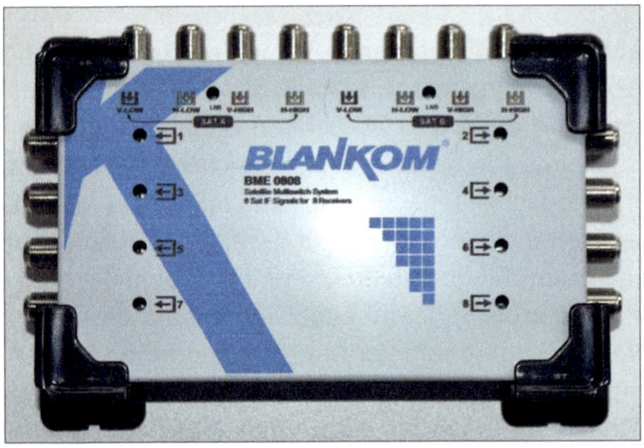

Herkömmlicher Multischalter für die Verteilung von zwei Satellitenpositionen an bis zu acht Teilnehmer

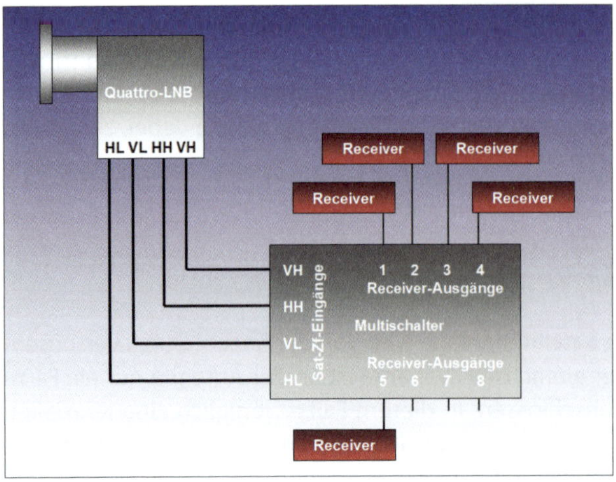

Der Quattro-LNB lässt sich nur gemeinsam mit einem Multischalter verwenden. Da jeder seiner Ausgänge ein bestimmtes Spektrum des Ku-Bands ausgibt, müssen seine Ausgänge mit den zugehörigen LNB-Eingängen des Multischalters verbunden werden

Wie funktioniert eine klassische Sat-Anlage?

Wie funktioniert eine klassische Einteilnehmeranlage? Bei ihr spaltet der LNB das vom Satelliten empfangene Frequenzspektrum in vier Teilbereiche auf. Sie sind als unteres und oberes Ku-Band mit horizontaler und vertikaler Polarisation bekannt. Je nach den vom Receiver zum LNB gesendeten Steuersignalen schaltet dieser auf einen der vier Teilbereiche und überträgt über das Antennenkabel stets ein Viertel des Ku-Band-Frequenzspektrums, zum Beispiel den gesamten Bereich von 10,7–11,7 GHz horizontal. Damit wird zu jeder Zeit eine Bandbreite von 1.000 MHz vom LNB zum Receiver weitergeleitet. Aus allen auf diesem Weg gleichzeitig übertragenen Transpondern sucht sich der Sat-Receiver jenen aus, den er zur Wiedergabe des gewünschten Programms braucht.

Multischalter lassen sich mit Erweiterungsbausteinen für zusätzliche Teilnehmer aufrüsten

Exakt das gleiche Prinzip begegnet uns auch bei herkömmlichen Multischalter-Anlagen und Mehrteilnehmer-LNBs.

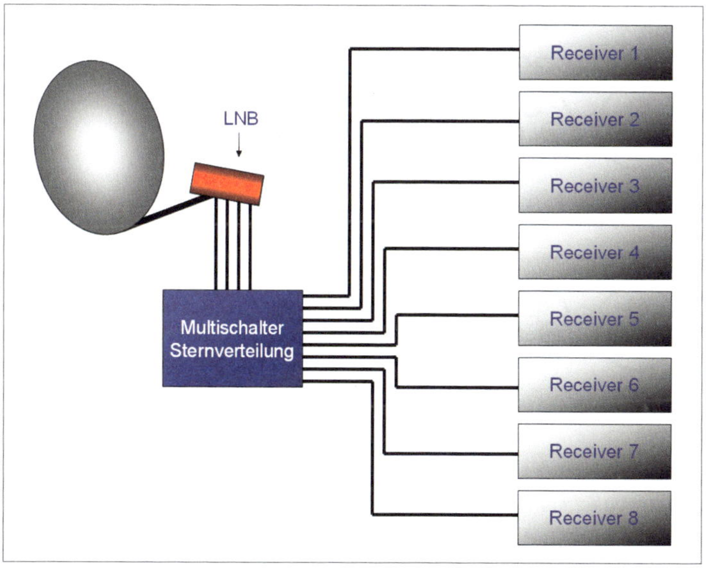

Aufbau einer klassischen Sternverteilung mit Multischalter

Einkabellösung

Der nicht unerhebliche Verlegungsaufwand bei der Sternverteilung hatte auf Bauherren schon immer eine abschreckende Wirkung. Um den Aufwand zu minimieren, hat man bereits in den 1990ern versucht, mehrere Receiver über einen einzigen Leitungsstrang zu versorgen, und hat diesen Weg immer weiter perfektioniert. Anfangs konnten über einen einzigen Leitungsstrang bis zu vier Geräte versorgt werden. Inzwischen sind bis zu 32 möglich. Die Einkabellösung ist gemeinhin als Unicable bekannt.

Wie funktioniert Unicable?

Unicable geht bei der Signalverteilung vollkommen neue Wege und macht sich den Umstand zunutze, dass der Receiver gleichzeitig ohnehin nur ein Programm ausgeben kann. Also braucht es nur diese eine Frequenz, auf der es übertragen wird. Alle anderen sind unnützes Beiwerk. Konkret sind es um die 95 % der bei einer Sternverteilung im Koaxialkabel übertragenen 1.000-MHz-Bandbreite, die nicht gebraucht werden. Sie können wegrationalisiert werden. Exakt diesen Weg gehen Einkabellösungen.

Bei Unicable wird zwischen dem Unicable-Multischalter oder -LNB und jedem angeschlossenen Receiver je eine fixe Übertragungsfrequenz zugewiesen. Mit ihr wird gleichzeitig ein Rückkanal festgelegt. Damit wird eine dauerhafte Verknüpfung zwischen dem Multischalter oder LNB und dem Empfangsgerät hergestellt.

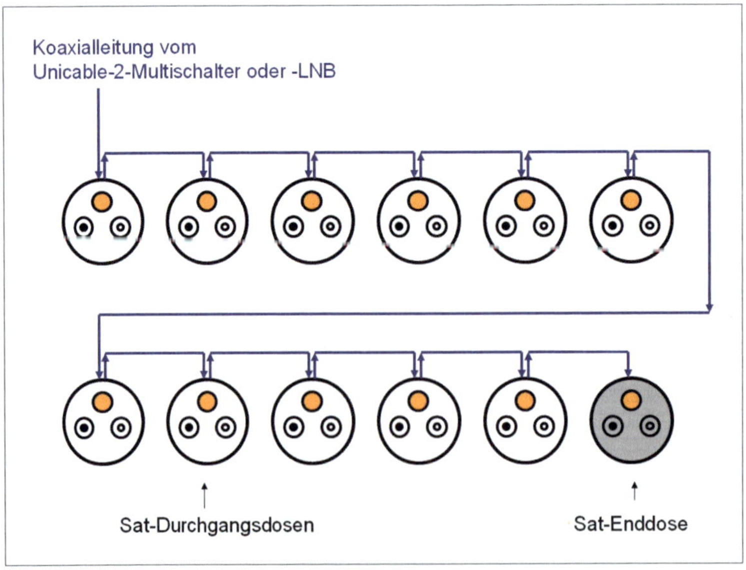

Unicable 2 lässt viele Anschlussmöglichkeiten zu. Eine Variante ist, bis zu 32 Receiver über einen Leitungsstrang anzusprechen

Über den Rückkanal fordert der Receiver beim Multischalter oder LNB an, welchen Transponder er für den Empfang des gewünschten Programms benötigt. In diesem Zuge gibt er ihm auch die Frequenz und Polarisationsebene bekannt. Mit diesen Informationen setzt der Unicable-Multischalter oder -LNB den angeforderten Transponder auf den dem Receiver zugewiesenen Frequenzblock um und spielt ihn dem Empfangsgerät zu. Egal, ob der Transponder im unteren oder oberen Ku-Band und mit welcher Polarisation auch immer vom Satelliten kommt, zum Receiver gelangt er stets auf derselben Frequenz ohne irgendwelche weiteren Steuerbefehle.

Voraussetzungen

Beim Namen »Unicable« handelt es sich um einen geschützten Markennamen der FTA Communication Technologies Sàrl. In unseren Breiten wird der Begriff gern mit dem europäischen Einkabelstandard SCR (**S**atellite **C**hannel **R**outer) oder auch CSS (**C**hannel **S**tacking **S**ystem) in einen Topf geworfen. Dabei handelt es sich bei Unicable nur um eine mit dem SCR/CSS-Standard nach EN 50494 kompatible Anwendung. Sie versorgt bis zu vier Receiver über einen Leitungsstrang.

2011 wurde dieses Verfahren erweitert und erhielt den Namen JESS (**J**ultec **E**nhanced **S**tacking **S**tandard). JESS wurde 2014 zur Europanorm EN 50607. Sie ist auch als Unicable 2 bekannt und erlaubt die direkte Anspeisung von bis zu 32 Empfangsgeräten über einen Leitungsstrang. Beide Steuerprotokolle basieren auf dem DiSEqC-Steuerprotokoll. Damit setzen sie ein gleichspannungsdurchlässiges Verteilnetz voraus. Um Unicable nutzen zu können, müssen der Multischalter oder LNB, aber auch die Empfangsgeräte, also Receiver oder Fernseher, Einkabelsteuerbefehle generieren können.

Unicable 1 und 2

Unicable 1, so wie es später benannt wurde, ist die ältere Variante der Einkabelverteilung. Mit ihr können bis zu acht Receiver mit einem Leitungsstrang versorgt werden. Dementsprechend können bis zu acht Empfangsgeräte über einen Leitungsstrang versorgt werden.

Unicable 2 unterstützt bis zu 32 Empfänger an einem Leitungsstrang. Wobei Unicable 2 mit den ersten acht Userband-IDs auch Unicable 1 unterstützt. Damit können auch ältere Boxen aus der Zeit vor 2014 an einer Unicable-2-Anlage betrieben werden.

Was ist zu berücksichtigen?

Vor dem Aufbau einer Einkabelanlage sind mehrere Faktoren zu berücksichtigen:

- Wie viele Teilnehmer sollen über einen Leitungsstrang versorgt werden?
- Welche Einkabelsysteme unterstützende Empfangsgeräte sind bereits vorhanden? Bei ihnen ist zu kontrollieren, welchen Einkabelstandard sie unterstützen. Hier ist das entscheidende Kriterium die Anzahl der vom Gerät unterstützten Einkabelfrequenzen.
- Die Anzahl der zu versorgenden Empfangsgeräte bestimmt weiter, ob die Anlage mit einem Einkabel-LNB oder einem -Multischalter realisiert werden soll. Der Einkabel-LNB bietet sich für kleinere, der Einkabel-Multischalter für größere Anlagen an.

Signalverteilung

Das Tolle an Unicable 2 ist, dass man mit ihm die alte TV-Verteilung aus der Kabelfernsehzeit grundsätzlich weiternutzen kann. Es sind lediglich die bisherigen Antennensteckdosen gegen Sat-taugliche zu tauschen. Meist werden sogenannte Durchgangsdosen benötigt. An der ersten ist das vom Unicable-Multischalter oder -LNB kommende Koaxialkabel anzuschließen und von dieser eine Verbindung zur zweiten und dann weiter zu den folgenden Dosen anzuschließen. Am Ende des Leitungsstrangs ist eine Enddose vorzusehen. Nicht vergessen sollte man auch Splitter und Abzweiger, die ebenfalls für Unicable geeignet sein müssen und gegebenenfalls gegen solche auszutauschen sind.

Verteilbeispiele

Grundsätzlich gibt Unicable 2 maximale Freiheit beim Aufbau einer Verteilanlage. Da die Sternverteilung mit Unicable unter Verwendung geeigneter Komponenten beliebig kombinierbar ist, lässt sich so gut wie jede Kombination aufbauen. Der Klassiker ist sicher, dass man in einer Einkabelanlage an einer Antennensteckdose einen Verteiler andockt, um neben einem separaten Receiver auch noch den Tuner des Fernsehers anzuschließen. Die Kombination von Stern- und Einkabelverteilung ergibt sich, zumindest bei der nachträglichen Installation, aus der Erreichbarkeit der geplanten Anschlüsse in der Wohnung, ausgehend von der Einkabelzuleitung. Mit so einer Kombivariante können etwa über einen Leitungsstrang zwei und über einen weiteren drei zusätzliche Receiver angeschlossen werden.

Außerdem lassen sich bestehende Sat-Verteilanlagen mit Sternstruktur mit Unicable-Komponenten ergänzen. Voraussetzung dafür ist, dass der herkömmliche Multischalter den Anschluss von Erweiterungsbausteinen zulässt. Hier kann man einen Unicable-Multischalter andocken, über den per Einkabellösung zusätzliche Empfangsgeräte versorgt werden können. Etwa, wenn das Haus mit einem Zubau erweitert wurde.

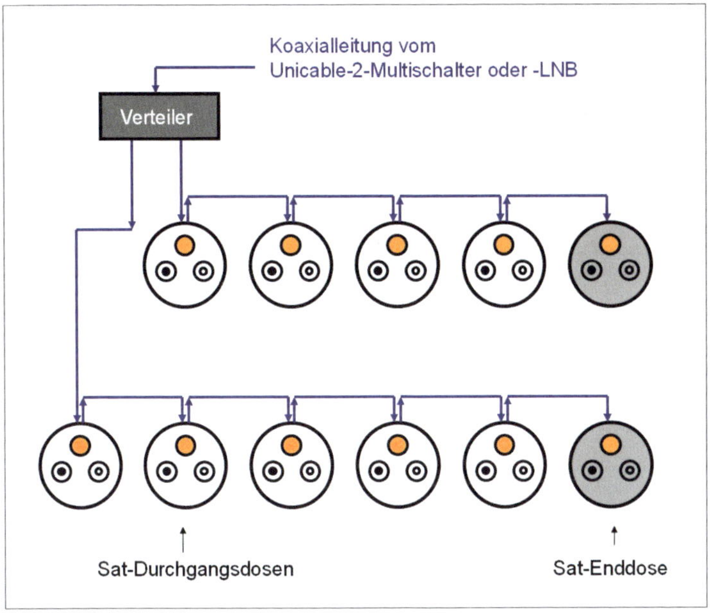

Hier werden zwei etwas kürzere Leitungsstränge über einen Verteiler versorgt. Wichtig ist nur, die Gesamtzahl der möglichen Anschlüsse nicht zu überschreiten

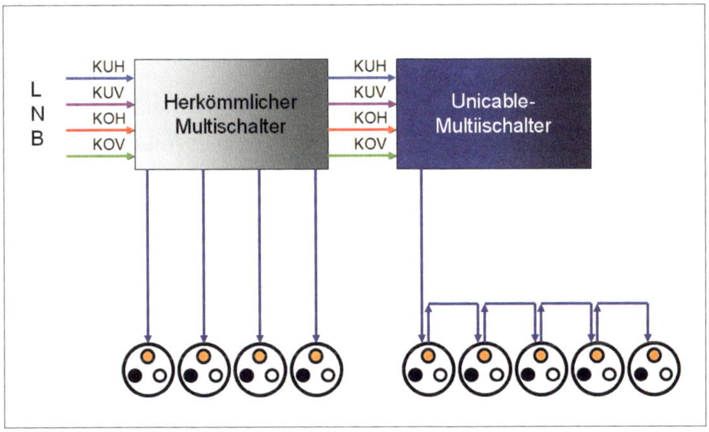

Eine bestehende Mehrteilnehmeranlage mit Sternverteilung lässt sich mit Unicable-Komponenten für zusätzliche Anschlüsse erweitern

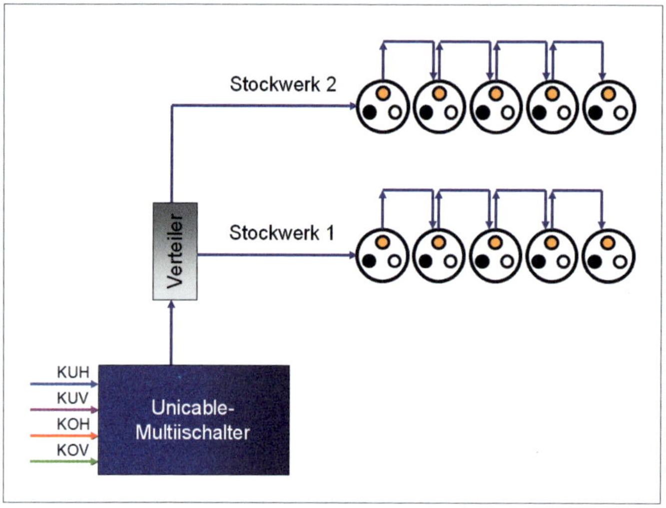

Dieses Beispiel zeigt, wie eine Sat-Einkabellösung über mehrere Stockwerke hinweg aussehen kann

Was ist ein Unicable-Kombi-LNB?

Der Unicable-Kombi-LNB kommt meist mit vier Anschlüssen. Drei sind in Silber ausgeführt. Sie sind mit »Legacy« beschriftet. Der vierte kommt mit einer goldenen Buchse und trägt die Bezeichnung »SCR«. Weiter können auf dem Typenschild vier Frequenzen, etwa 1.210, 1.420, 1.680 und 2.040 MHz, angeführt sein.

Unter einem Legacy-Ausgang versteht man einen herkömmlichen LNB-Ausgang für den Anschluss eines einzigen Receivers auf Basis der Sternverteilung. Wobei auch ältere Geräte verwendet werden können, die kein Unicable unterstützen. Damit können an den silbernen Legacy-Buchsen bis zu drei Receiver in Sternverteilung versorgt werden.

SCR steht für **S**atellite **C**hannel **R**outer und somit für den Unicable-Ausgang. Über ihn werden mehrere Receiver über eine gemeinsame Leitung versorgt. Ihre Anzahl hängt von den technischen Spezifikationen des LNBs ab. Auf jeden Fall sind es aber vier Geräte.

Ein Unicable-Kombi-LNB kann nützlich sein, wenn eine bestehende Vierteilnehmer-Sat-Anlage erweitert werden soll, man aber nicht die Chance hat, zusätzliche Leitungen direkt vom LNB ins Innere der Wohnung zu verlegen. In diesem Fall würde eine der vier Leitungen einfach so weit verlängert werden, dass sie bis zu vier Receiver erreicht. Damit der LNB mit den am SCR-Ausgang angeschlossenen Boxen zusammenarbeitet, ist deren LNB-Konfiguration anzupassen.

Bei den anderen bislang direkt angespeisten Receivern ändert sich nichts, weder in der Verkabelung noch in den LNB-Einstellungen.

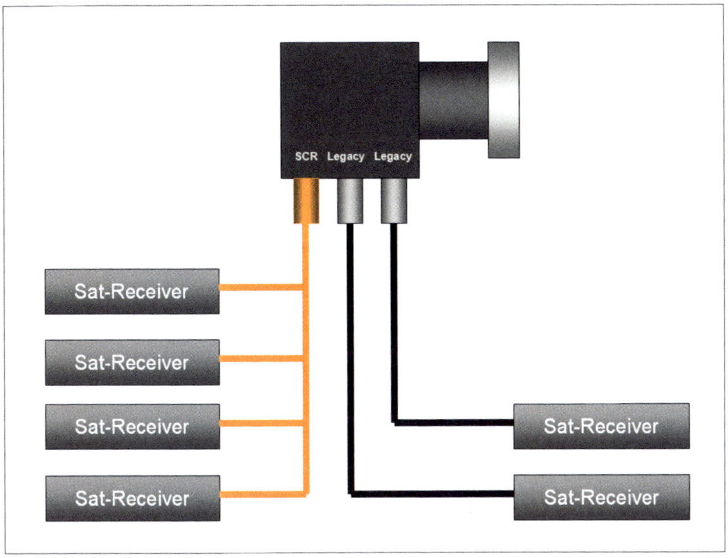

Anschlussbeispiel, wie die Receiver am SCR- und den Legacy-Ausgängen eines Unicable-Kombi-LNB anzuschließen sind

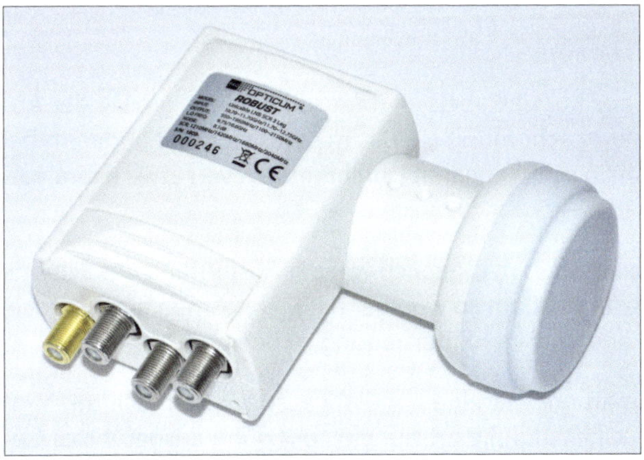

Dieser Unicable-Kombi-LNB besitzt einen Unicable- und drei herkömmliche Anschlüsse. Die Unicable-Buchse ist in goldener Farbe ausgeführt

55.3 Antennenkabel

Das Antennenkabel hat die Aufgabe, Frequenzen, auf denen TV- oder Radioprogramme übertragen werden, von der Antenne zum Receiver zu transportieren. Dabei wird erwartet, dass dies verlustlos und in optimaler Qualität erfolgt.

Alle Antennenkabel haben 75 Ohm und sehen gleich aus. Einige haben einen etwas größeren Durchmesser, andere sind dünner und somit leichter zu verlegen. Auch die Preise für Koaxialkabel, so der Fachausdruck, variieren mitunter beträchtlich.

Kabelaufbau

Der grundsätzliche Aufbau ist bei allen Koaxialkabeln gleich. Dennoch gibt es zwischen ihnen beträchtliche Unterschiede. Einige davon lassen sich auf den ersten Blick erkennen.

Koaxialkabel sind konzentrisch aufgebaut. Der Mittelleiter ist von einem Isoliermaterial, dem Dielektrikum, umgeben. Um dieses ist die Abschirmung gewickelt. Er besteht aus einem Drahtgeflecht und einer metallbeschichteten Folie. Vereinfacht ausgedrückt, werden über den Mittelleiter die empfangenen Signale transportiert. Die Abschirmung soll auf dem Leitungsweg Störeinflüsse abhalten. Beim Sat-TV werden Mittelleiter und Schirm aber auch in die entgegengesetzte Richtung genutzt, um die LNB-Speisespannung und verschiedene Schaltbefehle vom Receiver zum LNB oder zumindest zum Multischalter zu transportieren.

Je nach Kabeltyp ist der Mittelleiter sehr dünn oder stabil ausgeführt. Mittelleiter und Schirm sind in der Regel aus Kupfer oder Kupferlegierungen gefertigt. Kupfer ist zwar ein guter elektrischer Leiter, aber auch sehr weich. Da das Kabel beim Verlegen besonders von langen Leitungen sehr stark auf Zug beansprucht wird, kann der Mittelleiter umso leichter reißen, je dünner er ausgeführt ist. Auch beim mehrmaligen Biegen besteht die Gefahr des baldigen Abknickens.

Kabelqualität

Die elektrischen Eigenschaften eines Koaxialkabels sind umso besser, je größer der Abstand zwischen Mittelleiter und der Abschirmung ist. Das macht sich unter anderem bei der Störfestigkeit bemerkbar. Deshalb sind Kabel mit Durchmessern von etwa 9 mm vorzuziehen.

Weiter wird die Qualität eines Koaxialkabels maßgeblich von der Ausführung des Schirms mitbestimmt. Je massiver er ausgeführt ist, umso weniger hat Elektrosmog eine Chance, bis zum Mittelleiter vorzudringen und die Signalübertragung zu beeinträchtigen.

Eine gute Abschirmung erreicht man nur mit einem massiv ausgeführten Schirm. Minderwertige Kabel besitzen neben einer Alufolie oft nur ein sehr dünn ausgeführtes Geflecht aus wenigen Litzen. Es erfüllt nur minimale Anforderungen und ist mit potentiellen Störquellen schneller überfordert, als einem lieb ist. Gute Koaxialkabel erkennt man am sehr dichten Geflecht. Man sieht auf einen Blick, dass bei ihnen durchaus ein Vielfaches an Material im Vergleich zu billigen Kabeln verbaut wurde. Zudem kommen bis zu zwei Alufolien zum Einsatz. Während die Abschirmfolien minderwertiger Kabel meist nur einseitig beschichtet sind, kommen bei hochwertigen Kabeln mitunter sogar doppelt beschichtete Folien zum Einsatz. Damit haben gute Kabel einen bis zu 6-fach ausgeführten Schirm, während einfache nur mit mangelhaft ausgeführter doppelter Abschirmung auskommen müssen.

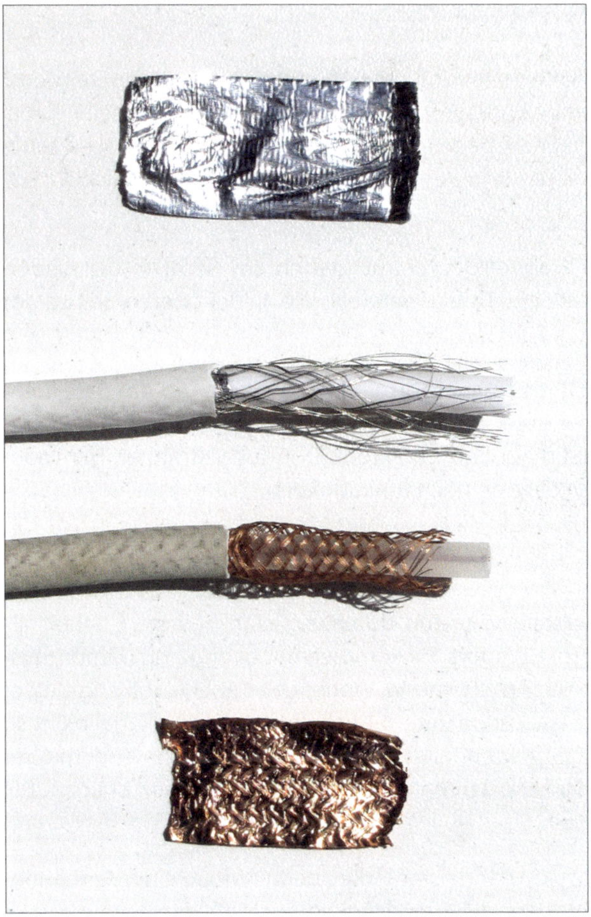

Je nach Güte des Kabels ist das Schirmgeflecht mal mit mehr, mal mit weniger Materialaufwand gefertigt

Entscheidend: die Dämpfung

Jeder Transport von Signalen ist verlustbehaftet. Die Dämpfung steigt mit der Frequenz und wird in dB pro 100 m Kabellänge angegeben.

Bei niedrigen Frequenzen ist die Dämpfung bei allen Koaxialkabeln ausgesprochen gering. Sie liegt etwa im UKW-Bereich von 87,5–108 MHz bei etwa 4–9 dB/100 m. Was zu vernachlässigen ist. Satelliten-TV wird vom LNB zum Receiver im Frequenzbereich von 950–2.150 MHz übertragen. Während die Dämpfung bei 1.000 MHz nur bei etwa 19 bis unter 30 dB/100 m beträgt, steigt sie an der oberen Bandgrenze auf etwa 30 bis über 40 dB/100 m.

Was heißt das?

Stellen wir uns dazu zwei gleich starke Signale vor. Eines befindet sich im unteren Frequenzspektrum, das zweite an dessen oberen Ende. Werden beide Signale durch dasselbe Kabel geschickt, kommen beide an dessen Ende, bedingt durch die Kabeldämpfung, schwächer an. Wobei die tiefe Frequenz am Kabelende nur etwas, die hohe Frequenz deutlich schwächer ankommt.

Da die Dämpfung mit steigender Frequenz zunimmt, stehen am Receiver die niederfrequenten Transponder mit höherer Signalstärke bereit als die an der oberen Grenze des Ku-Bandes.

Satelliten-Receiver fordern einen Mindestsignalwert von rund 30 dB, um das Satellitensignal auswerten zu können. Wird er unterschritten, bricht der Empfang zusammen. Davon sind bei langen Leitungen zuerst die auf hohen Frequenzen ausgestrahlten Transponder betroffen, während jene auf den tieferen noch funktionieren.

Auf Qualität achten

Hochwertige Kabel von Markenherstellern bieten durchweg eine bessere Qualität als vermeintliche Billigware unbekannter Herkunft. Sie kommen mit geringeren Dämpfungswerten und einer besser ausgeführten Abschirmung. Womit das Kabel langfristig besser gegen Störstrahlungen gewappnet ist. Zudem altern hochwertige Koaxialkabel nicht so schnell, sodass sie länger zur vollen Zufriedenheit funktionieren. Mit zunehmendem Alter steigt die Dämpfung. Innerhalb von zehn Jahren darf sie um zehn Prozent steigen. Bei Billigware kann das deutlich mehr sein.

Um eine langfristige Funktionalität zu gewährleisten, sollte beim Aufbau einer Antennenverteilung darauf geachtet werden, dass die Signalstärken auch an den entferntesten Punkten noch ausreichend Signalreserven bieten. So ist gewährleistet, dass die Anlage über Jahrzehnte zur vollen Zufriedenheit arbeitet.

55.4 F-Antennenstecker richtig montieren

Beim Satellitenempfang sind sogenannte F-Stecker üblich. Das sind Schraubstecker mit Innengewinde, und sie sind auf die in den Geräten verbauten Antennenbuchsen aufzuschrauben. Zunächst ist das Antennenkabel aber für die Steckermontage abzuisolieren.

Koaxialkabel abisolieren

1. Das Koaxialkabel ist konzentrisch aufgebaut. Als Erstes ist das Kabel auf einer Länge von rund 10 mm abzumanteln. Dabei ist der äußere Kunststoffmantel nur so weit einzuschneiden, dass die darunterliegende Abschirmung nicht in Mitleidenschaft gezogen wird.

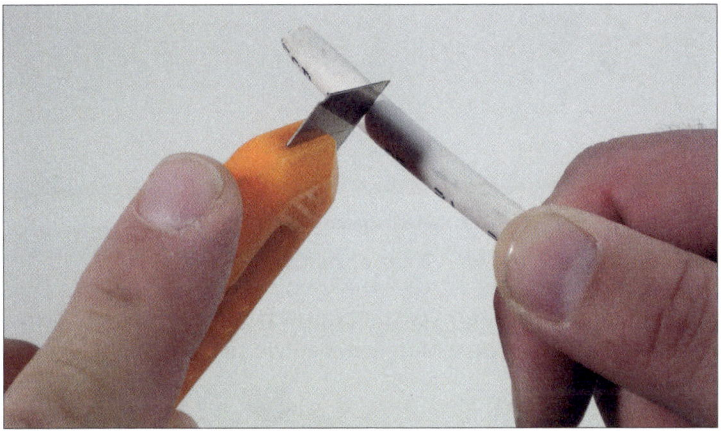

Der Mantel des Koaxialkabels ist behutsam auf einer Länge von rund 10 mm zu entfernen

2. Die Abschirmung, also das Schirmgeflecht und das Aluminium- oder Kupferband, sind so nach hinten auf den Mantel des Kabels zu stülpen, dass das den Mittelleiter umgebende Dielektrikum frei wird.

Anschließend ist das Schirmgeflecht des Mantels fein säuberlich nach hinten zu stülpen

3. Weiter ist der Mittelleiter auf einer Länge von rund 7–8 mm abzuisolieren. Dabei ist nur so weit in das Dielektrikum zu schneiden, dass der Mittelleiter keinesfalls angekerbt wird. Denn so könnte eine Knickstelle entstehen, an der der Mittelleiter abreißt.

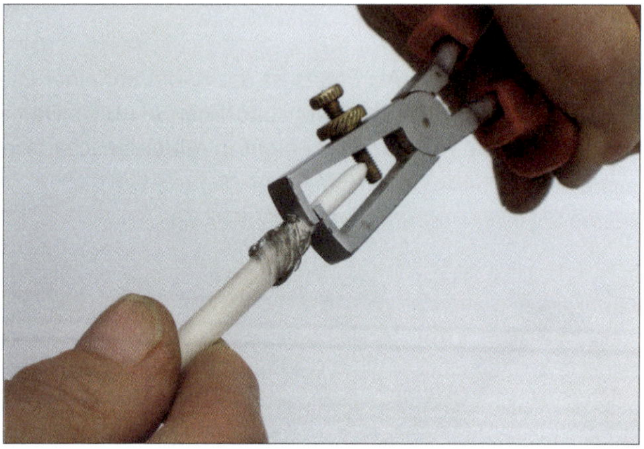

Der Mittelleiter ist auf einer Länge von etwa 7–8 mm abzuisolieren

4. Die Litzen des Schirmgeflechts müssen vollständig nach hinten gebogen sein und dürfen keinesfalls einen Kontakt mit dem Mittelleiter aufweisen. Dies hätte einen Kurzschluss zur Folge.

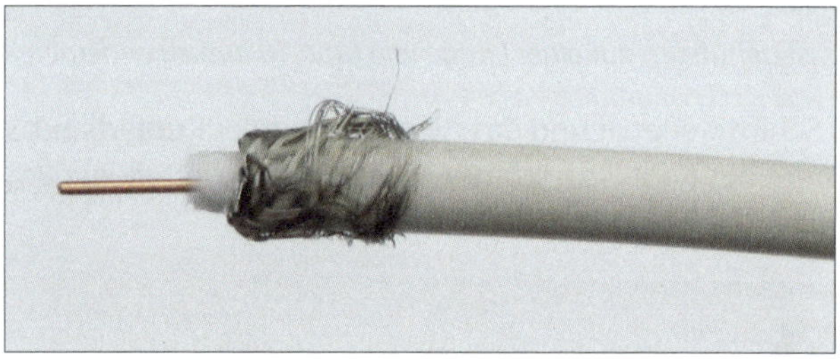

Die Litzen des Schirmgeflechts müssen nach hinten gestülpt sein.
Keine einzige Litze darf eine Verbindung mit dem Mittelleiter haben

F-Stecker montieren

Koaxialkabel gibt es in mehreren Durchmessern. Für jeden gibt es auch den passenden F-Stecker, der auf das Kabel aufzuschrauben ist. Guter Halt ist somit nur gewährleistet, wenn Kabel und Stecker zusammenpassen.

Standard-F-Stecker bestehen aus einem festen und einem drehbaren Teil. Der hintere feste Teil ist mit einem Innengewinde versehen, mit dem er auf das Kabel aufgeschraubt wird. Im Bereich der Übergangsstelle zum drehbaren vorderen Teil befindet sich eine Bohrung, durch die der Mittelleiter geführt wird.

Neben den simplen F-Schraubsteckern gibt es auch hochwertigere F-Kerbstecker. Sie sind ebenfalls für mehrere Kabeldurchmesser erhältlich, erfordern zur Montage allerdings eine spezielle Kerbzange.

Entscheidend bei der F-Steckermontage ist, dass der Mittelleiter keinesfalls eine Verbindung mit der Abschirmung und dem Steckergehäuse haben darf.

1. Zum Aufschrauben eines F-Steckers ist das Koaxialkabel, wie bereits beschrieben, abzuisolieren.
2. Weiter ist zu kontrollieren, dass keine Litze des Schirms eine leitende Verbindung zum Mittelleiter hat. Dies würde die Sat-Anlage lahmlegen.

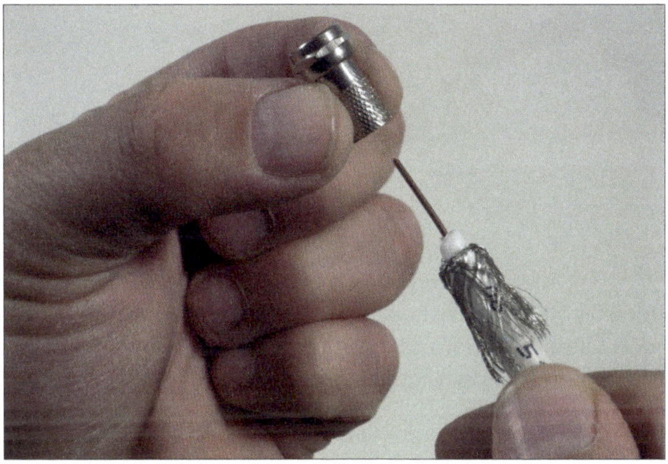

Nachdem sichergestellt ist, dass tatsächlich alle Litzen des Schirmgeflechts nach hinten gestülpt sind, kann der F-Stecker aufgedreht werden

3. Meist lassen sich F-Stecker mit der Hand auf das Kabel drehen. Bei gut ausgeprägtem Schirmgeflecht kann dies allerdings ziemlich schwer gehen. Hier hilft eine Kombizange weiter.

Mit einer Kombizange lässt sich der F-Stecker bequem auf das Koaxialkabel drehen

4. Der F-Stecker ist so weit auf das Kabel zu drehen, bis das Dielektrikum des abisolierten Mittelleiters bis zur Kante der Durchlassöffnung des F-Steckers reicht.
5. Bei fertig montiertem F-Stecker sollte der Mittelleiter rund 1–2 mm über die Steckerkante hinausragen. Eine etwaige Überlänge ist abzuzwicken.

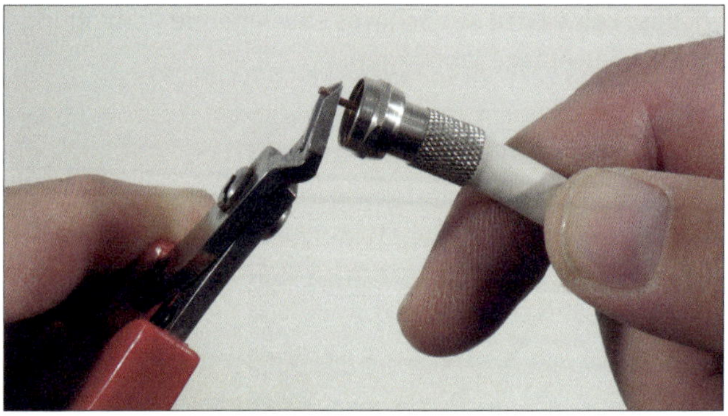

Der Mittelleiter sollte etwa 1 bis maximal 2 mm über die Steckerkante hinausragen. Eine Überlänge ist zu kürzen

6. Mit einer abschließenden Sichtkontrolle ist nachzusehen, ob auch wirklich keine Litze des Schirmgeflechts den Mittelleiter berührt. Falls doch, ist der Mangel zu beheben. Was meist bedeutet, den Stecker wieder abzudrehen und neu zu montieren.

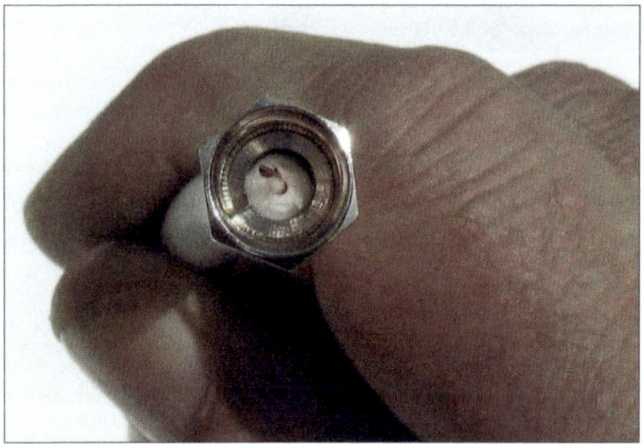

Abschließend kontrollieren, ob der Mittelleiter frei von jeglicher Berührung durch das Schirmgeflecht ist

55.5 Antennensteckdose anschließen

Eine Antennensteckdose kann einzeln oder neben einer Schuko-Steckdose, abgedeckt durch einen gemeinsamen Rahmen, montiert werden. Da Antennen- und Stromleitungen nicht in eine gemeinsame Verrohrung dürfen, ist für die Koaxialleitungen eine separate Verrohrung vorzusehen. Wird die Antennensteckdose in einer Doppel-Unterputzdose installiert, neben der sich bereits eine 230-Volt-Steckdose befindet, ist Vorsicht geboten. Schließlich liegt während des Einbaus der Antennensteckdose auch jene für den Strom frei, und es besteht die Gefahr, stromführende Teile berühren zu können. Deshalb ist der Arbeitsbereich auch in solchen Fällen entsprechend den fünf Sicherheitsregeln freizuschalten.

1. Ist eine Antennensteckdose in einer Doppel-Unterputzdose direkt neben einer Stromsteckdose einzubauen, ist der Arbeitsbereich entsprechend den fünf Sicherheitsregeln spannungsfrei zu machen und gegen Wiedereinschalten zu sichern. Die Spannungsfreiheit ist vor Aufnahme der Arbeiten zu kontrollieren.
2. Das Koaxialkabel sollte rund 15 cm aus der Unterputzdose herausragen. Dies vereinfacht das Abisolieren des Kabels und das Anschließen.
3. Der Aufbau und somit der Anschluss von Antennensteckdosen variiert je nach Hersteller ein wenig. Vor dem Anschließen empfiehlt es sich, sich mit der Antennensteckdose vertraut zu machen und, sofern beiliegend, die Anschlussanleitung zu studieren.
4. Im Prinzip ist das Koaxialkabel auf bereits beschriebene Weise abzuisolieren. Die exakten Abmessungen ergeben sich aber aus den Gegebenheiten der Antennensteckdose.
5. Als Erstes ist der Mittelleiter zu befestigen. Er darf keinesfalls in Berührung mit dem Schirmgeflecht des Kabels kommen.
6. Gewöhnlich wird das nach hinten geschlagene Schirmgeflecht gemeinsam mit der Zugentlastung an der Antennendose fixiert. In diesem Zuge entsteht auch die leitende Verbindung zwischen Schirm und Antennensteckdose.
7. Nachdem der ordnungsgemäße Anschluss des Koaxialkabels sichergestellt ist, kann die Antennensteckdose in die Unterputzdose eingebaut werden. Dazu ist zunächst die Koaxialkabel-Überlänge im hinteren Ende der Unterputzdose zu verstauen.
8. Die Antennensteckdose ist in die Unterputzdose einzusetzen, in Position zu bringen und zu fixieren. Dies erfolgt, modellabhängig, mit seitlichen Krallen, die mit Schrauben zu spannen sind, sowie mit zwei Schrauben, mit denen der Einsatz am linken und rechten Dosenrand zu befestigen ist.
9. Zuletzt ist die Abdeckung an der Antennensteckdose anzubringen.

Anschließen und Einbauen einer Antennensteckdose

K

L

M

N

P

R

S